ADGG057PO

OFIMÁTICA: APLICACIONES INFORMÁTICAS DE GESTIÓN

(Versión 365 / 2021)

ADGG057PO

OFIMÁTICA: APLICACIONES INFORMÁTICAS DE GESTIÓN

(Versión 365 / 2021)

Grupo Montepinar

La ley prohíbe
fotocopiar este libro

ADGG057PO - OFIMÁTICA APLICACIONES INFORMÁTICAS DE GESTIÓN (VERSIÓN 365 / 2021)
Código THEMA: UFB Paquetes integrados de software
Código BISAC: COM005000
© Grupo Montepinar
© De la edición: Ra-Ma 2026

Editado por:
RA-MA Editorial
Calle Jarama, 33, Polígono Industrial Igarsa
28860 PARACUELLOS DE JARAMA, Madrid
Teléfono: 91 658 42 80
Fax: 91 662 81 39
Correo electrónico: *info@grupoeditorialrama.com*
Internet: *www.ra-ma.es* y *www.ra-ma.com*
ISBN impreso: 979-13-88059-46-9
El e-book de esta obra es accesible y cumple con la norma WCAG 2.2 nivel AAA.
Depósito legal: M-3795-2026
Maquetación: Antonio García Tomé
Diseño de portada: Antonio García Tomé
Filmación e impresión: Safekat
Impreso en España en febrero de 2026

ÍNDICE

Parte I

SISTEMA OPERATIVO, BÚSQUEDA DE LA INFORMACIÓN: INTERNET/INTRANET Y CORREO ELECTRÓNICO

1

INTRODUCCIÓN AL ORDENADOR

1.1 HARDWARE Y SOFTWARE

El hardware es el conjunto de componentes físicos y tangibles que integran un sistema informático. Incluye todos los elementos materiales que pueden verse y tocarse y que permiten el funcionamiento del ordenador, desde los componentes internos hasta los dispositivos externos conectados al equipo.

Su función es ejecutar las operaciones físicas necesarias para el tratamiento de la información: captación de datos, procesamiento, almacenamiento y presentación al usuario. Cada componente desempeña una función concreta y el correcto funcionamiento del sistema depende de la coordinación entre todos ellos.

1.1.1 Tipología y clasificación del hardware

El hardware puede clasificarse según la función que desempeña dentro del sistema informático, lo que facilita su comprensión y análisis en entornos formativos y profesionales. Se distinguen los siguientes tipos:

- **Hardware de procesamiento**, encargado de ejecutar instrucciones y cálculos, como la Unidad Central de Proceso (CPU) y las unidades de procesamiento gráfico (GPU).

- **Hardware de almacenamiento**, destinado a guardar datos y programas de forma temporal o permanente, como discos duros, unidades SSD y memorias USB.

- **Hardware de entrada**, que permite introducir información en el sistema, como teclado, ratón, escáner o micrófono.

- **Hardware de salida**, encargado de mostrar los resultados del procesamiento, como monitor, impresora o altavoces.

- **Hardware de comunicación**, que posibilita el intercambio de datos entre equipos y redes, como tarjetas de red y adaptadores inalámbricos.

El hardware requiere necesariamente del software para poder realizar cualquier tarea.

1.2 ARQUITECTURA BÁSICA DE UN EQUIPO INFORMÁTICO

La arquitectura de un equipo informático describe la organización interna del ordenador y la relación entre sus componentes principales. Aunque existen diferentes diseños, la mayoría de los ordenadores personales comparten una estructura común.

Los elementos básicos son la CPU, la memoria principal, los dispositivos de entrada y salida, los sistemas de almacenamiento y los buses de comunicación. Todos ellos se encuentran interconectados a través de la placa base, que actúa como soporte físico y canal de comunicación del sistema.

1.2.1 CPU y memoria

La Unidad Central de Proceso (CPU) es el componente encargado de interpretar y ejecutar las instrucciones de los programas y coordinar el funcionamiento del resto del sistema. Está formada por la unidad de control, la unidad aritmético-lógica y los registros internos.

La memoria central almacena temporalmente los datos y las instrucciones necesarias para la ejecución de los programas. Los principales tipos son la **memoria RAM**, volátil y de acceso rápido, y la **memoria ROM**, no volátil, que contiene las instrucciones básicas de arranque. Existen memorias complementarias, como la caché y la memoria virtual, que mejoran el rendimiento del sistema.

1.2.2 Periféricos

Los periféricos son dispositivos que permiten la interacción entre el usuario y el ordenador, así como la comunicación con el entorno externo. Aunque no forman parte del núcleo del sistema, son esenciales para su uso práctico.

Dispositivos de entrada y salida

Los dispositivos de entrada permiten introducir datos e instrucciones, como teclado, ratón, escáner o micrófono. Los dispositivos de salida muestran la información procesada, siendo el monitor el más representativo, junto con impresoras y altavoces.

Dispositivos de almacenamiento

Estos dispositivos permiten guardar datos y programas de forma permanente o temporal. Pueden ser internos o externos y resultan fundamentales para la conservación de la información. Entre los más comunes se encuentran discos duros, unidades SSD, memorias USB y tarjetas SD.

Dispositivos multimedia

Los dispositivos multimedia están relacionados con la captura y reproducción de audio y vídeo y son habituales en entornos educativos, comunicativos y profesionales.

1.3 SOFTWARE

El software es el conjunto de programas, instrucciones y datos que indican al hardware cómo debe funcionar. Aunque no es tangible, es imprescindible para que el ordenador pueda realizar tareas útiles. Actúa como intermediario entre el usuario y el hardware.

1.3.1 Tipos de software

Según su finalidad, el software se clasifica en software de sistema, encargado de gestionar los recursos del ordenador; software de aplicación, destinado a tareas concretas para el usuario; y software de programación, utilizado para desarrollar nuevas aplicaciones.

1.3.2 Sistemas operativos

El sistema operativo es el software principal del ordenador. Su función es controlar el funcionamiento del sistema y facilitar la interacción entre el hardware y el usuario. Gestiona los recursos, permite la ejecución de aplicaciones y garantiza la estabilidad y seguridad del sistema mediante componentes como el núcleo, la interfaz de usuario y los gestores de archivos, memoria y procesos.

2

UTILIZACIÓN BÁSICA DE LOS SISTEMAS OPERATIVOS HABITUALES

El uso cotidiano del ordenador depende directamente del sistema operativo, que actúa como intermediario entre el usuario y el hardware. Con independencia del entorno profesional o del tipo de equipo, resulta imprescindible conocer los principios básicos de funcionamiento de los sistemas operativos más habituales para trabajar con autonomía, seguridad y eficacia. Este apartado aborda los aspectos comunes a entornos como Windows, macOS o las principales distribuciones de Linux con interfaz gráfica.

El sistema operativo es el software fundamental que permite el funcionamiento coherente del ordenador. Se encarga de gestionar los recursos físicos del equipo, coordinar la ejecución de los programas y ofrecer un entorno de interacción accesible para el usuario. Sin él, el hardware carecería de utilidad práctica.

Entre sus funciones principales se encuentran la gestión del procesador, la memoria y los dispositivos conectados, así como la gestión de procesos, que permite la ejecución simultánea y ordenada de varios programas. También administra el sistema de archivos, aplica mecanismos de seguridad y permisos y proporciona una interfaz de usuario que facilita el uso del equipo.

La interfaz del sistema operativo es el conjunto de elementos mediante los cuales el usuario se comunica con el ordenador. En los sistemas actuales predomina la interfaz gráfica (GUI), basada en ventanas, iconos, menús y punteros, aunque las interfaces de línea de comandos (CLI) siguen utilizándose en tareas de administración y diagnóstico.

El entorno de trabajo presenta una estructura común en los sistemas operativos más extendidos. El escritorio constituye el área principal de trabajo, mientras que la barra de tareas o el dock permiten acceder a aplicaciones y notificaciones. El menú de inicio o lanzador de aplicaciones centraliza el acceso a programas y configuraciones. Las ventanas representan aplicaciones o carpetas abiertas y el área de notificación informa sobre el estado del sistema.

El desplazamiento por el entorno puede realizarse mediante ratón, teclado o gestos táctiles, según el dispositivo. El ratón permite acciones básicas como clic, doble clic o arrastrar, mientras que el teclado facilita el uso de accesos rápidos y combinaciones de teclas que mejoran la productividad.

El sistema operativo permite configurar el entorno de trabajo ajustándolo a las preferencias del usuario, como el fondo de escritorio, el tema visual, el tamaño de los iconos o la resolución de pantalla. Estas opciones influyen directamente en la comodidad y eficiencia del trabajo diario.

La organización de la información se realiza mediante carpetas o directorios, dispuestos en una estructura jerárquica que facilita la localización de los datos. Las operaciones básicas sobre carpetas incluyen su creación, renombrado, copia, movimiento y eliminación, acciones que deben realizarse con precaución para evitar la pérdida de información.

Los ficheros constituyen la unidad básica de información almacenada en el sistema y pueden contener distintos tipos de datos. Las operaciones habituales sobre los archivos –abrir, guardar, copiar, mover o eliminar– forman parte del uso diario del ordenador y siguen principios similares a los de las carpetas.

Los sistemas operativos incorporan herramientas básicas como el explorador de archivos, el panel de configuración, el administrador de tareas y la terminal. Estas aplicaciones permiten gestionar el equipo, supervisar su estado y resolver incidencias comunes. La búsqueda integrada se ha convertido en un recurso especialmente eficaz para localizar archivos, aplicaciones o configuraciones.

La gestión de cuentas de usuario es un aspecto clave en la seguridad del sistema. Los sistemas operativos distinguen entre distintos tipos de cuentas y niveles de permisos, lo que permite un uso adecuado del equipo en entornos compartidos.

La realización de copias de seguridad o backups es fundamental para proteger la información. Estas copias pueden almacenarse en soportes externos, redes o servicios en la nube y deben realizarse de forma periódica.

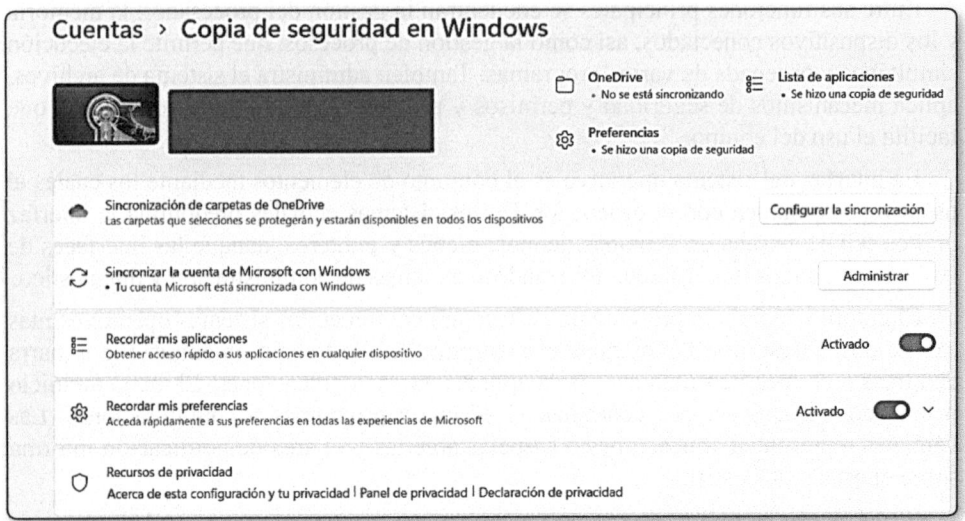

Por último, el sistema operativo permite realizar operaciones básicas en red, como conectarse a redes cableadas o inalámbricas, acceder a recursos compartidos, utilizar impresoras en red y transferir archivos, funciones esenciales en entornos de trabajo colaborativos.

2.1 INSTALACIÓN Y CONFIGURACIÓN BÁSICA DEL SISTEMA OPERATIVO

La instalación de un sistema operativo es una fase esencial en la vida de cualquier equipo informático, ya que de ella depende la estabilidad, seguridad y funcionalidad del entorno de trabajo. En contextos profesionales, una instalación bien planificada reduce incidencias, facilita el mantenimiento y garantiza el cumplimiento de requisitos técnicos y de protección de la información. En este capítulo se describe el proceso de instalación y configuración básica de un sistema operativo moderno, tomando como referencia Windows 11, por ser uno de los más utilizados en entornos domésticos, formativos y de oficina.

2.1.1 Conceptos generales sobre la instalación de sistemas operativos

Instalar un sistema operativo implica preparar el equipo para arrancar correctamente, reconocer el hardware, organizar el almacenamiento y permitir la ejecución de aplicaciones. Durante el proceso se copian archivos esenciales, se configuran parámetros iniciales, se preparan particiones de disco y se establecen las bases para la gestión de usuarios, permisos y seguridad.

Una instalación correcta debe garantizar un entorno estable, compatible con el hardware y seguro desde el primer momento. Asimismo, debe permitir una configuración inicial adecuada al contexto de uso, como idioma, región, zona horaria y opciones básicas de accesibilidad. En entornos profesionales es habitual seguir procedimientos estandarizados para evitar problemas que pueden aparecer a medio plazo si la instalación no se realiza correctamente.

La instalación puede responder a distintos escenarios: primera instalación en un equipo nuevo, reinstalación tras un fallo grave, actualización desde una versión anterior, instalación en arranque dual o instalación en máquina virtual para pruebas o formación. Cada modalidad presenta ventajas e inconvenientes que deben valorarse previamente.

2.1.2 Requisitos previos para la instalación de Windows 11

Antes de iniciar la instalación es imprescindible comprobar que el equipo cumple los requisitos mínimos de Windows 11. Esto incluye un procesador compatible de 64 bits, memoria RAM suficiente, espacio libre en disco y una tarjeta gráfica adecuada. Además, Windows 11 incorpora requisitos de seguridad como firmware UEFI, Secure Boot y módulo TPM, que refuerzan la protección del sistema pero pueden impedir una instalación estándar si no están disponibles o activados.

También es necesario disponer de una licencia válida y de un medio de instalación adecuado, como una memoria USB arrancable o una imagen ISO en entornos virtuales. Aunque el sistema suele instalar controladores de forma automática, es recomendable disponer previamente de los controladores esenciales, especialmente de red y gráficos.

2.1.3 Tipos de instalación en Windows 11

La elección del tipo de instalación depende del estado del equipo y de la necesidad de conservar datos. La instalación limpia elimina el sistema anterior y proporciona un entorno optimizado, siendo la opción recomendada ante problemas graves o cuando se desea empezar desde cero, siempre tras realizar una copia de seguridad.

La actualización desde Windows 10 permite conservar archivos y aplicaciones, aunque puede arrastrar problemas del sistema anterior. Por su parte, la instalación en máquina virtual es útil para formación y pruebas, ya que no afecta al sistema principal, aunque requiere recursos adicionales.

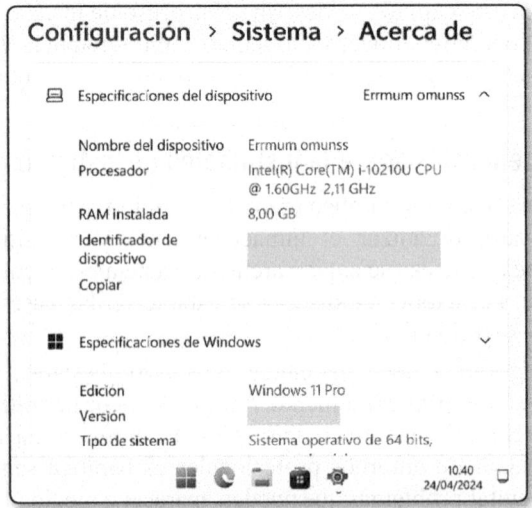

2.1.4 Preparación del medio de instalación y arranque

Para una instalación limpia es necesario preparar un medio arrancable, habitualmente una memoria USB creada con herramientas oficiales. Una vez preparado, el equipo debe arrancar desde dicho medio, lo que puede requerir acceder a BIOS/UEFI y modificar la prioridad de arranque. En una instalación estándar solo deben ajustarse parámetros básicos, evitando cambios avanzados sin conocimiento.

Proceso de instalación de Windows 11

El instalador guía al usuario a través de un asistente en el que se seleccionan idioma, formato de hora y teclado. Posteriormente se introduce la clave de producto o se pospone la activación, se aceptan los términos de licencia y se elige el tipo de instalación.

En una instalación personalizada, el usuario selecciona la partición de destino. Esta fase es crítica, ya que el formateo o eliminación de particiones implica pérdida de datos. Tras la selección, el sistema copia archivos, instala componentes y se reinicia varias veces hasta completar el proceso.

Configuración inicial tras la instalación

Finalizada la instalación, Windows 11 inicia una configuración guiada donde se ajustan región, teclado, red y cuenta de usuario. Puede crearse una cuenta local o vincular una cuenta Microsoft, según el contexto de uso. También se configuran opciones de privacidad, que deben revisarse con atención en entornos profesionales.

Primer inicio y comprobaciones básicas

Tras acceder al escritorio, es recomendable comprobar el correcto funcionamiento del sistema. Las tareas iniciales incluyen la actualización del sistema mediante Windows Update, la revisión de controladores en el Administrador de dispositivos y la configuración básica del nombre del equipo y del tipo de red.

Gestión de cuentas, seguridad y mantenimiento

En un entorno profesional se recomienda utilizar cuentas estándar para el trabajo diario y reservar la cuenta de administrador para tareas de mantenimiento. Windows 11 incorpora herramientas de seguridad integradas que deben mantenerse activas, así como utilidades como el Administrador de tareas y la aplicación Configuración para el control del sistema.

Copias de seguridad y recomendaciones finales

Una vez configurado el sistema, es fundamental establecer mecanismos de recuperación, como puntos de restauración y copias de seguridad periódicas. Una instalación correcta debe incluir verificación previa de requisitos, copia de seguridad, elección adecuada del tipo de instalación, configuración inicial coherente, actualización del sistema, revisión de controladores y adopción de medidas básicas de seguridad.

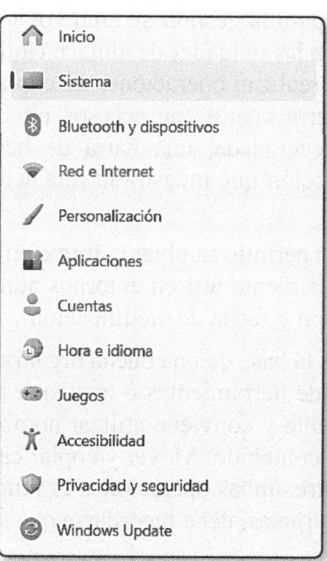

ACTIVIDAD

Elabora un listado ordenado de los pasos necesarios para instalar y dejar operativo un equipo con Windows 11 en una oficina, indicando en qué fases sería necesario validar la actuación con un responsable de sistemas.

2.2 EXPLORACIÓN Y GESTIÓN DE ARCHIVOS Y CARPETAS

La gestión de archivos y carpetas es una competencia esencial en el uso cotidiano de un sistema operativo. En cualquier entorno profesional, la información se almacena en forma de documentos, hojas de cálculo, imágenes o ficheros de trabajo, y su correcta organización influye directamente en la productividad y la seguridad de los datos. Por ello, saber localizar, clasificar, copiar, mover y proteger información resulta tan importante como manejar aplicaciones ofimáticas. En este capítulo se explica cómo se estructuran archivos y carpetas, cómo utilizar el Explorador de archivos de Windows 11 y qué prácticas ayudan a evitar pérdidas de información y errores habituales.

Un archivo es la unidad básica de almacenamiento y puede contener distintos tipos de datos, como texto, imágenes, audio o programas. Una carpeta es un contenedor lógico que agrupa archivos y otras carpetas siguiendo una estructura jerárquica, similar a un archivador físico. Esta organización facilita el orden y la localización de la información.

En Windows, los archivos se identifican por su nombre y extensión, que permite al sistema asociarlos con una aplicación adecuada. Las carpetas, por su parte, no suelen tener extensión y pueden renombrarse sin afectar a su contenido. Es importante no eliminar la extensión de un archivo, ya que podría impedir su apertura correcta.

La herramienta principal para la gestión de archivos y carpetas es el Explorador de archivos. Desde él se accede a las unidades de almacenamiento, se recorren carpetas, se crean nuevos elementos y se realizan operaciones de copia, movimiento o eliminación. El Explorador ofrece una barra lateral con accesos rápidos, una zona central con el contenido de la carpeta seleccionada, una barra de herramientas para operaciones habituales, una barra de dirección que muestra la ruta actual y un cuadro de búsqueda para localizar información.

La opción de visualización permite cambiar la forma en que se muestran los archivos. La vista "Detalles" es especialmente útil en entornos administrativos, ya que muestra información como tamaño, tipo y fecha de modificación.

La creación de carpetas es la base de una buena organización. Puede realizarse desde el menú contextual, la barra de herramientas o mediante atajos de teclado. Renombrar carpetas es una acción frecuente y conviene utilizar nombres claros y consistentes que faciliten la identificación del contenido. Mover y copiar carpetas permite reorganizar la información; la diferencia entre ambas operaciones es fundamental para evitar pérdidas o duplicidades. Al eliminar carpetas, debe recordarse que se eliminan también todos los elementos que contienen.

Los archivos se gestionan de forma similar. Pueden crearse desde aplicaciones o desde el propio Explorador. Renombrarlos exige mantener la extensión cuando sea necesaria. Abrir un archivo suele realizarse con doble clic, aunque puede elegirse una aplicación alternativa mediante la opción "Abrir con…". Guardar correctamente los archivos y utilizar "Guardar como" para crear versiones es una práctica esencial en el trabajo diario.

La copia, el movimiento y la eliminación de archivos siguen los mismos principios que en el caso de las carpetas. Algunos archivos del sistema están protegidos y requieren permisos especiales, lo que evita eliminaciones accidentales.

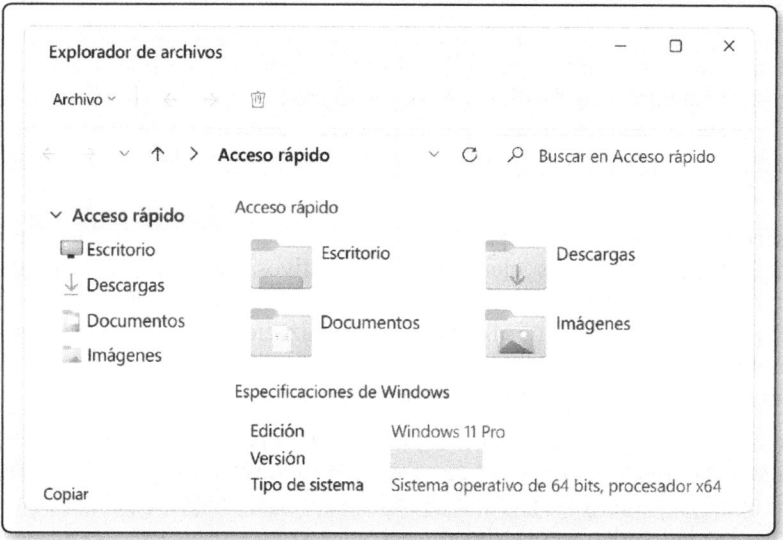

Las propiedades de archivos y carpetas proporcionan información útil como tamaño, ubicación, fechas y atributos. Estos datos ayudan a identificar archivos antiguos, duplicados o de gran tamaño y a gestionar mejor el espacio de almacenamiento.

Para trabajar con eficacia es recomendable aplicar criterios de organización claros, utilizando carpetas temáticas y una nomenclatura coherente. La búsqueda integrada de Windows 11 permite localizar archivos por nombre, tipo o contenido, y puede filtrarse por fecha o tamaño para agilizar resultados.

Los accesos directos facilitan el acceso rápido a archivos o carpetas sin duplicar la información, y las carpetas ancladas al acceso rápido permiten un uso más eficiente del Explorador. La papelera de reciclaje actúa como espacio temporal para recuperar archivos eliminados accidentalmente, aunque vaciarla supone una eliminación definitiva.

Por último, el uso de archivos comprimidos es habitual para agrupar documentos o reducir su tamaño. Windows permite crear y extraer carpetas comprimidas en formato zip sin necesidad de software adicional.

Dominar estas técnicas de exploración y gestión documental permite mantener un entorno de trabajo ordenado, seguro y productivo, especialmente en contextos profesionales y colaborativos.

2.3 CONFIGURACIÓN Y PERSONALIZACIÓN DEL ENTORNO DE TRABAJO

La personalización del entorno de trabajo permite adaptar el sistema operativo a las necesidades reales del usuario y al contexto de uso del equipo. En entornos formativos facilita el aprendizaje y reduce errores, mientras que en entornos laborales mejora la productividad, agiliza el acceso a herramientas habituales y contribuye a la ergonomía y accesibilidad. Windows 11 ofrece numerosas opciones para ajustar la apariencia y el funcionamiento del sistema. El objetivo de este capítulo es que el usuario sea capaz de configurar el entorno de trabajo de forma autónoma, aplicando criterios prácticos y seguros.

Personalizar no se limita a cambiar colores o fondos, sino que implica organizar el espacio de trabajo para facilitar las tareas diarias. Un entorno limpio y coherente reduce el tiempo dedicado a buscar aplicaciones o documentos y mejora la eficacia. Por el contrario, un escritorio saturado o una barra de tareas sobrecargada puede generar desorden visual y dificultar el trabajo.

El escritorio es el área principal de trabajo del sistema. En él se muestran accesos directos, la papelera y otros elementos informativos. Aunque es habitual guardar documentos directamente en el escritorio, esta práctica no resulta recomendable en entornos profesionales, ya que dificulta la organización y las copias de seguridad. Es preferible utilizarlo como zona de acceso rápido a aplicaciones y carpetas clave, manteniendo los documentos en ubicaciones estructuradas.

La personalización del escritorio incluye el fondo de pantalla y los colores del sistema. En contextos laborales y formativos se aconsejan fondos neutros y poco saturados, que reduzcan la fatiga visual y mejoren la legibilidad. El criterio principal debe ser siempre funcional: claridad, orden y comodidad.

La barra de tareas es un elemento esencial para la gestión del trabajo. Permite acceder rápidamente a aplicaciones ancladas, cambiar entre programas y consultar notificaciones del sistema, como red, sonido o batería. Windows 11 permite personalizar su comportamiento, mostrar u ocultar elementos y configurar qué iconos aparecen visibles. Anclar aplicaciones de uso frecuente mejora la productividad, mientras que ocultar elementos innecesarios reduce distracciones.

El menú Inicio ofrece acceso a aplicaciones, documentos recientes y funciones del sistema. Su búsqueda integrada permite localizar rápidamente programas o configuraciones. La personalización del menú permite decidir qué información se muestra, lo que resulta especialmente relevante en equipos compartidos, donde conviene cuidar la privacidad. Anclar aplicaciones facilita un acceso directo sin necesidad de recorrer listas completas.

El Explorador de archivos admite ajustes de visualización y organización. Elegir vistas como "Detalles" resulta útil en tareas administrativas, ya que facilita la clasificación y el control de versiones. Ordenar y agrupar archivos por distintos criterios ayuda a localizar la información con rapidez.

La configuración de pantalla es un aspecto clave para la comodidad. Ajustar la resolución y el escalado mejora la legibilidad de textos e iconos, especialmente en pantallas pequeñas o para usuarios con fatiga visual. Es importante encontrar un equilibrio para evitar problemas de visualización en determinadas aplicaciones.

Las opciones de accesibilidad permiten adaptar el sistema a distintas necesidades y no están pensadas únicamente para personas con discapacidad. Herramientas como la lupa, el contraste alto o los ajustes de cursor pueden resultar útiles en sesiones prolongadas de trabajo o formación.

La configuración de sonido y notificaciones contribuye a un entorno de trabajo más eficiente. Ajustar dispositivos de entrada y salida mejora la experiencia en reuniones y clases, mientras que gestionar notificaciones ayuda a reducir interrupciones. Activar modos de concentración durante tareas importantes es una práctica recomendable.

En equipos portátiles, la configuración de energía y suspensión influye directamente en la duración de la batería y en la continuidad del trabajo. En equipos de sobremesa, una suspensión mal configurada puede interferir en procesos en ejecución, por lo que conviene adaptar estas opciones al contexto.

Finalmente, Windows 11 permite aplicar temas y elegir entre modo claro u oscuro. En usos profesionales, el modo oscuro puede reducir la fatiga visual, aunque su conveniencia depende del entorno y de las preferencias personales.

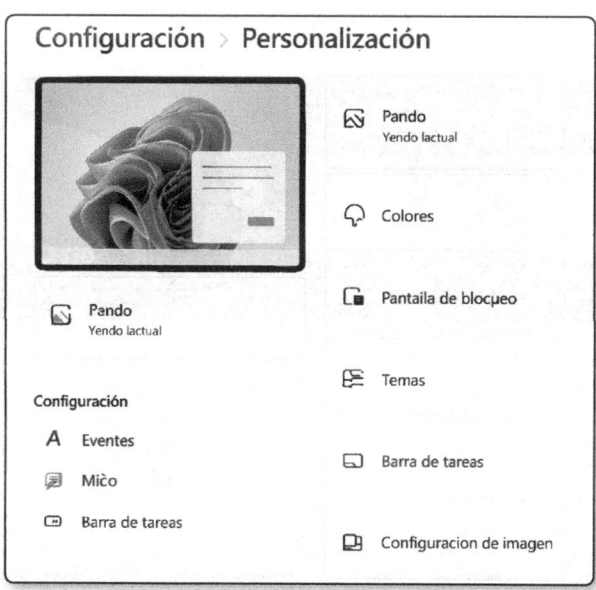

Como recomendaciones generales, se recomienda mantener el escritorio limpio, no saturar la barra de tareas, anclar solo aplicaciones en realidad necesarias, ajustar correctamente pantalla y brillo y revisar las notificaciones activas. Una personalización adecuada no es un elemento decorativo, sino una herramienta que mejora la organización, la eficiencia y el rendimiento en el uso cotidiano del sistema operativo.

2.4 INSTALACIÓN, CONFIGURACIÓN Y GESTIÓN BÁSICA DE APLICACIONES

La instalación de aplicaciones es una tarea habitual en el uso cotidiano de un sistema operativo. Las aplicaciones permiten realizar funciones concretas como redactar documentos, navegar por Internet, gestionar datos o comunicarse. Una correcta instalación y gestión del software es clave para garantizar la estabilidad, la seguridad y la adecuación del sistema a las necesidades del usuario. Windows 11 ofrece distintos métodos para instalar aplicaciones, cada uno con características que conviene conocer para elegir la opción más adecuada en cada contexto.

Windows 11 permite instalar aplicaciones desde la **Microsoft Store**, desde **instaladores descargados de páginas oficiales** y mediante **aplicaciones portables**. Conocer las ventajas y limitaciones de cada método ayuda a evitar problemas de seguridad, conflictos de software o pérdida de rendimiento.

La Microsoft Store es la tienda oficial de Windows y ofrece aplicaciones verificadas por Microsoft. Su principal ventaja es la seguridad, ya que las aplicaciones se distribuyen en un entorno controlado y se actualizan de forma automática. La instalación es sencilla y guiada, por lo que resulta especialmente recomendable para usuarios con poca experiencia o en entornos formativos.

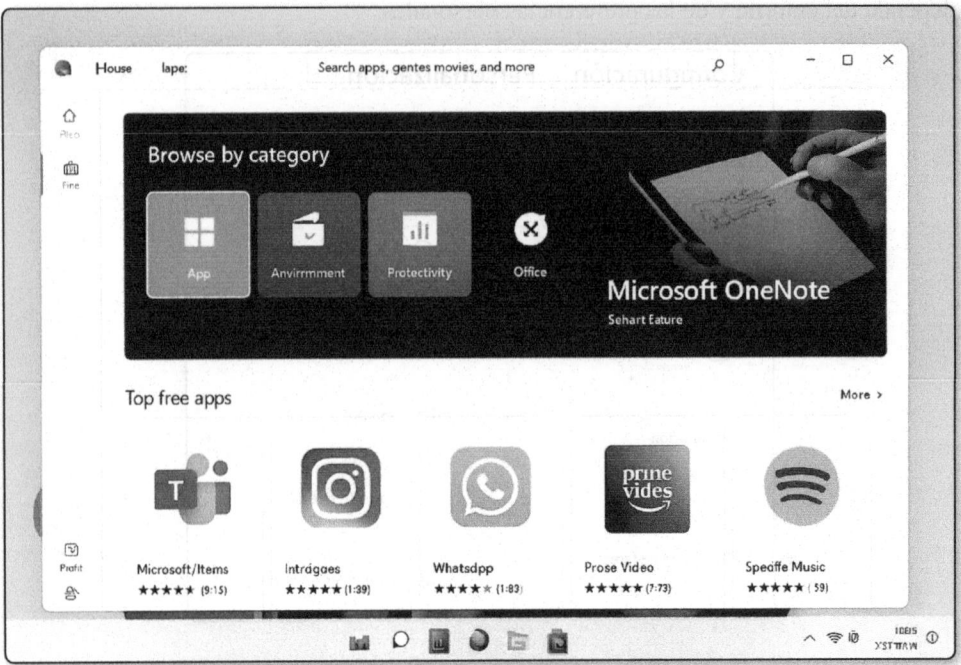

Muchas aplicaciones profesionales se instalan mediante archivos ejecutables descargados desde la web del fabricante, normalmente con extensiones **.exe** o **.msi**. En estos casos es imprescindible descargar el software únicamente desde fuentes oficiales. Ejecutar instaladores de procedencia desconocida puede suponer riesgos graves de seguridad. Durante la instalación, el asistente guía al usuario por distintas pantallas, donde es importante revisar las opciones para evitar la instalación de software adicional no deseado.

Los instaladores **.msi** utilizan el servicio Windows Installer y suelen estar mejor integrados con el sistema. Son habituales en entornos corporativos y educativos, ya que permiten instalaciones controladas o automatizadas en varios equipos.

Tras la instalación, muchas aplicaciones requieren una **configuración inicial**, como la selección de idioma, la definición de carpetas de trabajo o la activación de determinadas funciones. Estas decisiones influyen directamente en la experiencia de uso y en la correcta organización de la información.

Mantener las aplicaciones actualizadas es fundamental para la seguridad y la estabilidad del sistema. Las actualizaciones corrigen errores y vulnerabilidades. Las aplicaciones de la Microsoft Store se actualizan automáticamente, mientras que otras incluyen sistemas propios de actualización o requieren descargas manuales desde la web oficial del desarrollador.

La desinstalación de aplicaciones es una tarea igualmente importante. Eliminar programas que ya no se utilizan libera espacio en disco y reduce el consumo de recursos. En Windows 11, la desinstalación se realiza principalmente desde la configuración de aplicaciones, aunque algunas aplicaciones antiguas siguen gestionándose desde el panel de control clásico. En ocasiones pueden quedar restos tras la desinstalación, cuya eliminación debe hacerse con precaución.

Windows 11 permite además configurar las **aplicaciones predeterminadas**, es decir, decidir qué programa se utilizará para abrir determinados tipos de archivos o realizar acciones concretas. Esta opción resulta especialmente útil cuando existen varias aplicaciones con funciones similares.

Otro aspecto relevante es la gestión de las aplicaciones que se ejecutan en segundo plano. Algunas aplicaciones consumen recursos aunque no estén abiertas. Controlar esta opción mejora el rendimiento del sistema y, en equipos portátiles, la duración de la batería.

Las aplicaciones portables se ejecutan sin instalación y no modifican el sistema. Son útiles en entornos formativos o en equipos compartidos, aunque presentan limitaciones como la falta de actualizaciones automáticas y una integración reducida con el sistema.

Como recomendaciones finales, se recomienda descargar aplicaciones solo desde fuentes oficiales, revisar cuidadosamente cada proceso de instalación, mantener el software actualizado, desinstalar programas innecesarios y realizar copias de seguridad antes de instalar aplicaciones críticas. Aplicar estas pautas contribuye a mantener un sistema seguro, estable y preparado para un uso profesional continuado.

2.5 GESTIÓN BÁSICA DE REDES LOCALES

El uso de redes locales es habitual tanto en entornos domésticos como profesionales y formativos. Una red local o LAN permite interconectar varios dispositivos dentro de un espacio reducido para compartir información, recursos y servicios, como archivos, impresoras o el acceso a internet. Windows 11 incorpora herramientas integradas que facilitan la conexión y la gestión básica de redes sin necesidad de conocimientos avanzados. El objetivo de este capítulo es que el usuario sea capaz de conectarse a una red local, utilizar recursos compartidos y aplicar criterios básicos de configuración y seguridad.

Una red local se basa en conceptos fundamentales que permiten la comunicación entre dispositivos. Cada equipo dispone de una **dirección IP**, que lo identifica dentro de la red. Normalmente se utilizan direcciones IP privadas asignadas automáticamente por el router mediante DHCP. La **máscara de subred** determina qué parte de la dirección identifica a la red y cuál al dispositivo, mientras que la **puerta de enlace**, habitualmente el router, conecta la red local con otras redes, como internet. El **servidor DNS** traduce los nombres de dominio en direcciones IP, facilitando el acceso a servicios web. Comprender estos conceptos básicos ayuda a identificar problemas de conectividad.

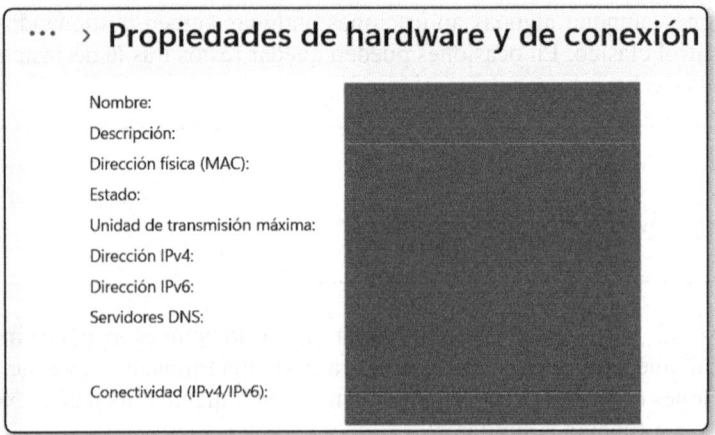

En Windows 11, la conexión a una red puede realizarse mediante **Wi-Fi** o **cable Ethernet**. La conexión Wi-Fi se gestiona desde la barra de tareas, seleccionando la red e introduciendo la contraseña. El sistema guarda las redes conocidas para futuras conexiones automáticas. La conexión por cable Ethernet suele establecerse de forma automática al conectar el cable y ofrece mayor estabilidad y velocidad, por lo que se recomienda en entornos profesionales y formativos siempre que sea posible.

Una vez conectado, Windows permite consultar y modificar la configuración básica de red desde el menú de configuración. Allí se puede ver la dirección IP, los servidores DNS y el tipo de red asignado. El sistema distingue entre **redes públicas** y **redes privadas**. Las redes públicas aplican restricciones más estrictas y están pensadas para entornos no confiables, mientras que las redes privadas permiten compartir recursos y deben utilizarse solo en entornos de confianza. Configurar correctamente el tipo de red es una medida básica de seguridad.

Uno de los principales beneficios de una red local es el uso de **recursos compartidos**. Las carpetas compartidas permiten que otros usuarios accedan a determinados archivos, pudiendo definirse permisos de lectura o escritura. Las impresoras compartidas posibilitan que varios equipos utilicen un mismo dispositivo de impresión, y las unidades de red permiten acceder a carpetas remotas como si fueran discos locales, facilitando el trabajo colaborativo.

El acceso a recursos de red puede realizarse desde el Explorador de archivos o mediante **rutas UNC**, que identifican directamente un recurso dentro de la red. Este método permite acceder a carpetas o impresoras sin necesidad de asignar una unidad permanente.

En caso de problemas de conexión, Windows 11 incluye herramientas básicas de diagnóstico. Utilidades como **ping** permiten comprobar la comunicación con otros dispositivos, mientras que **ipconfig** muestra la configuración de red del equipo. Estas herramientas ayudan a determinar si el problema está en el equipo local, en la red o en la conexión con otros dispositivos. En situaciones persistentes, es posible restablecer la configuración de red, aunque esta opción debe usarse con precaución.

```
Configuración IP de Windows

Adaptador de LAN inalámbrica Conexión de área local* 1:

    Estado de los medios. . . . . . . . . . . : medios desconectados
    Sufijo DNS específico para la conexión. . :

Adaptador de LAN inalámbrica Conexión de área local* 2:

    Estado de los medios. . . . . . . . . . . : medios desconectados
    Sufijo DNS específico para la conexión. . :

Adaptador de LAN inalámbrica Wi-Fi:

    Sufijo DNS específico para la conexión. . :
    Vínculo: dirección IPv6 local. . . . : fe80::
    Dirección IPv4. . . . . . . . . . . . . . :
    Máscara de subred . . . . . . . . . . . . :
    Puerta de enlace predeterminada . . . . . :

Adaptador de Ethernet Conexión de red Bluetooth:

    Estado de los medios. . . . . . . . . . . : medios desconectados
    Sufijo DNS específico para la conexión. . :
```

La seguridad en redes locales es un aspecto esencial. Utilizar contraseñas seguras en redes Wi-Fi, mantener activo el firewall y compartir únicamente los recursos necesarios reduce el riesgo de accesos no autorizados. En entornos profesionales estas medidas suelen gestionarse de forma centralizada, pero a nivel de usuario es importante adoptar hábitos responsables.

2.6 SEGURIDAD BÁSICA DEL SISTEMA OPERATIVO

La seguridad del sistema operativo es un elemento fundamental en el uso responsable de los sistemas informáticos. Proteger la información, evitar accesos no autorizados, prevenir infecciones por malware y garantizar la estabilidad del equipo son objetivos esenciales tanto en entornos domésticos como profesionales y formativos. Windows 11 incorpora múltiples mecanismos de seguridad integrados que permiten proteger el sistema de forma preventiva, siempre que se utilicen correctamente.

Este capítulo aborda los aspectos básicos de la seguridad en Windows 11 que todo usuario debe conocer: las herramientas de protección integradas, las actualizaciones de seguridad, la gestión de cuentas y permisos, la navegación segura y la importancia de las copias de seguridad. El objetivo es fomentar hábitos seguros y un uso consciente del sistema.

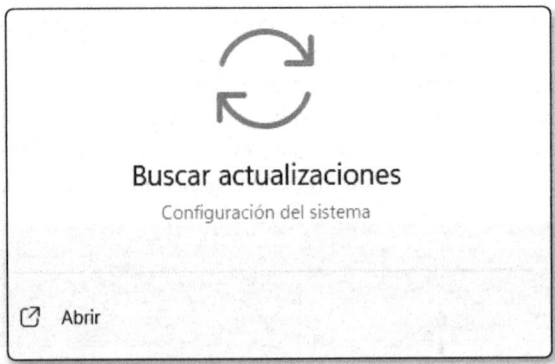

Windows 11 ha sido diseñado con un enfoque de seguridad reforzado desde su arquitectura. Funciones como el arranque seguro, la integración de hardware de seguridad y la protección nativa frente a malware reducen los riesgos habituales asociados a equipos conectados a internet. No obstante, la seguridad no depende únicamente de la tecnología, sino también del comportamiento del usuario. Una configuración adecuada y el respeto de recomendaciones son tan importantes como las herramientas disponibles.

2.6.1 Windows Security

Windows Security es el centro desde el cual se gestionan las principales funciones de protección del sistema. Esta herramienta permite consultar el estado de seguridad del equipo, recibir alertas y acceder a los distintos módulos de protección de forma centralizada.

Entre sus funciones destaca la protección antivirus y antimalware mediante Microsoft Defender Antivirus, integrado de forma nativa en Windows 11. Esta solución ofrece protección en tiempo real frente a virus, spyware, ransomware y otras amenazas, actualizando automáticamente sus definiciones. Mantener esta protección activa es una de las medidas más eficaces para reducir el riesgo de infección.

Windows 11 incluye también mecanismos específicos frente al ransomware, como el acceso controlado a carpetas, que impide que aplicaciones no autorizadas modifiquen archivos importantes. Esta función resulta especialmente útil para proteger documentos personales y profesionales frente a ataques que cifran la información.

El firewall de Windows actúa como una barrera entre el equipo y la red, controlando las conexiones entrantes y salientes. Su función es bloquear accesos no autorizados y permitir solo las comunicaciones necesarias para el funcionamiento de las aplicaciones. Mantener el firewall activado es una medida básica de seguridad que no debe deshabilitarse sin una alternativa equivalente.

2.6.2 Actualizaciones de seguridad

Las actualizaciones del sistema operativo son una parte esencial de la seguridad. A través de Windows Update se corrigen vulnerabilidades, se solucionan errores y se mejora la estabilidad del sistema. Permitir la instalación automática de actualizaciones garantiza que el equipo esté protegido frente a amenazas recientes. Posponerlas de forma indefinida puede dejar el sistema expuesto a riesgos conocidos.

2.6.3 Control de cuentas de usuario y gestión de accesos

El control de cuentas de usuario (UAC) solicita confirmación cuando una aplicación intenta realizar cambios importantes en el sistema. Su objetivo es evitar modificaciones no autorizadas, incluso cuando se utiliza una cuenta con privilegios de administrador. Mantener un nivel adecuado de notificación añade una capa adicional de protección.

La gestión de cuentas de usuario es clave para la seguridad. Windows 11 permite trabajar con cuentas estándar para el uso diario y cuentas de administrador para tareas de mantenimiento. El uso de contraseñas seguras, combinando letras, números y símbolos, es imprescindible. Métodos como Windows Hello, mediante PIN o biometría, mejoran la seguridad y la comodidad en el inicio de sesión.

Los permisos sobre archivos y carpetas permiten controlar qué usuarios pueden acceder, modificar o eliminar determinados contenidos. Una asignación adecuada de permisos protege la información sensible, especialmente en equipos compartidos o redes locales.

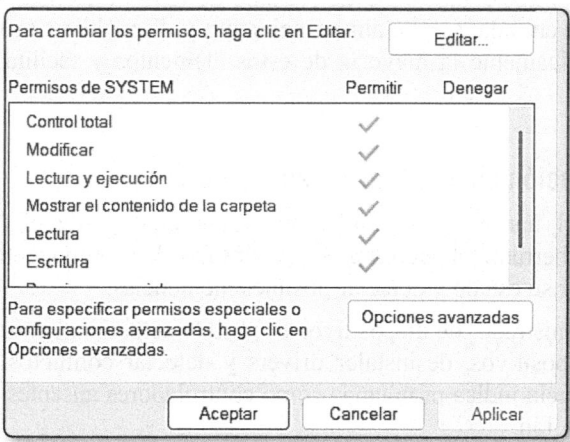

2.7 NAVEGACIÓN SEGURA Y COPIAS DE SEGURIDAD

La navegación por internet es una de las principales vías de entrada de amenazas. Para reducir riesgos, se recomienda descargar software solo desde fuentes confiables, comprobar que las páginas utilizan conexiones seguras, evitar formularios sospechosos y mantener el navegador actualizado.

Las copias de seguridad constituyen la última línea de defensa frente a pérdidas de información. Windows 11 ofrece opciones como el historial de archivos, la sincronización con la nube o las copias en dispositivos externos. Realizar copias periódicas y verificar su funcionamiento reduce significativamente el impacto de incidentes de seguridad.

2.8 GESTIÓN DE DISPOSITIVOS Y PERIFÉRICOS

La correcta gestión de dispositivos y periféricos es fundamental para garantizar el funcionamiento estable y eficiente de un sistema informático. Los dispositivos permiten ampliar las capacidades del equipo, facilitar la interacción con el usuario y conectar el ordenador con otros sistemas. Entre ellos se incluyen periféricos de entrada, salida, almacenamiento y dispositivos mixtos, como pantallas táctiles o auriculares con micrófono.

Windows 11 integra herramientas que permiten detectar, instalar, configurar y solucionar incidencias relacionadas con el hardware de forma sencilla. El objetivo de este capítulo es que el alumno conozca los principales tipos de dispositivos, sepa gestionar sus controladores y resolver problemas básicos asociados a su uso.

2.8.1 Dispositivos y periféricos: concepto y clasificación

Los dispositivos y periféricos son componentes internos o externos que se conectan al ordenador para permitir la entrada, salida, almacenamiento de información o la comunicación con otros equipos. Desde el punto de vista funcional, pueden clasificarse en dispositivos de entrada, salida, almacenamiento y dispositivos mixtos. Windows 11 reconoce automáticamente la mayoría de estos elementos y facilita su configuración inicial.

2.8.2 Administración de dispositivos en Windows 11

La gestión del hardware se realiza principalmente desde el Administrador de dispositivos. Esta herramienta permite visualizar todos los componentes instalados en el equipo, comprobar su estado y detectar posibles incidencias.

Desde el Administrador de dispositivos es posible actualizar controladores, habilitar o deshabilitar dispositivos, desinstalar drivers y detectar conflictos. La presencia de iconos de advertencia indica problemas como controladores ausentes o incorrectos que requieren intervención.

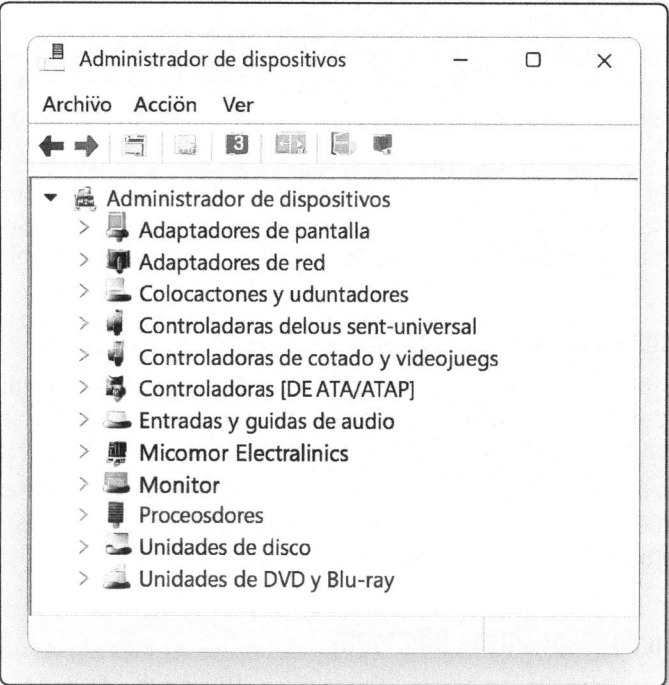

2.8.3 Controladores: instalación y actualización

Los controladores o drivers permiten la comunicación entre el sistema operativo y el hardware. En la mayoría de los casos, Windows 11 instala automáticamente los controladores necesarios al conectar un dispositivo, especialmente en periféricos comunes.

En dispositivos específicos puede ser necesaria la instalación manual, descargando el controlador desde la página oficial del fabricante. Es importante utilizar siempre controladores compatibles con el modelo del dispositivo y la versión del sistema operativo, evitando fuentes no oficiales. Mantener los controladores actualizados mejora la estabilidad, la compatibilidad y el rendimiento del sistema.

2.8.4 Gestión de impresoras y escáneres

Windows 11 facilita la instalación y configuración de impresoras y escáneres desde el apartado de dispositivos. El sistema detecta automáticamente los dispositivos disponibles y guía al usuario en el proceso de instalación.

Una vez instalada la impresora, se puede configurar como predeterminada, gestionar la cola de impresión, ajustar preferencias o compartirla en red. Ante incidencias habituales, conviene revisar la conexión, el estado del dispositivo y el controlador instalado.

2.8.5 Gestión de dispositivos de audio y pantallas

Desde la configuración de sonido es posible seleccionar los dispositivos de entrada y salida de audio, ajustar el volumen y realizar comprobaciones básicas. En caso de problemas, deben revisarse las conexiones, el dispositivo seleccionado y el estado del controlador.

En cuanto a las pantallas, Windows 11 permite gestionar configuraciones con uno o varios monitores, elegir el modo de visualización, ajustar la resolución y el escalado. Utilizar la resolución recomendada garantiza una correcta visualización y evita problemas gráficos.

2.8.6 Dispositivos de almacenamiento externos

Los dispositivos de almacenamiento externos se detectan automáticamente y pueden gestionarse desde el Explorador de archivos. Windows permite copiar datos, asignar letras de unidad, formatear o comprobar errores.

Para operaciones más avanzadas, la herramienta de administración de discos permite gestionar particiones y unidades, debiendo realizarse estas acciones con especial precaución para evitar pérdidas de datos.

2.8.7 Gestión de dispositivos Bluetooth

Windows 11 permite conectar dispositivos Bluetooth desde el apartado de configuración correspondiente. El emparejamiento se realiza de forma guiada y resulta sencillo en la mayoría de los casos.

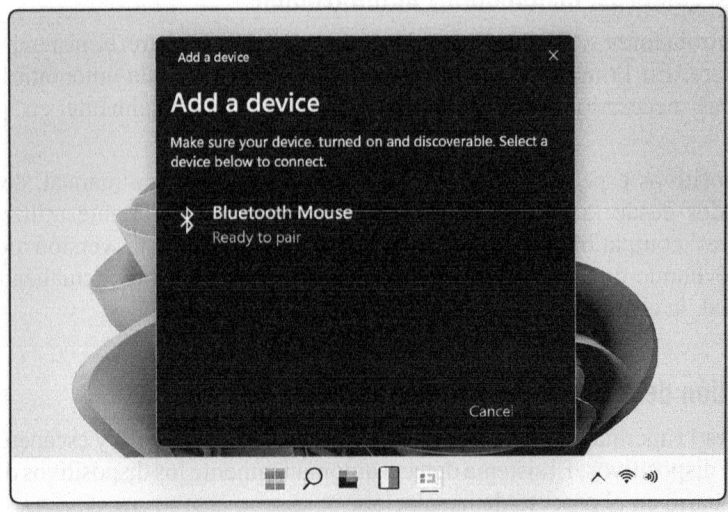

Los problemas más habituales están relacionados con la visibilidad del dispositivo, la batería, interferencias o controladores desactualizados, aspectos que conviene revisar ante cualquier incidencia.

2.9 GESTIÓN DEL ALMACENAMIENTO Y MANTENIMIENTO DEL SISTEMA

La gestión del almacenamiento y el mantenimiento del sistema son tareas esenciales para garantizar el rendimiento, la estabilidad y la durabilidad del equipo. Un uso inadecuado del espacio en disco o la ausencia de mantenimiento periódico puede provocar lentitud y errores en el sistema. Windows 11 incorpora herramientas integradas que facilitan estas tareas de forma accesible para el usuario.

El almacenamiento es el espacio donde se guardan el sistema operativo, las aplicaciones y los datos del usuario. Gestionarlo correctamente permite evitar problemas derivados de la falta de espacio y optimizar los recursos disponibles. El mantenimiento del sistema engloba acciones preventivas orientadas a conservar el rendimiento y reducir incidencias.

En un equipo pueden encontrarse distintos **tipos de unidades de almacenamiento**. Los discos HDD ofrecen gran capacidad a menor coste, pero menor velocidad. Las unidades SSD proporcionan un acceso mucho más rápido y mejoran el rendimiento general del sistema. A estos se suman unidades externas como memorias USB o discos portátiles, utilizadas habitualmente para copias de seguridad o transporte de datos.

Windows 11 permite supervisar el uso del almacenamiento desde **configuración → sistema → almacenamiento**, mostrando el espacio total, el espacio libre y el uso por categorías. Esta información facilita detectar aplicaciones o archivos que consumen demasiado espacio y tomar decisiones para liberar almacenamiento.

La **limpieza de archivos innecesarios** es una tarea clave. El sistema incluye el **sensor de almacenamiento**, que permite eliminar automáticamente archivos temporales, vaciar la papelera o gestionar descargas antiguas. Activar esta función ayuda a mantener el sistema limpio sin intervención constante.

La **administración de discos** permite identificar unidades conectadas, asignar letras o comprobar el estado de los discos. Estas operaciones deben realizarse con precaución, ya que una gestión incorrecta puede provocar pérdida de datos.

La **optimización de unidades** contribuye al rendimiento del sistema. Windows 11 desfragmenta automáticamente los discos HDD y aplica optimizaciones específicas a las unidades SSD, manteniendo su eficiencia sin dañarlas. Estas tareas pueden programarse para ejecutarse de forma periódica.

Las **copias de seguridad** constituyen una medida esencial de protección de la información. Windows 11 ofrece opciones como el historial de archivos, copias manuales en dispositivos externos o la sincronización con servicios en la nube. Establecer copias periódicas reduce el impacto de fallos, errores humanos o incidentes de seguridad.

Por último, la **restauración y recuperación del sistema** permite volver a estados anteriores del equipo sin afectar a los archivos personales, siendo especialmente útil tras instalaciones problemáticas. En casos graves, es posible restablecer el sistema a su estado inicial.

Mantener el equipo en buen estado requiere revisar periódicamente el espacio disponible, eliminar archivos innecesarios, optimizar las unidades y realizar copias de seguridad de forma regular. Estas prácticas aseguran un funcionamiento estable y prolongan la vida útil del sistema.

3

INTRODUCCIÓN A LA BÚSQUEDA DE INFORMACIÓN EN INTERNET

La búsqueda de información en internet es una competencia básica en los ámbitos personal, formativo y profesional. Gran parte de las tareas cotidianas –trabajo, estudio, comunicación o toma de decisiones– dependen del acceso rápido y eficaz a información digital. Saber localizar, evaluar y utilizar correctamente los contenidos disponibles en la red mejora la productividad y reduce riesgos asociados a la desinformación, la inseguridad y el uso inadecuado de los recursos tecnológicos.

Este capítulo presenta los conceptos esenciales sobre internet, su funcionamiento general y su aplicación en el entorno empresarial. Asimismo, se introducen los principales términos técnicos, los mecanismos de acceso, el papel de los proveedores de servicios y las nociones básicas de seguridad y ética que deben guiar un uso responsable de la red.

3.1 QUÉ ES INTERNET Y CÓMO FUNCIONA

Internet es una red mundial formada por múltiples redes interconectadas que permiten la comunicación y el intercambio de información entre millones de dispositivos. Estos se comunican mediante protocolos comunes, lo que garantiza la transmisión de datos con independencia del equipo, sistema operativo o ubicación geográfica.

Desde el punto de vista técnico, internet es una infraestructura distribuida y no centralizada, lo que le aporta robustez y continuidad del servicio. En la práctica, permite acceder a servicios como páginas web, correo electrónico, almacenamiento en la nube, videoconferencias, plataformas de aprendizaje, comercio electrónico y aplicaciones de gestión empresarial.

3.1.1 Aplicaciones de internet en la empresa

En el ámbito empresarial, internet es una herramienta estratégica que facilita la comunicación interna y externa, el trabajo colaborativo y el acceso a información relevante. El correo electrónico, la mensajería instantánea y las videoconferencias permiten coordinar equipos y relacionarse con clientes y proveedores, incluso a distancia.

Internet también es una fuente clave de información para la toma de decisiones, ya que permite consultar normativa, manuales técnicos, bases de datos y estudios sectoriales. Además, a través de sitios web, redes sociales y plataformas de comercio electrónico, las empresas pueden promocionar productos, ofrecer soporte y fidelizar clientes.

3.1.2 Breve referencia histórica

Internet tiene su origen en proyectos de investigación de finales de los años sesenta, como ARPANET, que sentaron las bases de la transmisión de datos mediante conmutación de paquetes. Posteriormente, el desarrollo de protocolos como TCP/IP permitió la interconexión de redes. En los años noventa, la aparición de la World Wide Web facilitó el acceso a la información mediante navegadores gráficos, impulsando la expansión masiva de internet hasta convertirse en una infraestructura esencial de la sociedad actual.

3.1.3 Terminología básica de internet

Para realizar búsquedas eficaces es necesario conocer algunos términos fundamentales. El navegador es el programa que permite acceder a la web. El servidor almacena y ofrece la información, mientras que el cliente la solicita. Una página web es un documento individual y un sitio web es un conjunto de páginas relacionadas bajo un mismo dominio. La URL identifica la dirección de un recurso y los motores de búsqueda permiten localizar información mediante palabras clave.

3.1.4 Protocolos, direcciones y acceso a internet

Internet funciona gracias a protocolos de comunicación, especialmente TCP/IP, que permiten enviar datos de forma fiable y direccionarlos correctamente. Cada dispositivo dispone de una dirección IP y el sistema DNS traduce los nombres de dominio en direcciones numéricas comprensibles para los equipos.

El acceso a internet se realiza a través de proveedores de servicios (ISP), que ofrecen distintos tipos de conexión, como fibra óptica, cable o redes móviles. Además del acceso, los ISP suelen proporcionar servicios complementarios como DNS o medidas básicas de seguridad.

3.1.5 Software y búsqueda de información

El software principal para usar internet es el navegador web, que permite acceder a contenidos y servicios en línea. También son habituales aplicaciones como clientes de correo, herramientas de videoconferencia y plataformas de almacenamiento en la nube.

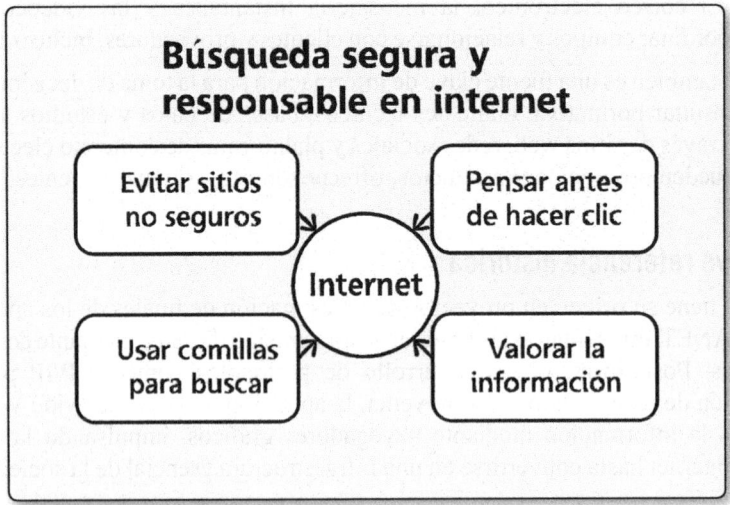

La búsqueda de información consiste en localizar contenidos relevantes mediante motores de búsqueda. Para que sea eficaz, es necesario definir bien los términos utilizados, evaluar la fiabilidad de las fuentes y contrastar la información. En el ámbito profesional se recomienda priorizar fuentes oficiales, técnicas o especializadas.

3.2 SEGURIDAD, ÉTICA Y USO RESPONSABLE

El uso de internet implica riesgos como malware, phishing o robo de información. Para reducirlos es fundamental mantener el sistema actualizado, utilizar antivirus y firewall, emplear contraseñas seguras y comprobar que los sitios web usan conexiones seguras (HTTPS).

Desde el punto de vista ético, el usuario debe respetar la propiedad intelectual, proteger los datos personales, citar las fuentes y evitar la difusión de información falsa. Un uso responsable de los contenidos digitales es clave tanto en el ámbito personal como en el profesional.

4

NAVEGACIÓN POR LA WORLD WIDE WEB

La World Wide Web, conocida comúnmente como web, es uno de los servicios más utilizados de internet y constituye el principal medio de acceso a la información digital. La navegación web consiste en el proceso mediante el cual el usuario se desplaza entre páginas y recursos disponibles en la red utilizando un navegador. Esta actividad es fundamental en contextos personales, formativos y profesionales, ya que permite consultar información, comunicarse, trabajar con aplicaciones en línea y acceder a servicios corporativos.

Comprender los principios básicos de la navegación web resulta esencial para utilizar internet de forma eficiente, segura y productiva. En este capítulo se abordan los conceptos fundamentales, las herramientas de navegación, la búsqueda de información y los principales aspectos relacionados con la seguridad y el almacenamiento temporal de datos.

4.1 CONCEPTOS BÁSICOS DE LA WEB

La web está formada por documentos interconectados mediante enlaces, denominados páginas web, que se agrupan en sitios web alojados en servidores. El navegador web es la aplicación que permite acceder a estos contenidos y mostrarlos de forma visual. Entre los navegadores más utilizados se encuentran Google Chrome, Microsoft Edge, Mozilla Firefox y Safari.

Cada página web se identifica mediante una dirección única denominada URL, que indica el protocolo de acceso, el dominio y la ruta del recurso. Otros conceptos habituales son el enlace o hipervínculo, que permite pasar de una página a otra, la pestaña, que facilita la navegación simultánea por varios contenidos, y la sesión, que representa el periodo de interacción del usuario con un sitio web.

4.1.1 Proceso de navegación por la web

La navegación web comienza cuando el usuario introduce una dirección en la barra del navegador o selecciona un enlace. El navegador solicita entonces la información al servidor correspondiente, que responde enviando los datos necesarios para mostrar la página. Este proceso se realiza de forma casi inmediata gracias a los protocolos de comunicación y a la infraestructura de internet.

Durante la navegación, el usuario puede desplazarse entre páginas utilizando enlaces, menús y controles del navegador, como avanzar, retroceder, recargar o abrir nuevas pestañas. En entornos profesionales, una navegación eficiente permite reducir tiempos de búsqueda y mejorar la productividad en tareas administrativas, técnicas o comerciales.

4.2 HISTORIAL Y GESTIÓN DE LA NAVEGACIÓN

El navegador almacena automáticamente un historial con las páginas visitadas, lo que permite recuperar sitios consultados con anterioridad. Este historial puede consultarse, buscarse o eliminarse total o parcialmente. Desde el punto de vista de la privacidad, en equipos compartidos se recomienda borrar el historial o utilizar modos de navegación privada.

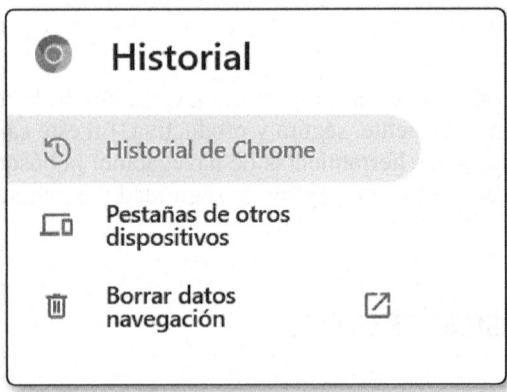

En el ámbito empresarial, la gestión del historial puede estar vinculada a políticas de seguridad y protección de datos, especialmente cuando se maneja información sensible.

4.2.1 Gestión de contenidos: imágenes y guardado de información

Las imágenes son un elemento habitual en la web y cumplen funciones informativas y comunicativas. El usuario puede visualizarlas, ampliarlas o guardarlas desde el navegador, respetando siempre los derechos de autor y las licencias de uso asociadas.

Durante la navegación, también es frecuente guardar información para su uso posterior, como páginas web, fragmentos de texto, imágenes o documentos descargables. Esta información debe organizarse correctamente mediante carpetas y nombres descriptivos. En entornos profesionales, es habitual combinar el almacenamiento local con servicios en la nube para facilitar el acceso y el trabajo colaborativo.

4.3 BÚSQUEDA DE INFORMACIÓN EN LA WEB

La búsqueda de información es una de las funciones principales de la navegación web. Los motores de búsqueda permiten localizar contenidos mediante palabras clave y aplicar filtros por fecha, idioma o tipo de contenido. Muchos navegadores integran la búsqueda directamente en la barra de direcciones, lo que agiliza el proceso.

Una búsqueda eficaz requiere formular adecuadamente los términos, evaluar la fiabilidad de las fuentes y contrastar la información obtenida. En el ámbito profesional es fundamental priorizar fuentes oficiales, técnicas o especializadas frente a contenidos no verificados.

4.4 ENLACES, FAVORITOS E IMPRESIÓN DE CONTENIDOS

Los enlaces permiten conectar contenidos relacionados y facilitan la exploración de información complementaria. Es importante verificar el destino de los enlaces antes de acceder a ellos, especialmente cuando proceden de fuentes desconocidas.

Los favoritos o marcadores permiten guardar direcciones web para acceder a ellas rápidamente en el futuro. Su correcta organización en carpetas contribuye a una navegación más eficiente y reduce búsquedas repetitivas.

Aunque el consumo de información es mayoritariamente digital, en algunos casos es necesario imprimir contenidos web. Antes de imprimir, conviene utilizar la vista previa para evitar impresiones innecesarias y garantizar un uso responsable de los recursos.

4.5 CACHÉ, COOKIES Y SEGURIDAD EN LA NAVEGACIÓN

La caché es un sistema de almacenamiento temporal que permite cargar más rápidamente las páginas visitadas con frecuencia. No obstante, una caché desactualizada puede provocar errores, por lo que en determinadas situaciones es recomendable vaciarla.

Las cookies son archivos que los sitios web almacenan para mantener sesiones activas, recordar preferencias o recopilar datos estadísticos. El navegador permite gestionar su uso para proteger la privacidad del usuario.

La seguridad en la navegación web depende tanto de la configuración del navegador como del comportamiento del usuario. Mantener el navegador actualizado, utilizar conexiones seguras, limitar extensiones innecesarias y actuar con precaución al introducir datos personales son medidas básicas para una navegación segura.

4.6 FUNCIONAMIENTO DE LA INFORMACIÓN EN LA WEB

La información en la web se genera y distribuye de forma continua a través de servidores y motores de búsqueda. Los contenidos pueden proceder de fuentes muy diversas, lo que exige al usuario desarrollar un criterio crítico para evaluar su calidad y fiabilidad.

Comprender cómo se organiza y se presenta la información en internet es esencial para realizar búsquedas eficaces, interpretar resultados y utilizar los contenidos de forma responsable. En el ámbito profesional, esta competencia resulta clave para la toma de decisiones y el aprendizaje continuo.

4.7 CORREO WEB Y ACCESO DESDE DISTINTOS DISPOSITIVOS

El correo web permite acceder al correo electrónico desde cualquier dispositivo con conexión a internet, sin necesidad de instalar software específico. Esta modalidad resulta especialmente útil en entornos de movilidad y teletrabajo. Los servicios de correo web suelen incluir funciones avanzadas como filtros antispam, buscadores integrados y amplias capacidades de almacenamiento, aunque dependen de una conexión permanente a la red.

4.8 TRANSFERENCIA DE ARCHIVOS MEDIANTE FTP

La transferencia de archivos es una necesidad habitual en entornos profesionales, especialmente cuando se manejan archivos de gran tamaño o se trabaja con servidores remotos. El protocolo FTP permite enviar y recibir archivos entre un equipo local y un servidor remoto mediante una arquitectura cliente-servidor.

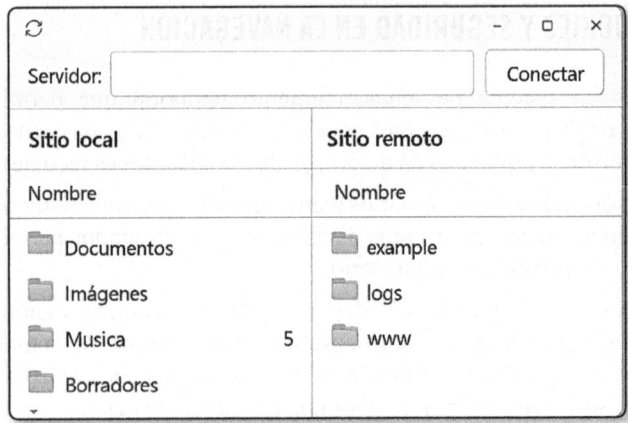

Para utilizar FTP es necesario un cliente específico y disponer de las credenciales de acceso al servidor. Una vez establecida la conexión, el usuario puede transferir archivos entre el sistema local y el remoto de forma estructurada. Aunque actualmente existen alternativas más seguras, FTP sigue utilizándose en ámbitos como la gestión de servidores web o sistemas heredados.

4.9 SEGURIDAD EN LA TRANSFERENCIA DE INFORMACIÓN

FTP transmite la información sin cifrado, lo que supone un riesgo de seguridad. Por ello, siempre que sea posible se recomienda utilizar variantes seguras como SFTP o FTPS. Además, es fundamental emplear contraseñas seguras, limitar el acceso a los servidores y verificar la procedencia de los archivos antes de abrirlos.

Estas medidas ayudan a prevenir accesos no autorizados, infecciones por malware y pérdidas de información.

4.10 USO INTEGRADO DEL CORREO ELECTRÓNICO Y LA TRANSFERENCIA DE ARCHIVOS

El correo electrónico y los sistemas de transferencia de archivos se utilizan de forma complementaria en la actividad diaria. El correo sirve para la comunicación y notificación, mientras que los archivos de gran tamaño suelen compartirse mediante servicios específicos o enlaces a plataformas en la nube.

Comprender cuándo utilizar cada herramienta y hacerlo de forma segura es una competencia básica en el entorno digital actual. La integración con servicios en la nube ha facilitado el trabajo colaborativo, permitiendo compartir documentos sin necesidad de enviarlos como adjuntos y reduciendo problemas de versiones.

5

GESTIÓN DEL CORREO EN OUTLOOK

La gestión del correo electrónico constituye una de las actividades más frecuentes y críticas en el entorno profesional. Outlook, como parte del ecosistema Microsoft, ofrece un conjunto de herramientas avanzadas diseñadas para organizar, clasificar, visualizar y procesar mensajes de forma eficiente. El dominio de estas funciones permite reducir el tiempo dedicado a tareas repetitivas, mejorar la productividad y mantener una comunicación clara, ordenada y coherente con los estándares corporativos.

Este capítulo profundiza en las principales opciones de personalización de la interfaz del correo, el funcionamiento de la bandeja de entrada prioritaria, la navegación entre carpetas, la creación y gestión de mensajes, así como las herramientas de organización y las funciones avanzadas como las firmas personalizadas y los buzones compartidos. El objetivo es que el lector adquiera un conocimiento sólido y práctico que le permita gestionar su correo de forma profesional y eficiente.

Configuración		Diseño	Diseño
Q Buscar configuracic ✕		Diseño	
		Redactar y responder	
○ Cuentas		Sugerencias inteligentes	**Bandeja de entrada Prioritarios**
▤ Archivos		Datos adjuntos	La configuración de la Bandeja de entrada Prioritarios se aplica en el nivel de cuenta:
⚙ General		Formato condicional	
✉ Correo		Personalizar acciones	**¿Quiere que Outlook ordene el correo electrón importante?**
▦ Calendario		Administración de mensajes	◉ Ordenar mensajes en Prioritarios y Otros
⚏ Contactos		Suscripciones	○ No ordenar mis mensajes

5.1 PERSONALIZAR LA INTERFAZ DEL CORREO

La interfaz de Outlook puede adaptarse a las preferencias del usuario para facilitar la lectura, la organización y la gestión del correo. Una correcta configuración inicial mejora la eficiencia y permite localizar la información de forma más rápida, especialmente cuando se trabaja con grandes volúmenes de mensajes.

5.1.1 Configuración de vistas

Outlook permite modificar la forma en que se muestran los mensajes en la bandeja de entrada. Las opciones de vista influyen directamente en la comodidad de lectura y en la rapidez con la que el usuario puede identificar mensajes importantes.

Las opciones más relevantes son:

▼ **Densidad de pantalla**: ajusta la cantidad de mensajes visibles en la lista.
  - *Compacta*: muestra más mensajes por pantalla.
  - *Intermedia*: equilibrio entre espacio y legibilidad.
  - *Amplia*: ideal para pantallas grandes o usuarios que prefieren una visualización más espaciada.

▼ **Vista de conversación**: agrupa los correos relacionados en un único hilo. Esta opción es especialmente útil para:
  - Seguir conversaciones largas.
  - Evitar duplicidades.
  - Mantener un contexto claro de los mensajes.

▼ **Ordenación de mensajes**: permite ordenar por:
  - Fecha.
  - Remitente.
  - Asunto.
  - Tamaño.
  - Importancia.

Estas opciones se encuentran en el menú de configuración rápida, accesible desde el icono de engranaje situado en la parte superior derecha de la pantalla.

5.1.2 Panel de lectura

El panel de lectura permite visualizar el contenido de un mensaje sin necesidad de abrirlo en una ventana independiente. Esta característica agiliza la revisión del correo y permite procesar mensajes de forma más eficiente.

Outlook ofrece tres configuraciones posibles:

▼ **Panel a la derecha**: permite ver simultáneamente la lista de mensajes y el contenido. Es la opción más utilizada en pantallas amplias.

▼ **Panel inferior**: útil para pantallas pequeñas o para usuarios que prefieren una vista horizontal.

▼ **Panel desactivado**: obliga a abrir cada mensaje en una ventana nueva. Puede ser útil para usuarios que necesitan concentrarse en un mensaje a la vez.

La elección del panel de lectura depende del tipo de trabajo, del tamaño de la pantalla y de las preferencias personales.

5.1.3 Organización de paneles

Además del panel de lectura, Outlook permite reorganizar otros elementos de la interfaz:

▼ Mostrar u ocultar el panel de carpetas.

▼ Activar o desactivar la vista de grupos.

▼ Ajustar el tamaño de la lista de mensajes.

▼ Configurar la visualización de categorías y banderas.

▼ Mostrar u ocultar la barra de herramientas simplificada.

Estas opciones permiten adaptar la interfaz a distintos estilos de trabajo, desde usuarios que necesitan una vista limpia y minimalista hasta aquellos que requieren acceso rápido a múltiples herramientas.

5.2 BANDEJA DE ENTRADA PRIORITARIA

La bandeja de entrada prioritaria es una función que clasifica automáticamente los mensajes en dos pestañas: **prioritarios** y **Otros**. Su objetivo es ayudar al usuario a centrarse en los correos más relevantes, reduciendo la distracción causada por mensajes de baja prioridad.

5.2.1 Prioritarios vs. Otros

▼ **Prioritarios:** incluye los mensajes que Outlook considera importantes según el comportamiento del usuario. Outlook analiza:

● Remitentes frecuentes.

● Mensajes que el usuario suele abrir.

● Conversaciones relevantes.

● Interacciones previas.

▼ **Otros:** contiene correos menos relevantes, como:

● Boletines informativos.

● Notificaciones automáticas.

● Comunicaciones de baja prioridad.

Esta clasificación se basa en patrones de uso y se ajusta automáticamente con el tiempo.

5.2.2 Mover correos entre pestañas

El usuario puede corregir la clasificación automática:

▶ Para mover un mensaje de **Prioritarios** a **Otros**, basta con seleccionarlo y elegir la opción *Mover a Otros*.

▶ Para mover un mensaje de **Otros** a **Prioritarios**, se utiliza la opción *Mover a Prioritarios*.

Outlook aprende de estas acciones y mejora la clasificación con el tiempo, adaptándose al estilo de trabajo del usuario.

5.2.3 Activar o desactivar la bandeja prioritaria

La bandeja prioritaria puede activarse o desactivarse desde:

Configuración → **Bandeja de entrada prioritaria**

Desactivarla unifica todos los mensajes en una única vista, lo que puede ser útil para usuarios que prefieren gestionar manualmente la clasificación del correo.

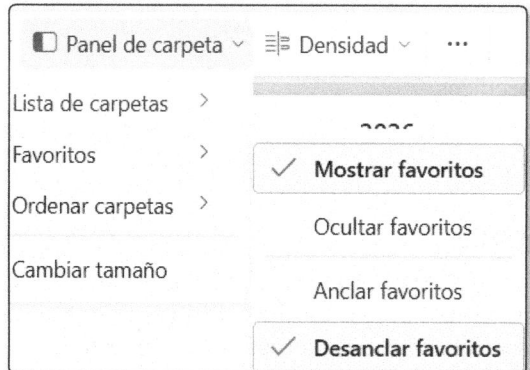

5.3 NAVEGAR ENTRE CARPETAS

Outlook organiza el correo en carpetas que permiten clasificar los mensajes según su función o contenido. La correcta gestión de carpetas es fundamental para mantener una bandeja de entrada ordenada y facilitar la búsqueda de información.

5.3.1 Carpetas predeterminadas

Outlook incluye varias carpetas creadas automáticamente:

▛ **Bandeja de entrada.**	▛ **Elementos eliminados.**
▛ **Elementos enviados.**	▛ **Correo no deseado.**
▛ **Borradores.**	▛ **Archivo.**

Estas carpetas no pueden eliminarse, ya que forman parte del funcionamiento básico del correo.

5.3.2 Crear, renombrar y eliminar carpetas

El usuario puede crear carpetas personalizadas para organizar mejor su correo:

▛ Para crear una carpeta, basta con hacer clic derecho sobre *Carpetas* y seleccionar *Nueva carpeta.*

▛ Las carpetas pueden renombrarse o eliminarse desde el menú contextual.

▛ Las subcarpetas permiten organizar la información por:

- Proyectos.
- Clientes.
- Departamentos.
- Temas específicos.

Una estructura de carpetas bien diseñada facilita la clasificación y recuperación de mensajes.

5.3.3 Carpetas favoritas

Las carpetas más utilizadas pueden añadirse a la sección **Favoritos**, situada en la parte superior del panel de navegación. Esto facilita el acceso rápido a las carpetas más importantes, especialmente en entornos donde se gestionan múltiples proyectos simultáneamente.

5.4 CREAR Y GESTIONAR CORREOS

La creación y gestión de mensajes es una de las funciones principales de Outlook. Dominar estas herramientas permite comunicarse de forma clara, profesional y eficiente.

5.4.1 Crear un nuevo correo

Para redactar un mensaje:

1. Pulsar en **Nuevo mensaje**.
2. Introducir el destinatario o destinatarios.
3. Escribir el asunto.
4. Redactar el contenido del mensaje.
5. Enviar el correo.

Outlook permite añadir destinatarios en los campos:

- **CC** (con copia).
- **CCO** (con copia oculta).

5.4.2 Responder y reenviar

Las opciones principales son:

- **Responder**, para contestar al remitente.
- **Responder a todos**, para incluir a todos los destinatarios originales.
- **Reenviar**, para enviar el mensaje a un nuevo destinatario.

5.4.3 Adjuntar archivos (locales y OneDrive)

Outlook permite adjuntar archivos desde:

- El equipo local.
- OneDrive.
- SharePoint.
- Archivos recientes.

Los archivos adjuntos desde OneDrive pueden compartirse como vínculos, lo que:

- Evita duplicados.
- Reduce el tamaño del correo.
- Facilita la colaboración.
- Permite actualizar el archivo sin reenviar el mensaje.

5.4.4 Opciones de formato

El editor de mensajes incluye herramientas para:

- Cambiar la fuente y el tamaño.
- Aplicar negrita, cursiva o subrayado.
- Insertar listas y tablas.
- Añadir imágenes o vínculos.
- Insertar firmas.
- Aplicar estilos de texto.
- Insertar emojis o menciones.

5.5 FIRMA PERSONALIZADA

La firma es un bloque de texto que se añade automáticamente al final de los mensajes. Permite incluir:

- Nombre y apellidos.
- Cargo profesional.
- Información de contacto.
- Logotipo corporativo.
- Enlaces a redes profesionales.

5.5.1 Crear una firma

Para crear una firma:

1. Acceder a **Configuración** → **Ver toda la configuración de Outlook**.
2. Seleccionar **Redactar y responder**.
3. Escribir la firma en el editor.

5.5.2 Firmas múltiples

Outlook permite crear varias firmas y elegir cuál utilizar en cada mensaje. Esto es útil para:

- Diferentes departamentos.
- Distintos idiomas.
- Comunicaciones internas y externas.

5.5.3 Aplicación automática

El usuario puede decidir si la firma se añade automáticamente a:

- Nuevos mensajes.
- Respuestas y reenvíos.
- Ambos tipos de mensajes.

5.6 BUZONES COMPARTIDOS

Los buzones compartidos permiten que varios usuarios accedan a un mismo correo corporativo. Son habituales en:

▸ Departamentos de atención al cliente.

▸ Equipos administrativos.

▸ Servicios de soporte.

▸ Áreas de comunicación.

5.6.1 Acceso a buzones compartidos

El acceso se concede desde el departamento de administración de TI. Una vez asignado, el buzón aparece automáticamente en el panel de carpetas.

5.6.2 Enviar en nombre de

Los usuarios autorizados pueden enviar mensajes:

▸ **En nombre de** la cuenta compartida.

▸ **Como** la cuenta compartida (si tienen permisos completos).

5.6.3 Permisos y administración

Los permisos habituales son:

▸ **Lectura.**

▸ **Envío.**

▸ **Control total del buzón.**

La administración de permisos se realiza desde el área de TI.

ACTIVIDAD

Actividad 1. Personalización de la interfaz

Objetivo: configurar la vista del correo según las necesidades del usuario.

Tareas:

▸ Cambiar la densidad de pantalla.

▸ Modificar el panel de lectura.

▸ Activar o desactivar la vista de conversación.

6

ADMINISTRAR Y ORGANIZAR EL CORREO EN OUTLOOK

La administración del correo electrónico es una competencia esencial en cualquier entorno profesional. Outlook incorpora un conjunto de herramientas avanzadas que permiten automatizar tareas, organizar mensajes, mantener la bandeja de entrada limpia, mejorar la seguridad y optimizar la búsqueda de información. El dominio de estas funciones no solo facilita el trabajo diario, sino que también contribuye a reducir errores, evitar saturación de información y mejorar la eficiencia en la gestión del correo corporativo.

Este capítulo profundiza en las principales herramientas de administración y organización del correo en Outlook, así como en su aplicación práctica en situaciones reales de trabajo. Se abordan aspectos como la creación de reglas automáticas, el uso de carpetas inteligentes, el archivado y la limpieza, la seguridad del correo, la búsqueda avanzada, las categorías y etiquetas, y la gestión del almacenamiento.

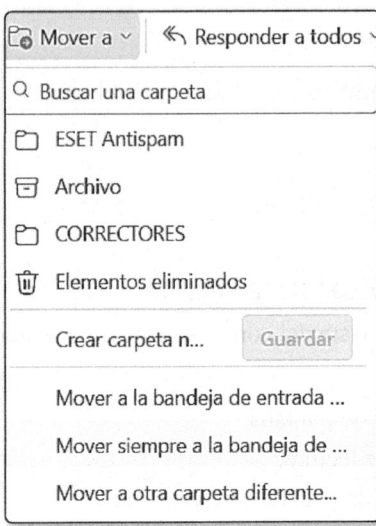

6.1 REGLAS AUTOMÁTICAS

Las reglas automáticas permiten que Outlook realice acciones de forma automática cuando se cumplen determinadas condiciones. Son especialmente útiles para organizar grandes volúmenes de correo, clasificar mensajes por remitente o tema, y reducir el tiempo dedicado a tareas repetitivas.

6.1.1 Crear reglas

Para crear una regla, el usuario debe acceder a:

Configuración → **Ver toda la configuración de Outlook** → **Correo** → **Reglas**

Una regla se compone de tres elementos:

- **Condición:** determina cuándo se activa la regla (por ejemplo, "cuando el remitente es…", "cuando el asunto contiene…").
- **Acción:** indica qué debe hacer Outlook (mover, clasificar, marcar, eliminar, reenviar…).
- **Excepciones:** permiten excluir ciertos casos.

Ejemplos de reglas habituales:

- Mover automáticamente los correos de un cliente a una carpeta específica.
- Marcar como importante los mensajes que contienen determinadas palabras clave.
- Reenviar mensajes a un compañero cuando se está de vacaciones.
- Archivar automáticamente boletines informativos.

6.1.2 Editar y eliminar reglas

Las reglas pueden modificarse en cualquier momento. Para ello, basta con:

1. Acceder al listado de reglas.
2. Seleccionar la regla que se desea editar.
3. Cambiar condiciones, acciones o excepciones.

Las reglas también pueden desactivarse temporalmente sin necesidad de eliminarlas, lo que resulta útil en situaciones puntuales.

6.1.3 Reglas recomendadas

Outlook sugiere reglas basadas en el comportamiento del usuario, como:

▼ Mover automáticamente boletines informativos.

▼ Clasificar mensajes repetitivos.

▼ Organizar correos de grupos o equipos.

▼ Filtrar notificaciones automáticas.

Estas reglas pueden activarse con un solo clic y ayudan a mantener la bandeja de entrada organizada.

6.2 CARPETAS INTELIGENTES

Las carpetas inteligentes permiten visualizar mensajes que cumplen determinados criterios sin necesidad de moverlos físicamente. Son herramientas de consulta dinámica que facilitan la organización avanzada del correo.

6.2.1 Carpetas de búsqueda

Una carpeta de búsqueda muestra todos los mensajes que cumplen una condición, como:

▼ Correos no leídos.

▼ Mensajes marcados.

▼ Correos de un remitente concreto.

▼ Mensajes con archivos adjuntos.

▼ Mensajes de alta prioridad.

Estas carpetas se actualizan automáticamente y permiten localizar información sin necesidad de navegar por todas las carpetas.

6.2.2 Carpetas automáticas

Outlook crea carpetas automáticas para ciertos tipos de mensajes, como:

▼ **Archivo.**

▼ **Correo no deseado.**

▼ **Elementos eliminados.**

Estas carpetas ayudan a mantener el correo organizado sin intervención manual.

6.3 ARCHIVADO Y LIMPIEZA

El archivado y la limpieza son herramientas esenciales para mantener la bandeja de entrada bajo control y evitar la acumulación de mensajes innecesarios.

6.3.1 Archivar mensajes

La opción **Archivar** permite mover mensajes a la carpeta Archivo sin eliminarlos. Es útil para:

- Guardar correos importantes sin que ocupen espacio en la bandeja de entrada.
- Mantener un historial ordenado.
- Reducir la carga visual del usuario.
- Preparar la bandeja para auditorías o revisiones.

6.3.2 Limpiar conversaciones

La función **Limpiar** elimina mensajes redundantes dentro de una conversación, conservando únicamente el más reciente que contiene todo el historial. Es especialmente útil en:

- Conversaciones largas.
- Intercambios con múltiples respuestas.
- Equipos que responden en cadena.
- Hilos con información duplicada.

6.3.3 Vaciar carpetas

Outlook permite vaciar carpetas como:

- Elementos eliminados.
- Correo no deseado.
- Carpetas personalizadas.

Vaciar carpetas periódicamente ayuda a mantener el almacenamiento bajo control y evita problemas de rendimiento.

6.4 SEGURIDAD DEL CORREO

La seguridad es un aspecto fundamental en la gestión del correo corporativo. Outlook incorpora herramientas para proteger al usuario frente a mensajes maliciosos.

6.4.1 Correo no deseado

Outlook filtra automáticamente mensajes sospechosos y los envía a la carpeta **Correo no deseado**. El usuario puede:

- Marcar mensajes como "No es correo no deseado".
- Añadir remitentes a la lista segura.
- Revisar periódicamente la carpeta para evitar falsos positivos.

6.4.2 Phishing y advertencias

Outlook detecta intentos de phishing y muestra advertencias cuando un mensaje parece fraudulento. Estas advertencias pueden incluir:

- Avisos sobre remitentes desconocidos.
- Alertas sobre enlaces sospechosos.
- Advertencias sobre archivos adjuntos peligrosos.
- Indicadores de suplantación de identidad.

El usuario debe evitar abrir enlaces o adjuntos de origen dudoso.

6.4.3 Bloquear remitentes

Es posible bloquear remitentes para evitar recibir mensajes no deseados. Esta opción se encuentra en:

Correo → Correo no deseado → Remitentes bloqueados

6.5 BÚSQUEDA AVANZADA

La búsqueda avanzada permite localizar mensajes de forma rápida y precisa, incluso en bandejas de entrada con miles de correos.

6.5.1 Filtros avanzados

Outlook permite filtrar mensajes por:

- Fecha.
- Remitente.
- Asunto.
- Palabras clave.
- Archivos adjuntos.
- Categorías.
- Importancia.

Estos filtros se combinan para obtener resultados más precisos.

6.5.2 Operadores de búsqueda

Los operadores permiten realizar búsquedas complejas, como:

- **from:** para buscar por remitente.
- **subject:** para buscar por palabras en el asunto.
- **has: Attachment** para localizar correos con adjuntos.
- **category:** para buscar por categoría.
- **to:** para buscar destinatarios.
- **cc:** para buscar copias.

6.5.3 Guardar búsquedas frecuentes

Las búsquedas pueden guardarse como carpetas de búsqueda, lo que permite acceder rápidamente a consultas habituales.

6.6 CATEGORÍAS Y ETIQUETAS

Las categorías permiten clasificar mensajes mediante colores y etiquetas personalizadas.

6.6.1 Crear categorías

El usuario puede crear categorías desde:

Configuración → Categorías

Cada categoría puede tener un nombre y un color.

6.6.2 Aplicar colores

Los colores ayudan a identificar rápidamente:

- Proyectos.
- Departamentos.
- Prioridades.
- Tipos de tareas.

6.6.3 Organización por etiquetas

Las etiquetas permiten agrupar mensajes sin necesidad de moverlos a carpetas. Un mensaje puede tener varias categorías simultáneamente.

6.7 GESTIÓN DEL ALMACENAMIENTO

Outlook ofrece herramientas para controlar el espacio disponible y evitar problemas de capacidad.

6.7.1 Espacio disponible

El usuario puede consultar el espacio utilizado desde:

Configuración → Almacenamiento

Aquí se muestra:

▼ Espacio total.

▼ Espacio ocupado.

▼ Carpetas que más espacio consumen.

6.7.2 Eliminación permanente

Los mensajes eliminados permanecen en la carpeta **Elementos eliminados** hasta que se vacía. La eliminación permanente libera espacio de forma inmediata.

6.7.3 Recuperación de elementos eliminados

Outlook permite recuperar mensajes eliminados permanentemente durante un tiempo limitado. Esta opción se encuentra en:

Elementos eliminados → Recuperar elementos eliminados

ACTIVIDADES

Actividad 1. Creación de reglas automáticas

Objetivo: automatizar la organización del correo.

Tareas:

▼ Crear una regla para mover correos de un remitente a una carpeta.

▼ Crear una regla basada en palabras clave.

▼ Probar la regla enviando un mensaje de prueba.

Actividad 2. Limpieza y archivado

Objetivo: mantener la bandeja de entrada organizada.

Tareas:

▼ Archivar mensajes antiguos.

▼ Limpiar una conversación larga.

▼ Vaciar la carpeta de elementos eliminados.

7

CONTACTOS EN OUTLOOK

La gestión de contactos es una parte fundamental del trabajo diario en cualquier entorno profesional. Outlook integra un módulo específico para administrar información personal y profesional de personas y organizaciones, permitiendo centralizar datos, crear listas, organizar grupos y sincronizar contactos entre dispositivos. El dominio de estas funciones facilita la comunicación, mejora la organización del trabajo y permite acceder rápidamente a la información necesaria para coordinar actividades, programar reuniones o enviar correos a múltiples destinatarios.

En este capítulo se describen las principales herramientas relacionadas con la gestión de contactos en Outlook, así como su aplicación práctica en el entorno laboral.

7.1 ACCESO AL MÓDULO DE CONTACTOS

El módulo de contactos de Outlook permite visualizar, crear y organizar la información de las personas con las que el usuario interactúa. Su acceso es sencillo y se encuentra integrado en la interfaz principal de Outlook Web App.

7.1.1 Vista general

Para acceder al módulo de contactos, el usuario debe seleccionar el icono **Personas** situado en el panel de navegación izquierdo. Una vez dentro, se muestra una vista general que incluye:

- La lista de contactos personales.
- Los contactos importados desde dispositivos móviles.
- Los contactos de la organización (directorio corporativo).
- Las listas de contactos creadas por el usuario.
- Los grupos de Microsoft a los que pertenece.

Esta vista permite localizar rápidamente cualquier contacto mediante el cuadro de búsqueda situado en la parte superior.

7.1.2 Panel de detalles

Al seleccionar un contacto, se abre un panel lateral que muestra información detallada, como:

- Nombre y apellidos.
- Dirección de correo electrónico.
- Teléfonos.
- Puesto de trabajo.
- Departamento.
- Ubicación.
- Notas adicionales.

Desde este panel es posible editar la información, iniciar un correo, programar una reunión o ver la actividad reciente del contacto dentro de la organización.

7.2 CREAR Y EDITAR CONTACTOS

Outlook permite crear contactos nuevos de forma manual o editar los existentes para mantener la información actualizada.

7.2.1 Información básica

Al crear un contacto, el usuario puede introducir datos esenciales como:

- Nombre y apellidos.
- Dirección de correo electrónico.
- Número de teléfono.
- Dirección postal.
- Cumpleaños u otras fechas relevantes.

Estos datos permiten identificar al contacto y facilitar la comunicación.

7.2.2 Información profesional

Además de los datos básicos, Outlook permite añadir información profesional, especialmente útil en entornos corporativos:

- Puesto de trabajo.
- Departamento.
- Empresa u organización.
- Dirección profesional.
- Teléfono del trabajo.

Esta información facilita la organización de contactos según su rol o área de trabajo.

7.2.3 Notas y campos adicionales

El formulario de contacto incluye un apartado de **Notas**, donde el usuario puede registrar información relevante, como:

- Detalles de reuniones anteriores.
- Información de proyectos compartidos.
- Preferencias de comunicación.
- Datos complementarios no incluidos en los campos estándar.

Las notas permiten personalizar la ficha del contacto y mejorar la gestión de relaciones profesionales.

7.3 LISTAS Y GRUPOS

Outlook permite organizar contactos en listas y grupos para facilitar el envío de correos a múltiples destinatarios y la coordinación de equipos.

7.3.1 Crear listas de contactos

Una lista de contactos es un conjunto de direcciones agrupadas bajo un nombre común. Para crear una lista, el usuario debe:

1. Acceder al módulo **Personas**.
2. Seleccionar **Nueva lista de contactos**.
3. Introducir un nombre para la lista.
4. Añadir los contactos que formarán parte de ella.

Las listas son útiles para enviar correos a equipos de trabajo, departamentos o grupos de interés sin tener que seleccionar cada contacto individualmente.

7.3.2 Editar y eliminar listas

Las listas pueden modificarse en cualquier momento:

- Añadir o eliminar contactos.
- Cambiar el nombre de la lista.
- Eliminar la lista si ya no es necesaria.

Estas acciones se realizan desde el panel de detalles de la lista.

7.3.3 Grupos de Microsoft

Los grupos de Microsoft son una herramienta más avanzada que las listas de contactos. Un grupo incluye:

- Un buzón compartido.
- Un calendario compartido.
- Un espacio de archivos en SharePoint.
- Un área de colaboración en Teams (si está habilitado).

Los grupos permiten trabajar de forma colaborativa y centralizar la información de un equipo.

7.4 IMPORTAR Y EXPORTAR CONTACTOS

Outlook permite importar y exportar contactos para facilitar la migración de datos o la sincronización entre dispositivos.

7.4.1 Importar desde CSV

El formato CSV es el estándar para importar contactos desde otras aplicaciones. Para importar contactos:

1. Acceder a **Configuración** → **Ver toda la configuración de Outlook**.
2. Seleccionar **General** → **Importar contactos**.
3. Subir el archivo CSV con los datos.
4. Confirmar la importación.

Es importante que el archivo CSV tenga los campos correctamente organizados para evitar errores.

7.4.2 Exportar contactos

Outlook permite exportar contactos a un archivo CSV para:

- Realizar copias de seguridad.
- Migrar contactos a otra cuenta.
- Importarlos en aplicaciones externas.

La exportación se realiza desde el menú **Exportar contactos** dentro de la configuración.

7.4.3 Sincronización con móviles

Los contactos pueden sincronizarse automáticamente con dispositivos móviles mediante:

- La aplicación Outlook para Android o iOS.
- La sincronización del correo corporativo en la configuración del dispositivo.
- La integración con la cuenta de Microsoft.

Esta sincronización permite acceder a los contactos desde cualquier lugar y mantener la información actualizada en todos los dispositivos.

ACTIVIDADES

Actividad 1. Creación y edición de contactos

Objetivo: familiarizarse con la creación y edición de contactos.

Tareas:

- Crear un contacto nuevo con información básica y profesional.
- Añadir notas adicionales.
- Editar un contacto existente.

Actividad 2. Listas y grupos

Objetivo: organizar contactos en listas y comprender el funcionamiento de los grupos.

Tareas:

- Crear una lista de contactos.
- Añadir y eliminar miembros.
- Identificar las diferencias entre una lista y un grupo de Microsoft.

8

CALENDARIO EN OUTLOOK

El calendario de Outlook es una herramienta fundamental para la planificación y organización del trabajo diario. Permite gestionar citas, reuniones, eventos y recordatorios de forma integrada con el correo electrónico y el resto de aplicaciones de Microsoft. Su uso adecuado facilita la coordinación entre equipos, mejora la gestión del tiempo y permite visualizar de manera clara las actividades programadas. Además, Outlook ofrece funciones avanzadas como la programación inteligente, el uso de calendarios compartidos y la sincronización con dispositivos móviles.

En este capítulo se describen las principales funciones del calendario, así como su aplicación práctica en entornos profesionales.

8.1 VISTA GENERAL

El calendario de Outlook ofrece distintas vistas y opciones de visualización que permiten adaptar la información a las necesidades del usuario. Estas vistas facilitan la planificación diaria, semanal o mensual y permiten gestionar varios calendarios simultáneamente.

8.1.1 Día, semana y mes

Outlook permite visualizar el calendario en diferentes formatos:

- **Vista de día:** muestra en detalle las actividades programadas para un día concreto. Es útil para jornadas con muchas citas o reuniones.
- **Vista de semana laboral:** muestra únicamente los días laborables, facilitando la planificación de tareas profesionales.
- **Vista de semana completa:** incluye todos los días de la semana, útil para actividades que abarcan fines de semana.
- **Vista de mes:** ofrece una visión global de las actividades del mes, permitiendo identificar periodos de mayor carga de trabajo.

El usuario puede cambiar entre estas vistas desde la barra superior del calendario.

8.1.2 Calendarios adicionales

Outlook permite añadir calendarios adicionales, como:

- Calendarios personales.
- Calendarios de compañeros de trabajo.
- Calendarios de recursos (salas, equipos).
- Calendarios de grupos de Microsoft.
- Calendarios externos importados.

Estos calendarios pueden visualizarse superpuestos o en paralelo, lo que facilita la coordinación entre equipos.

8.1.3 Calendarios compartidos

Los calendarios compartidos permiten ver la disponibilidad de otros usuarios dentro de la organización. Esta función es especialmente útil para:

- Programar reuniones.
- Coordinar equipos.
- Consultar horarios de compañeros o departamentos.

Los permisos de acceso se gestionan desde el propio calendario.

8.2 CREAR CITAS Y EVENTOS

Outlook permite crear distintos tipos de actividades en el calendario, adaptadas a las necesidades del usuario.

8.2.1 Citas simples

Una cita simple es un evento que afecta únicamente al usuario y no requiere la participación de otras personas. Para crear una cita:

1. Seleccionar el día y la hora en el calendario.
2. Introducir un título.
3. Añadir detalles opcionales como ubicación, notas o categoría.
4. Guardar la cita.

Las citas simples son útiles para tareas personales, recordatorios o actividades internas.

8.2.2 Eventos de todo el día

Los eventos de todo el día se utilizan para actividades que no tienen una hora concreta, como:

- Jornadas completas.
- Festivos.
- Días de vacaciones.
- Eventos corporativos.

Al marcar un evento como "Todo el día", este aparece en la parte superior del calendario.

8.2.3 Eventos recurrentes

Los eventos recurrentes permiten programar actividades que se repiten periódicamente, como:

- Reuniones semanales.
- Informes mensuales.
- Recordatorios periódicos.

Outlook permite definir la frecuencia, la duración y la fecha de finalización de la recurrencia.

8.3 PROGRAMAR REUNIONES

La programación de reuniones es una de las funciones más utilizadas del calendario de Outlook. Permite coordinar la disponibilidad de los asistentes y reservar recursos como salas o equipos.

8.3.1 Asistentes

Para programar una reunión, el usuario debe:

1. Crear un nuevo evento.
2. Añadir los asistentes necesarios.
3. Consultar su disponibilidad.
4. Enviar la invitación.

Los asistentes pueden aceptar, rechazar o proponer una nueva hora.

8.3.2 Sala y recursos

Outlook permite reservar salas de reuniones y recursos corporativos, como:

▶ Salas de conferencias.

▶ Equipos audiovisuales.

▶ Vehículos corporativos.

Estos recursos aparecen en el directorio de la organización y pueden añadirse igual que un asistente.

8.3.3 Programador inteligente

El programador inteligente es una herramienta que analiza la disponibilidad de los asistentes y propone automáticamente:

▶ Horas adecuadas para todos.

▶ Alternativas en caso de conflicto.

▶ Salas disponibles.

Esta función agiliza la planificación de reuniones y evita conflictos de agenda.

8.4 COMPARTIR CALENDARIO

Compartir el calendario permite que otros usuarios vean la disponibilidad del propietario o accedan a detalles específicos de sus actividades.

8.4.1 Permisos

Outlook permite asignar distintos niveles de permisos:

▶ Ver disponibilidad.

▶ Ver títulos y ubicaciones.

▶ Ver todos los detalles.

▶ Editar eventos.

▶ Delegar la gestión del calendario.

Los permisos se configuran desde la opción **Compartir calendario**.

8.4.2 Enviar disponibilidad

El usuario puede enviar su disponibilidad mediante:

- Un correo con franjas horarias.
- Una invitación a reunión.
- Un enlace al calendario compartido.

Esta función es útil para coordinar reuniones sin necesidad de compartir todo el calendario.

8.4.3 Publicar calendario

Outlook permite publicar el calendario en formato web, generando un enlace que puede compartirse con personas externas a la organización. El usuario puede elegir:

- Qué información mostrar.
- El nivel de detalle.
- La duración de la publicación.

8.5 RECORDATORIOS Y NOTIFICACIONES

Los recordatorios ayudan al usuario a no olvidar citas, reuniones o tareas importantes.

8.5.1 Configuración de avisos

Outlook permite configurar recordatorios para:

- Citas simples.
- Reuniones.
- Eventos de todo el día.

El usuario puede elegir el tiempo de antelación, desde minutos hasta días.

8.5.2 Notificaciones por correo

Outlook puede enviar notificaciones por correo para:

- Cambios en reuniones.
- Cancelaciones.
- Invitaciones nuevas.
- Recordatorios de eventos importantes.

Estas notificaciones ayudan a mantener la agenda actualizada.

8.5.3 Alertas móviles

La aplicación móvil de Outlook permite recibir alertas en tiempo real, incluso cuando la aplicación está cerrada. Estas alertas incluyen:

- Recordatorios de reuniones.
- Cambios en la agenda.
- Avisos de eventos próximos.

La sincronización con el dispositivo garantiza que el usuario esté informado en todo momento.

ACTIVIDADES

Actividad 1. Creación de citas y eventos

Objetivo: familiarizarse con la creación de actividades en el calendario.

Tareas:

- Crear una cita simple.
- Crear un evento de todo el día.
- Crear un evento recurrente.

Actividad 2. Programación de reuniones

Objetivo: dominar la programación de reuniones con asistentes.

Tareas:

- Crear una reunión con varios asistentes.
- Consultar la disponibilidad mediante el programador inteligente.
- Reservar una sala de reuniones.

9

FUNCIONES AVANZADAS EN OUTLOOK

Outlook no es únicamente una herramienta de correo electrónico: forma parte de un ecosistema de productividad que integra comunicación, colaboración, automatización y seguridad. Estas funciones avanzadas permiten trabajar de forma más eficiente, reducir tareas repetitivas, coordinar equipos y proteger la información corporativa.

En este capítulo se profundiza en las capacidades avanzadas de Outlook, incluyendo su integración con Teams y OneDrive, la automatización mediante Power Automate, la delegación del buzón y las opciones de seguridad reforzada.

Configuración

General

Correo

Calendario

Avanzadas

Tareas

Avanzadas

Informes de entrega

Correo no deseado

Adjuntar

Reenvío

Responder a

Representantes

Uso compartido

Configuración fuera

Outlook

9.1 INTEGRACIÓN CON TEAMS

Microsoft Teams es la plataforma de comunicación corporativa integrada en Microsoft. Outlook se conecta directamente con Teams para facilitar la programación de reuniones, el acceso a chats y la gestión de archivos compartidos.

9.1.1 Crear reuniones de Teams

Outlook permite crear reuniones de Teams desde:

- El calendario.
- Un correo electrónico.
- La barra de herramientas de un evento existente.

Para crear una reunión:

1. Abrir el calendario.
2. Seleccionar **Nueva reunión**.
3. Activar **Reunión de Teams**.
4. Añadir asistentes, fecha, hora y detalles.
5. Enviar la invitación.

La invitación incluye automáticamente:

- Un enlace para unirse a la reunión.
- Información de acceso telefónico (si está habilitado).
- Opciones de configuración de la reunión.

9.1.2 Chat y archivos vinculados

Cuando se crea una reunión de Teams desde Outlook:

- Se genera un **chat de reunión** en Teams.
- Los asistentes pueden compartir archivos antes, durante y después de la reunión.
- Los documentos se almacenan en **SharePoint** u **OneDrive**, según el tipo de reunión.
- El usuario puede acceder a estos archivos desde Outlook, Teams o SharePoint.

Esta integración permite mantener toda la información de la reunión centralizada.

9.2 INTEGRACIÓN CON ONEDRIVE

OneDrive es el servicio de almacenamiento en la nube de Microsoft. Outlook se integra con OneDrive para facilitar el envío, la gestión y el control de archivos.

9.2.1 Adjuntar desde la nube

Al redactar un correo, el usuario puede adjuntar archivos desde:

- OneDrive personal.
- OneDrive corporativo.
- Bibliotecas de SharePoint.
- Archivos recientes.

Ventajas de adjuntar desde la nube:

- El archivo no se duplica.
- El tamaño del correo es menor.
- El archivo puede actualizarse sin reenviar el mensaje.
- Se pueden gestionar permisos de acceso.

9.2.2 Compartir archivos

Outlook permite configurar permisos sobre los archivos compartidos:

- Solo lectura.
- Edición.
- Acceso restringido a usuarios concretos.
- Acceso para toda la organización.

Los permisos pueden modificarse incluso después de enviar el correo, lo que ofrece un control total sobre la información.

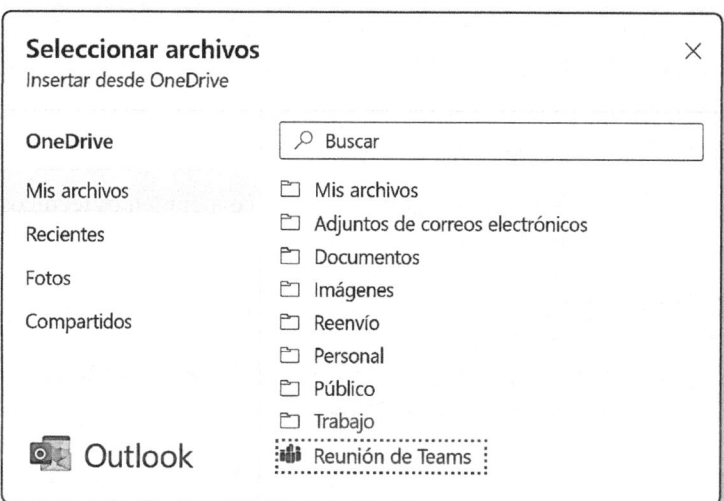

9.3 AUTOMATIZACIONES

Outlook puede integrarse con Power Automate para automatizar tareas repetitivas y mejorar la eficiencia del trabajo diario.

9.3.1 Power Automate

Power Automate permite crear flujos automáticos entre aplicaciones. En Outlook, estos flujos pueden:

- Guardar adjuntos automáticamente en OneDrive.
- Enviar respuestas automáticas según condiciones específicas.
- Crear tareas en Planner a partir de correos.
- Clasificar mensajes en carpetas según reglas avanzadas.
- Notificar en Teams cuando llega un correo importante.

Los flujos pueden activarse por eventos como:

- La llegada de un correo.
- La creación de un archivo.
- La actualización de un elemento.

9.3.2 Flujos recomendados

Power Automate incluye plantillas predefinidas, como:

- ⚑ Guardar adjuntos de correos importantes en OneDrive.
- ⚑ Enviar un aviso a Teams cuando llega un correo de un remitente específico.
- ⚑ Crear un registro en Excel cada vez que se recibe un correo con un formulario.
- ⚑ Notificar al móvil cuando llega un correo urgente.

Estas plantillas permiten automatizar procesos sin conocimientos técnicos.

9.4 DELEGACIÓN DE BUZÓN

La delegación de buzón permite que otra persona gestione el correo o el calendario en nombre del usuario. Es habitual en entornos administrativos, direcciones y equipos de soporte.

9.4.1 Conceder permisos

Los permisos se configuran desde:

Configuración → Ver toda la configuración de Outlook → Correo → Cuentas → Acceso delegado

Tipos de permisos:

- ⚑ **Leer**: el delegado puede ver los mensajes.
- ⚑ **Enviar en nombre de**: el delegado puede enviar correos indicando que actúa en nombre del usuario.
- ⚑ **Enviar como**: el delegado puede enviar correos como si fuera el usuario.
- ⚑ **Acceso completo**: permite gestionar todo el buzón.

9.4.2 Acceso delegado

Una vez concedidos los permisos, el delegado puede:

- ⚑ Abrir el buzón desde su propio Outlook.
- ⚑ Leer y organizar mensajes.
- ⚑ Enviar correos en nombre del usuario.
- ⚑ Gestionar el calendario y programar reuniones.

La delegación facilita la gestión compartida del correo y la agenda.

9.5 SEGURIDAD AVANZADA

La seguridad es un aspecto esencial en la gestión del correo corporativo. Outlook incorpora herramientas avanzadas para proteger la cuenta y los datos del usuario.

9.5.1 Verificación en dos pasos

La verificación en dos pasos añade una capa adicional de seguridad. Además de la contraseña, el usuario debe confirmar su identidad mediante:

- Un código enviado al móvil.
- Una notificación en Microsoft Authenticator.
- Un código generado por la app.

Este sistema reduce el riesgo de accesos no autorizados.

9.5.2 Actividad reciente

Outlook permite consultar la actividad reciente de la cuenta, incluyendo:

- Inicios de sesión.
- Ubicaciones.
- Dispositivos utilizados.
- Intentos fallidos de acceso.

Esta información ayuda a detectar accesos sospechosos.

9.5.3 Gestión de dispositivos

Desde la configuración de seguridad, el usuario puede:

- Ver los dispositivos conectados a su cuenta.
- Cerrar sesiones activas.
- Revocar permisos de dispositivos antiguos.
- Proteger la cuenta en caso de pérdida o robo.

Estas herramientas garantizan la integridad de la información corporativa.

ACTIVIDADES

Actividad 1. Integración con Teams

Objetivo: comprender la integración entre Outlook y Teams.

Tareas:

- ⚑ Crear una reunión de Teams desde Outlook.
- ⚑ Revisar el chat asociado en Teams.
- ⚑ Compartir un archivo en la reunión.

Actividad 2. Automatización con Power Automate

Objetivo: automatizar tareas repetitivas.

Tareas:

- ⚑ Crear un flujo para guardar adjuntos en OneDrive.
- ⚑ Crear un flujo para recibir notificaciones en Teams.
- ⚑ Probar el funcionamiento enviando un correo de prueba.

10

SEGURIDAD EN OUTLOOK

La seguridad del correo electrónico es un aspecto crítico en cualquier organización. Outlook incorpora un conjunto de herramientas avanzadas destinadas a proteger la información, prevenir accesos no autorizados, detectar amenazas y garantizar la integridad de los datos corporativos. En un entorno donde los ciberataques, el phishing y la suplantación de identidad son cada vez más frecuentes, resulta imprescindible que los usuarios conozcan las funciones de seguridad disponibles y sepan aplicarlas correctamente.

Este capítulo aborda de forma detallada las principales medidas de seguridad integradas en Outlook , incluyendo la protección contra correo no deseado, la detección de phishing, la gestión de remitentes bloqueados, la verificación en dos pasos, la revisión de actividad reciente y la administración de dispositivos vinculados a la cuenta.

General	Seguridad y privacidad
Correo	
	Correo electrónico no deseado
Calendario	Dominio bloqueado y seguro
Seguridad y privacidad	Cifrado de mensajes
	Descargas automáticas
Contactos	Permisos
	Herramientas contra informes falsos

 Outlook

10.1 PROTECCIÓN CONTRA CORREO NO DESEADO

Outlook incorpora un sistema avanzado de filtrado que analiza automáticamente los mensajes entrantes para identificar posibles amenazas o contenido no deseado. Este sistema utiliza algoritmos de aprendizaje automático y listas de reputación de remitentes para clasificar los mensajes.

10.1.1 Filtro de correo no deseado

El filtro de correo no deseado analiza:

- La reputación del remitente.
- La estructura del mensaje.
- La presencia de enlaces sospechosos.
- El historial de interacción del usuario.

Los mensajes sospechosos se envían automáticamente a la carpeta **Correo no deseado**, donde permanecen durante un periodo limitado antes de eliminarse.

El usuario puede:

- Marcar un mensaje como "No es correo no deseado".
- Añadir remitentes a la lista segura.
- Revisar periódicamente la carpeta para evitar falsos positivos.

10.1.2 Remitentes seguros y bloqueados

Outlook permite gestionar listas de:

- **Remitentes seguros**, cuyos mensajes nunca se marcarán como spam.
- **Remitentes bloqueados**, cuyos mensajes se enviarán directamente a correo no deseado.

Estas listas se configuran desde:

Configuración → Correo → Correo no deseado

10.1.3 Prevención de malware

Outlook analiza los archivos adjuntos en busca de:

- Virus.
- Troyanos.
- Archivos ejecutables sospechosos.
- Documentos con macros maliciosas.

Los adjuntos peligrosos se bloquean automáticamente y no pueden descargarse.

10.2 PROTECCIÓN CONTRA PHISHING Y SUPLANTACIÓN

El phishing es una de las amenazas más comunes en el correo electrónico. Outlook incorpora mecanismos avanzados para detectar intentos de suplantación de identidad y advertir al usuario.

10.2.1 Detección de phishing

Outlook analiza:

⚐ El dominio del remitente.

⚐ La coincidencia entre el nombre mostrado y la dirección real.

⚐ Enlaces que redirigen a sitios fraudulentos.

⚐ Mensajes que solicitan información sensible.

Cuando detecta un mensaje sospechoso, Outlook muestra advertencias como:

⚐ "Este mensaje podría ser phishing".

⚐ "El remitente no coincide con la dirección habitual".

⚐ "Este enlace podría ser peligroso".

10.2.2 Suplantación de identidad (spoofing)

Outlook identifica intentos de suplantación mediante:

⚐ Validación SPF.

⚐ DKIM.

⚐ DMARC.

Si un mensaje no supera estas validaciones, se marca como sospechoso.

10.2.3 Enlaces seguros

Outlook utiliza un sistema de análisis de enlaces que:

⚐ Reescribe los enlaces sospechosos.

⚐ Los analiza en tiempo real al hacer clic.

⚐ Bloquea el acceso si detecta contenido malicioso.

10.3 VERIFICACIÓN EN DOS PASOS

La verificación en dos pasos (MFA) añade una capa adicional de seguridad a la cuenta. Además de la contraseña, el usuario debe confirmar su identidad mediante un segundo factor.

10.3.1 Métodos de verificación

Los métodos disponibles incluyen:

- Notificación en Microsoft Authenticator.
- Código generado por la aplicación.
- Código enviado por SMS.
- Llamada telefónica.
- Llaves de seguridad FIDO2 (si la organización lo permite).

10.3.2 Activación de la verificación en dos pasos

La activación se realiza desde:

Portal de seguridad de Microsoft → Información de seguridad

El usuario debe:

1. Seleccionar un método de verificación.
2. Configurar la aplicación o dispositivo.
3. Probar el método.
4. Confirmar la activación.

10.3.3 Ventajas de la verificación en dos pasos

- Reduce drásticamente el riesgo de accesos no autorizados.
- Protege la cuenta incluso si la contraseña se ve comprometida.
- Cumple con políticas de seguridad corporativas.
- Evita ataques automatizados.

10.4 ACTIVIDAD RECIENTE Y ALERTAS DE SEGURIDAD

Outlook permite consultar la actividad reciente de la cuenta para detectar accesos sospechosos.

10.4.1 Historial de inicios de sesión

El usuario puede ver:

- Fecha y hora del acceso.
- Ubicación aproximada.
- Dispositivo utilizado.
- Sistema operativo.
- Resultado del intento (correcto o fallido).

10.4.2 Alertas de seguridad

Outlook envía alertas cuando detecta:

- Inicios de sesión desde ubicaciones inusuales.
- Cambios en la contraseña.
- Modificaciones en la información de seguridad.
- Intentos fallidos repetidos.

10.4.3 Qué hacer ante actividad sospechosa

Si el usuario detecta actividad no reconocida, debe:

- Cambiar la contraseña inmediatamente.
- Revisar los métodos de verificación.
- Cerrar sesiones activas.
- Informar al departamento de TI.

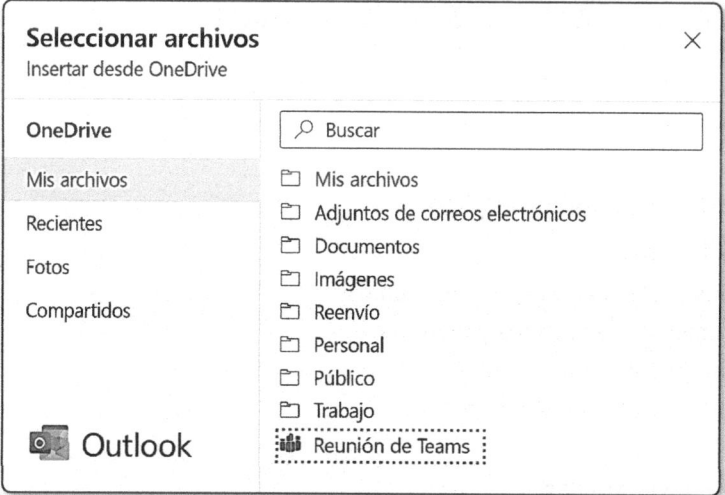

10.5 GESTIÓN DE DISPOSITIVOS

Outlook permite gestionar los dispositivos que tienen acceso a la cuenta.

10.5.1 Dispositivos conectados

El usuario puede ver:

- Ordenadores.
- Móviles.
- Tablets.
- Sesiones web activas.

10.5.2 Cerrar sesiones

Es posible cerrar sesiones activas en:

- ▶ Navegadores.
- ▶ Aplicaciones móviles.
- ▶ Equipos compartidos.

10.5.3 Revocar permisos

Si un dispositivo se pierde o es robado, el usuario puede:

- ▶ Revocar su acceso.
- ▶ Forzar cierre de sesión.
- ▶ Eliminar datos sincronizados (si la organización lo permite).

10.6 SEGURIDAD EN ARCHIVOS ADJUNTOS Y VÍNCULOS

Outlook analiza automáticamente los archivos adjuntos y los vínculos incluidos en los mensajes.

10.6.1 Archivos adjuntos seguros

Outlook bloquea:

- ▶ Archivos ejecutables (.exe, .bat, .cmd).
- ▶ Documentos con macros peligrosas.
- ▶ Archivos comprimidos sospechosos.
- ▶ Adjuntos con malware detectado.

10.6.2 Vínculos seguros

Los enlaces se analizan mediante:

- ▶ Escaneo previo.
- ▶ Análisis en tiempo real.
- ▶ Bloqueo de sitios maliciosos.

10.6.3 Recomendaciones del usuario

- ▶ No abrir adjuntos de remitentes desconocidos.
- ▶ Verificar la URL antes de hacer clic.
- ▶ Evitar descargar archivos desde correos sospechosos.
- ▶ Informar al departamento de TI ante cualquier duda.

ACTIVIDADES

Actividad 1. Revisión de seguridad

Objetivo: identificar riesgos y aplicar medidas de protección.

Tareas:

- Revisar la carpeta de correo no deseado.
- Identificar un mensaje sospechoso.
- Añadir un remitente a la lista segura.

Actividad 2. Verificación en dos pasos

Objetivo: configurar medidas de seguridad avanzadas.

Tareas:

- Activar la verificación en dos pasos.
- Configurar Microsoft Authenticator.
- Probar un inicio de sesión seguro.

Parte II

APLICACIONES INFORMÁTICAS DE TRATAMIENTO DE TEXTOS

11

CONCEPTOS GENERALES Y CARACTERÍSTICAS FUNDAMENTALES DEL PROGRAMA DE TRATAMIENTO DE TEXTOS

Los programas de tratamiento de textos son aplicaciones informáticas diseñadas para la creación, edición y presentación de documentos escritos en formato digital. En el entorno ofimático actual, Microsoft Word se ha consolidado como una de las herramientas más utilizadas tanto en ámbitos profesionales como formativos, debido a su potencia, versatilidad y facilidad de uso. Su dominio resulta esencial para la elaboración de documentos administrativos, informes técnicos, trabajos académicos, comunicaciones internas y externas, así como todo tipo de documentación empresarial.

Microsoft Word forma parte del paquete Microsoft 365 y se caracteriza por ofrecer una interfaz moderna, basada en menús visuales y herramientas agrupadas por funciones, que facilitan el trabajo del usuario incluso sin conocimientos avanzados de informática. A través de este programa es posible redactar textos, corregirlos, darles formato, insertar elementos gráficos y preparar el documento para su impresión o distribución digital.

Desde el punto de vista funcional, un programa de tratamiento de textos como Word permite separar claramente el contenido del documento –el texto que se redacta– de su presentación visual. Esto posibilita que el usuario se concentre primero en la redacción y posteriormente en el diseño, mejorando la productividad y la calidad del resultado final. Además, Word incorpora funciones avanzadas como guardado automático, trabajo colaborativo en línea y compatibilidad con múltiples formatos de archivo.

Entrada al programa Microsoft Word

La entrada al programa hace referencia al proceso mediante el cual el usuario inicia Microsoft Word y accede a su entorno de trabajo. Existen varias formas habituales de abrir Word, dependiendo de la configuración del equipo y del sistema operativo utilizado. En entornos Windows, el acceso más común se realiza desde el menú Inicio, escribiendo "Word" en el cuadro de búsqueda y seleccionando la aplicación correspondiente. También es frecuente utilizar accesos directos situados en el escritorio o en la barra de tareas.

Otra forma habitual de entrada al programa consiste en abrir directamente un documento de Word almacenado en el equipo, en una unidad externa o en la nube (OneDrive). Al hacer doble clic sobre el archivo, Word se inicia automáticamente y carga el documento seleccionado, permitiendo continuar el trabajo previamente guardado.

Una vez iniciado el programa sin abrir un documento concreto, Word muestra una pantalla inicial o pantalla de inicio. En ella se ofrecen diversas opciones, como crear un documento en blanco, utilizar plantillas prediseñadas (cartas, currículums, informes, etc.) o abrir documentos recientes. Esta pantalla inicial facilita el acceso rápido a los archivos más utilizados y orienta al usuario según el tipo de documento que desea crear.

Creación de un documento nuevo

Desde la pantalla inicial de Word, el usuario puede crear un documento nuevo seleccionando la opción "Documento en blanco" o eligiendo una plantilla. Al hacerlo, el programa abre una ventana de documento vacía preparada para comenzar la redacción del texto. Esta acción marca el inicio del trabajo con el documento y da acceso a todas las herramientas del programa.

La creación de documentos nuevos es una operación básica que se repite constantemente en el uso cotidiano del tratamiento de textos. Word permite crear tantos documentos como sea necesario, manteniéndolos abiertos de forma simultánea y facilitando el cambio entre ellos.

Apertura de documentos existentes

Además de crear documentos nuevos, Word permite abrir documentos ya existentes almacenados en el equipo, en dispositivos externos o en la nube. Esta operación puede realizarse desde la pantalla inicial, mediante la opción "Abrir", o desde el menú Archivo una vez que el programa está en funcionamiento.

Al abrir un documento existente, Word carga su contenido respetando el formato, los estilos, las tablas, las imágenes y el resto de elementos incluidos. Gracias a la compatibilidad del programa, los documentos pueden abrirse incluso si han sido creados en versiones anteriores de Word o en otros procesadores de texto, aunque en algunos casos pueden producirse ligeras variaciones de formato.

Salida del programa Microsoft Word

La salida del programa se produce cuando el usuario cierra Word tras finalizar su trabajo. Antes de cerrar, el programa comprueba si existen documentos con cambios no guardados. En ese caso, muestra un aviso solicitando confirmación para guardar los cambios, evitando así la pérdida de información.

El cierre del programa puede realizarse mediante la opción "Cerrar" o "Salir" del menú Archivo, utilizando el botón de cierre de la ventana o mediante combinaciones de teclas. En cualquier caso, es una buena práctica asegurarse de que todos los documentos han sido guardados correctamente antes de salir del programa.

Word incorpora además funciones de guardado automático cuando se trabaja con documentos almacenados en OneDrive, lo que incrementa la seguridad del trabajo realizado. No obstante, el usuario debe mantener el hábito de guardar los documentos de forma consciente y organizada.

Importancia de una correcta gestión de inicio y cierre

La correcta gestión de la entrada y salida del programa de tratamiento de textos es fundamental para garantizar la integridad de los documentos y la eficiencia en el trabajo. Abrir Word desde fuentes seguras, utilizar plantillas adecuadas, guardar periódicamente y cerrar correctamente el programa son prácticas básicas que todo usuario debe dominar.

Un uso responsable del programa contribuye a evitar pérdidas de información, errores en los archivos y problemas de compatibilidad, especialmente en entornos profesionales donde los documentos forman parte de procesos administrativos o técnicos.

Descripción de la pantalla del tratamiento de textos en Microsoft Word (interfaz)

Una vez iniciado Microsoft Word y abierto un documento, el usuario accede a la **pantalla principal de trabajo**, también denominada **interfaz del programa**. La interfaz es el conjunto de elementos visuales que permiten al usuario interactuar con la aplicación, acceder a sus funciones y trabajar de forma cómoda y eficiente sobre el documento.

En Word, la interfaz ha sido diseñada siguiendo criterios de usabilidad y coherencia visual, de modo que las herramientas se agrupan por funciones y se presentan de forma clara. Esto permite que usuarios con distintos niveles de experiencia puedan localizar rápidamente las opciones necesarias para redactar, modificar y dar formato a los textos.

La pantalla de Word se organiza en varias zonas bien diferenciadas, cada una con una función específica dentro del proceso de tratamiento de textos. Conocer estas zonas es esencial para desenvolverse con soltura en el programa y aprovechar todas sus posibilidades.

Estructura general de la interfaz de Word

En la parte superior de la pantalla se encuentra la **barra de título**, donde se muestra el nombre del documento activo y el nombre del programa. Esta barra permite identificar rápidamente qué archivo se está editando y, en caso de trabajar con varios documentos abiertos, distinguirlos entre sí. A la derecha de la barra de título se sitúan los controles habituales de la ventana: minimizar, maximizar o restaurar y cerrar.

Debajo de la barra de título aparece la **cinta de opciones**, que constituye el elemento central de la interfaz de Word. La cinta de opciones organiza todas las herramientas del programa en pestañas, como Inicio, Insertar, Diseño, Disposición, Referencias, Revisar o Vista. Cada pestaña agrupa comandos relacionados con una misma finalidad, facilitando el acceso lógico a las funciones.

La cinta de opciones sustituye a los antiguos menús desplegables y barras de herramientas clásicas, integrando iconos, botones y listas desplegables que permiten realizar acciones con uno o dos clics. Además, Word adapta dinámicamente la cinta, mostrando herramientas contextuales cuando se seleccionan determinados elementos, como imágenes, tablas o gráficos.

Debajo de la cinta de opciones se sitúa la **zona de trabajo del documento**, que ocupa la mayor parte de la pantalla. En esta área se visualiza el documento tal y como se está editando, mostrando el texto, los márgenes, los saltos de página y otros elementos de diseño. Esta zona simula una hoja de papel, lo que ayuda al usuario a comprender cómo quedará el documento una vez impreso.

En los laterales y en la parte inferior de la zona de trabajo aparecen las **barras de desplazamiento**, que permiten moverse por el documento cuando su extensión supera el tamaño visible de la pantalla. Estas barras facilitan la navegación por documentos largos, como informes, manuales o trabajos académicos.

En la parte inferior de la ventana se encuentra la **barra de estado**, que ofrece información relevante sobre el documento, como el número de páginas, el número de palabras, el idioma del texto o el modo de visualización activo. Además, desde la barra de estado se puede cambiar rápidamente entre distintos modos de vista y ajustar el nivel de zoom.

La cinta de opciones como núcleo de trabajo

La cinta de opciones es el elemento más importante de la interfaz de Word desde el punto de vista funcional. En ella se concentran prácticamente todas las herramientas necesarias para trabajar con textos. La pestaña Inicio, por ejemplo, agrupa las opciones más utilizadas en la redacción diaria, como el tipo y tamaño de fuente, el formato de párrafo, la alineación del texto o el uso de listas.

Otras pestañas permiten insertar elementos adicionales en el documento, como imágenes, tablas, encabezados, pies de página, gráficos o símbolos. También existen pestañas orientadas a la revisión del texto, que incluyen herramientas de corrección ortográfica y gramatical, control de cambios y comentarios, muy utilizadas en entornos profesionales y colaborativos.

Word permite además personalizar la cinta de opciones, añadiendo o eliminando comandos según las necesidades del usuario. Esta posibilidad resulta especialmente útil en entornos de trabajo específicos, donde se utilizan de forma recurrente determinadas funciones.

La zona de trabajo del documento

La zona de trabajo es el espacio donde el usuario redacta y edita el contenido del documento. En Word, esta zona muestra el documento en una vista muy similar al resultado final impreso, lo que se conoce como vista de diseño de impresión. Esta característica ayuda a visualizar márgenes, saltos de página y distribución del contenido desde el primer momento.

En esta área, el cursor indica el punto exacto donde se insertará el texto al escribir. El usuario puede seleccionar fragmentos de texto con el ratón o el teclado para aplicar formatos, mover contenido o eliminar información. La interacción directa con el documento hace que el proceso de edición resulte intuitivo y fluido.

Importancia de conocer la interfaz

Dominar la interfaz de Microsoft Word es un requisito básico para trabajar con eficacia en el tratamiento de textos. Un conocimiento adecuado de la disposición de las herramientas permite reducir tiempos, evitar errores y aprovechar al máximo las funciones del programa.

En entornos formativos y profesionales, donde se elaboran documentos de forma habitual, una correcta comprensión de la interfaz facilita la adaptación a nuevas versiones del programa y mejora la autonomía del usuario frente a tareas de edición y presentación de documentos.

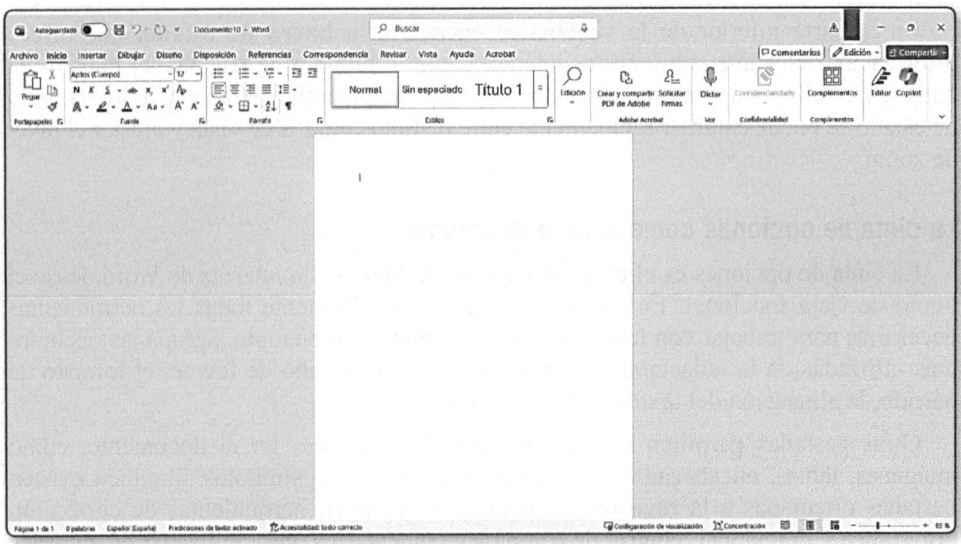

La ventana de documento y la barra de estado en Microsoft Word

Cuando el usuario abre o crea un archivo en Microsoft Word, el programa muestra una **ventana de documento**, que constituye el espacio real de trabajo sobre el contenido.

Esta ventana es el área donde se redacta, edita y da formato al texto, y donde se integran todos los elementos que forman parte del documento final, como párrafos, títulos, imágenes, tablas o encabezados.

Comprender el funcionamiento de la ventana de documento y de la barra de estado resulta esencial para trabajar con precisión, especialmente en documentos extensos o con requisitos formales específicos, como informes técnicos, manuales formativos o trabajos académicos.

La ventana de documento como espacio de edición

La ventana de documento ocupa la parte central de la pantalla y representa visualmente una o varias páginas, dependiendo del nivel de zoom y del modo de vista seleccionado. Word utiliza, por defecto, la vista de diseño de impresión, que muestra el documento de forma muy similar a cómo se imprimirá posteriormente. Esta característica permite al usuario controlar desde el inicio aspectos como los márgenes, la longitud de las páginas o la distribución del contenido.

Dentro de la ventana de documento aparece el **cursor de inserción**, que indica el punto exacto donde se introducirá el texto al escribir. El cursor se desplaza automáticamente conforme se va redactando el contenido, pero también puede situarse manualmente en cualquier parte del documento mediante un clic con el ratón o utilizando las teclas de desplazamiento del teclado.

La ventana de documento admite múltiples acciones directas por parte del usuario. Es posible seleccionar palabras, líneas, párrafos o bloques completos de texto para aplicar formato, copiar, mover o eliminar contenido. Asimismo, permite insertar elementos no textuales, como imágenes o tablas, que se integran visualmente en la página y pueden ajustarse en tamaño y posición.

En documentos largos, la ventana de documento facilita la navegación gracias a los saltos de página visibles y a la posibilidad de desplazarse verticalmente mediante la rueda del ratón o la barra de desplazamiento. Esto resulta especialmente útil en manuales o informes que superan varias páginas.

Modos de visualización del documento

Word ofrece distintos modos de visualización que afectan directamente a la forma en que se presenta la ventana de documento. Aunque el modo más habitual es el de diseño de impresión, existen otros modos que pueden resultar útiles en determinadas situaciones, como la vista de lectura o la vista web.

Cambiar el modo de visualización no altera el contenido del documento, sino únicamente la forma en que se muestra en pantalla. Esto permite adaptar el entorno de trabajo a la tarea concreta que se esté realizando, ya sea una lectura cómoda, una revisión rápida o una edición detallada del formato.

El acceso a estos modos se realiza de forma sencilla desde la barra de estado, lo que refuerza la relación funcional entre la ventana de documento y este elemento de la interfaz.

La barra de estado y su función informativa

La **barra de estado** se sitúa en la parte inferior de la ventana de Word y cumple una función fundamental: proporcionar información inmediata sobre el documento activo. Esta barra muestra datos relevantes que ayudan al usuario a controlar el progreso del trabajo y a verificar aspectos clave del contenido.

Entre la información más habitual que aparece en la barra de estado se encuentran el número de páginas del documento, la página actual en la que se encuentra el cursor y el recuento total de palabras. Este último dato es especialmente importante en contextos académicos o profesionales donde se exige una extensión determinada del texto.

Además, la barra de estado indica el idioma del documento, lo que resulta útil para la corrección ortográfica y gramatical, y permite detectar rápidamente si el idioma configurado no coincide con el del texto redactado.

Controles de vista y zoom

En el extremo derecho de la barra de estado se localizan los controles de visualización y zoom. Desde estos iconos, el usuario puede cambiar rápidamente entre los distintos modos de vista disponibles y ajustar el nivel de ampliación del documento.

El control de zoom permite aumentar o reducir el tamaño de visualización del texto sin modificar su formato real. Esta función es muy útil para trabajar con comodidad en pantallas pequeñas, revisar detalles de formato o tener una visión global de la estructura del documento.

El uso adecuado del zoom y de los modos de vista contribuye a reducir la fatiga visual y a mejorar la precisión en tareas de edición y revisión.

Importancia de la ventana de documento y la barra de estado

La ventana de documento y la barra de estado forman un conjunto funcional que acompaña al usuario durante todo el proceso de creación y edición de textos. Mientras la ventana de documento actúa como espacio activo de trabajo, la barra de estado ofrece una referencia constante sobre el estado del documento.

En entornos profesionales y formativos, dominar estos elementos permite trabajar con mayor seguridad, cumplir requisitos formales y detectar posibles errores antes de finalizar el documento. Por ello, su conocimiento es imprescindible para un uso eficaz de Microsoft Word como herramienta de tratamiento de textos.

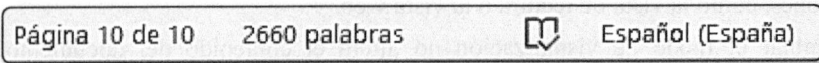

Página 10 de 10   2660 palabras   Español (España)

La barra de herramientas estándar y la ayuda de Microsoft Word

Uno de los elementos más característicos y utilizados de Microsoft Word es la **barra de herramientas**, integrada en la cinta de opciones. Esta barra reúne los comandos más habituales del programa y permite al usuario acceder de forma rápida y visual a las funciones esenciales para la creación y edición de documentos. Junto a ella, el sistema de **ayuda integrada** constituye un recurso fundamental para resolver dudas, aprender nuevas funcionalidades y optimizar el uso de la aplicación.

El dominio de la barra de herramientas estándar y de los mecanismos de ayuda resulta imprescindible para trabajar con soltura en Word, especialmente en contextos profesionales o formativos donde se exige eficiencia y precisión.

La barra de herramientas estándar dentro de la cinta de opciones

En Word, la barra de herramientas estándar no se presenta como una barra aislada, sino que forma parte de la **cinta de opciones**, situada en la parte superior de la ventana. Esta cinta organiza las herramientas en pestañas, siendo la pestaña **Inicio** la que concentra las funciones más básicas y utilizadas en el tratamiento de textos.

Desde esta barra, el usuario puede realizar acciones esenciales como crear documentos nuevos, abrir archivos existentes, guardar cambios o imprimir documentos. Estas operaciones constituyen la base del trabajo cotidiano con un procesador de textos y se ejecutan mediante iconos fácilmente reconocibles.

La barra de herramientas estándar también incluye opciones para deshacer y rehacer acciones, lo que permite corregir errores de forma inmediata sin necesidad de repetir procesos. Esta funcionalidad resulta especialmente útil durante la redacción, ya que facilita la experimentación con formatos y estilos sin riesgo de pérdida definitiva de información.

Herramientas de edición y formato más habituales

Además de las opciones relacionadas con archivos, la barra de herramientas estándar incorpora un conjunto amplio de comandos orientados a la **edición y formato del texto**. Entre ellos se encuentran las herramientas para cambiar el tipo y tamaño de letra, aplicar negrita, cursiva o subrayado, modificar el color del texto o resaltar fragmentos importantes.

También se incluyen funciones para la alineación de párrafos, la creación de listas con viñetas o numeración y el ajuste del interlineado. Estas herramientas permiten estructurar el documento de manera clara y ordenada, adaptándolo a los requisitos formales de cada tipo de texto.

El acceso directo a estas funciones desde la barra de herramientas estándar evita tener que navegar por menús complejos, lo que agiliza notablemente el trabajo y reduce la posibilidad de errores.

Personalización de la barra de herramientas

Microsoft Word permite cierta personalización de la barra de herramientas, adaptándola a las necesidades del usuario. Es posible, por ejemplo, añadir comandos frecuentes a la barra de acceso rápido, situada generalmente en la parte superior izquierda de la ventana.

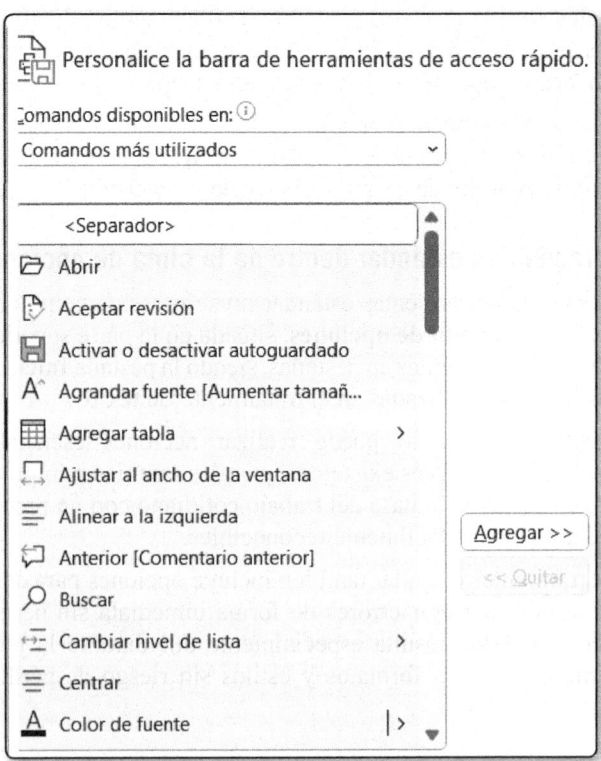

Esta personalización resulta especialmente útil en entornos profesionales, donde determinadas funciones se utilizan de forma recurrente. Al configurar la barra de acceso rápido con las herramientas más empleadas, se optimiza el tiempo de trabajo y se mejora la ergonomía del uso del programa.

La ayuda integrada en Microsoft Word

Junto a la barra de herramientas, Word incorpora un sistema de **ayuda integrada** que facilita el aprendizaje y la resolución de problemas. Esta ayuda se encuentra accesible desde la parte superior de la interfaz, a través del cuadro de búsqueda o del icono de ayuda.

El sistema de ayuda permite al usuario introducir palabras clave relacionadas con la acción que desea realizar, mostrando de forma inmediata sugerencias, instrucciones paso a paso o enlaces a documentación más detallada. Este enfoque resulta especialmente útil para usuarios en fase de aprendizaje, ya que reduce la dependencia de manuales externos.

Además, la ayuda de Word está conectada a recursos en línea, lo que garantiza que la información se mantenga actualizada y acorde a las últimas versiones del programa.

ACTIVIDADES

Actividad 1. Recorrido guiado por la interfaz (captura + rotulado)

1. Abre Word y crea un *Documento en blanco*.

2. Identifica en pantalla: barra de título, cinta de opciones, pestañas principales, zona de trabajo, barras de desplazamiento y barra de estado.

3. Inserta una tabla 2×6 y rellénala con: "elemento", "función", "ruta para localizarlo" (por ejemplo: "barra de estado → parte inferior").

4. Inserta **una captura de pantalla** de Word y añade flechas o cuadros de texto señalando cada zona.

Actividad 2. Entrada/salida segura y guardado organizado

1. Abre Word desde el menú inicio y también abriendo un .docx existente.

2. Crea una carpeta "prácticas_word\cap1" y guarda el archivo como: cap1_interfaz_apellidos_nombre.docx.

3. Activa el guardado automático (si usas OneDrive) o realiza guardado manual cada 3 minutos (Ctrl+G/Ctrl+S).

4. Cierra Word comprobando el aviso de cambios no guardados (haz una modificación y prueba el aviso).

12

TEXTO DEL DOCUMENTO

El trabajo con texto constituye la base de cualquier documento digital. Aunque pueda parecer una tarea elemental, la edición de texto implica una serie de procesos, modos de funcionamiento y herramientas que determinan la calidad final del documento. En el ámbito profesional, dominar estas herramientas no solo permite redactar con mayor rapidez, sino también garantizar la coherencia, precisión y claridad del contenido. Este capítulo profundiza en los fundamentos de la edición de texto, abordando desde los conceptos más básicos hasta las funciones esenciales que permiten trabajar con eficacia en cualquier entorno ofimático.

A diferencia de otras aplicaciones, como las hojas de cálculo o los programas de diseño, un procesador de textos está orientado a la creación y manipulación de contenido escrito. Esto implica que la herramienta debe ser capaz de gestionar grandes volúmenes de texto, aplicar formatos, insertar elementos adicionales y permitir la revisión y corrección del contenido. Sin embargo, antes de llegar a estas funciones avanzadas, es imprescindible comprender cómo se introduce, modifica y gestiona el texto en su forma más elemental.

12.1 GENERALIDADES

El texto en un documento digital está compuesto por caracteres que se organizan en palabras, líneas y párrafos. Cada carácter ocupa una posición concreta dentro del documento, y el usuario interactúa con él a través del cursor, que actúa como punto de inserción. Este cursor no es un simple indicador visual: es el elemento que determina dónde se insertará el texto, qué parte del contenido será modificada y cómo se comportarán las herramientas de edición.

En un procesador de textos moderno, como Microsoft Word, el texto no es un conjunto estático de caracteres, sino un contenido dinámico que se adapta a la estructura del documento. Esto significa que, al escribir, borrar o mover texto, el programa reorganiza automáticamente el contenido para mantener la coherencia visual y estructural. Por ejemplo, si se elimina una palabra en mitad de un párrafo, el resto del texto se desplaza para ocupar el espacio vacío, manteniendo la continuidad del contenido.

Además, el texto puede adoptar distintos tipos de comportamiento según su naturaleza. No es lo mismo introducir un carácter alfabético que un número, un símbolo o un espacio especial. Cada uno de estos elementos tiene un significado y un tratamiento específico dentro del documento. Por ejemplo, un espacio de no separación evita que dos palabras se dividan en líneas distintas, mientras que un salto de línea manual obliga al texto a continuar en la línea siguiente sin crear un nuevo párrafo.

Comprender estas generalidades es esencial para trabajar de forma eficiente, ya que permite anticipar cómo reaccionará el documento ante cada acción del usuario. En entornos profesionales, donde la precisión es fundamental, este conocimiento marca la diferencia entre un documento bien estructurado y uno que presenta errores de formato o incoherencias visuales.

12.2 MODO INSERTAR TEXTO

El modo insertar es el comportamiento predeterminado en la mayoría de los procesadores de texto. Cuando el usuario escribe, los caracteres nuevos se colocan en la posición del cursor y desplazan hacia la derecha los caracteres existentes. Este modo es el más intuitivo y se utiliza en la mayoría de las tareas de redacción.

El funcionamiento del modo insertar se basa en la idea de que el texto es un flujo continuo. Cada vez que se introduce un carácter, el documento se reorganiza automáticamente para mantener la coherencia del contenido. Esto permite escribir de forma fluida, sin necesidad de preocuparse por el espacio disponible o por la posición exacta de los caracteres.

Por ejemplo, si el usuario escribe la palabra "documento" y posteriormente decide añadir una letra en mitad de la palabra, el programa insertará el nuevo carácter y desplazará el resto del texto. Si el cursor está entre "docu" y "mento" y se escribe la letra "x", el resultado será "docuxmento". Este comportamiento facilita la corrección de errores, la ampliación de ideas y la modificación del contenido sin necesidad de borrar o reescribir partes completas del texto.

El modo insertar es especialmente útil en tareas de redacción continua, como la elaboración de informes, cartas, memorias o cualquier documento que requiera una escritura fluida. También es fundamental en la edición de textos largos, donde la capacidad de insertar contenido sin alterar la estructura general del documento resulta imprescindible.

12.3 MODO DE SOBRESCRIBIR EN WORD

Para activar el modo de sobrescribir en Microsoft Word y reemplazar el texto existente a medida que escribes, sigue estos pasos:

1. Activar la función desde Opciones

Por defecto, la tecla **Insert** suele estar desactivada para esta función en versiones modernas. Para habilitarla:

1. Ve a la pestaña **Archivo** y selecciona **Opciones**.
2. En el menú de la izquierda, haz clic en **Avanzadas**.
3. En la sección **Opciones de edición**, marca las siguientes casillas:
   - **Usar la tecla Insert para controlar el modo sobrescribir.**
   - **Usar el modo sobrescribir.**
4. Haz clic en **Aceptar**. Soporte oficial de Microsoft Word.

2. Uso de la tecla Insert

Una vez habilitada la opción anterior, puedes alternar entre el modo normal (Insertar) y el modo **Sobrescribir** simplemente presionando la tecla **Insert** (o **Ins**) en tu teclado.

3. Visualizar el estado en la barra de estado

Si quieres saber rápidamente en qué modo estás sin escribir:

1. Haz clic derecho en la **barra de estado** (la franja inferior de Word donde aparece el número de páginas).
2. Selecciona **Sobrescribir**.
3. Ahora aparecerá un indicador en la barra inferior que dirá **"Insertar"** o **"Sobrescribir"**. Puedes hacer clic directamente sobre esa palabra para cambiar de modo. Guía de personalización de la barra de estado.

12.4 BORRADO DE UN CARÁCTER

El borrado de caracteres es una de las operaciones más básicas en la edición de texto, pero también una de las más utilizadas. Existen dos teclas principales para eliminar caracteres: retroceso (Backspace) y Suprimir (Delete). Aunque ambas eliminan contenido, su comportamiento es diferente.

La tecla Retroceso elimina el carácter situado a la izquierda del cursor. Es decir, si el cursor está después de la letra "m" en la palabra "documento", al pulsar Retroceso se eliminará la "m". Este tipo de borrado es el más utilizado durante la escritura, ya que permite corregir errores de forma inmediata.

La tecla Suprimir, por su parte, elimina el carácter situado a la derecha del cursor. Si el cursor está antes de la "m" en "documento", al pulsar Suprimir se eliminará la "m". Este tipo de borrado es útil cuando se desea eliminar contenido sin mover el cursor hacia atrás.

Ambas teclas permiten eliminar no solo caracteres individuales, sino también selecciones completas de texto. Si el usuario selecciona una palabra, una frase o un párrafo y pulsa cualquiera de estas teclas, el contenido seleccionado se eliminará por completo. Esta función es especialmente útil en tareas de edición y reorganización del contenido.

12.5 DESPLAZAMIENTO DEL CURSOR

El desplazamiento del cursor es una de las habilidades más básicas y, al mismo tiempo, más determinantes en el trabajo con un procesador de textos. Aunque pueda parecer una acción mecánica, dominar las distintas formas de mover el cursor permite trabajar con mayor rapidez, precisión y control sobre el contenido. En documentos extensos, donde es necesario revisar, corregir o reorganizar información, saber desplazarse de manera eficiente marca una diferencia notable en la productividad.

El cursor actúa como punto de inserción y referencia. Cada vez que se escribe, se borra o se pega contenido, la acción se realiza en la posición exacta donde se encuentra el cursor. Por ello, moverlo correctamente es esencial para evitar errores, como insertar texto en lugares incorrectos o eliminar contenido accidentalmente.

El desplazamiento puede realizarse mediante el teclado, el ratón o herramientas específicas del programa. Cada método tiene sus ventajas y se adapta a distintos estilos de trabajo. En entornos profesionales, donde se manejan documentos largos y complejos, es habitual combinar varios métodos para optimizar el flujo de trabajo.

Desplazamiento con teclas de dirección

Las teclas de dirección permiten mover el cursor de forma precisa:

▼ Flecha izquierda: mueve el cursor un carácter hacia atrás.

▼ Flecha derecha: mueve el cursor un carácter hacia adelante.

▼ Flecha arriba: desplaza el cursor a la línea superior.

▼ Flecha abajo: desplaza el cursor a la línea inferior.

Este tipo de desplazamiento es ideal para revisar texto palabra por palabra o para realizar correcciones puntuales. También es útil cuando se trabaja con párrafos densos, donde el ratón puede resultar menos preciso.

Desplazamiento por palabras y párrafos

El uso combinado de las teclas de dirección con la tecla Ctrl permite realizar desplazamientos más amplios:

▼ Ctrl + Flecha izquierda: mueve el cursor al inicio de la palabra anterior.

▼ Ctrl + Flecha derecha: mueve el cursor al inicio de la palabra siguiente.

▼ Ctrl + Flecha arriba: desplaza el cursor al inicio del párrafo actual.

▼ Ctrl + Flecha abajo: desplaza el cursor al inicio del párrafo siguiente.

Este tipo de desplazamiento es especialmente útil cuando se revisa un documento en busca de errores o cuando se desea navegar rápidamente por el contenido sin perder precisión.

Desplazamiento al inicio y al final de la línea

Las teclas Inicio y Fin permiten mover el cursor al inicio o al final de la línea actual. Este método es muy utilizado en tareas de edición, especialmente cuando se trabaja con líneas largas o con contenido tabulado.

Desplazamiento por páginas

Las teclas Re Pág (Page Up) y Av Pág (Page Down) permiten desplazarse visualmente por el documento sin cambiar la posición del cursor. Esto resulta útil cuando se desea revisar el contenido sin modificarlo o cuando se busca una sección concreta del documento.

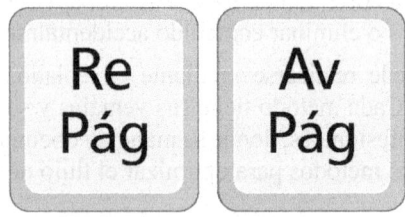

12.6 DIFERENTES MODOS DE SELECCIONAR TEXTO

La selección de texto es una de las operaciones más importantes en la edición de documentos. Seleccionar correctamente permite aplicar formatos, copiar, cortar, eliminar o mover contenido de manera precisa. Aunque seleccionar texto pueda parecer una acción sencilla, existen múltiples métodos que se adaptan a distintas necesidades y estilos de trabajo.

Selección con el ratón

El método más intuitivo consiste en hacer clic y arrastrar el ratón sobre el texto que se desea seleccionar. Este método es ideal para seleccionar fragmentos cortos o para realizar selecciones rápidas. Sin embargo, puede resultar impreciso en textos largos o cuando se necesita seleccionar contenido que no está completamente visible en pantalla.

Selección con el teclado

El teclado permite realizar selecciones más precisas:

- ▶ Shift + Flecha izquierda/derecha: selecciona carácter a carácter.
- ▶ Shift + Flecha arriba/abajo: selecciona línea a línea.
- ▶ Ctrl + Shift + Flecha izquierda/derecha: selecciona palabra a palabra.
- ▶ Ctrl + Shift + Flecha arriba/abajo: selecciona párrafo a párrafo.

Este método es especialmente útil cuando se trabaja con documentos extensos o cuando se necesita seleccionar contenido con precisión quirúrgica.

Selección por clics

Word permite seleccionar texto mediante clics sucesivos:

- Un clic: coloca el cursor.
- Doble clic: selecciona una palabra.
- Triple clic: selecciona un párrafo completo.

Este método es muy útil para seleccionar rápidamente unidades completas de contenido sin necesidad de arrastrar el ratón.

Selección de todo el documento

La combinación Ctrl + E permite seleccionar todo el contenido del documento. Esta función es especialmente útil cuando se desea aplicar un formato general, copiar el contenido completo o realizar operaciones globales.

Selección vertical o por columnas

En algunos procesadores de texto, es posible realizar selecciones verticales manteniendo pulsada la tecla Alt mientras se arrastra el ratón. Este tipo de selección es útil para trabajar con texto tabulado o con columnas de datos.

12.7 OPCIONES DE COPIAR Y PEGAR

Las funciones de copiar, cortar y pegar constituyen uno de los pilares fundamentales del trabajo con documentos digitales. Aunque su uso pueda parecer trivial, estas operaciones representan una de las herramientas más potentes para reorganizar contenido, duplicar información, corregir errores y agilizar el flujo de trabajo. En el ámbito profesional, donde los documentos suelen ser extensos y requieren múltiples revisiones, dominar estas funciones es esencial para trabajar con eficacia.

Copiar, cortar y pegar no solo permite mover texto dentro del mismo documento, sino también entre documentos distintos o incluso entre aplicaciones diferentes. Esto convierte al procesador de textos en una herramienta flexible, capaz de integrar información procedente de diversas fuentes.

Copiar contenido

La función copiar (Ctrl + C) permite duplicar el contenido seleccionado sin eliminarlo del documento original. El texto copiado se almacena temporalmente en el portapapeles, desde donde puede pegarse tantas veces como sea necesario. Esta función es especialmente útil cuando se desea reutilizar fragmentos de texto, como definiciones, encabezados, fórmulas o estructuras repetitivas.

Cortar contenido

La función cortar (Ctrl + X) elimina el contenido seleccionado y lo guarda en el portapapeles. Esta operación es ideal para reorganizar el contenido del documento, ya que permite mover fragmentos completos de texto sin necesidad de reescribirlos. Por ejemplo, si se desea cambiar el orden de los párrafos en un informe, cortar y pegar es la forma más rápida y precisa de hacerlo.

Pegar contenido

La función pegar (Ctrl + V) inserta el contenido almacenado en el portapapeles en la posición del cursor. Word ofrece varias opciones de pegado, que permiten conservar el formato original, adaptarlo al formato del destino o pegar solo el texto sin formato. Estas opciones son especialmente útiles cuando se trabaja con contenido procedente de distintas fuentes o cuando se desea mantener la coherencia visual del documento.

Pegado especial

El pegado especial permite insertar el contenido del portapapeles en distintos formatos, como texto sin formato, imagen, HTML o incluso como objeto incrustado. Esta función es muy útil cuando se trabaja con contenido procedente de aplicaciones externas, como hojas de cálculo, gráficos o fragmentos de código.

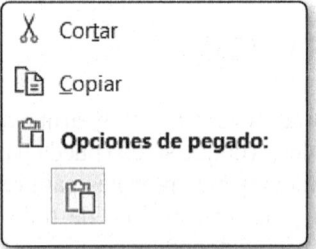

12.8 USO Y PARTICULARIDADES DEL PORTAPAPELES

El portapapeles es una memoria temporal que almacena el contenido copiado o cortado. Aunque su funcionamiento básico es sencillo, el portapapeles de Microsoft Office incorpora características avanzadas que permiten almacenar múltiples elementos y gestionarlos de forma eficiente.

El portapapeles básico

En su forma más simple, el portapapeles almacena un único elemento: el último contenido copiado o cortado. Cada vez que se realiza una nueva operación de copia o corte, el contenido anterior se reemplaza. Este comportamiento es común en la mayoría de sistemas operativos y aplicaciones.

El portapapeles avanzado de Office

Microsoft Office incorpora un portapapeles ampliado que permite almacenar hasta 24 elementos. Esto significa que el usuario puede copiar múltiples fragmentos de texto, imágenes u objetos y pegarlos en cualquier orden. Esta característica es especialmente útil en tareas de edición complejas, donde se necesita reorganizar grandes cantidades de contenido.

El portapapeles avanzado puede abrirse desde la pestaña Inicio, en el grupo Portapapeles. Al abrirlo, se muestra un panel lateral que contiene todos los elementos almacenados. Cada elemento puede pegarse individualmente o puede pegarse todo el contenido de una sola vez.

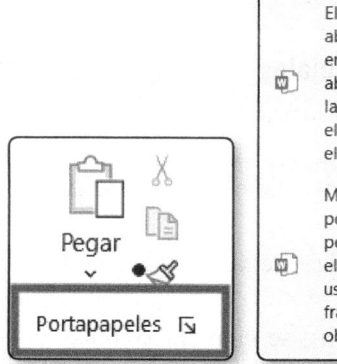
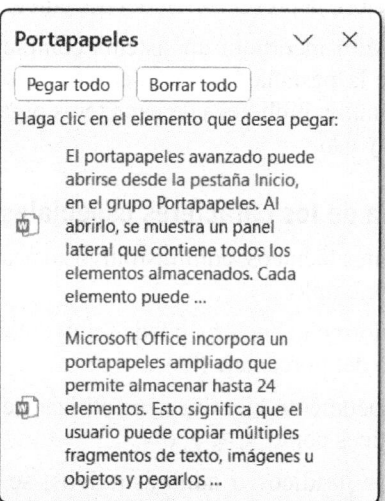

Ventajas del portapapeles avanzado

El portapapeles avanzado ofrece varias ventajas:

- Permite almacenar múltiples elementos sin perderlos.
- Facilita la reorganización de contenido complejo.
- Permite pegar contenido en cualquier orden.
- Ofrece una vista previa de cada elemento almacenado.
- Aumenta la productividad en tareas de edición intensiva.

Limitaciones del portapapeles

Aunque el portapapeles es una herramienta muy útil, también presenta algunas limitaciones:

- Su contenido se pierde al cerrar la aplicación o apagar el equipo.
- Algunos elementos, como objetos muy pesados, pueden no almacenarse correctamente.
- El portapapeles avanzado solo está disponible en aplicaciones de Office.

A pesar de estas limitaciones, el portapapeles sigue siendo una herramienta esencial en el trabajo diario con documentos.

12.9 INSERCIÓN DE CARACTERES ESPECIALES

En la redacción profesional, no todo el contenido puede expresarse con los caracteres que aparecen directamente en el teclado. Existen símbolos, signos tipográficos, caracteres matemáticos, letras de alfabetos alternativos y espacios especiales que cumplen funciones muy específicas dentro del texto. Su correcta utilización no solo aporta precisión, sino que también mejora la presentación del documento y evita errores de interpretación.

Microsoft Word incorpora un sistema completo para insertar caracteres especiales, accesible desde la pestaña **Insertar**, en el grupo **Símbolos**. Esta herramienta permite acceder a una amplia biblioteca de caracteres organizados por categorías, lo que facilita su localización y uso.

La importancia de los caracteres especiales en documentos profesionales

En documentos técnicos, administrativos o académicos, los caracteres especiales son esenciales. Por ejemplo:

- En un informe financiero, puede ser necesario insertar el símbolo del euro (€), del yen (¥) o del porcentaje (%).
- En un documento científico, se utilizan letras griegas como α, β, γ o símbolos matemáticos como $\leq$, $\geq$, $\sum$ o $\sqrt{}$.
- En textos jurídicos o administrativos, se emplean comillas tipográficas (" "), guiones largos (–) o espacios de no separación para evitar cortes incorrectos.
- En manuales técnicos, se utilizan flechas, marcas, símbolos de advertencia o caracteres Unicode específicos.

Cada uno de estos elementos cumple una función concreta y aporta claridad al documento. Por ello, es fundamental conocer cómo insertarlos correctamente.

Acceso al menú de símbolos

El menú de símbolos permite insertar caracteres que no están disponibles en el teclado. Al abrirlo, Word muestra una lista de los símbolos más utilizados recientemente, así como la opción de acceder a la tabla completa de símbolos. Esta tabla incluye cientos de caracteres organizados por categorías:

- Símbolos matemáticos.
- Letras griegas.
- Signos de puntuación especiales.
- Caracteres Unicode.
- Símbolos técnicos.
- Flechas y marcas.
- Símbolos monetarios.

El usuario puede seleccionar el símbolo deseado y hacer clic en **Insertar** para añadirlo al documento.

Uso del espacio de no separación

El espacio de no separación es uno de los caracteres especiales más útiles y, al mismo tiempo, uno de los menos conocidos. Su función es evitar que dos palabras se separen en líneas distintas. Esto es especialmente importante en expresiones como:

- "10 km".
- "pág. 25".
- "Sra. López".
- "ISO 9001".

Si se utiliza un espacio normal, Word puede dividir la expresión entre líneas, lo que afecta a la legibilidad. El espacio de no separación se inserta mediante la combinación **Ctrl + Shift + Espacio.**

Guiones especiales

Word permite insertar distintos tipos de guiones, cada uno con un uso específico:

- **Guion corto (-):** se utiliza para unir palabras compuestas.
- **Guion largo (–):** se utiliza para incisos o aclaraciones.
- **Guion de no separación:** evita que una palabra compuesta se divida entre líneas.

El uso adecuado de estos guiones aporta profesionalidad al documento y evita errores tipográficos.

Códigos ASCII y Unicode

Algunos caracteres pueden insertarse mediante combinaciones de teclas utilizando códigos ASCII o Unicode. Este método es especialmente útil cuando se necesita insertar un carácter de forma rápida sin acceder al menú de símbolos.

Ejemplos:

- Alt + 64 → @.
- Alt + 0128 → €.
- Alt + 35 → #.
- Alt + 21 → §.

Este sistema es muy utilizado por usuarios avanzados que trabajan con documentos técnicos o administrativos.

12.10　INSERCIÓN DE FECHA Y HORA

La inserción de la fecha y la hora es una función muy útil en documentos profesionales, especialmente en informes, actas, contratos, comunicaciones internas o documentos que requieren un registro temporal. Word permite insertar la fecha y la hora de forma manual o automática, con distintos formatos según las necesidades del usuario.

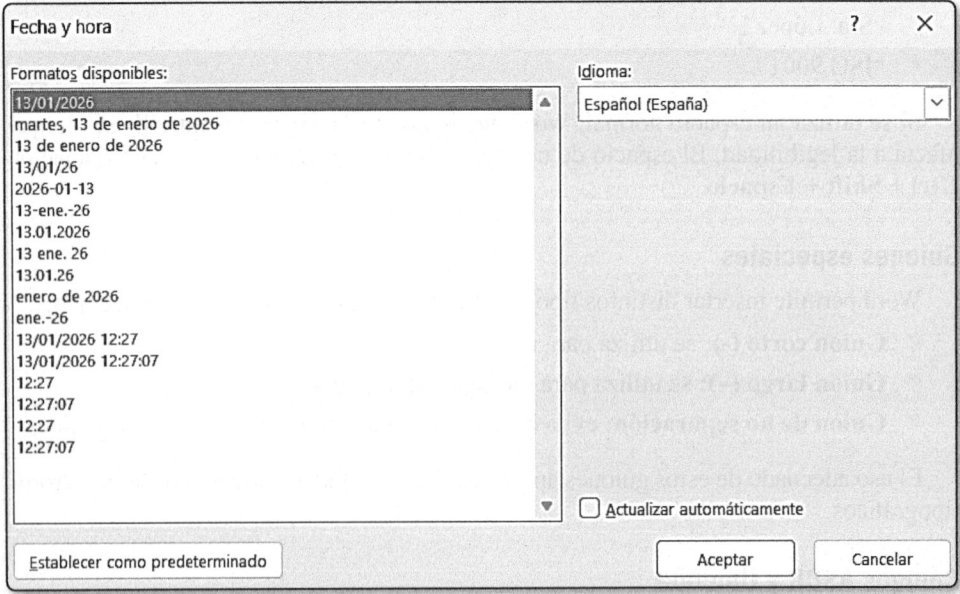

Inserción manual desde el menú

La forma más sencilla de insertar la fecha o la hora es acceder a la pestaña **Insertar** y seleccionar la opción **Fecha y hora**. Al hacerlo, se abre un cuadro de diálogo que permite elegir entre distintos formatos:

▼ Fecha larga: "12 de enero de 2026".

▼ Fecha corta: "12/01/2026".

▼ Hora con formato de 24 horas: "19:51".

▼ Hora con formato de 12 horas: "7:51 p. m.".

El usuario puede seleccionar el formato deseado y hacer clic en **Aceptar** para insertarlo en el documento.

Actualización automática

Word permite insertar la fecha y la hora como campos automáticos. Esto significa que el contenido se actualizará cada vez que se abra el documento. Esta función es especialmente útil en documentos que se revisan con frecuencia, como informes periódicos o plantillas corporativas.

Para activar esta opción, basta con marcar la casilla **Actualizar automáticamente** en el cuadro de diálogo de fecha y hora.

Inserción mediante atajos de teclado

Word también permite insertar la fecha y la hora mediante combinaciones de teclas:

- **Alt + Shift + D:** inserta la fecha actual.
- **Alt + Shift + T:** inserta la hora actual.

Estos atajos son muy útiles cuando se necesita insertar la fecha o la hora de forma rápida sin acceder al menú.

Uso profesional de la fecha y la hora

En documentos administrativos, la fecha y la hora cumplen funciones esenciales:

- Registrar la creación o modificación del documento.
- Indicar la fecha de emisión de una comunicación.
- Establecer plazos o periodos de validez.
- Documentar la secuencia temporal de un proceso.

Por ello, es importante utilizar formatos claros y coherentes, especialmente en documentos oficiales.

12.11 DESHACER Y REHACER LOS ÚLTIMOS CAMBIOS

La edición de texto es un proceso dinámico en el que es habitual cometer errores, modificar decisiones o experimentar con distintas opciones de formato. Para facilitar este proceso, Word incorpora las funciones **Deshacer** y **Rehacer**, que permiten revertir o restaurar acciones recientes.

Deshacer (Ctrl + Z)

La función Deshacer permite revertir la última acción realizada. Esto incluye:

- Escritura de texto.
- Eliminación de contenido.
- Aplicación de formato.
- Inserción de elementos.
- Movimientos de texto.
- Cambios en la estructura del documento.

Deshacer es una herramienta esencial para corregir errores de forma rápida y segura. Además, Word permite deshacer múltiples acciones consecutivas, lo que ofrece un margen amplio para experimentar sin riesgo.

Rehacer (Ctrl + Y)

La función Rehacer permite restaurar una acción que ha sido deshecha. Esto es útil cuando el usuario cambia de opinión o cuando desea recuperar un estado anterior del documento.

Historial de acciones

En algunas versiones de Word, es acceder a un historial de acciones desde la barra de herramientas. Esto permite deshacer o rehacer varias acciones de forma simultánea, lo que agiliza el proceso de edición.

Importancia en el entorno profesional

En documentos complejos, donde se realizan múltiples modificaciones, las funciones Deshacer y Rehacer son esenciales para mantener el control sobre el contenido. Permiten corregir errores sin afectar al resto del documento y facilitan la experimentación con distintos formatos o estructuras.

Uso de la ayuda de Word

En contextos formativos, la ayuda integrada cumple una función pedagógica relevante. Permite al lector resolver dudas de manera autónoma, reforzando el aprendizaje práctico y fomentando la exploración de nuevas funcionalidades.

El uso habitual de la ayuda contribuye a desarrollar la competencia digital del usuario, ya que le enseña a identificar problemas, formular consultas adecuadas y aplicar soluciones de forma independiente.

Importancia de estos elementos en el trabajo con documentos

La barra de herramientas estándar y la ayuda integrada constituyen dos pilares fundamentales del entorno de trabajo en Word. La primera facilita el acceso rápido a las funciones esenciales, mientras que la segunda actúa como soporte continuo ante dudas o necesidades específicas.

El conocimiento y uso adecuado de ambos elementos permite trabajar con mayor eficacia, reducir errores y aprovechar plenamente las capacidades del procesador de textos.

ACTIVIDADES

Actividad 1. Insertar vs sobrescribir Escribe un párrafo de 6–8 líneas.

1. Activa el modo sobrescribir (Archivo → opciones → avanzadas) y alterna con la tecla *Insert*.

2. En una tabla 2×4, anota: "acción", "modo", "resultado", "tecla/ruta".

3. Guarda el documento con el nombre: cap2_insertar_sobrescribir.docx.

Actividad 2. Selección, copiar/pegar y portapapeles avanzado

1. Copia 10 fragmentos distintos (palabra, frase, párrafo, lista).

2. Abre el portapapeles de Office (Inicio → portapapeles) y pega los elementos en orden distinto al copiado.

3. Practica pegado: conservar formato, combinar formato, solo texto.

4. Añade al final un mini "registro de errores" con 5 errores típicos y cómo los solucionaste.

13

ARCHIVOS DE LA APLICACIÓN DE TRATAMIENTO DE TEXTOS: UBICACIÓN, TIPO Y OPERACIONES CON ELLOS

En un procesador de textos como Microsoft Word, el documento que vemos en pantalla es solo una parte de la realidad. Detrás de cada archivo hay decisiones sobre dónde se guarda, en qué formato, con qué nombre, cómo se comparte, cómo se versiona y cómo se abre o se cierra. En el entorno profesional, donde los documentos tienen valor jurídico, administrativo o económico, la gestión correcta de los archivos es tan importante como el propio contenido del texto.

Este capítulo se centra precisamente en esa dimensión: el archivo como unidad de trabajo. No se trata solo de saber escribir dentro de un documento, sino de dominar el ciclo de vida completo del archivo: creación, guardado, duplicación, actualización, cierre, compatibilidad entre versiones y manejo simultáneo de varios documentos abiertos. Todo ello forma parte de la competencia profesional en tratamiento de textos.

13.1 CONCEPTO DE ARCHIVO DE TEXTO Y UBICACIÓN DE LOS DOCUMENTOS

Un archivo de Word es la forma en que el documento se materializa dentro del sistema informático. Mientras se está redactando, el contenido reside en la memoria del equipo; cuando se guarda, se convierte en un archivo físico que puede almacenarse, copiarse, enviarse, archivarse o compartirse. Ese archivo incluye no solo el texto, sino también los formatos, imágenes, tablas, estilos, comentarios y, en muchos casos, metadatos internos.

Desde el punto de vista del usuario, cada archivo se identifica por tres elementos fundamentales:

- Un **nombre**, que permite reconocerlo.
- Una **extensión o tipo de archivo**, que indica con qué aplicación se abre.
- Una **ubicación**, que determina dónde se guarda (equipo local, red, nube, etc.).

En un entorno doméstico, estas decisiones pueden tomarse de forma poco sistemática. Sin embargo, en un entorno profesional, la ubicación y el nombrado de los documentos siguen normalmente criterios definidos: carpetas por cliente, por proyecto, por año, por departamento; convenciones de nombres; versiones controladas; almacenamiento centralizado, etc. Un uso profesional de Word exige que el usuario se integre en ese sistema y comprenda por qué tiene sentido.

13.1.1 Ubicación de los archivos

Word permite guardar los documentos en distintas ubicaciones:

- **Equipo local:** el disco duro del propio ordenador.
- **Unidades extraíbles:** memorias USB, discos externos, tarjetas de memoria.
- **Unidades de red:** carpetas compartidas en servidores locales de la organización.
- **Nube (Microsoft 365):** servicios como OneDrive o SharePoint, que permiten trabajo colaborativo y acceso desde distintos dispositivos.

Cada ubicación tiene implicaciones distintas. Guardar en el equipo local puede ser suficiente para trabajos individuales, pero dificulta la colaboración y la copia de seguridad centralizada. Guardar en la nube o en una unidad de red, en cambio, facilita el acceso compartido y la protección de la información.

En muchos casos, el usuario no decide solo: la propia organización define dónde deben guardarse los documentos de trabajo, especialmente cuando contienen datos sensibles o forman parte de procesos regulados. El usuario debe aprender a trabajar de forma coherente con esa política.

13.1.2 Tipo de archivo y extensión

Cada documento de Word se guarda, por defecto, con la extensión **.docx**. Esta extensión identifica el archivo como un documento de Word moderno, basado en formatos abiertos (Office Open XML). No es un simple detalle técnico: la extensión determina qué aplicación se asociará al archivo y cómo lo interpretará el sistema.

Además del .docx, existen otros tipos de archivo relevantes:

- **.doc** – Formato de Word de versiones antiguas.
- **.dotx / .dotm** – Plantillas de Word (con o sin macros).
- **.pdf** – Documento de solo lectura, ideal para distribución externa.
- **.rtf** – Formato de texto enriquecido, más compatible entre aplicaciones.
- **.txt** – Texto sin formato, sin estilos ni estructura.
- **.odt** – Formato de otros procesadores de texto (por ejemplo, LibreOffice).

La elección del tipo de archivo no se hace al azar: depende del destinatario, del uso previsto y del grado de compatibilidad que se necesite. Guardar un documento como .docx es lo ideal para seguir trabajándolo en Word; guardarlo como .pdf es más adecuado cuando se va a enviar a terceros y no se desea que lo modifiquen.

13.2 CREACIÓN DE UN NUEVO DOCUMENTO

La creación de un nuevo documento marca el inicio del ciclo de vida del archivo. A simple vista parece un proceso trivial –"Abrir Word y escribir"–, pero en el trabajo real intervienen algunas decisiones clave: qué tipo de documento se va a elaborar, si existe una plantilla corporativa que deba utilizarse, si el documento formará parte de un expediente, etc.

13.2.1 Documento en blanco

La forma más directa de empezar a trabajar consiste en crear un **documento en blanco**. Al hacerlo, Word genera un nuevo archivo interno sin nombre definitivo, que aparecerá inicialmente con un título provisional (por ejemplo, "Documento1").

En ese momento el documento **ya existe en memoria**, pero todavía no ha sido guardado en el disco ni tiene una ubicación estable. Es una situación similar a tener un borrador sobre la mesa: puede estar muy elaborado, pero mientras no se archive correctamente existe riesgo de pérdida.

Mientras el documento está en ese estado provisional:

► Puede editarse con absoluta normalidad.

► Puede imprimirse.

► Puede enviarse como adjunto (si se guarda temporalmente).

► Pero **no tiene todavía un nombre ni una carpeta asignada**.

La primera vez que se guarda, se convierte en un archivo propiamente dicho.

13.2.2 Creación a partir de plantillas

En muchos entornos profesionales no se parte de un documento en blanco, sino de una **plantilla**. Una plantilla es un archivo diseñado previamente que define:

► Estructura (portada, índice, secciones, pies).

► Estilos de párrafo y carácter.

► Elementos de identidad visual (logotipo, colores corporativos).

► Campos automáticos (fecha, numeración de páginas, etc.).

Cuando el usuario selecciona una plantilla, Word crea un nuevo documento basado en ella. Ese documento es independiente: puede modificarse sin alterar la plantilla original. El uso de plantillas no solo ahorra tiempo, sino que garantiza homogeneidad en todos los documentos de una organización.

13.2.3 Documentos temporales y borradores

A menudo, en el trabajo diario se crean documentos que nunca llegarán a ser "definitivos": notas internas, borradores de trabajo, pruebas de formato, textos para revisión... Aunque estos documentos no tengan un valor permanente, deben tratarse como archivos reales: se guardan, se cierran y, si ya no son necesarios, se eliminan de forma controlada.

13.3 APERTURA DE UN DOCUMENTO YA EXISTENTE

Abrir un documento significa recuperar un archivo que ya existe en algún soporte y cargarlo en la memoria de Word para poder verlo, modificarlo o imprimirlo. Esta operación es tan habitual que muchas veces pasa desapercibida, pero tiene matices importantes, especialmente cuando se trabaja con documentos compartidos o con versiones antiguas.

13.3.1 Métodos de apertura

Existen distintas formas de abrir un documento:

- Desde **Archivo > Abrir**, eligiendo la ubicación (Este equipo, OneDrive, Sitios de grupo…).
- Desde la lista de **documentos recientes**, que facilita reanudar trabajos en archivos utilizados frecuentemente.
- Desde el **Explorador de archivos** o el escritorio, haciendo doble clic sobre el archivo.
- Desde un **correo electrónico**, abriendo directamente el archivo adjunto.

Cada método lleva al mismo resultado: el documento aparece en pantalla y pasa a ser un archivo abierto activo.

13.3.2 Modo lectura, modo edición y documentos compartidos

En algunos contextos, un documento puede abrirse en **modo lectura**, especialmente si:

- El archivo está protegido.
- Se ha definido como solo lectura.
- Se abre desde un entorno de consulta.

En otros casos, cuando el archivo se encuentra en una ubicación compartida (por ejemplo, OneDrive o SharePoint), puede suceder que **varios usuarios tengan abierto el mismo documento**. Las versiones más recientes de Word permiten la edición colaborativa en tiempo real, mostrando incluso el cursor de otros usuarios. Sin embargo, cuando se usan versiones antiguas o se trabaja con archivos locales en red, la coexistencia de varios usuarios puede provocar conflictos (copias simultáneas, avisos de "archivo en uso", etc.).

13.3.3 Apertura de documentos dañados o recuperados

No es infrecuente que, por cortes de energía, cierres inesperados o errores de dispositivo, un documento se cierre de forma incorrecta. Word incluye mecanismos de **recuperación automática** que permiten abrir versiones temporales del archivo, normalmente identificadas en la pantalla de inicio con la etiqueta "Recuperado".

Abrir un documento recuperado implica:

- Revisar que la información sea completa.
- Guardar el archivo con un nuevo nombre.
- Verificar que no haya contenido corrupto (párrafos incompletos, formatos extraños, etc.).

13.4 GUARDADO DE LOS CAMBIOS REALIZADOS EN UN DOCUMENTO

Si la creación y apertura de un archivo son importantes, el guardado lo es aún más. Muchos problemas en el trabajo con documentos no tienen que ver con el contenido en sí, sino con **no haber guardado a tiempo**. En formación básica, conviene insistir en la idea de que "trabajar en Word" es, en realidad, ejecutar un ciclo constante de **escribir–guardar–escribir–guardar**.

13.4.1 Guardar y guardar por primera vez

Cuando un documento se guarda por primera vez, Word solicita:

- **Nombre de archivo**.
- **Ubicación**.
- **Tipo de archivo**.

Es en este momento cuando el documento pasa de existir solo en memoria a convertirse en un archivo persistente. A partir de entonces, cada vez que se use **Guardar** (o el icono del disquete), se sobrescribirá el mismo archivo con la versión actualizada.

13.4.2 Guardado manual

El guardado manual se realiza cuando el usuario decide explícitamente que quiere almacenar los cambios. Puede hacerse:

- Con el icono de Guardar.
- Mediante **Ctrl + G** (o Ctrl + S si el teclado está configurado en otro idioma).
- A través del menú Archivo.

Este guardado depende de la decisión consciente del usuario. Es una buena práctica acostumbrarse a pulsar Guardar de manera frecuente, especialmente tras cambios importantes.

13.4.3 Guardado automático y recuperación

En las versiones integradas con Microsoft 365, cuando el documento se guarda en la nube, puede activarse el **Guardado automático**. Este mecanismo va almacenando los cambios a medida que se producen, reduciendo al mínimo la posibilidad de pérdida de información. Unido a ello, Word mantiene un historial de versiones que permite recuperar estados anteriores del documento.

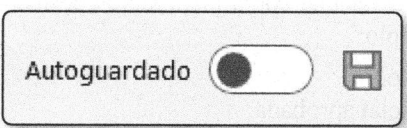

No obstante, incluso con guardado automático, es importante entender que la decisión sobre el **nombre**, la **ubicación** y el **formato** del archivo sigue siendo responsabilidad del usuario.

13.4.4 Guardar antes de cerrar o cambiar de contexto

Siempre que se va a:

- Cerrar el documento.
- Cerrar Word.
- Apagar el equipo.
- Cambiar de usuario en el sistema.

Conviene asegurarse de que el documento está guardado. Word avisa cuando detecta cambios no guardados, pero confiar exclusivamente en ese aviso es una mala práctica en entornos donde la documentación es crítica.

13.5 DUPLICACIÓN DE UN DOCUMENTO CON "GUARDAR COMO"

La función **Guardar como** representa un punto de inflexión en el ciclo de vida del archivo: a partir de un documento existente, se crea una **nueva rama**. Esta función es esencial para gestionar versiones, plantillas reutilizables y copias para distintos destinatarios.

13.5.1 Duplicar para trabajar con versiones

En muchos procesos, especialmente cuando un documento pasa por varias etapas (borrador, revisión interna, versión para cliente, versión final), es conveniente crear copias que reflejen cada hito. Una forma habitual de hacerlo consiste en usar **Guardar como** y adoptar una convención de nombres, por ejemplo:

- Informe_ProyectoX_v1.
  - Informe_ProyectoX_v2_Revisión.
  - Informe_ProyectoX_v3_Final.

De este modo, el documento más reciente está claramente identificado, pero las versiones anteriores permanecen disponibles para consulta o contraste.

13.5.2 Duplicar para proteger el original

A veces interesa conservar una copia inalterable del documento original y trabajar sobre una copia. Por ejemplo:

- Formularios modelo.
- Documentación oficial aprobada.
- Plantillas con formato consolidado.

En estos casos, se abre el archivo original y se utiliza **Guardar como** para crear una copia de trabajo. El original permanece intacto, sirviendo como referencia o plantilla de partida.

13.5.3 Guardar en otro formato

Guardar como no sirve solo para cambiar el nombre o la ubicación, sino también para **cambiar el formato**. A partir de un documento .docx se puede generar:

▶ Un .doc compatible con versiones antiguas.

▶ Un .pdf para distribución externa.

▶ Un .rtf si se necesita compatibilidad entre distintas aplicaciones.

▶ Un .txt cuando solo interesa el contenido textual, sin formatos.

UF0320 APLICACIONES INFORMÁTICAS DE TRATAMIENTO DE TEXTOS
Documento de Word (*.docx)
Documento de Word (*.docx)
Documento habilitado con macros de Word (*.docm)
Documento de Word 97-2003 (*.doc)
Plantilla de Word (*.dotx)
Plantilla habilitada con macros de Word (*.dotm)
Plantilla de Word 97-2003 (*.dot)
PDF (*.pdf)

Cada decisión responde a una necesidad concreta: compatibilidad, protección frente a modificaciones, peso del archivo, etc.

13.6 CIERRE DE UN DOCUMENTO

Cerrar un documento parece una acción menor, pero forma parte del ciclo de trabajo: un documento se abre, se edita, se guarda y finalmente se cierra. Saber cerrar correctamente evita confusiones y ayuda a mantener el entorno de trabajo ordenado.

13.6.1 Cerrar documento vs. cerrar aplicación

Es importante distinguir:

▶ **Cerrar documento:** se cierra solo el archivo activo; Word sigue abierto.

▶ **Cerrar Word:** se cierran todos los documentos abiertos y se finaliza la aplicación.

En la práctica profesional, suele ser habitual mantener Word abierto y cerrar solo aquellos documentos que ya no se están utilizando, especialmente cuando se trabaja con varios archivos a la vez.

13.6.2 Avisos de cambios no guardados

Cuando el usuario intenta cerrar un documento que contiene cambios no guardados, Word muestra un aviso:

- ▶ Guardar cambios.
- ▶ No guardar.
- ▶ Cancelar el cierre.

En un entorno de trabajo riguroso, la opción "No guardar" se usa solo en casos muy concretos (pruebas, contenido expresamente descartado). En la mayoría de los casos, la decisión correcta es **guardar antes de cerrar**.

13.6.3 Cierre forzado y recuperación

Si el programa se cierra de forma anómala (por un error o una interrupción del sistema), al volver a abrir Word se muestra el panel de **Recuperación de documentos**, que intenta rescatar el contenido que estaba en memoria. Aunque esta función es muy útil, no debe considerarse un sustituto del guardado regular.

13.7 COMPATIBILIDAD DE LOS DOCUMENTOS DE DISTINTAS VERSIONES U APLICACIONES

En la realidad laboral, no todos los documentos se crean ni se abren en la misma versión de Word ni en el mismo procesador de textos. La **compatibilidad** se convierte, por tanto, en un aspecto crucial para evitar problemas al compartir archivos.

13.7.1 Compatibilidad hacia versiones anteriores

Cuando se crea un documento en una versión moderna de Word y se envía a un usuario que trabaja con una versión antigua, pueden producirse problemas si este no puede abrir correctamente el archivo .docx. En estos casos, existen varias opciones:

- ▶ Guardar el archivo en formato .doc (modo de compatibilidad).
- ▶ Exportar el documento a .pdf si el receptor solo necesita leerlo.
- ▶ Recomendar la actualización de la versión de Office, cuando es posible.

Al guardar en modos de compatibilidad, algunas características avanzadas (como determinados estilos, elementos gráficos o componentes de diseño) pueden perderse o simplificarse.

13.7.2 Compatibilidad con otros procesadores de texto

Aplicaciones como LibreOffice Writer, Google Docs o Apple Pages pueden abrir y editar archivos .docx, pero no siempre interpretan los formatos de la misma manera. Los problemas suelen aparecer en:

- Tablas complejas.
- Imágenes ancladas.
- Encabezados y pies con elementos avanzados.
- Campos automáticos.
- Estilos personalizados.

Por eso, cuando un documento debe conservar su aspecto exacto al ser enviado a personas que no utilizan Word, suele ser preferible convertirlo a **PDF**.

13.7.3 Uso de PDF como formato de intercambio

El formato PDF es, en la práctica, el estándar de intercambio para documentos que no necesitan ser editados por el receptor. Al usar **Guardar como > PDF**:

- Se mantiene la maquetación.
- Se reduce la posibilidad de modificación.
- Se mejora la compatibilidad entre sistemas operativos y dispositivos.

En organizaciones donde los documentos tienen valor legal, es habitual que las versiones "oficiales" se conserven o distribuyan en PDF, mientras que las versiones de trabajo se mantienen en .docx.

13.8 MENÚ DE VENTANA Y MANEJO DE VARIOS DOCUMENTOS

La última dimensión de este capítulo tiene que ver con la **gestión simultánea de varios documentos**. En la práctica profesional rara vez se trabaja con un solo archivo: es habitual tener abiertos contratos, informes, plantillas, correos exportados, anexos, etc. Saber manejar varios documentos a la vez es una habilidad clave.

13.8.1 Cambiar de documento activo

Cuando se tienen varios documentos abiertos, el usuario puede cambiar de uno a otro:

- Desde la barra de tareas del sistema operativo.
- Desde el menú **Vista > Cambiar ventanas**, que muestra una lista de documentos activos.
- Mediante atajos de teclado, como **Ctrl + F6** o **Ctrl + Tab** (según configuración).

Lo importante es entender que solo hay **un documento activo** en cada momento, que es el que recibe las acciones de escritura, formato o guardado.

13.8.2 Ver documentos en paralelo

Word permite organizar la visualización de varios documentos mediante opciones como:

- **Ver en paralelo** – dos documentos visibles simultáneamente, uno junto al otro.
- **Sincronizar el desplazamiento** – ambos documentos se desplazan al mismo tiempo, útil para comparar versiones.
- **Organizar todo** – distribuye todas las ventanas abiertas de forma que puedan verse a la vez.

Estas funciones son especialmente útiles cuando se necesita:

- Comparar versiones de un mismo contrato.
- Copiar fragmentos entre documentos.
- Revisar un texto siguiendo un original de referencia.

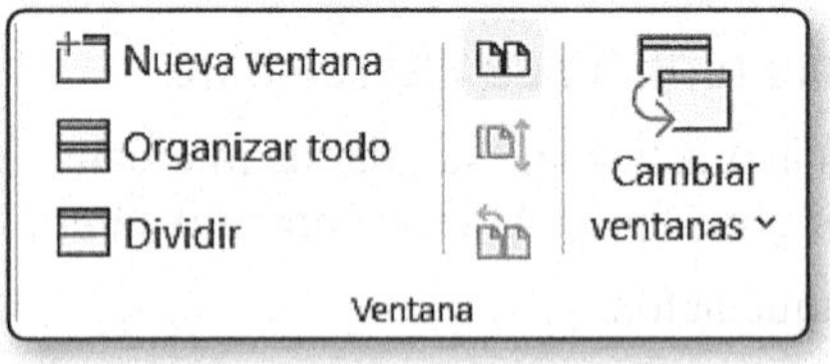

13.8.3 Identificación clara de cada documento

Cuando se trabaja con muchos archivos abiertos, es fácil confundirse si los nombres no están bien elegidos. Por eso, se recomienda:

- Usar nombres de archivo descriptivos.
- Evitar tener abiertos documentos diferentes con el mismo nombre en ubicaciones distintas.
- Cerrar aquellos archivos que ya no se están utilizando, para reducir el ruido visual.

ACTIVIDADES

Actividad 1. Formatos y compatibilidad (docx, pdf, rtf, txt)

1. Crea un documento con título, una tabla y una imagen.
2. Guarda versiones con “Guardar como” en: .docx, .pdf, .rtf y .txt.
3. Abre cada versión y anota qué elementos se conservan o se pierden (tabla comparativa).

Actividad 2. Versionado y trabajo con varios documentos

1. Crea una versión v1, luego v2_revision y v3_final usando “Guardar como”.
2. Abre dos versiones en paralelo (Vista → ver en paralelo) y activa “sincronizar desplazamiento”.
3. Copia cambios de una versión a otra y deja constancia en una tabla “cambio / dónde / por qué”.

14

UTILIZACIÓN DE LAS DIFERENTES POSIBILIDADES QUE OFRECE EL PROCESADOR DE TEXTOS PARA MEJORAR EL ASPECTO DEL TEXTO

En un documento profesional, el contenido es fundamental, pero **la forma en que se presenta ese contenido es igualmente decisiva**. Un texto mal formateado puede transmitir desorden, falta de rigor o incluso dificultar la comprensión del mensaje. Por el contrario, un documento bien estructurado, con una tipografía adecuada, un espaciado equilibrado y un uso inteligente de estilos, facilita la lectura, guía la atención del lector y refuerza la credibilidad del autor.

Microsoft Word ofrece un conjunto muy amplio de herramientas para mejorar el aspecto del texto. Estas herramientas no son simples adornos: forman parte de la comunicación escrita. En el ámbito profesional, donde los documentos pueden ser informes, memorias, propuestas, actas o comunicaciones internas, dominar estas funciones es una competencia esencial.

Este capítulo profundiza en todas las posibilidades que ofrece Word para mejorar la apariencia del texto, explicando no solo **cómo** se aplican, sino también **cuándo** y **por qué** utilizarlas.

14.1 FUENTE: LA IDENTIDAD VISUAL DEL TEXTO

La fuente es el elemento más básico y, al mismo tiempo, más influyente en la apariencia del documento. Determina la forma de las letras, su tamaño, su estilo y su color. Elegir correctamente la fuente es fundamental para garantizar la legibilidad y transmitir la imagen adecuada.

14.1.1 Tipo de fuente: serif y sans serif

Las fuentes pueden clasificarse en dos grandes familias:

Fuentes serif

Tienen pequeños remates en los extremos de las letras. Ejemplos:

- Times New Roman.
- Georgia.
- Garamond.

Se asocian a documentos formales, académicos o impresos. Su diseño facilita la lectura en papel, ya que los remates guían la mirada a lo largo de las líneas.

Fuentes Sans Serif

No tienen remates. Ejemplos:

- Calibri.
- Arial.
- Segoe UI.

Transmiten modernidad, claridad y simplicidad. Son ideales para documentos digitales, presentaciones o informes técnicos.

¿Cuál elegir?

Depende del contexto:

- **Informe técnico digital:** Calibri o Segoe UI.
- **Documento jurídico:** Times New Roman.
- **Manual formativo:** una Sans Serif clara.
- **Presentación visual:** una fuente moderna y limpia.

La coherencia es clave: un documento no debe mezclar demasiadas fuentes.

14.1.2 Estilo de fuente: negrita, cursiva, subrayado

El estilo modifica la apariencia de la fuente sin cambiar su tipo.

Negrita

Resalta palabras clave, títulos o conceptos importantes. Debe usarse con moderación: demasiada negrita pierde su efecto.

Cursiva

Se utiliza para:

- Citas.
- Títulos de obras.
- Palabras extranjeras.
- Énfasis suave.

Subrayado

En documentos impresos puede resultar útil, pero en documentos digitales se confunde con enlaces. Se recomienda usarlo solo cuando sea necesario.

Combinaciones

Negrita + cursiva puede utilizarse para destacar elementos dentro de un texto ya enfatizado.

14.1.3 Tamaño de fuente

El tamaño se mide en puntos (pt). En documentos profesionales:

- Texto normal: **10–12 pt.**
- Títulos: **14–18 pt.**
- Encabezados: **12–14 pt.**
- Notas al pie: **8–9 pt.**

Un tamaño demasiado pequeño dificulta la lectura; uno demasiado grande rompe la armonía visual.

14.1.4 Color de fuente

El color permite destacar información, pero debe utilizarse con criterio.

- **Negro:** estándar profesional.
- **Azul oscuro:** aceptable en documentos corporativos.
- **Rojo:** para advertencias o correcciones.
- **Colores vivos:** solo en materiales didácticos o creativos.

La legibilidad siempre debe ser prioritaria.

14.1.5 Efectos de fuente

Word permite aplicar efectos como:

- Sombra.
- Contorno.
- Relieve.
- Tachado.
- Versalitas.
- Mayúsculas pequeñas.

Estos efectos pueden aportar elegancia en títulos o encabezados, pero deben evitarse en textos largos.

14.1.6 Espaciado entre caracteres

El espaciado controla la distancia entre letras:

▸ **Normal:** el más utilizado.

▸ **Expandido:** útil en títulos o logotipos.

▸ **Comprimido:** para ajustar textos largos en espacios reducidos.

También permite ajustar la **posición** del texto (elevado o bajado), útil para fórmulas químicas o matemáticas.

14.1.7 Cambio de mayúsculas a minúsculas

Word permite transformar el texto sin reescribirlo:

▸ Mayúsculas.

▸ Minúsculas.

▸ Tipo oración.

▸ Poner en mayúsculas cada palabra.

▸ Alternar mayúsculas y minúsculas.

Esta herramienta es especialmente útil cuando:

▸ Se ha escrito con el bloqueo de mayúscula activado.

▸ Se necesita adaptar títulos.

▸ Se corrigen textos importados de otras fuentes.

14.1.8 Teclas rápidas asociadas

Las teclas rápidas permiten aplicar formato sin usar el ratón:

▸ **Ctrl + N:** negrita.

▸ **Ctrl + K:** cursiva.

▸ **Ctrl + S:** subrayado.

▸ **Ctrl + Mayús + A:** mayúsculas.

▸ **Ctrl + Mayús + K:** versalitas.

▸ **Ctrl + Mayús + > / <:** aumentar o reducir tamaño.

▸ **Ctrl + D:** abrir cuadro de diálogo de fuente.

Estas combinaciones aceleran enormemente el trabajo.

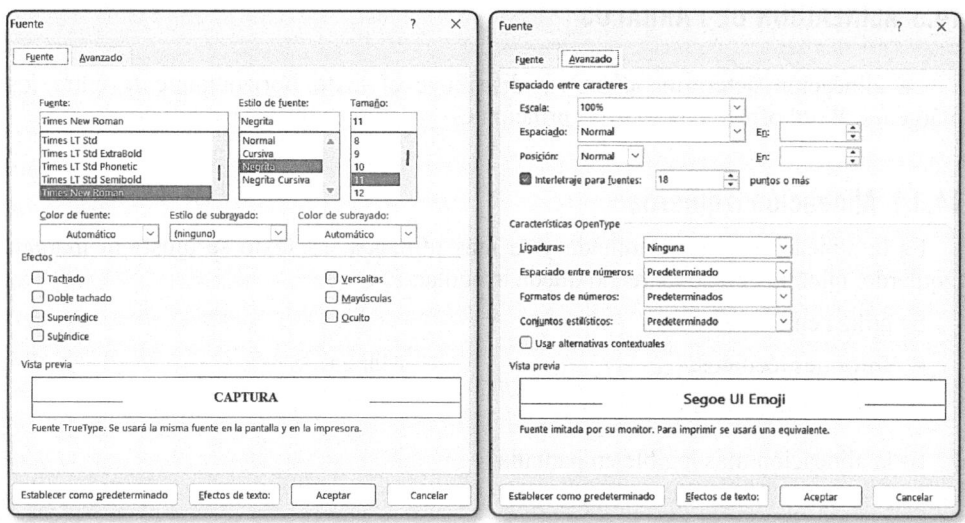

14.2 EL PÁRRAFO COMO UNIDAD VISUAL Y ESTRUCTURAL

Si la fuente define la apariencia de los caracteres, el párrafo define la **estructura visual del texto**. Un documento profesional no se compone únicamente de palabras: se compone de **bloques de información**, y cada bloque debe estar correctamente alineado, espaciado y organizado para que el lector pueda navegar por él sin esfuerzo.

En Word, el párrafo es una unidad lógica que se crea cada vez que pulsamos la tecla **Intro**. Aunque pueda parecer un gesto simple, cada párrafo contiene una serie de propiedades invisibles que determinan:

- Su alineación.
- Su sangría.
- Su espaciado vertical.
- Su interlineado.
- Sus bordes.
- Su sombreado.
- Su comportamiento en relación con los párrafos vecinos.

Dominar estas propiedades es esencial para producir documentos claros, equilibrados y profesionales.

14.3 ALINEACIÓN DE PÁRRAFOS

La alineación determina cómo se distribuye el texto horizontalmente entre los márgenes. Word ofrece cuatro tipos principales, cada uno con un propósito específico.

14.3.1 Alineación izquierda

Es la alineación predeterminada y la más utilizada. El texto se ajusta al margen izquierdo, mientras que el derecho queda irregular.

Se utiliza en:

- Informes técnicos.
- Documentos administrativos.
- Manuales.
- Comunicaciones internas.

Es la alineación más legible en pantalla.

14.3.2 Alineación derecha

El texto se ajusta al margen derecho. Se utiliza para:

- Fechas.
- Firmas.
- Datos de contacto.
- Elementos decorativos.

No debe usarse para párrafos largos, ya que dificulta la lectura.

14.3.3 Alineación centrada

El texto se sitúa en el centro del espacio disponible. Ideal para:

- Títulos.
- Encabezados.
- Portadas.
- Dedicatorias.

Debe usarse con moderación.

14.3.4 Alineación justificada

El texto se ajusta a ambos márgenes, creando un bloque visual uniforme. Es habitual en:

- Documentos impresos.
- Informes formales.
- Publicaciones.

Sin embargo, puede generar espacios irregulares si el texto es corto o contiene palabras largas.

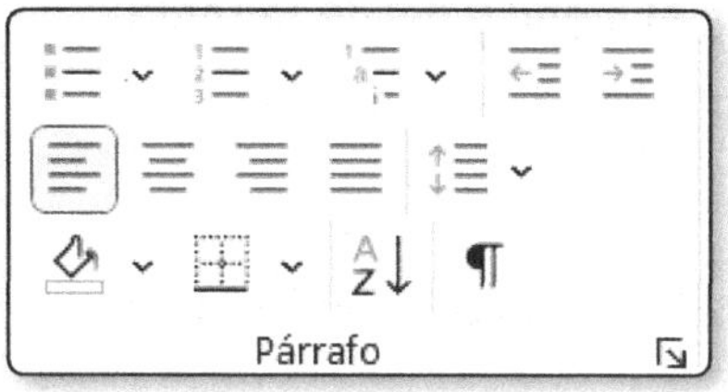

14.4 SANGRÍAS: CONTROL DEL INICIO DEL TEXTO

La sangría determina la distancia entre el margen y el inicio del texto. Es una herramienta fundamental para estructurar documentos largos, crear jerarquías visuales y mejorar la legibilidad.

Word permite aplicar varios tipos de sangría:

14.4.1 Sangría de primera línea

Desplaza solo la primera línea del párrafo hacia la derecha. Es típica en:

- Textos narrativos.
- Informes extensos.
- Documentos académicos.

Ayuda a separar visualmente los párrafos sin necesidad de añadir espacio extra.

14.4.2 Sangría francesa

Desplaza todas las líneas excepto la primera. Se utiliza en:

- Bibliografías.
- Listas de referencias.
- Índices.
- Esquemas legales.

Permite identificar rápidamente el inicio de cada entrada.

14.4.3 Sangría izquierda y derecha

Desplazan todo el párrafo hacia dentro o hacia fuera. Son útiles para:

- Citas destacadas.
- Recuadros informativos.
- Notas aclaratorias.

14.4.4 Aplicación desde el menú y desde la regla

Las sangrías pueden aplicarse de dos formas:

Desde el menú Párrafo

Permite introducir valores exactos en centímetros.

Desde la regla

Es el método más visual:

- ▼ El triángulo superior controla la primera línea.
- ▼ El triángulo inferior controla el resto del párrafo.
- ▼ El rectángulo controla la sangría izquierda completa.

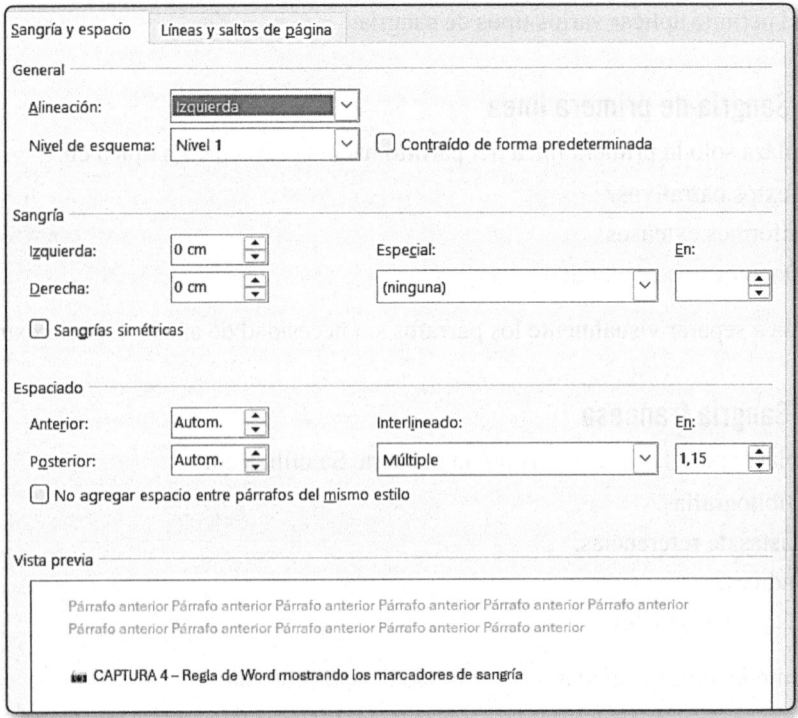

CAPTURA 4 – Regla de Word mostrando los marcadores de sangría

14.5 ESPACIADO ENTRE PÁRRAFOS Y LÍNEAS

El espaciado vertical es uno de los elementos más importantes para la legibilidad. Un documento con poco espaciado parece denso y difícil de leer; uno con demasiado espaciado parece desordenado.

Word permite controlar dos aspectos:

14.5.1 Interlineado

Determina la distancia entre líneas dentro del mismo párrafo.

Opciones habituales:

- **Sencillo.**
- **1,15** (muy usado en documentos modernos).
- **1,5 líneas.**
- **Doble.**
- **Múltiple** (permite valores personalizados).

El interlineado adecuado depende del tipo de documento:

- Informes técnicos: 1,15.
- Documentos académicos: 1,5.
- Manuscritos literarios: doble.

14.5.2 Espaciado antes y después del párrafo

Permite separar párrafos sin insertar líneas en blanco. Es una práctica profesional recomendada porque:

- Mantiene la coherencia visual.
- Evita saltos irregulares.
- Facilita la maquetación.

Por ejemplo:

- Espacio antes: 6 pt.
- Espacio después: 6 pt.

14.6 BORDES Y SOMBREADOS

Los bordes y sombreados permiten destacar secciones del texto, crear recuadros informativos o mejorar la presentación de títulos y encabezados.

14.6.1 Bordes de párrafo

Word permite aplicar bordes:

- Alrededor del párrafo.
- Solo arriba.
- Solo abajo.
- Solo a un lado.
- Con distintos grosores y estilos.

Se utilizan para:

- ▶ Citas destacadas.
- ▶ Recuadros de advertencia.
- ▶ Encabezados de sección.
- ▶ Elementos decorativos.

14.6.2 Sombreado

El sombreado añade un fondo de color detrás del texto o del párrafo.

Es útil para:

- ▶ Resaltar notas.
- ▶ Crear bloques informativos.
- ▶ Señalar instrucciones.
- ▶ Diferenciar secciones.

Debe usarse con moderación para evitar saturación visual.

14.7 TECLAS RÁPIDAS ASOCIADAS A OPERACIONES DE PÁRRAFO

- ▶ **Ctrl + T:** sangría francesa.
- ▶ **Ctrl + Q:** quitar formato de párrafo.
- ▶ Ctrl + 1: interlineado sencillo.
- ▶ Ctrl + 2: interlineado doble.
- ▶ Ctrl + 5: interlineado 1,5.
- ▶ Ctrl + E: centrar.
- ▶ Ctrl + J: justificar.
- ▶ Ctrl + D: abrir cuadro de fuente (útil para espaciado).

14.8 VIÑETAS Y NUMERACIÓN: ORGANIZAR LA INFORMACIÓN PARA HACERLA LEGIBLE

Una parte esencial de la presentación del texto consiste en **organizar la información de forma clara y estructurada**. En documentos profesionales, es habitual que el contenido incluya listas de elementos, pasos, ideas clave o apartados que deben destacarse visualmente. Word ofrece varias herramientas para ello: viñetas, listas numeradas y esquemas multinivel.

Estas herramientas no solo mejoran la estética del documento, sino que también ayudan al lector a comprender la jerarquía de la información y a navegar por ella con mayor facilidad. En un informe técnico, por ejemplo, una lista bien construida puede marcar la diferencia entre un texto confuso y uno perfectamente claro.

14.9 VIÑETAS: LISTAS SIN ORDEN ESPECÍFICO

Las viñetas se utilizan cuando los elementos de la lista no siguen un orden concreto. Son ideales para enumerar características, ideas, requisitos o elementos independientes entre sí.

14.9.1 Tipos de viñetas

Word ofrece una amplia variedad de viñetas:

- Círculos.
- Cuadrados.
- Flechas.
- Símbolos personalizados.
- Imágenes como viñetas.

La elección depende del estilo del documento. En entornos profesionales, se recomienda utilizar viñetas simples y discretas, evitando símbolos demasiado decorativos que puedan distraer al lector.

14.9.2 Cuándo usar viñetas

Las viñetas son útiles cuando:

- Los elementos no siguen un orden lógico.
- Se desea presentar información de forma compacta.
- Se quiere evitar párrafos largos y densos.
- Se enumeran características o propiedades.

Por ejemplo, en un manual de procedimientos, una lista de materiales o requisitos previos suele presentarse con viñetas.

14.9.3 Personalización de viñetas

Word permite personalizar las viñetas:

- Cambiar el símbolo.
- Cambiar el tamaño.
- Cambiar el color.
- Definir viñetas personalizadas con imágenes o caracteres especiales.

Esta flexibilidad permite adaptar la lista al estilo del documento.

14.10 LISTAS NUMERADAS: CUANDO EL ORDEN IMPORTA

Las listas numeradas se utilizan cuando los elementos siguen un orden lógico o secuencial. Son esenciales en:

▸ Procedimientos paso a paso.

▸ Instrucciones técnicas.

▸ Procesos administrativos.

▸ Enumeración de argumentos.

14.10.1 Formatos de numeración

Word permite utilizar distintos formatos:

▸ 1, 2, 3….

▸ a, b, c….

▸ A, B, C….

▸ I, II, III….

▸ Combinaciones personalizadas.

Cada formato transmite un nivel de formalidad distinto. Por ejemplo, los números romanos suelen utilizarse en documentos jurídicos o académicos.

14.10.2 Reiniciar o continuar numeración

Word permite:

▸ Reiniciar la numeración en cualquier punto.

▸ Continuar la numeración desde una lista anterior.

▸ Combinar listas numeradas con viñetas.

Esto es especialmente útil en documentos largos con múltiples secciones.

14.11 ESQUEMA NUMERADO: LISTAS MULTINIVEL

Las listas multinivel permiten crear estructuras jerárquicas complejas. Son fundamentales en:

▸ Informes extensos.

▸ Documentos técnicos.

▸ Manuales.

▸ Normativas.

▸ Proyectos.

Un esquema multinivel típico puede tener esta forma:

1. Introducción 1.1. Objetivos 1.2. Alcance.
2. Desarrollo 2.1. Metodología 2.1.1. Técnicas utilizadas 2.1.2. Herramientas 2.2. Resultados.
3. Conclusiones.

14.11.1 Ventajas del esquema multinivel

⬗ Permite organizar grandes volúmenes de información.
⬗ Facilita la navegación del lector.
⬗ Refuerza la estructura lógica del documento.
⬗ Se integra con el sistema de estilos de Word.

14.11.2 Relación con los estilos

Los esquemas multinivel funcionan mejor cuando se combinan con estilos de título (Título 1, Título 2, etc.). Esto permite:

⬗ Crear índices automáticos.
⬗ Mantener la coherencia visual.
⬗ Reorganizar secciones fácilmente.

14.12 TABULACIONES: ALINEACIÓN PRECISA SIN TABLAS

Las tabulaciones son una herramienta clásica del tratamiento de textos. Permiten alinear texto en columnas sin necesidad de utilizar tablas. Aunque muchos usuarios modernos recurren directamente a las tablas, las tabulaciones siguen siendo esenciales en documentos como:

⬗ Formularios.
⬗ Listados.
⬗ Documentos administrativos.
⬗ Textos con columnas simples.

14.12.1 Tipos de tabulaciones

Word ofrece cinco tipos principales:

Tabulación izquierda

El texto se alinea a la izquierda del tabulador. Es la más común.

Tabulación derecha

El texto se alinea a la derecha del tabulador. Ideal para números o importes.

Tabulación centrada

El texto queda centrado en la posición del tabulador. Útil para títulos o columnas equilibradas.

Tabulación decimal

Alinea los números por la coma decimal. Es imprescindible en documentos contables o financieros.

Tabulación de barra

Inserta una línea vertical en la posición del tabulador. Se utiliza en formularios o documentos estructurados.

14.13 MANEJO DE TABULADORES DESDE EL CUADRO DE DIÁLOGO

El cuadro de diálogo **Tabulaciones** permite un control preciso:

▼ Establecer posiciones exactas en centímetros.

▼ Elegir el tipo de tabulación.

▼ Definir rellenos (puntos, guiones, líneas).

▼ Borrar tabuladores individuales o todos a la vez.

Este método es ideal cuando se necesita precisión milimétrica.

14.14 USO DE LA REGLA PARA ESTABLECER Y MODIFICAR TABULACIONES

La regla es el método más visual y rápido para trabajar con tabuladores.

14.14.1 Cómo funciona

1. Se selecciona el tipo de tabulación en el selector de la esquina superior izquierda.

2. Se hace clic en la regla para colocar el tabulador.

3. Se arrastra para moverlo.

4. Se elimina arrastrándolo fuera de la regla.

14.14.2 Ventajas de la regla

▼ Permite ver la estructura del documento de un vistazo.

▼ Facilita la alineación de columnas simples.

▼ Es ideal para usuarios visuales.

ACTIVIDADES

Actividad 1. Mejora integral del aspecto de un texto

Aplicar de forma práctica las herramientas de formato de fuente y párrafo para transformar un texto sin formato en un documento profesional, legible y visualmente equilibrado.

Actividad 2. Construcción de listas y uso de tabulaciones

El lector trabajará con un documento que contiene información desordenada. Su tarea será organizarla utilizando listas y tabulaciones, aplicando criterios de claridad y estructura. Esta actividad permite comprender la diferencia entre listas simples, listas jerárquicas y alineación mediante tabuladores.

15

CONFIGURACIÓN DE PÁGINA EN FUNCIÓN DEL TIPO DE DOCUMENTO Y VISUALIZACIÓN DEL RESULTADO ANTES DE LA IMPRESIÓN

15.1 LA IMPORTANCIA DE LA PÁGINA COMO ESPACIO DE COMUNICACIÓN

Cuando pensamos en un documento de texto, solemos centrarnos en las palabras, en las ideas que queremos transmitir o en la estructura del contenido. Sin embargo, existe un elemento previo que condiciona todo lo demás: **la página**. La página es el espacio físico –o digital– donde se desarrolla el documento, y su configuración determina cómo se distribuye el texto, cómo respira, cómo se percibe y, en última instancia, cómo se interpreta.

En un entorno profesional, donde los documentos pueden ser informes, memorias, propuestas, contratos o manuales, la configuración de página no es un detalle técnico: es una decisión editorial. Un margen demasiado estrecho puede transmitir sensación de saturación; una orientación incorrecta puede dificultar la lectura de una tabla; un encabezado mal diseñado puede restar seriedad al documento. Por eso, antes de escribir una sola palabra, conviene detenerse a pensar en el espacio donde esas palabras van a vivir.

Word ofrece un conjunto muy completo de herramientas para configurar la página. No se trata solo de elegir márgenes o tamaño de papel, sino de comprender cómo cada decisión afecta al resultado final. En este capítulo exploraremos estas herramientas desde una perspectiva práctica y con ejemplos reales y recomendaciones profesionales.

15.2 MÁRGENES: EL ESPACIO QUE PERMITE RESPIRAR AL TEXTO

Los márgenes son los espacios en blanco que rodean el contenido. Aunque a simple vista puedan parecer un elemento secundario, cumplen una función esencial: **proteger el texto**, darle aire y facilitar la lectura. Un documento sin márgenes adecuados resulta incómodo, denso y poco profesional.

En Word, los márgenes pueden configurarse desde la pestaña **Diseño**, donde se ofrecen varias opciones predeterminadas. Sin embargo, lo importante no es memorizar los valores, sino entender qué efecto producen.

Los márgenes estrechos permiten incluir más texto por página, pero sacrifican comodidad visual. Los márgenes amplios, en cambio, aportan elegancia y claridad, aunque aumentan la extensión del documento. En informes corporativos, lo habitual es utilizar márgenes moderados; en documentos académicos, márgenes amplios para permitir anotaciones; en manuales, márgenes reflejados para facilitar la encuadernación.

La clave está en elegir márgenes que acompañen al propósito del documento.

15.3 ORIENTACIÓN Y TAMAÑO DE PAPEL: ADAPTAR EL DOCUMENTO AL CONTENIDO

La orientación determina si el documento se presenta en vertical o en horizontal. La orientación vertical es la más habitual, pero la horizontal puede resultar imprescindible cuando se trabaja con tablas anchas, gráficos o diagramas que necesitan más espacio horizontal.

El tamaño del papel también influye en la percepción del documento. En Europa, el formato estándar es el **A4**, pero Word permite trabajar con otros tamaños como A3, Carta o incluso tamaños personalizados. En documentos técnicos, por ejemplo, es frecuente utilizar A3 para planos o esquemas.

Lo importante es que la elección del tamaño y la orientación no sea arbitraria, sino coherente con el contenido.

15.4 LA REGLA: UNA HERRAMIENTA VISUAL PARA AJUSTAR MÁRGENES Y SANGRÍAS

Aunque Word permite configurar márgenes desde el menú, muchos profesionales prefieren utilizar la **regla**, una herramienta visual que permite ajustar márgenes y sangrías de forma intuitiva. La regla muestra los límites de la página y permite arrastrar los marcadores para modificar el espacio disponible.

Esta herramienta es especialmente útil cuando se trabaja con documentos complejos, ya que permite ver de un vistazo cómo se distribuye el texto.

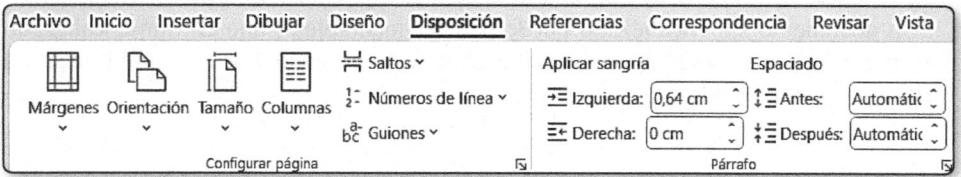

15.5 MODOS DE VISUALIZACIÓN: VER EL DOCUMENTO DESDE DISTINTAS PERSPECTIVAS

Antes de imprimir un documento, es fundamental visualizarlo correctamente. Word ofrece varios modos de visualización, cada uno pensado para una fase distinta del trabajo.

La **vista de impresión** es la más utilizada, ya que muestra el documento tal como aparecerá en papel. La **vista de lectura** optimiza el contenido para pantallas, mientras que la **vista web** permite ver cómo se comportaría el documento en un entorno digital. La **vista esquema** es ideal para reorganizar documentos largos, y la **vista borrador** facilita la edición rápida sin distracciones.

El **zoom** también juega un papel importante. Acercar permite revisar detalles; alejar permite ver la estructura general. Un buen profesional alterna entre ambas perspectivas para garantizar que el documento funciona tanto a nivel micro como macro.

15.6 VISTA PRELIMINAR: EL ÚLTIMO FILTRO ANTES DE IMPRIMIR

La vista preliminar es el equivalente digital a sostener una hoja impresa entre las manos. Permite ver exactamente cómo quedará el documento: dónde empiezan y terminan las páginas, cómo se distribuyen los encabezados, si los saltos están bien colocados, si las imágenes están alineadas, si la numeración es correcta.

Es una herramienta imprescindible antes de imprimir documentos importantes, especialmente cuando se trata de informes, memorias o documentos que se entregarán a terceros.

15.7 ENCABEZADOS Y PIES DE PÁGINA: IDENTIDAD Y COHERENCIA

Los encabezados y pies de página son elementos que acompañan al documento de principio a fin. Su función no es decorativa: aportan identidad, contexto y coherencia. En un informe corporativo, por ejemplo, el encabezado puede incluir el logotipo de la empresa, mientras que el pie puede mostrar la fecha, el nombre del departamento o la numeración.

Word permite crear encabezados y pies de forma sencilla, pero también ofrece opciones avanzadas: encabezados distintos para páginas pares e impares, encabezados diferentes por sección, inserción de imágenes, campos automáticos, etc.

Un documento sin encabezado puede parecer incompleto; uno con un encabezado mal diseñado puede resultar confuso. La clave está en encontrar un equilibrio entre estética y funcionalidad.

15.8 NUMERACIÓN DE PÁGINAS: ORDEN Y REFERENCIA

La numeración es esencial en documentos largos. Permite al lector orientarse, facilita la referencia cruzada y aporta orden. Word permite insertar números de página en distintas posiciones y con distintos formatos: números arábigos, romanos, letras, etc.

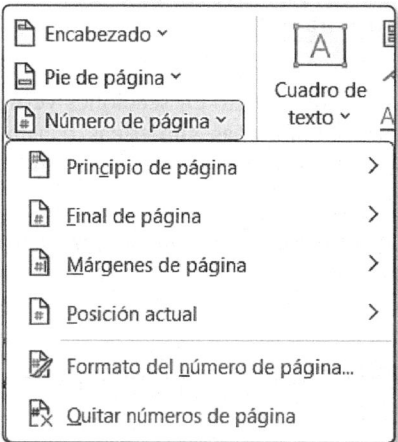

También permite reiniciar la numeración en una sección concreta, lo cual es útil cuando el documento incluye portada, índice y contenido.

Eliminar la numeración es tan sencillo como borrar el campo correspondiente, pero conviene hacerlo con cuidado para no afectar al resto del documento.

15.9 BORDES DE PÁGINA: UN RECURSO ESTÉTICO QUE DEBE USARSE CON CRITERIO

Los bordes de página pueden aportar elegancia o estructura, pero deben utilizarse con moderación. En documentos formales, un borde discreto puede ser apropiado; en documentos técnicos, suele evitarse para no distraer. Word permite aplicar bordes simples, dobles, decorativos o personalizados.

Lo importante es que el borde no compita con el contenido.

15.10 SALTOS DE PÁGINA Y DE SECCIÓN: CONTROLAR LA ESTRUCTURA DEL DOCUMENTO

Los saltos son herramientas fundamentales para controlar la estructura del documento.

El **salto de página** fuerza el inicio de una nueva página, lo cual es útil para separar capítulos, secciones o elementos importantes.

El **salto de sección** permite mucho más: cambiar la orientación, modificar los márgenes, crear encabezados distintos o aplicar columnas solo a una parte del documento. Es una herramienta imprescindible en documentos complejos.

15.11 COLUMNAS PERIODÍSTICAS: DISTRIBUIR EL TEXTO COMO EN UNA REVISTA

Las columnas permiten dividir el texto en secciones verticales, como en periódicos o revistas. Word permite crear columnas simétricas o asimétricas, con o sin líneas separadoras, y aplicarlas a todo el documento o solo a una parte mediante saltos de sección.

Las columnas aportan dinamismo visual y son ideales para documentos divulgativos, boletines o materiales formativos.

15.12 NOTAS AL PIE Y NOTAS AL FINAL: INFORMACIÓN SIN INTERRUMPIR EL FLUJO

Las notas permiten añadir información complementaria sin interrumpir el flujo del texto. Las **notas al pie** aparecen al final de la página; las **notas al final**, al final del documento. Son esenciales en documentos académicos, jurídicos o técnicos.

Word permite personalizar su numeración, convertir notas al pie en notas al final y viceversa, y aplicar estilos específicos.

ACTIVIDADES

Actividad 1. Preparación completa de un documento para impresión profesional

El lector recibe un documento en bruto: un texto largo, sin estructura visual, sin numeración, sin encabezados y con saltos de página incorrectos. Su tarea consiste en transformarlo en un documento profesional listo para impresión, tomando decisiones editoriales fundamentadas.

Actividad 2. Diseño editorial de un boletín informativo con columnas, saltos y notas

El lector debe transformar un texto lineal en un boletín informativo de estilo periodístico. La actividad combina creatividad con dominio técnico, ya que requiere aplicar columnas, encabezados, notas y saltos de forma coherente.

16

CREACIÓN Y GESTIÓN DE TABLAS COMO MEDIO PARA MOSTRAR INFORMACIÓN

Las tablas son uno de los recursos más versátiles dentro de un procesador de textos. Aunque muchos usuarios las asocian únicamente a listados simples o a la organización básica de datos, en realidad las tablas son una herramienta editorial de primer nivel: permiten estructurar información, crear comparativas, diseñar formularios, presentar datos técnicos, organizar contenidos y, en general, aportar claridad donde el texto corrido resultaría confuso.

En un documento profesional, una tabla bien construida puede marcar la diferencia entre un contenido difícil de interpretar y una presentación impecable. Por eso, este capítulo no se limita a explicar cómo insertar una tabla, sino que profundiza en su edición, su formato, su estructura y sus posibilidades avanzadas.

16.1 INSERTAR O CREAR TABLAS EN UN DOCUMENTO

Crear una tabla en Word es un proceso sencillo, pero lo importante no es la mecánica, sino la intención. Antes de insertar una tabla, conviene preguntarse:

- ¿Qué información quiero mostrar?
- ¿Necesita estructura?
- ¿Debe compararse?
- ¿Debe leerse de un vistazo?

Si la respuesta es sí, la tabla es el recurso adecuado.

Word permite insertar tablas de varias formas:

- Seleccionando directamente el número de filas y columnas.
- Especificando dimensiones exactas.
- Insertando tablas rápidas preformateadas.
- Convirtiendo texto en tabla (muy útil para listas).

La tabla aparece inicialmente con un formato básico, pero es solo el punto de partida.

Insertar tabla

Insertar tabla...

Dibujar tabla

Convertir texto en tabla...

Hoja de cálculo de Excel

Tablas rápidas   >

universitario

| Universidad del Cedro | 110 | 103 | +7 |

Lista tabular

ELEMENTO	NECESARIO
Libros	1
Revistas	3
Blocs de notas	1
Carpetas de papel	1
Plumas	3
Lápices	2

Matriz

Pueblo o ciudad	Punto A	Punto B	Punto C	Punto D	Punto E
Punto A	—				
Punto B	87	—			
Punto C	64	56	—		
Punto D	37	32	91	—	
Punto E	93	35	54	43	—

Tabla doble

Alfabeto griego

Nombre de letra	Mayúsculas	Minúsculas	Nombre de letra	Mayúsculas	Minúsculas
Alfa	A	α	Ni	N	ν
Beta	B	β	Xi	Ξ	ξ

Guardar selección en galería de tablas rápidas...

16.2 EDICIÓN DENTRO DE UNA TABLA: ESCRIBIR, MOVERSE, SELECCIONAR

Una vez creada, la tabla se comporta como un pequeño documento dentro del documento. Cada celda es un espacio independiente donde se puede escribir, aplicar formato, insertar imágenes o incluso incluir otras tablas.

Escribir dentro de una celda

El cursor se comporta igual que en un párrafo normal. Se pueden aplicar estilos, negritas, colores, listas, etc.

Movimiento dentro de la tabla

El movimiento es una parte esencial del trabajo con tablas. Word permite desplazarse:

▸ Con las flechas del teclado.

▸ Con la tecla **Tab** (avanza a la siguiente celda).

▸ Con **Mayús + Tab** (retrocede).

▸ Con clics del ratón.

Este sistema permite trabajar con fluidez sin abandonar el teclado.

Selección de celdas, filas, columnas o tabla completa

Seleccionar correctamente es clave para aplicar formato o modificar estructura.

➤ Una celda: clic en el borde izquierdo.

➤ Una fila: clic en el margen izquierdo de la fila.

➤ Una columna: clic en la parte superior de la columna.

➤ Toda la tabla: icono en la esquina superior izquierda.

Una selección precisa evita errores y acelera el trabajo.

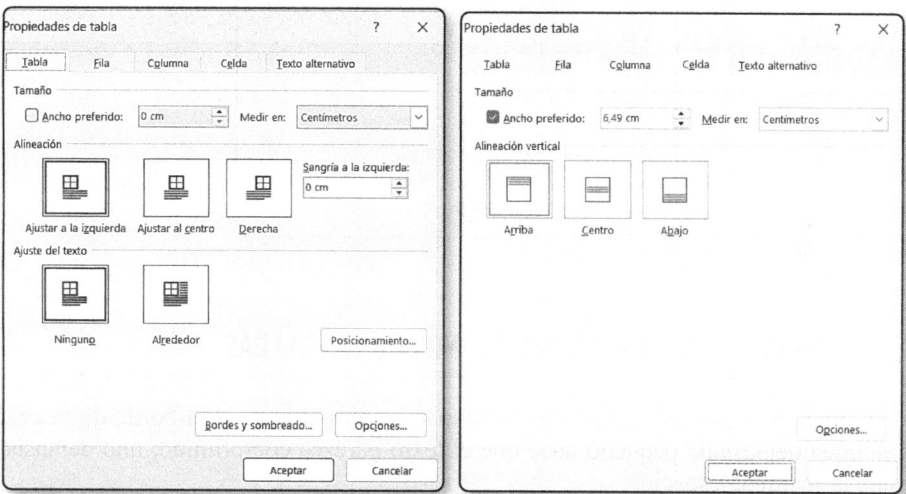

16.3 MODIFICAR EL TAMAÑO DE FILAS Y COLUMNAS

El tamaño de las celdas determina la legibilidad de la tabla. Word permite ajustar:

➤ Altura de filas.

➤ Anchura de columnas.

➤ Ajuste automático al contenido.

➤ Ajuste automático a la ventana.

El ajuste automático es especialmente útil cuando se trabaja con textos largos o con tablas que deben adaptarse al ancho de página.

También es posible arrastrar los bordes con el ratón para ajustar manualmente o hacerlo mediante la configuración de las Propiedades de la tabla.

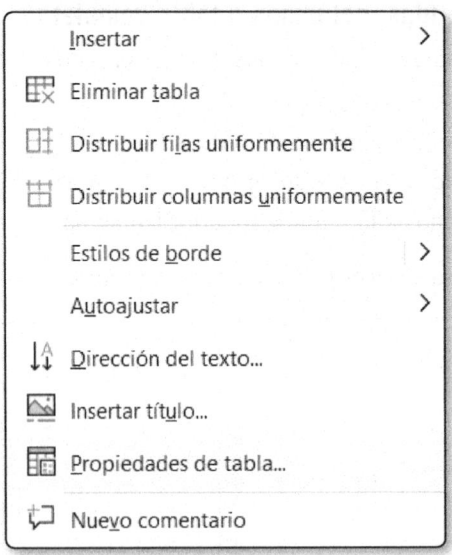

16.4 MODIFICAR LOS MÁRGENES INTERNOS DE LAS CELDAS

Los márgenes internos determinan el espacio entre el texto y el borde de la celda. Un margen demasiado pequeño hace que el texto parezca comprimido; uno demasiado grande desperdicia espacio.

Word permite ajustar:

- ▶ Margen superior.
- ▶ Margen inferior.
- ▶ Margen izquierdo.
- ▶ Margen derecho.

Esto es esencial para tablas con mucho contenido o para diseños más elegantes.

16.5 APLICAR FORMATO A UNA TABLA: BORDES, SOMBREADO Y ESTILOS

El formato es lo que convierte una tabla funcional en una tabla profesional.

Bordes

Los bordes pueden aplicarse:

- A toda la tabla.
- A filas concretas.
- A columnas.
- A celdas específicas.

Pueden ser:

- Líneas simples.
- Líneas dobles.
- Líneas discontinuas.
- Líneas gruesas o finas.

Sombreado

El sombreado permite destacar:

- Encabezados.
- Filas alternas.
- Celdas importantes.

Un sombreado suave mejora la legibilidad sin saturar.

Estilos de tabla

Word incluye estilos predefinidos que aplican:

- Colores.
- Bordes.
- Filas alternas.
- Encabezados destacados.

Son útiles para mantener coherencia visual en documentos largos.

16.6 CAMBIAR LA ESTRUCTURA DE UNA TABLA

Una tabla no es un elemento rígido: puede crecer, reducirse o reorganizarse según las necesidades del documento.

Insertar elementos

Word permite insertar:

- Filas encima o debajo.
- Columnas a la izquierda o derecha.
- Celdas individuales.

Eliminar elementos

También es posible eliminar:

▼ Celdas.

▼ Filas.

▼ Columnas.

▼ La tabla completa.

Combinar celdas

Combinar celdas permite crear encabezados amplios o secciones dentro de la tabla.

Dividir celdas

Dividir celdas es útil cuando se necesita mayor detalle en una sección concreta.

Dividir la tabla

Permite separar una tabla en dos, útil en documentos largos.

16.7 OPCIONES AVANZADAS DE TABLAS

Aquí es donde las tablas muestran su verdadero potencial.

Alineación vertical del texto

El texto puede alinearse:

▼ Arriba.

▼ Centrado.

▼ Abajo.

Esto es esencial en tablas con celdas altas.

Cambiar la dirección del texto

Permite girar el texto:

▼ Vertical.

▼ Rotado.

▼ Apilado.

Muy útil en tablas estrechas.

Convertir texto en tabla

Si el texto está separado por tabuladores, comas o puntos y coma, Word puede convertirlo automáticamente en una tabla.

Convertir tabla en texto

El proceso inverso: útil para exportar datos o simplificar contenido.

Ordenar una tabla

Word permite ordenar por:

- Texto.
- Números.
- Fechas.

En orden ascendente o descendente.

Introducción de fórmulas

Word permite realizar cálculos dentro de una tabla:

- Sumas.
- Promedios.
- Contadores.

Aunque no es Excel, resulta útil para documentos administrativos.

Fila de encabezados

La fila de encabezados puede repetirse automáticamente en cada página, lo cual es imprescindible en tablas largas.

16.8 LAS TABLAS COMO HERRAMIENTA EDITORIAL

Más allá de los datos, las tablas pueden utilizarse como elementos de diseño:

- Para crear formularios.
- Para maquetar portadas.
- Para organizar imágenes.
- Para crear comparativas visuales.
- Para estructurar contenidos complejos.

ACTIVIDADES

Actividad 1. Construcción y formato básico de una tabla

Crea una tabla de 4 columnas y 5 filas, introduce datos ficticios y aplica un estilo profesional: ajusta el ancho de columnas, centra el texto de los encabezados, aplica sombreado suave a la primera fila y añade bordes exteriores más gruesos.

Actividad 2. Modificación estructural y opciones avanzadas

A partir de una tabla ya creada, combina dos celdas para formar un encabezado amplio, divide una celda en tres, ordena la tabla por la primera columna, cambia la dirección del texto en una celda y convierte la última fila en fila de encabezado repetida.

17

CORRECCIÓN DE TEXTOS CON LAS HERRAMIENTAS DE ORTOGRAFÍA Y GRAMÁTICA

La corrección de textos es una de las fases más importantes en la elaboración de cualquier documento profesional. No importa lo brillante que sea una idea si está rodeada de errores ortográficos, frases confusas o incoherencias gramaticales. Un documento con fallos transmite descuido, falta de rigor y poca profesionalidad. Por el contrario, un texto bien revisado genera confianza, claridad y credibilidad.

Microsoft Word incorpora un conjunto de herramientas diseñadas para acompañar al usuario durante todo el proceso de escritura. Estas herramientas no sustituyen al criterio humano, pero sí actúan como un apoyo constante que ayuda a detectar errores, mejorar la redacción y garantizar que el documento final esté a la altura de lo que se espera en un entorno profesional.

Este capítulo explora estas herramientas desde una perspectiva práctica, mostrando cómo utilizarlas de forma eficaz y cómo integrarlas en el flujo natural de trabajo.

17.1 SELECCIÓN DEL IDIOMA: EL PRIMER PASO PARA UNA CORRECCIÓN EFICAZ

Antes de que Word pueda corregir un texto, necesita saber en qué idioma está escrito. Aunque pueda parecer un detalle menor, la selección del idioma es fundamental: determina qué diccionario se utilizará, qué reglas gramaticales se aplicarán y qué sugerencias ofrecerá el programa.

En documentos bilingües o con terminología extranjera, es habitual que Word detecte falsos errores. Para evitarlo, el usuario puede asignar un idioma a un párrafo, a una palabra concreta o al documento completo. Esta flexibilidad es especialmente útil en informes técnicos, documentos académicos o textos que incluyen citas en otros idiomas.

Seleccionar correctamente el idioma es, por tanto, el punto de partida de toda corrección.

17.2 CORRECCIÓN MIENTRAS SE ESCRIBE: EL ASISTENTE SILENCIOSO

Una de las funciones más conocidas de Word es la corrección automática en tiempo real. Mientras el usuario escribe, el programa analiza el texto y subraya los posibles errores:

▶ En rojo, los errores ortográficos.

▶ En azul, las sugerencias gramaticales o de estilo.

Este sistema actúa como un asistente silencioso que acompaña al usuario sin interrumpir su flujo de trabajo. Permite detectar errores al instante y corregirlos con un simple clic. Sin embargo, también exige criterio: no todas las palabras subrayadas son errores reales. En textos especializados, nombres propios o siglas, es habitual que aparezcan términos que el diccionario no reconoce.

El usuario debe decidir cuándo corregir, cuándo ignorar y cuándo añadir una palabra al diccionario personalizado.

17.3 CORRECCIÓN UNA VEZ ESCRITO EL TEXTO: REVISIÓN CON MENÚ CONTEXTUAL

Aunque la corrección en tiempo real es útil, muchos profesionales prefieren revisar el texto una vez finalizada la redacción. Para ello, Word ofrece un sistema de corrección mediante el **menú contextual**.

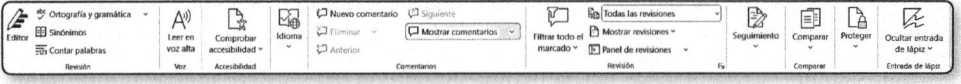

Al hacer clic derecho sobre una palabra subrayada, el programa muestra:

▶ Sugerencias de corrección.

▶ Opciones para ignorar el error.

▶ Posibilidad de agregar la palabra al diccionario.

▶ Acceso a sinónimos.

▶ Opciones de autocorrección.

Este método permite revisar el texto de forma más reflexiva, analizando cada sugerencia antes de aplicarla. Es especialmente útil en documentos largos, donde es fácil que algunos errores pasen desapercibidos durante la escritura.

17.4 CORRECCIÓN GRAMATICAL DESDE EL MENÚ DE HERRAMIENTAS

Además de la corrección automática, Word permite realizar una revisión completa del documento desde el menú:

Revisar → Ortografía y gramática

Esta revisión analiza el texto de principio a fin, mostrando cada posible error en una ventana lateral. El usuario puede:

- Aceptar o rechazar sugerencias.
- Consultar explicaciones gramaticales.
- Saltar errores.
- Revisar alternativas de estilo.

Es una herramienta especialmente útil en documentos formales, informes extensos o textos que deben entregarse a terceros.

17.5 OPCIONES DE ORTOGRAFÍA Y GRAMÁTICA: PERSONALIZAR LA REVISIÓN

Word permite personalizar el comportamiento del corrector para adaptarlo al estilo del usuario y al tipo de documento. Desde las opciones de Word, es posible decidir:

- Si se desea corregir mientras se escribe.
- Si se quiere revisar gramática además de ortografía.
- Si se desean sugerencias de estilo.
- Si se deben ignorar palabras en mayúsculas.
- Si se deben ignorar direcciones web.
- Si se deben aplicar reglas específicas del idioma.

Esta personalización permite que la corrección sea más precisa y menos intrusiva.

17.6 DICCIONARIO PERSONALIZADO: ENSEÑAR A WORD TU VOCABULARIO

El diccionario personalizado es una herramienta esencial para profesionales que trabajan con terminología técnica, nombres propios, siglas o vocabulario especializado.

Cuando Word detecta una palabra desconocida, el usuario puede añadirla al diccionario. A partir de ese momento, la palabra dejará de marcarse como error. Esto permite:

- Evitar correcciones innecesarias.
- Mantener coherencia terminológica.
- Acelerar la redacción.

El diccionario personalizado es especialmente útil en empresas que manejan nombres de productos, acrónimos internos o terminología corporativa.

17.7 AUTOCORRECCIÓN: AUTOMATIZAR TAREAS REPETITIVAS

La autocorrección es una de las funciones más potentes de Word. Permite corregir automáticamente errores comunes, pero también puede utilizarse para crear atajos personalizados.

Por ejemplo:

- Escribir ";firma" y que Word inserte una firma completa.
- Escribir "(c)" y que aparezca el símbolo ©.
- Escribir "teh" y que Word lo convierta en "the".

La autocorrección puede ahorrar tiempo y evitar errores repetitivos, especialmente en documentos largos o en tareas rutinarias.

17.8 SINÓNIMOS: ENRIQUECER EL VOCABULARIO SIN ABANDONAR EL DOCUMENTO

Word incluye un diccionario de sinónimos que permite mejorar la calidad del texto sin necesidad de consultar fuentes externas. Al hacer clic derecho sobre una palabra, el usuario puede acceder a una lista de sinónimos que le permite:

- Evitar repeticiones.
- Mejorar la precisión.
- Enriquecer el estilo.

Es una herramienta especialmente útil en textos literarios, académicos o divulgativos.

17.9 TRADUCTOR: TRABAJAR CON TEXTOS EN OTROS IDIOMAS

Word incorpora un traductor integrado que permite traducir palabras, frases o documentos completos. Aunque no sustituye a un traductor profesional, es útil para:

- Comprender textos en otros idiomas.
- Revisar documentos bilingües.
- Consultar términos técnicos.

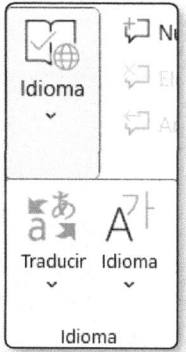

El traductor puede utilizarse desde el menú **Revisar** y ofrece traducciones rápidas sin abandonar el documento.

ACTIVIDADES

Actividad 1. Revisión completa de un texto

Corrige un documento con errores ortográficos y gramaticales utilizando: selección de idioma, corrección automática, menú contextual, revisión completa y diccionario personalizado. Añade al diccionario tres términos técnicos.

Actividad 2. Uso avanzado de herramientas de revisión

En un texto proporcionado, sustituye palabras repetidas usando sinónimos, crea dos reglas de autocorrección personalizadas, traduce un párrafo a otro idioma y revisa la vista preliminar antes de imprimir en formato A4 y Carta.

18

IMPRESIÓN DE DOCUMENTOS Y CREACIÓN DE SOBRES, ETIQUETAS Y ENVÍOS MASIVOS

La impresión de documentos es una de las fases finales del trabajo en un procesador de textos, pero no por ello es una tarea menor. En muchos entornos profesionales, el documento impreso sigue siendo el formato definitivo: informes que se entregan físicamente, contratos que deben firmarse, comunicaciones que se envían por correo postal, etiquetas para clasificar archivos o sobres para correspondencia formal. Por eso, dominar las opciones de impresión y las herramientas de creación de sobres y etiquetas es esencial para garantizar un resultado profesional.

Microsoft Word ofrece un conjunto de funciones que permiten no solo imprimir documentos en distintos formatos de papel, sino también diseñar sobres, generar hojas completas de etiquetas y crear documentos modelo para envíos masivos. Estas herramientas, integradas en la pestaña **Correspondencia**, permiten automatizar tareas que, de otro modo, serían repetitivas y propensas a errores.

Este capítulo explora estas funciones desde una perspectiva práctica, mostrando cómo utilizarlas para producir documentos físicos impecables y cómo integrarlas en procesos de comunicación masiva.

18.1 IMPRESIÓN DE DOCUMENTOS EN DISTINTOS FORMATOS DE PAPEL Y SOPORTES

Antes de imprimir un documento, es fundamental revisar las opciones de impresión. Word permite ajustar una amplia variedad de parámetros que determinan cómo se plasmará el documento en papel.

La ventana de impresión muestra una vista preliminar que permite comprobar:

- Márgenes.
- Orientación.
- Saltos de página.

- Encabezados y pies.
- Tablas y gráficos.
- Distribución del contenido.

Además, Word permite seleccionar distintos formatos de papel, como A4, A3, Carta o sobres, así como soportes especiales como etiquetas adhesivas o papel grueso. Esta flexibilidad es esencial cuando se trabaja con documentos que no siguen el formato estándar.

La vista preliminar es el último filtro antes de imprimir. Un profesional nunca imprime sin revisarla.

18.2 CONFIGURACIÓN DE LA IMPRESORA: ADAPTARSE AL SOPORTE FÍSICO

Cada impresora tiene sus propias características: bandejas específicas, modos de alimentación, tipos de papel compatibles y configuraciones internas. Word permite acceder a las propiedades de la impresora para ajustar estos parámetros.

Cuando se trabaja con sobres o etiquetas, es especialmente importante:

- Seleccionar la bandeja adecuada.
- Indicar el tipo de papel (sobres, etiquetas, papel grueso).
- Ajustar la orientación del soporte.
- Activar modos especiales para evitar atascos.

Una configuración incorrecta puede provocar que el sobre se arrugue, que la etiqueta se despegue o que el texto aparezca desalineado. Por eso, antes de imprimir, conviene realizar una prueba con una sola unidad.

18.3 CREACIÓN DE SOBRES Y ETIQUETAS INDIVIDUALES

Word permite crear sobres y etiquetas de forma individual, sin necesidad de utilizar bases de datos o listas de destinatarios. Esta función es ideal para correspondencia puntual o para etiquetar carpetas, archivadores o documentos internos.

Sobres individuales

El usuario puede escribir la dirección del destinatario y del remitente, seleccionar el tamaño del sobre y ajustar la posición del texto. Word ofrece una amplia variedad de tamaños estándar, así como la posibilidad de definir tamaños personalizados.

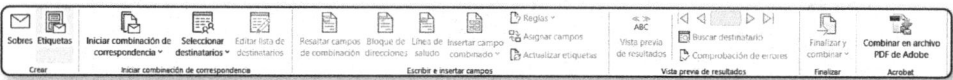

Etiquetas individuales

Las etiquetas pueden diseñarse para:

▶ Carpetas.

▶ Cajas de archivo.

▶ Equipos.

▶ Documentos.

▶ Envíos postales.

Word permite elegir el modelo exacto de etiqueta (Avery, Apli, Herma, etc.) y diseñar una etiqueta única o una hoja completa.

18.4 CREACIÓN DE SOBRES, ETIQUETAS Y DOCUMENTOS MODELO PARA ENVÍOS MASIVOS

Cuando se trabaja con grandes volúmenes de correspondencia, la creación manual de sobres o etiquetas se vuelve inviable. Para estos casos, Word ofrece la posibilidad de crear **documentos modelo** que se combinan con una lista de destinatarios.

Estos documentos modelo pueden ser:

▶ Cartas personalizadas.

▶ Sobres.

▶ Etiquetas.

▶ Mensajes de correo electrónico.

El documento modelo actúa como plantilla: contiene el diseño general y los campos variables (nombre, dirección, empresa, etc.) que se rellenarán automáticamente para cada destinatario.

18.5 SELECCIÓN DE DESTINATARIOS MEDIANTE ARCHIVOS DE DATOS

Para realizar un envío masivo, Word necesita una lista de destinatarios. Esta lista puede crearse desde cero o importarse desde:

▶ Excel.

▶ Access.

▶ Archivos CSV.

▶ Listas de contactos.

▶ Bases de datos externas.

El usuario puede filtrar, ordenar o seleccionar destinatarios específicos antes de generar los documentos finales. Esta flexibilidad permite adaptar el envío a distintos grupos o criterios.

18.6 CREACIÓN DE SOBRES Y ETIQUETAS CON OPCIONES DE CONFIGURACIÓN AVANZADAS

Una vez seleccionados los destinatarios, Word permite configurar:

- El tamaño del sobre o etiqueta.
- La posición del texto.
- El tipo de letra.
- La alineación.
- La presencia de logotipos o imágenes.
- El diseño general.

Estas opciones permiten crear sobres y etiquetas totalmente personalizados, adaptados a la identidad visual de la organización.

18.7 COMBINACIÓN DE CORRESPONDENCIA: SALIDA A DOCUMENTO, IMPRESORA O CORREO ELECTRÓNICO

La combinación de correspondencia es el proceso final que une el documento modelo con la lista de destinatarios. Word permite generar la salida en distintos formatos:

Salida a documento

Word crea un documento completo con una copia personalizada para cada destinatario. Es ideal para revisar el resultado antes de imprimir.

Salida a impresora

Word envía directamente cada sobre, etiqueta o carta a la impresora. Es útil cuando el diseño ya está validado.

Salida a correo electrónico

Word puede enviar mensajes personalizados a cada destinatario mediante Outlook. Es una herramienta poderosa para comunicaciones masivas.

La combinación de correspondencia convierte un proceso repetitivo en una tarea automatizada, precisa y profesional.

18.8 IMPRESIÓN DE DOCUMENTOS EN DISTINTOS FORMATOS Y SOPORTES

La corrección del texto no termina en la pantalla. Antes de imprimir un documento, es importante asegurarse de que:

- El formato del papel es el adecuado.
- Los márgenes son correctos.
- La orientación es la apropiada.
- Los encabezados y pies no se cortan.
- Las notas al pie aparecen correctamente.
- Las tablas no se desbordan.

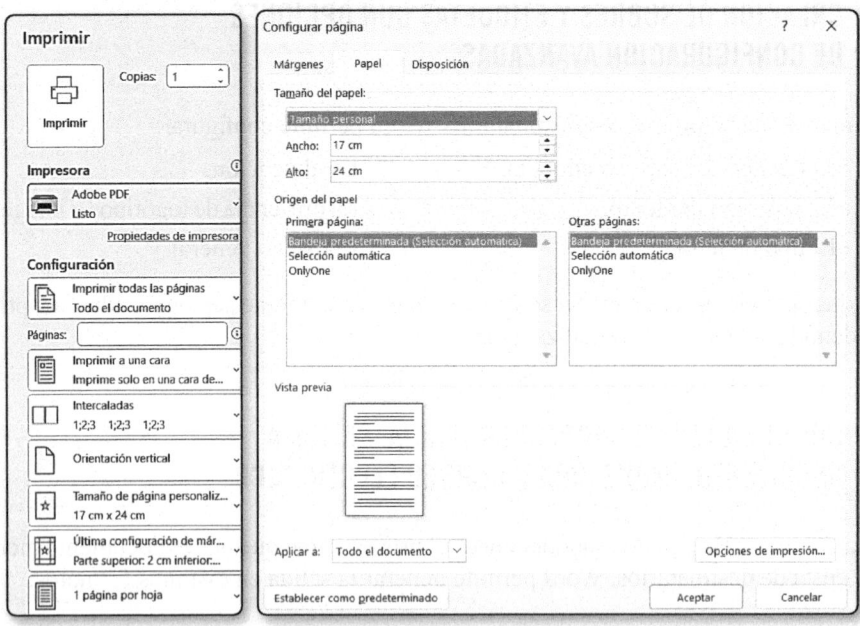

Word permite imprimir en distintos formatos de papel (A4, A3, Carta, sobres, etiquetas) y en distintos soportes (papel normal, papel grueso, transparencias, etc.). La vista preliminar es esencial para garantizar que el documento se imprimirá tal como se espera.

ACTIVIDADES

Actividad 1. Creación de un documento modelo y combinación de correspondencia

Diseña una carta modelo para un envío masivo, crea o importa una lista de destinatarios y genera un documento combinado con una copia personalizada para cada persona. Revisa la vista preliminar antes de imprimir.

Actividad 2. Sobres y etiquetas personalizadas

Crea un sobre y una hoja de etiquetas utilizando un archivo de datos con varios destinatarios. Configura el tamaño del sobre, selecciona el modelo de etiqueta adecuado y realiza una combinación de correspondencia con salida a impresora.

19

IMÁGENES, AUTOFORMAS Y ELEMENTOS GRÁFICOS PARA MEJORAR EL DOCUMENTO

La comunicación escrita no se limita al texto. En un documento profesional, las imágenes, las formas, los cuadros de texto y los elementos decorativos pueden transformar un contenido plano en un mensaje claro, atractivo y visualmente equilibrado. Word ofrece un conjunto de herramientas que permiten integrar estos elementos de forma natural, sin necesidad de recurrir a programas externos.

Este capítulo profundiza en cómo insertar imágenes, ajustarlas, mejorarlas, trabajar con autoformas, crear cuadros de texto y utilizar WordArt. El objetivo no es "decorar", sino **comunicar mejor**, reforzar ideas y facilitar la comprensión del lector.

19.1 INSERCIÓN DE IMÁGENES: ENRIQUECER EL DOCUMENTO CON CONTENIDO VISUAL

Las imágenes son uno de los recursos más utilizados para complementar un documento. Pueden ilustrar un proceso, mostrar un producto, reforzar una idea o simplemente aportar claridad. Word permite insertar imágenes desde distintas fuentes, cada una con su propio flujo de trabajo.

19.2 INSERCIÓN DE IMÁGENES DESDE UN ARCHIVO

Cuando la imagen ya existe en el ordenador –una fotografía, un logotipo, un gráfico exportado– se inserta desde la opción **Insertar** → **Imágenes** → **Este dispositivo**. Word la incorpora al documento como un objeto editable: puede cambiarse de tamaño, recortarse, ajustarse al texto o aplicarle estilos.

Este método es ideal para:

▶ Fotografías de productos o instalaciones.

▶ Logotipos corporativos.

▶ Gráficos generados en Excel.

▶ Ilustraciones descargadas.

La calidad de la imagen es fundamental: una imagen pixelada o deformada resta profesionalidad al documento.

19.2.1 Inserción de imágenes prediseñadas

Word también permite insertar imágenes prediseñadas o ilustraciones disponibles en línea. Estas imágenes suelen ser más ligeras y están pensadas para complementar documentos de forma rápida.

Son útiles para:

▶ Material didáctico.

▶ Presentaciones internas.

▶ Documentos divulgativos.

Sin embargo, deben utilizarse con moderación para evitar un aspecto demasiado informal.

19.2.2 Inserción de imágenes desde el portapapeles

A veces la forma más rápida de insertar una imagen es copiarla desde otra aplicación y pegarla directamente en Word. Esto es especialmente útil cuando se trabaja con:

▶ Capturas de pantalla.

▶ Gráficos de Excel.

▶ Imágenes copiadas de un navegador.

▶ Elementos de otras aplicaciones de Office.

El portapapeles permite trabajar con agilidad, aunque conviene revisar el tamaño y la resolución de la imagen pegada.

Lugar donde colocarla: inmediatamente después de esta línea. **Contenido recomendado:** una captura del menú *Insertar* → *Imágenes*, mostrando las opciones "Este dispositivo", "Imágenes de archivo" y "Imágenes en línea". **Objetivo pedagógico:** que el lector identifique visualmente las tres vías principales de inserción.

19.3 AJUSTE DE IMÁGENES CON EL TEXTO: INTEGRARLAS SIN ROMPER LA MAQUETACIÓN

Una vez insertada la imagen, el siguiente paso es decidir cómo debe comportarse dentro del documento. Word ofrece varias opciones de ajuste que determinan cómo fluye el texto alrededor de la imagen.

Las opciones más habituales son:

- **En línea con el texto:** la imagen se comporta como un carácter más.
- **Cuadrado:** el texto rodea la imagen formando un bloque.
- **Estrecho:** el texto se ajusta más cerca del contorno.
- **Detrás del texto:** la imagen actúa como fondo.
- **Delante del texto:** la imagen se superpone.
- **Arriba y abajo:** el texto queda separado por la imagen.

Elegir el ajuste adecuado es esencial para evitar saltos inesperados o desajustes visuales. En documentos formales, las opciones cuadrado o estrecho suelen ser las más equilibradas.

19.4 MEJORAS DE IMÁGENES: OPTIMIZAR SU APARIENCIA

Word permite aplicar mejoras básicas a las imágenes sin necesidad de recurrir a un editor externo. Estas mejoras incluyen:

- Corrección de brillo y contraste.
- Ajuste de color.
- Aplicación de estilos predefinidos.
- Recorte de la imagen.
- Aplicación de bordes o sombras.
- Redondeado de esquinas.
- Efectos artísticos.

Estas herramientas permiten adaptar la imagen al estilo del documento. Por ejemplo, un informe corporativo puede requerir imágenes sobrias y con bordes discretos, mientras que un material didáctico puede beneficiarse de estilos más llamativos.

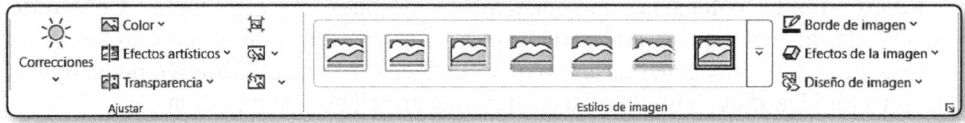

19.5 AUTOFORMAS: CREAR ELEMENTOS GRÁFICOS PERSONALIZADOS

Las autoformas son figuras geométricas, flechas, líneas, bocadillos y otros elementos que permiten crear esquemas, diagramas o resaltados visuales dentro del documento. Son extremadamente versátiles y pueden combinarse entre sí para construir estructuras más complejas.

Al insertar una autoforma, Word permite:

- Cambiar su tamaño.
- Modificar su color de relleno.
- Ajustar el grosor del borde.
- Aplicar efectos (sombras, reflejos, etc.).
- Escribir texto dentro de la forma.
- Girarla o voltearla.

Las autoformas son ideales para:

- Señalar elementos importantes.
- Crear diagramas simples.
- Diseñar recuadros informativos.
- Construir esquemas visuales.

Su gran ventaja es que se integran perfectamente con el resto del documento.

19.6 CUADROS DE TEXTO: DESTACAR INFORMACIÓN SIN ROMPER EL FLUJO

Un cuadro de texto es un contenedor independiente que permite colocar texto en cualquier parte del documento. A diferencia de un párrafo normal, el cuadro de texto puede moverse libremente, superponerse a otros elementos o actuar como un bloque destacado.

Los cuadros de texto son útiles para:

- Notas destacadas.
- Llamadas de atención.
- Citas importantes.
- Elementos decorativos.
- Diseños de portada.

Word permite modificar su tamaño, color, borde y estilo, así como aplicarles los mismos formatos que a cualquier otro texto.

19.7 WORDART: TEXTO CON ESTILO PARA TÍTULOS Y ELEMENTOS VISUALES

WordArt es una herramienta que permite crear texto decorativo con efectos especiales. Aunque debe utilizarse con moderación en documentos formales, puede ser muy útil en:

- Portadas.
- Material didáctico.
- Folletos.
- Documentos creativos.

WordArt permite aplicar:

- Deformaciones.
- Sombras.
- Contornos.
- Rellenos degradados.
- Efectos tridimensionales.

El objetivo no es convertir el documento en un cartel publicitario, sino aportar un toque visual cuando sea necesario.

ACTIVIDADES

Actividad 1. Inserción y ajuste de imágenes

Inserta dos imágenes en un documento: una desde archivo y otra desde el portapapeles. Ajusta la primera con el texto en modo "cuadrado" y la segunda en modo "estrecho". Aplica un estilo visual a cada una y recorta ligeramente la segunda.

Actividad 2. Elementos gráficos combinados

Crea un cuadro de texto con una cita destacada, añade una autoforma como elemento decorativo y coloca un título en WordArt. Ajusta la posición de cada elemento para que el diseño sea equilibrado y revisa la vista preliminar.

20

CREACIÓN DE ESTILOS, PLANTILLAS Y GESTIÓN AVANZADA DE DOCUMENTOS LARGOS

Cuando un documento crece en extensión, complejidad o importancia, la forma de trabajar con él debe evolucionar. Ya no basta con aplicar formatos manuales ni con improvisar la estructura sobre la marcha. En informes corporativos, manuales de formación, memorias técnicas, proyectos, tesis o documentos institucionales, la clave está en **estandarizar, automatizar** y **organizar**.

Word ofrece un conjunto de herramientas diseñadas precisamente para eso: **estilos, plantillas, tablas de contenido, referencias cruzadas, títulos numerados, documentos maestros** y **subdocumentos**. Este capítulo profundiza en todas ellas, mostrando cómo utilizarlas para trabajar con documentos largos de forma eficiente, coherente y profesional.

20.1 LOS ESTILOS: LA COLUMNA VERTEBRAL DEL DOCUMENTO

Un estilo es un conjunto de formatos predefinidos que se aplican a un texto con un solo clic. Es mucho más que un tipo de letra: un estilo puede definir la fuente, el tamaño, el color, el espaciado, las sangrías, la alineación, la numeración, los bordes y prácticamente cualquier aspecto visual del texto.

Los estilos permiten que un documento mantenga una apariencia uniforme sin necesidad de aplicar formato manualmente a cada párrafo. Además, son la base para funciones avanzadas como la tabla de contenido, los títulos numerados o los documentos maestros.

20.1.1 Estilos estándar: el punto de partida

Word incluye un conjunto de estilos predeterminados que cubren la mayoría de necesidades básicas:

- Título 1, Título 2, Título 3.
- Normal.
- Cita.
- Énfasis.
- Lista con viñetas.
- Lista numerada.

Estos estilos están diseñados para funcionar bien entre sí, pero pueden personalizarse para adaptarse a la identidad visual de una organización o a las exigencias de un proyecto.

20.1.2 Asignación, creación y modificación de estilos

Asignar un estilo

Aplicar un estilo es tan sencillo como seleccionar el texto y elegir el estilo desde el panel correspondiente. Este gesto, aparentemente simple, es la base de toda la estructura del documento.

Crear un estilo

Un estilo puede crearse:

- Desde cero.
- Basándose en un estilo existente.
- A partir de un texto ya formateado.

Esto permite construir un sistema visual propio, coherente y profesional.

Modificar un estilo

Modificar un estilo implica cambiar su formato. La gran ventaja es que **todos los textos que usan ese estilo se actualizan automáticamente**, lo que garantiza coherencia en documentos largos.

Eliminar un estilo

Los estilos personalizados pueden eliminarse si ya no se necesitan. Word mantiene siempre los estilos básicos.

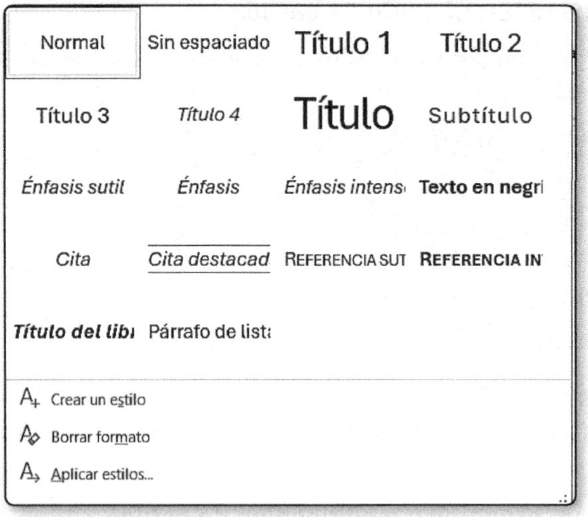

20.2 PLANTILLAS: DOCUMENTOS QUE NACEN CON ESTRUCTURA

Una plantilla es un documento que contiene estilos, formatos, encabezados, pies, portadas, tablas predefinidas y cualquier otro elemento que se desee reutilizar. En lugar de empezar desde cero, el usuario parte de una base sólida y profesional.

Las plantillas permiten:

- Mantener coherencia visual en todos los documentos de una organización.
- Acelerar la creación de documentos repetitivos.
- Garantizar que todos los usuarios sigan el mismo estándar.
- Evitar errores de formato.

20.2.1 Utilización de plantillas y asistentes desde Archivo ⊠ Nuevo

Word ofrece plantillas para:

- Informes.
- Cartas.
- Currículos.
- Folletos.
- Actas.
- Portadas.
- Documentos corporativos.

Estas plantillas incluyen estilos coherentes y diseños profesionales. El usuario puede adaptarlas o utilizarlas como inspiración para crear plantillas propias.

20.2.2 Creación, guardado y modificación de plantillas propias

Un documento puede convertirse en plantilla si se guarda con la extensión:

⚑ **.dotx** (sin macros).

⚑ **.dotm** (con macros).

Una plantilla propia puede incluir:

⚑ Estilos corporativos.

⚑ Logotipos.

⚑ Encabezados y pies.

⚑ Portadas.

⚑ Tablas predefinidas.

⚑ Estructuras de capítulos.

⚑ Numeración automática.

Modificar una plantilla permite actualizar todos los documentos futuros que se basen en ella.

20.3 TRABAJO CON DOCUMENTOS LARGOS: ORGANIZACIÓN AVANZADA

Cuando un documento supera las 20 o 30 páginas, la gestión manual se vuelve impracticable. Word incorpora herramientas específicas para trabajar con documentos extensos de forma ordenada, eficiente y profesional.

20.3.1 Creación de tablas de contenido e índices

La tabla de contenido se genera automáticamente a partir de los estilos de título. Por eso es tan importante utilizar estilos correctamente.

Una tabla de contenido permite:

⚑ Navegar por el documento.

⚑ Actualizarse automáticamente.

⚑ Mostrar distintos niveles de títulos.

⚑ Personalizar el formato.

Los índices (de términos, ilustraciones, tablas, etc.) funcionan de forma similar, pero requieren marcar entradas específicas.

20.3.2 Referencias cruzadas: vínculos internos inteligentes

Una referencia cruzada permite insertar un enlace interno a:

▶ Un título.

▶ Una figura.

▶ Una tabla.

▶ Una nota.

▶ Una página.

Si el documento cambia, la referencia se actualiza automáticamente. Esto evita errores como "ver página 12" cuando el contenido se ha desplazado.

20.3.3 Títulos numerados: estructura jerárquica profesional

Los títulos numerados permiten crear una estructura jerárquica:

1. Capítulo 1.1. Sección 1.1.1. Subsección.

Esta numeración se integra con los estilos de título y permite reorganizar el documento sin perder coherencia.

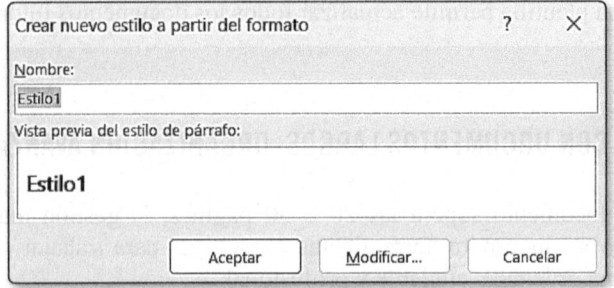

20.3.4 Documentos maestros y subdocumentos: dividir para controlar

Cuando un documento es extremadamente largo –manuales de cientos de páginas, proyectos extensos, libros– Word permite dividirlo en **subdocumentos** que se gestionan desde un **documento maestro**.

El documento maestro actúa como contenedor y permite:

▶ Reorganizar capítulos completos.

▶ Editar subdocumentos por separado.

▶ Generar una tabla de contenido global.

▶ Mantener estilos coherentes.

▶ Facilitar el trabajo colaborativo.

Es una herramienta avanzada, pero muy útil en proyectos de gran envergadura.

ACTIVIDADES

Actividad 1. Creación de estilos y tabla de contenido

Crea tres estilos personalizados (Título A, Título B y Texto Base), aplícalos a un documento de varias páginas y genera una tabla de contenido automática. Modifica uno de los estilos y actualiza la tabla.

Actividad 2. Plantilla y documento maestro

Diseña una plantilla con portada, encabezado corporativo y estilos propios. Después, crea un documento maestro y divide su contenido en tres subdocumentos. Inserta títulos numerados y añade referencias cruzadas entre secciones.

21

FUSIÓN DE DOCUMENTOS PROCEDENTES DE OTRAS APLICACIONES MEDIANTE LA INSERCIÓN DE OBJETOS

En un entorno profesional, es habitual que la información no se encuentre en un único formato ni en una sola aplicación. Un informe puede necesitar datos numéricos procedentes de Excel, gráficos estadísticos generados en otra hoja de cálculo, fragmentos de una base de datos, o incluso diapositivas de una presentación. Word permite integrar todos estos elementos mediante la **inserción de objetos**, una herramienta que actúa como puente entre las distintas aplicaciones del paquete Office.

La inserción de objetos no consiste simplemente en copiar y pegar. Cuando se utiliza correctamente, permite **vincular** documentos, mantenerlos actualizados y trabajar con ellos como si formaran parte del propio archivo de Word. Esto convierte a Word en un espacio centralizado donde confluyen datos, gráficos, tablas y contenidos visuales procedentes de múltiples fuentes.

21.1 LA INSERCIÓN DE OBJETOS: UN PUENTE ENTRE APLICACIONES

La opción **Insertar → Objeto** permite incorporar al documento elementos creados en otras aplicaciones. Estos objetos pueden insertarse de dos formas:

▶ **Como objeto incrustado**, que se integra dentro del documento y se edita desde Word.

▶ **Como objeto vinculado**, que mantiene conexión con el archivo original y se actualiza automáticamente cuando este cambia.

La elección depende del tipo de documento y del flujo de trabajo. Si se necesita un documento estático, se incrusta. Si se necesita un documento dinámico, se vincula.

21.2 INTEGRACIÓN CON HOJAS DE CÁLCULO: EXCEL DENTRO DE WORD

Excel es una de las aplicaciones más utilizadas para gestionar datos numéricos, realizar cálculos y generar tablas complejas. Word permite insertar contenido de Excel de varias formas, cada una con sus ventajas.

Tablas incrustadas

Cuando se incrusta una hoja de Excel, el usuario puede hacer doble clic sobre ella y editarla directamente desde Word, con todas las herramientas de Excel disponibles. Esto es ideal para:

▼ Tablas con fórmulas.

▼ Cálculos que deben mantenerse.

▼ Datos que pueden necesitar ajustes posteriores.

Tablas vinculadas

Si se vincula la hoja, Word mostrará los datos, pero estos se actualizarán automáticamente cuando cambie el archivo original. Es útil en:

▼ Informes periódicos.

▼ Documentos que dependen de datos vivos.

▼ Proyectos colaborativos.

Gráficos procedentes de Excel

Los gráficos generados en Excel pueden insertarse como objetos, manteniendo su formato y su capacidad de actualización. Esto permite que un informe en Word muestre siempre los datos más recientes.

21.3 INTEGRACIÓN CON BASES DE DATOS: ACCESS Y OTRAS FUENTES

Las bases de datos contienen información estructurada que puede ser necesaria en informes, listados o documentos técnicos. Word permite insertar objetos procedentes de Access u otras bases de datos compatibles.

Tablas o consultas incrustadas

El contenido se integra como una tabla editable dentro de Word. Es útil cuando se necesita mostrar un extracto estático de la base de datos.

Tablas o consultas vinculadas

Word puede mostrar datos que se actualizan automáticamente cuando cambia la base de datos. Esto es especialmente útil en:

- Informes de inventario.
- Listados de personal.
- Documentación técnica que depende de datos vivos.

Campos combinados

En combinación con la correspondencia, Word puede utilizar datos de una base de datos para generar documentos personalizados.

21.4 INTEGRACIÓN CON GRÁFICOS: CONTENIDO VISUAL DINÁMICO

Los gráficos son una herramienta fundamental para representar datos de forma clara y visual. Word permite insertar gráficos procedentes de Excel, Access u otras aplicaciones.

Gráficos incrustados

Se integran en el documento y pueden editarse desde Word. El usuario puede modificar:

- Series de datos.
- Colores.
- Estilos.
- Etiquetas.

Gráficos vinculados

Si el gráfico procede de Excel y se vincula, se actualizará automáticamente cuando cambien los datos originales. Esto es ideal para informes periódicos o documentos que dependen de datos en evolución.

Ventaja clave

Los gráficos insertados como objetos mantienen su calidad y no se pixelan al cambiar de tamaño.

21.5 INTEGRACIÓN CON PRESENTACIONES: DIAPOSITIVAS DENTRO DEL DOCUMENTO

PowerPoint es la herramienta por excelencia para presentaciones visuales. Word permite insertar diapositivas completas o fragmentos de una presentación.

Diapositivas incrustadas

Se insertan como imágenes o como objetos editables. Son útiles para:

▼ Incluir esquemas visuales.

▼ Mostrar resúmenes gráficos.

▼ Integrar diagramas creados en PowerPoint.

Diapositivas vinculadas

Permiten mantener sincronizada la presentación con el documento. Si se actualiza la diapositiva en PowerPoint, se actualiza también en Word.

Elementos individuales

También es posible copiar gráficos, SmartArt o tablas desde PowerPoint y pegarlos como objetos editables.

21.6 VENTAJAS DE LA INSERCIÓN DE OBJETOS EN DOCUMENTOS PROFESIONALES

Integrar contenido procedente de otras aplicaciones permite:

▼ Centralizar la información en un único documento.

▼ Mantener datos actualizados automáticamente.

▼ Evitar duplicidades y errores.

▼ Aprovechar las capacidades avanzadas de cada aplicación.

▼ Crear documentos más completos, visuales y profesionales.

Un informe que combina texto, tablas dinámicas, gráficos actualizables y esquemas visuales es un documento más sólido y fácil de interpretar.

ACTIVIDADES

Actividad 1. Inserción de objetos desde Excel y PowerPoint

Inserta en un documento una tabla procedente de Excel y un gráfico vinculado. Después, añade una diapositiva de PowerPoint como objeto incrustado y comprueba que puedes editarla desde Word.

Actividad 2. Integración de datos desde una base de datos

Inserta una tabla procedente de una base de datos Access, primero como objeto incrustado y luego como objeto vinculado. Modifica los datos en Access y verifica que la versión vinculada se actualiza en Word.

22

HERRAMIENTAS DE REVISIÓN Y TRABAJO CON DOCUMENTOS COMPARTIDOS

En el trabajo colaborativo, un documento deja de ser un archivo estático para convertirse en un espacio vivo donde varias personas aportan ideas, corrigen, comentan, revisan y toman decisiones. Word incorpora un conjunto de herramientas diseñadas para facilitar este proceso: comentarios, control de cambios, comparación de versiones y protección del documento. Estas funciones permiten trabajar de forma ordenada, transparente y segura, incluso cuando participan varios usuarios o cuando el documento pasa por distintas fases de revisión.

Este capítulo explora estas herramientas desde una perspectiva práctica, mostrando cómo utilizarlas para gestionar revisiones, coordinar equipos y mantener la integridad del documento.

22.1 INSERCIÓN DE COMENTARIOS: DIÁLOGO DENTRO DEL DOCUMENTO

Los comentarios son una forma de comunicación interna dentro del documento. Permiten añadir observaciones, sugerencias, preguntas o instrucciones sin modificar el texto original. Son especialmente útiles en:

- Revisiones de contenido.
- Correcciones de estilo.
- Trabajo colaborativo.
- Documentos que pasan por varias manos.

Para insertar un comentario, basta con seleccionar el texto relevante y utilizar la opción **Revisar → Nuevo comentario**. El comentario aparece en el margen derecho, asociado al fragmento seleccionado.

Los comentarios pueden:

- Responderse.
- Marcarse como resueltos.
- Eliminarse.
- Reasignarse a otros usuarios.

En documentos extensos, los comentarios actúan como un hilo de conversación que acompaña al proceso de revisión.

22.2 CONTROL DE CAMBIOS: REGISTRAR CADA MODIFICACIÓN

El control de cambios es una de las herramientas más potentes de Word. Cuando está activado, Word registra todas las modificaciones realizadas en el documento:

- Inserciones.
- Eliminaciones.
- Cambios de formato.
- Movimientos de texto.

Cada cambio aparece marcado visualmente, permitiendo al autor o al revisor ver exactamente qué se ha modificado.

Esta herramienta es esencial en:

- Documentos legales.
- Informes corporativos.
- Proyectos colaborativos.
- Versiones que deben aprobarse formalmente.

El usuario puede aceptar o rechazar cada cambio de forma individual o global. Esto garantiza que ninguna modificación pase desapercibida.

22.3 COMPARACIÓN DE DOCUMENTOS: DETECTAR DIFERENCIAS ENTRE VERSIONES

En ocasiones, dos personas trabajan en versiones distintas del mismo documento, o se necesita comprobar qué ha cambiado entre una versión antigua y una nueva. Word permite comparar documentos y generar un tercer archivo que muestra:

- Inserciones.
- Eliminaciones.
- Cambios de formato.
- Reorganización de contenido.

La comparación es extremadamente precisa y permite identificar incluso modificaciones mínimas. Es una herramienta indispensable cuando se trabaja con documentos que pasan por múltiples revisiones o cuando se necesita auditar cambios.

Word también permite **combinar documentos**, uniendo cambios procedentes de distintas versiones en un único archivo consolidado.

22.4 PROTECCIÓN DEL DOCUMENTO: CONTROLAR QUIÉN PUEDE MODIFICAR QUÉ

La protección del documento permite establecer límites sobre lo que otros usuarios pueden hacer. Word ofrece distintos niveles de protección, según las necesidades del proyecto.

Protección contra escritura

Permite que el documento se abra, pero no se modifique sin una contraseña.

Protección por secciones

Es posible permitir que unas partes del documento sean editables y otras no. Esto es útil en:

▶ Formularios.

▶ Contratos.

▶ Documentos con contenido fijo y zonas editables.

Protección del control de cambios

El documento puede configurarse para que el control de cambios no pueda desactivarse sin contraseña. Esto garantiza trazabilidad total.

Restricción de formato

Permite evitar que los usuarios cambien estilos, fuentes o formatos, manteniendo la coherencia visual.

La protección no solo evita errores: también garantiza que el documento mantenga su integridad y que las revisiones sean transparentes.

ACTIVIDADES

Actividad 1. Revisión colaborativa

Activa el control de cambios en un documento, realiza varias modificaciones y añade tres comentarios en distintas partes del texto. Después, acepta unos cambios y rechaza otros, y marca un comentario como resuelto.

Actividad 2. Comparación y protección

Compara dos versiones de un mismo documento y genera un archivo consolidado. A continuación, protege el documento resultante para que solo se puedan realizar comentarios, dejando el resto del contenido bloqueado.

23

AUTOMATIZACIÓN DE TAREAS REPETITIVAS MEDIANTE LA GRABACIÓN Y UTILIZACIÓN DE MACROS

En el trabajo cotidiano con Word, muchas tareas se repiten una y otra vez: aplicar un formato concreto, insertar un encabezado estándar, crear una tabla con un diseño específico, convertir un texto en un estilo determinado, insertar una firma, generar un bloque de texto recurrente o preparar un documento con una estructura fija. Cuando estas acciones se realizan manualmente, consumen tiempo, aumentan el riesgo de errores y dificultan la estandarización del trabajo.

Para resolver este problema, Word incorpora una herramienta extremadamente poderosa: **las macros**. Una macro es una secuencia de acciones que Word registra y reproduce automáticamente cuando el usuario lo solicita. Es, en esencia, una forma de enseñar al programa a realizar tareas por nosotros.

23.1 ¿QUÉ ES UNA MACRO Y POR QUÉ ES TAN ÚTIL?

Una macro es un conjunto de instrucciones que Word ejecuta de forma automática. Estas instrucciones pueden incluir prácticamente cualquier acción que el usuario realice manualmente:

- ▼ Aplicar formatos.
- ▼ Insertar elementos.
- ▼ Crear tablas.
- ▼ Cambiar estilos.
- ▼ Modificar texto.
- ▼ Ejecutar comandos del menú.
- ▼ Realizar secuencias complejas de pasos.

La macro reproduce exactamente lo que el usuario hizo durante la grabación. Esto convierte a las macros en una herramienta ideal para:

- Estandarizar procesos.
- Ahorrar tiempo.
- Reducir errores humanos.
- Aumentar la productividad.
- Automatizar tareas repetitivas.

En entornos profesionales, donde la coherencia y la eficiencia son esenciales, las macros se convierten en un recurso imprescindible.

23.2 LA GRABADORA DE MACROS: ENSEÑAR A WORD PASO A PASO

La forma más sencilla de crear una macro es utilizar la **grabadora de macros**. Esta herramienta funciona como una cámara que registra cada acción del usuario: clics, selecciones, formatos, inserciones, movimientos… Una vez grabada, la macro puede ejecutarse con un solo clic o mediante un atajo de teclado.

La grabadora es ideal para usuarios que no tienen conocimientos de programación, ya que no requiere escribir código. Word se encarga de traducir las acciones en instrucciones internas.

23.2.1 Cómo iniciar la grabación de una macro

Para grabar una macro, el usuario accede a:

Vista → Macros → Grabar macro

En ese momento, Word solicita:

- **Nombre de la macro** Debe ser descriptivo, sin espacios (por ejemplo: "FormatoInforme").
- **Dónde almacenar la macro** Puede guardarse en el documento actual o en la plantilla Normal.dotm para que esté disponible en todos los documentos.
- **Asignación a un botón o a un teclado** Esto permite ejecutar la macro fácilmente.

Una vez configurados estos elementos, Word comienza a grabar.

23.2.2 Qué ocurre durante la grabación

Mientras la grabadora está activa, Word registra:

- Cambios de formato.
- Inserciones de texto.
- Aplicación de estilos.
- Creación de tablas.
- Movimientos del cursor.
- Selecciones.
- Acciones del menú.

Es importante actuar con precisión, ya que la macro reproducirá exactamente lo que se haga. Si se comete un error durante la grabación, lo ideal es detener la macro y comenzar de nuevo.

23.2.3 Finalizar la grabación

Cuando se han realizado todas las acciones deseadas, se detiene la grabación desde:

Vista → Macros → Detener grabación

A partir de ese momento, la macro queda disponible para su uso.

23.3 UTILIZACIÓN DE MACROS: EJECUTAR TAREAS CON UN SOLO CLIC

Una vez grabada, la macro puede ejecutarse de varias formas:

▼ Desde el menú **Vista → Macros → Ver macros.**

▼ Desde un botón en la barra de herramientas de acceso rápido.

▼ Desde un botón en la cinta de opciones.

▼ Mediante un atajo de teclado.

▼ Desde un formulario o panel personalizado.

La ejecución es instantánea: Word reproduce todas las acciones grabadas sin intervención del usuario.

23.3.1 Ejemplos prácticos de macros útiles

Macro para aplicar formato corporativo

Imagina que tu empresa utiliza siempre:

▼ Fuente Calibri 11.

▼ Interlineado 1,15.

▼ Espaciado posterior de 6 pt.

▼ Alineación justificada.

En lugar de aplicar estos formatos manualmente, una macro puede hacerlo en un segundo.

Macro para insertar una firma estándar

Si un documento requiere siempre una firma con nombre, cargo y fecha, una macro puede insertarla automáticamente.

Macro para crear una tabla preformateada

Una tabla con:

- 4 columnas.
- Encabezado sombreado.

- Bordes finos.
- Estilo corporativo.

Puede generarse con un solo clic.

Macro para preparar un documento base

Una macro puede:

- Insertar portada.
- Crear encabezado y pie.
- Aplicar estilos.

- Insertar secciones.
- Configurar márgenes.

Todo en un solo paso.

23.4 DÓNDE SE GUARDAN LAS MACROS Y CÓMO GESTIONARLAS

Las macros pueden guardarse en:

- **El documento actual.** Solo estará disponibles en ese archivo.
- **La plantilla Normal.dotm.** Estarán disponibles en todos los documentos.
- **Una plantilla personalizada (.dotm).** Ideal para entornos corporativos.

Desde **Vista → Macros → Ver macros**, el usuario puede:

- Ejecutar macros.
- Editarlas.
- Eliminarlas.
- Cambiar su ubicación.

23.5 EDICIÓN DE MACROS: UNA PUERTA AL LENGUAJE VBA

Aunque la grabadora de macros es suficiente para la mayoría de tareas, Word permite editar las macros mediante el editor de Visual Basic (VBA). Esto permite:

- Optimizar el código.
- Añadir condiciones.
- Crear bucles.

- Interactuar con otras aplicaciones.
- Crear funciones avanzadas.

No es necesario dominar VBA para utilizar macros, pero conocerlo amplía enormemente las posibilidades.

23.6 RECOMENDACIONES EN LA CREACIÓN DE MACROS

Para que las macros sean realmente útiles, conviene seguir algunas recomendaciones:

- **Nombrar las macros de forma clara** Ejemplo: "InsertarPortada", "FormatoInforme".
- **Evitar grabar errores o pasos innecesarios** La macro reproducirá todo.
- **Guardar copias de seguridad** Especialmente si se editan macros en VBA.
- **Agrupar macros relacionadas** En plantillas específicas.
- **Asignar atajos de teclado solo a macros importantes** Para evitar conflictos.

23.7 SEGURIDAD EN MACROS: ADVERTENCIAS Y PERMISOS

Las macros pueden contener código, por lo que Word incluye medidas de seguridad para evitar la ejecución de macros maliciosas. Cuando se abre un documento con macros, Word muestra una advertencia.

El usuario puede:

- Habilitar contenido.
- Deshabilitar macros.
- Confiar en el documento.
- Confiar en la ubicación del archivo.

En entornos corporativos, las políticas de seguridad pueden restringir el uso de macros.

23.8 MACROS EN ENTORNOS PROFESIONALES: AUTOMATIZACIÓN REAL

En empresas, las macros se utilizan para:

- Generar informes automáticos.
- Preparar documentos estándar.
- Integrar datos de Excel.
- Crear plantillas inteligentes.
- Automatizar procesos administrativos.
- Reducir tiempos de producción.

Una macro bien diseñada puede ahorrar horas de trabajo cada semana.

23.9 CÓMO UNA MACRO TRANSFORMA UN PROCESO

Imagina un departamento que genera cada día un informe con:

▼ Portada.

▼ Encabezado corporativo.

▼ Tabla de datos.

▼ Gráfico.

▼ Firma.

▼ Pie de página.

Antes, un técnico tardaba 15 minutos en preparar el documento. Con una macro, el proceso se reduce a **tres segundos**.

La macro:

1. Inserta la portada.

2. Aplica el estilo corporativo.

3. Crea la tabla.

4. Inserta el gráfico desde Excel.

5. Añade la firma.

6. Configura el pie de página.

El técnico solo debe introducir los datos. El ahorro anual es enorme.

ACTIVIDADES

Actividad 1. Grabación de una macro de formato

Graba una macro que aplique un formato corporativo completo (fuente, tamaño, interlineado, espaciado, alineación). Asigna la macro a un botón y ejecútala en un documento de prueba.

Actividad 2. Macro para crear un documento base

Graba una macro que inserte una portada, un encabezado, un pie de página y una tabla preformateada. Guarda la macro en la plantilla Normal.dotm y ejecútala en un documento nuevo.

Parte III

APLICACIONES INFORMÁTICAS DE HOJAS DE CÁLCULO

24

CONCEPTOS GENERALES Y CARACTERÍSTICAS FUNDAMENTALES DE LA APLICACIÓN DE HOJA DE CÁLCULO (MICROSOFT EXCEL)

La hoja de cálculo es una de las herramientas informáticas más utilizadas en el ámbito profesional debido a su enorme versatilidad y a su capacidad para **organizar, procesar y analizar información** de manera eficiente. Su uso se extiende a múltiples sectores, como la administración, la contabilidad, la gestión empresarial, el comercio, la logística, los recursos humanos o el análisis de datos, entre muchos otros.

Una hoja de cálculo permite trabajar con grandes volúmenes de información estructurada en forma de **tablas**, facilitando tanto el cálculo automático como la representación gráfica de los resultados. Gracias a estas características, se ha convertido en una herramienta imprescindible para la toma de decisiones basada en datos.

Dentro de este contexto, Microsoft Excel se posiciona como una de las aplicaciones de hoja de cálculo más completas y extendidas a nivel mundial. Forma parte de la suite Microsoft 365 y se caracteriza por combinar las funcionalidades clásicas de Excel con servicios modernos basados en la nube, como el guardado automático, el acceso desde distintos dispositivos y el trabajo colaborativo en tiempo real.

24.1 LA HOJA DE CÁLCULO COMO HERRAMIENTA DE TRABAJO

Desde un punto de vista conceptual, una **hoja de cálculo** es un documento electrónico formado por una cuadrícula de **filas y columnas**, cuya intersección da lugar a las **celdas**. Cada celda puede contener distintos tipos de datos, como números, texto, fechas, fórmulas o funciones, lo que permite realizar cálculos automáticos y análisis complejos de forma sencilla.

A diferencia de otros tipos de aplicaciones, como los procesadores de texto, la hoja de cálculo está especialmente diseñada para trabajar con datos estructurados, lo que la convierte en una herramienta idónea para tareas como:

- Elaboración de presupuestos.
- Control de ingresos y gastos.
- Gestión de inventarios.
- Seguimiento de ventas.
- Análisis estadístico básico.
- Simulación de escenarios.
- Creación de informes numéricos y gráficos.

Excel permite realizar todas estas tareas de manera integrada, sin necesidad de utilizar aplicaciones externas, lo que aumenta la productividad y reduce el riesgo de errores.

24.2 MICROSOFT EXCEL: CONCEPTO Y EVOLUCIÓN

Microsoft Excel es la versión más actual del conocido programa Excel, adaptada al modelo de suscripción de Microsoft 365. Esta versión no solo incluye las funcionalidades tradicionales de Excel, sino que se actualiza de forma continua, incorporando mejoras, nuevas herramientas y refuerzos en materia de seguridad y rendimiento.

Una de las principales diferencias de Excel respecto a versiones anteriores es su **integración con la nube**, que permite:

- Guardar automáticamente los archivos en OneDrive.
- Acceder a los libros desde cualquier dispositivo.
- Compartir documentos con otros usuarios.
- Trabajar de forma simultánea sobre un mismo archivo.

Estas características hacen que Excel no sea solo una herramienta individual, sino también una **plataforma de trabajo colaborativo**, especialmente útil en entornos empresariales y formativos.

24.3 INSTALACIÓN E INICIO DE MICROSOFT EXCEL

Microsoft Excel puede utilizarse de dos formas principales, ambas con un funcionamiento muy similar:

24.3.1 Excel como aplicación de escritorio

En este caso, Excel se instala en el equipo del usuario como un programa tradicional. Esta modalidad permite trabajar sin conexión a Internet, aunque algunas funciones relacionadas con la nube requieren conexión.

La instalación suele realizarse automáticamente al contratar Microsoft 365 y descargar la suite desde el portal oficial de Microsoft.

24.3.2 Excel en versión online

Excel también puede utilizarse directamente desde un navegador web, accediendo al portal de Microsoft 365. Esta opción no requiere instalación y permite trabajar desde cualquier equipo con conexión a Internet.

Ambas versiones comparten la mayor parte de sus funcionalidades, lo que facilita el aprendizaje y la adaptación del usuario.

24.4 CONFIGURACIÓN INICIAL DE LA APLICACIÓN

Antes de comenzar a trabajar de forma habitual con Excel, es recomendable revisar y ajustar su **configuración**, ya que esta influye directamente en la comodidad y eficiencia del trabajo.

Entre las opciones de configuración más relevantes se encuentran:

- **Idioma de la interfaz**, que determina el idioma de los menús y herramientas.
- **Idioma de edición**, importante para funciones como el corrector ortográfico.
- **Opciones de guardado**, incluyendo la activación del guardado automático.
- **Ubicación predeterminada de los archivos**, ya sea local o en la nube.
- **Opciones de cálculo**, que determinan si los cálculos se realizan de forma automática o manual.
- **Personalización de la cinta de opciones**, que permite mostrar u ocultar herramientas según las necesidades del usuario.

Una correcta configuración inicial reduce errores, agiliza el trabajo y mejora la experiencia del usuario, especialmente en contextos profesionales.

24.5 ENTRADA Y SALIDA DEL PROGRAMA

La **entrada** a Excel se produce al abrir la aplicación. En ese momento, el usuario puede optar por:

- Crear un libro nuevo en blanco.
- Utilizar una plantilla prediseñada.
- Abrir un libro existente.

La **salida** del programa se realiza cerrando la aplicación o el libro activo. Excel incorpora mecanismos de seguridad que alertan al usuario si existen cambios no guardados, evitando así la pérdida accidental de información.

El uso del **guardado automático**, especialmente cuando se trabaja con archivos en la nube, refuerza aún más esta protección.

24.6 ESTRUCTURA BÁSICA DE EXCEL: LIBROS Y HOJAS

En Excel, el archivo principal se denomina **libro**. Un libro puede contener una o varias **hojas de cálculo**, lo que permite organizar la información por bloques o categorías.

Cada hoja de cálculo está formada por:

- **Filas**, identificadas mediante números.
- **Columnas**, identificadas mediante letras.
- **Celdas**, identificadas por la combinación de columna y fila (por ejemplo, A1, B3, C10).

Esta estructura facilita la organización lógica de la información y permite trabajar con datos de forma ordenada y coherente.

24.7 DESCRIPCIÓN DETALLADA DE LA PANTALLA DE EXCEL

La interfaz de Excel está diseñada para facilitar el acceso a las herramientas y optimizar el trabajo con datos. Sus principales elementos son los siguientes:

Barra de título

Situada en la parte superior de la ventana, muestra el nombre del libro activo y el estado del guardado. También incluye los botones de control de la ventana.

Cinta de opciones

La cinta de opciones organiza las herramientas en **pestañas**, cada una dedicada a un tipo de tarea (Inicio, Insertar, Diseño de página, Fórmulas, Datos, Revisar, Vista, entre otras).

Esta organización permite localizar fácilmente las funciones y favorece el aprendizaje progresivo.

Barra de acceso rápido

Permite acceder rápidamente a comandos frecuentes, como guardar, deshacer o rehacer acciones.

Cuadro de nombres

Muestra la referencia de la celda activa y permite desplazarse directamente a una celda concreta escribiendo su referencia.

Barra de fórmulas

Muestra el contenido de la celda activa y permite editar datos, fórmulas y funciones de forma precisa.

Área de trabajo

Es la zona central donde se introducen y visualizan los datos. Está formada por la cuadrícula de celdas.

Pestañas de hojas

Situadas en la parte inferior, permiten cambiar entre las distintas hojas del libro.

Barra de estado

Muestra información adicional como cálculos rápidos (suma, promedio), modo de vista y control de zoom.

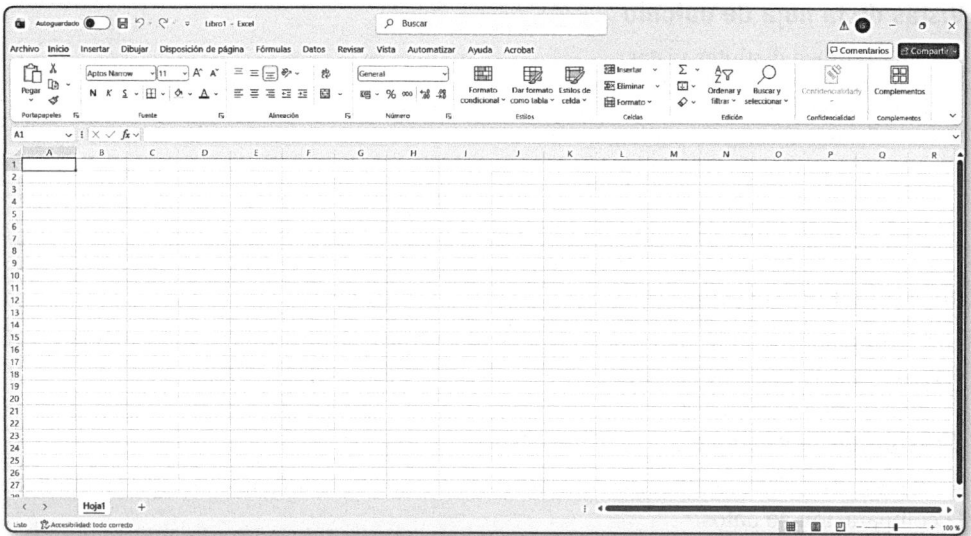

24.8 SISTEMA DE AYUDA DE EXCEL

Excel incorpora un sistema de ayuda integrado que permite al usuario resolver dudas y aprender a utilizar nuevas herramientas de forma autónoma.

Este sistema de ayuda ofrece:

▶ Búsqueda por palabras clave.

▶ Explicaciones detalladas de las funciones.

▶ Enlaces a tutoriales y recursos en línea.

El uso habitual de la ayuda fomenta el aprendizaje continuo y la autonomía del usuario.

24.9 OPCIONES DE VISUALIZACIÓN DE LA HOJA DE CÁLCULO

Excel ofrece diversas opciones de visualización que permiten adaptar la forma en que se muestran los datos en pantalla, mejorando la legibilidad y el control del trabajo.

Zoom

Permite aumentar o reducir el tamaño de visualización de la hoja sin modificar su contenido.

Vistas de la hoja de cálculo

Excel ofrece distintas vistas:

▷ Vista normal.

▷ Vista de diseño de página.

▷ Vista previa de salto de página.

Cada una está pensada para una fase distinta del trabajo.

Inmovilización de paneles

Esta opción permite mantener visibles determinadas filas o columnas mientras se desplaza por la hoja, lo que resulta especialmente útil en hojas extensas.

División de la ventana

Permite trabajar simultáneamente con distintas zonas de una misma hoja, facilitando la comparación de datos.

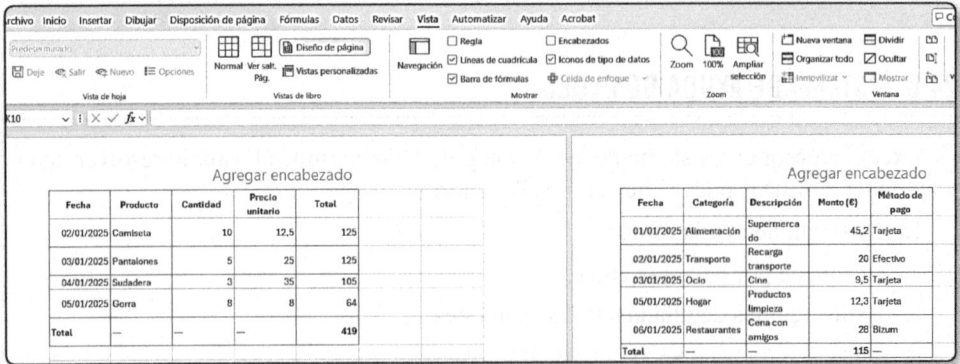

24.10 IMPORTANCIA DE EXCEL EN EL ENTORNO PROFESIONAL

El dominio de Excel constituye una **competencia transversal clave** en numerosos perfiles profesionales. Su uso eficiente permite ahorrar tiempo, reducir errores y mejorar la calidad del trabajo realizado.

Excel no se limita al conocimiento técnico de la herramienta, sino que persigue que el lector sea capaz de:

▷ Comprender la lógica de trabajo con datos.

▷ Aplicar Excel a situaciones reales del entorno laboral.

▷ Utilizar la aplicación de forma autónoma y segura.

Este primer bloque sienta las bases necesarias para abordar, en los siguientes apartados, el trabajo práctico con datos, fórmulas, funciones, gráficos y análisis de información.

ACTIVIDADES

Actividad 1. Reconocimiento de la interfaz de Excel

El lector abrirá Excel y localizará los principales componentes de la aplicación.

▶ Identificar la cinta de opciones, barra de fórmulas, cuadro de nombres, hojas y barra de estado.

▶ Anotar la función básica de cada elemento.

Actividad 2. Configuración inicial de Excel

El lector accederá a las opciones de Excel y revisará la configuración general.

▶ Acceder al menú de opciones.

▶ Localizar las opciones de idioma, guardado automático y vista.

▶ Activar o desactivar el guardado automático.

25

DESPLAZAMIENTO POR LA HOJA DE CÁLCULO EN MICROSOFT EXCEL

El desplazamiento por la hoja de cálculo es una de las habilidades básicas más importantes en Excel. Aunque pueda parecer una acción sencilla, dominar correctamente las distintas formas de moverse por una hoja de cálculo es fundamental para trabajar con **hojas extensas**, **grandes volúmenes de datos** y **libros complejos**, habituales en el entorno profesional.

Una hoja de cálculo puede contener **miles de filas y columnas**, por lo que conocer las herramientas de desplazamiento permite ahorrar tiempo, evitar errores y trabajar de forma más eficiente.

25.1 EL CONCEPTO DE DESPLAZAMIENTO EN EXCEL

Desplazarse por una hoja de cálculo significa **mover la celda activa**, es decir, cambiar la posición del cursor dentro de la cuadrícula de celdas. La celda activa es aquella sobre la que se pueden introducir datos o realizar acciones, y se identifica visualmente mediante un borde resaltado.

El desplazamiento puede realizarse de varias formas:

- De manera **precisa**, celda a celda.
- De forma **rápida**, saltando grandes bloques de información.
- Mediante herramientas **visuales**, como barras de desplazamiento.
- Mediante herramientas **directas**, como el cuadro de nombres.

Excel ofrece múltiples métodos para adaptarse a distintos estilos de trabajo y situaciones.

25.2 DESPLAZAMIENTO MEDIANTE EL TECLADO

El uso del teclado es una de las formas más **rápidas y precisas** de desplazarse por una hoja de cálculo, especialmente cuando se trabaja de forma intensiva con datos.

25.2.1 Desplazamiento básico con teclas de dirección

Las **teclas de dirección** permiten mover la celda activa:

▶ Arriba: una fila hacia arriba.

▶ Abajo: una fila hacia abajo.

▶ Izquierda: una columna hacia la izquierda.

▶ Derecha: una columna hacia la derecha.

Este tipo de desplazamiento es útil para:

▶ Revisar datos celda a celda.

▶ Introducir información de forma ordenada.

▶ Corregir valores puntuales.

25.2.2 Desplazamiento por bloques de datos

Cuando una hoja contiene datos organizados en bloques (por ejemplo, una tabla), Excel permite desplazarse rápidamente entre los extremos de dichos bloques.

Este tipo de desplazamiento resulta especialmente útil en:

▶ Listados largos.

▶ Bases de datos sencillas.

▶ Hojas con cientos o miles de filas.

Permite pasar rápidamente del inicio al final de un conjunto de datos sin necesidad de recorrer celda a celda.

25.2.3 Desplazamiento a los extremos de la hoja

Excel permite desplazarse directamente a:

▶ La primera celda de la hoja.

▶ La última fila o columna utilizada.

Este tipo de desplazamiento es útil para:

▶ Comprobar el tamaño real de una hoja.

▶ Detectar datos fuera de la zona visible.

▶ Localizar errores o información residual.

25.2.4 Ventajas del uso del teclado

El desplazamiento mediante teclado presenta varias ventajas:

- ▶ Mayor rapidez.
- ▶ Mayor precisión.
- ▶ Menor dependencia del ratón.
- ▶ Mayor productividad en tareas repetitivas.

Por este motivo, en entornos profesionales se fomenta el uso del teclado como herramienta principal de desplazamiento.

25.3 DESPLAZAMIENTO MEDIANTE EL RATÓN

El ratón es una herramienta fundamental para el trabajo visual con Excel y resulta especialmente útil para usuarios principiantes o para tareas que requieren selección gráfica.

25.3.1 Desplazamiento por selección directa

El usuario puede hacer clic directamente sobre una celda visible para convertirla en la celda activa. Este método es intuitivo y muy utilizado en tareas de:

- ▶ Revisión de datos.
- ▶ Corrección puntual.
- ▶ Navegación visual por la hoja.

25.3.2 Uso de la rueda del ratón

La rueda del ratón permite desplazarse verticalmente por la hoja de cálculo, facilitando la revisión de grandes cantidades de información.

En combinación con ciertas teclas, también permite el desplazamiento horizontal, lo que resulta útil en hojas con muchas columnas.

25.3.3 Arrastre de selecciones

El ratón permite arrastrar selecciones para:

- ▶ Seleccionar rangos de celdas.
- ▶ Desplazarse mientras se mantiene una selección activa.
- ▶ Copiar o mover datos.

Este tipo de desplazamiento es muy habitual en tareas de edición y reorganización de datos.

25.3.4 Ventajas y limitaciones del ratón

El uso del ratón ofrece ventajas como:

- Facilidad de aprendizaje.
- Visión global del contenido.
- Mayor control visual.

Sin embargo, en hojas muy grandes puede resultar más lento que el uso del teclado, por lo que ambos métodos suelen combinarse en la práctica profesional.

25.4 GRANDES DESPLAZAMIENTOS DENTRO DE UNA HOJA DE CÁLCULO

En hojas de cálculo extensas, Excel ofrece herramientas específicas para realizar **grandes desplazamientos** de forma inmediata.

25.4.1 El cuadro de nombres

El **cuadro de nombres**, situado junto a la barra de fórmulas, muestra la referencia de la celda activa. Este elemento permite:

- Conocer en todo momento la posición exacta del cursor.
- Desplazarse directamente a una celda concreta introduciendo su referencia.

Este método es especialmente útil cuando:

- Se conoce la ubicación exacta de la información.
- Se trabaja con referencias cruzadas.
- Se revisan fórmulas complejas.

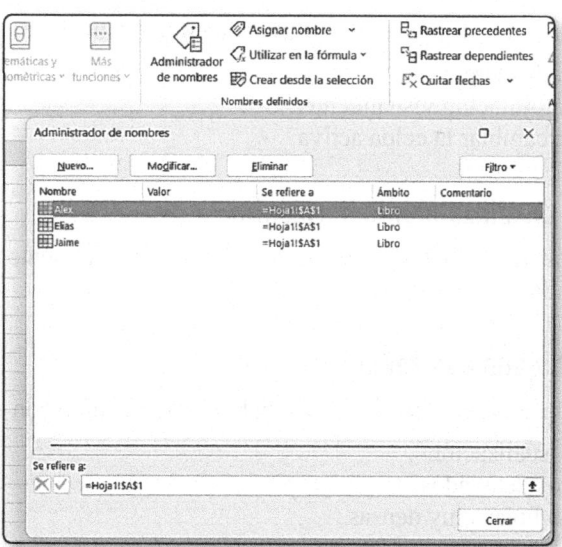

25.4.2 Uso combinado de teclado y ratón

En la práctica profesional, el desplazamiento más eficiente suele lograrse combinando:

- Teclado para desplazamientos rápidos.
- Ratón para selección y revisión visual.

Esta combinación permite adaptarse a distintos tipos de tareas sin perder fluidez en el trabajo.

25.4.3 Desplazamiento entre hojas del libro

Un libro de Excel puede contener múltiples hojas. El desplazamiento no solo se realiza dentro de una hoja, sino también **entre hojas**.

Las pestañas de hojas permiten:

- Cambiar rápidamente de hoja.
- Reorganizar hojas.
- Acceder a información relacionada.

Este tipo de desplazamiento es esencial cuando se trabaja con libros estructurados por secciones o departamentos.

25.5 USO DE LAS BARRAS DE DESPLAZAMIENTO

Excel incorpora **barras de desplazamiento vertical y horizontal** que permiten moverse por la hoja de cálculo de forma visual.

25.5.1 Barra de desplazamiento vertical

Permite desplazarse a lo largo de las filas de la hoja. Resulta especialmente útil para:

- Revisar listados largos.
- Localizar información visualmente.
- Trabajar sin cambiar la celda activa.

25.5.2 Barra de desplazamiento horizontal

Permite desplazarse a lo largo de las columnas, especialmente útil en hojas con muchos campos o datos comparativos.

25.5.3 Uso combinado con zoom

Las barras de desplazamiento se utilizan habitualmente junto con el zoom para:

- Ajustar la visualización.
- Revisar datos detallados.
- Trabajar con hojas muy densas.

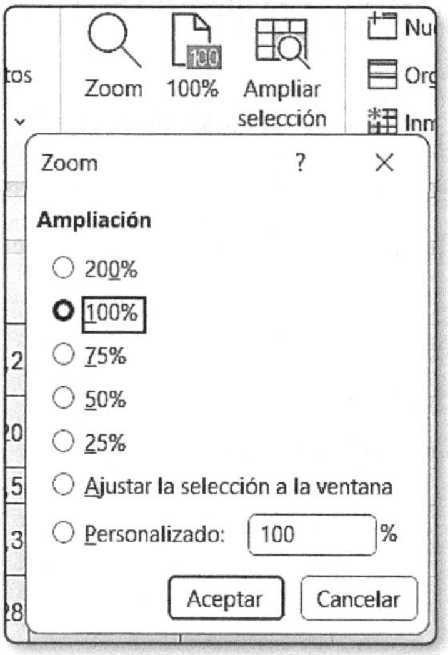

25.6 INMOVILIZACIÓN DE ZONAS PARA FACILITAR EL DESPLAZAMIENTO

Una de las herramientas más importantes relacionadas con el desplazamiento es la **inmovilización de paneles**, que permite mantener visibles determinadas filas o columnas mientras se recorre la hoja.

Esta opción es especialmente útil cuando:

- Se trabaja con tablas largas.
- Se necesita mantener visibles los encabezados.
- Se comparan datos de distintas filas.

La inmovilización mejora notablemente la comprensión de la información y reduce errores de interpretación.

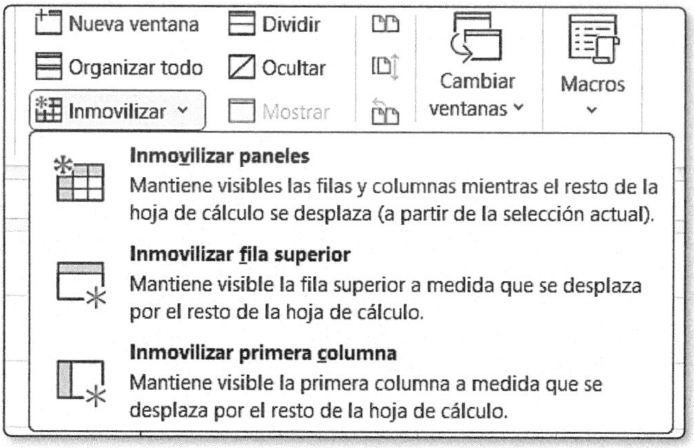

25.7 IMPORTANCIA DEL DOMINIO DEL DESPLAZAMIENTO EN EL ENTORNO PROFESIONAL

El dominio del desplazamiento en Excel no es una habilidad menor, sino una **competencia básica clave** para el trabajo eficiente con hojas de cálculo.

Un usuario que domina las distintas formas de desplazamiento:

- Trabaja más rápido.
- Comete menos errores.
- Gestiona mejor grandes volúmenes de datos.
- Se adapta con facilidad a hojas complejas.

ACTIVIDADES

Actividad 1. Desplazamiento mediante teclado

Descripción

El lector recorrerá una hoja utilizando únicamente el teclado.

- Desplazarse entre celdas con las teclas de dirección.
- Utilizar combinaciones para desplazamientos rápidos.
- Anotar las combinaciones utilizadas.

Actividad 2. Desplazamiento mediante ratón

El lector recorrerá una hoja extensa utilizando el ratón. **Tareas.**

- Usar la rueda del ratón.
- Utilizar las barras horizontal y vertical.
- Comparar rapidez frente al teclado.

26

INTRODUCCIÓN DE DATOS EN LA HOJA DE CÁLCULO

La introducción de datos es una de las tareas fundamentales en el trabajo con hojas de cálculo. De la correcta introducción y comprensión de los distintos tipos de datos depende el buen funcionamiento de fórmulas, funciones, cálculos automáticos y análisis posteriores. En Excel, cada celda puede contener un tipo de dato concreto, y el programa interpreta dicho contenido para darle un tratamiento adecuado.

Comprender cómo introducir los datos correctamente no solo evita errores, sino que permite aprovechar todo el potencial de la aplicación en el entorno profesional.

26.1 CONCEPTO DE DATO EN EXCEL

Un **dato** es cualquier información que se introduce en una celda de la hoja de cálculo. Puede tratarse de un número, un texto, una fecha, una fórmula o una función. Excel analiza automáticamente el contenido introducido en la celda y determina su tipo, aplicando el formato y comportamiento correspondientes.

Es importante entender que Excel no solo almacena el dato tal y como se ve en pantalla, sino que internamente lo interpreta para realizar cálculos, comparaciones y representaciones gráficas.

26.2 PROCESO DE INTRODUCCIÓN DE DATOS EN UNA CELDA

Para introducir un dato en Excel es necesario seguir un proceso básico:

- ▶ Seleccionar la celda en la que se desea introducir la información.
- ▶ Escribir el dato utilizando el teclado.
- ▶ Confirmar la entrada del dato, normalmente pulsando la tecla Intro o desplazándose a otra celda.

Durante este proceso, el contenido introducido aparece tanto en la celda como en la barra de fórmulas, lo que permite revisarlo y modificarlo con mayor precisión.

26.3 TIPOS DE DATOS EN EXCEL

Excel reconoce y gestiona distintos tipos de datos. Cada uno tiene un comportamiento específico y un uso concreto dentro de la hoja de cálculo.

26.3.1 Datos numéricos

Los **datos numéricos** son aquellos que representan cantidades y pueden utilizarse para realizar cálculos matemáticos. Incluyen números enteros, decimales, porcentajes y valores monetarios.

Excel utiliza los datos numéricos para:

▶ Realizar operaciones aritméticas.

▶ Calcular totales, promedios y estadísticas.

▶ Generar gráficos.

▶ Aplicar funciones matemáticas y financieras.

Es importante introducir correctamente los separadores decimales y de miles según la configuración regional del sistema, ya que un error en este aspecto puede hacer que Excel interprete el número como texto.

26.3.2 Datos alfanuméricos

Los **datos alfanuméricos** incluyen texto o combinaciones de letras y números, como nombres, apellidos, direcciones, códigos o descripciones.

Estos datos no se utilizan directamente en cálculos matemáticos, pero son esenciales para:

▶ Identificar registros.

▶ Etiquetar columnas y filas.

▶ Acompañar datos numéricos.

▶ Crear listados y bases de datos simples.

Excel trata estos datos como texto, por lo que no se ven afectados por operaciones matemáticas salvo que se utilicen funciones específicas.

26.3.3 Datos de fecha y hora

Las **fechas y horas** constituyen un tipo de dato especial en Excel. Aunque se muestran en un formato comprensible para el usuario, internamente se almacenan como valores numéricos.

Gracias a esta característica, Excel permite:

▶ Calcular diferencias entre fechas.

▶ Sumar o restar días, meses u horas.

▶ Ordenar registros cronológicamente.

▶ Analizar periodos de tiempo.

Es fundamental introducir las fechas siguiendo un formato reconocido por Excel para evitar que sean tratadas como texto.

26.3.4 Fórmulas

Una **fórmula** es una expresión que realiza un cálculo a partir de los valores contenidos en una o varias celdas. En Excel, todas las fórmulas comienzan con el signo igual (=), lo que indica al programa que debe realizar una operación.

Las fórmulas permiten:

▶ Automatizar cálculos.

▶ Actualizar resultados de forma automática al cambiar los datos.

▶ Reducir errores humanos.

▶ Trabajar con grandes volúmenes de información.

La correcta introducción de fórmulas es uno de los pilares del uso profesional de Excel.

26.3.5 Funciones

Las **funciones** son fórmulas predefinidas que simplifican la realización de cálculos complejos. Excel incluye cientos de funciones agrupadas por categorías, como matemáticas, estadísticas, lógicas o financieras.

El uso de funciones permite:

▶ Ahorrar tiempo.

▶ Evitar errores de escritura.

▶ Realizar cálculos avanzados sin conocimientos matemáticos profundos.

Las funciones se introducen siguiendo una estructura concreta, que Excel guía mediante el asistente de funciones.

Producto	Cantidad	Fecha compra	Total (€)
Manzanas	10	01/01/2025	=B2*1.50
Peras	5	02/01/2025	=B3*1.50
Plátanos	12	03/01/2025	=B4*1.50
Total general	—	—	=SUMA(D2:D4)

26.4 MODIFICACIÓN DE DATOS INTRODUCIDOS

Una vez introducido un dato, Excel permite modificarlo de varias formas:

- Editando directamente el contenido de la celda.
- Modificando el contenido desde la barra de fórmulas.
- Sustituyendo el dato por uno nuevo.

Estas opciones facilitan la corrección de errores y la actualización de la información sin necesidad de eliminar y volver a crear celdas.

26.5 CONFIRMACIÓN Y VALIDACIÓN DE DATOS

Excel valida automáticamente muchos datos durante su introducción, especialmente en el caso de fechas, horas y fórmulas. Si detecta un error, muestra mensajes o indicadores visuales que alertan al usuario.

Además, el programa permite configurar reglas de validación de datos, lo que resulta especialmente útil en entornos profesionales para:

- Evitar la introducción de datos incorrectos.
- Garantizar la coherencia de la información.
- Proteger la calidad de los datos introducidos.

26.6 IMPORTANCIA DE LA CORRECTA INTRODUCCIÓN DE DATOS

La correcta introducción de datos es esencial porque:

- Afecta directamente a los resultados de los cálculos.
- Condiciona el funcionamiento de fórmulas y funciones.
- Influye en la fiabilidad de los análisis y gráficos.
- Reduce errores en procesos administrativos y de gestión.

26.7 INSERCIÓN Y ELIMINACIÓN DE ELEMENTOS EN LA HOJA DE CÁLCULO

Además de modificar el contenido de las celdas, Excel permite **alterar la estructura de la hoja de cálculo** mediante la inserción y eliminación de distintos elementos. Estas operaciones son fundamentales cuando se necesita reorganizar la información, añadir nuevos datos, eliminar información innecesaria o adaptar la hoja a nuevas exigencias del trabajo.

La inserción y eliminación afectan directamente a la disposición de los datos, por lo que deben realizarse con especial atención, ya que pueden modificar el posicionamiento de la información y el comportamiento de las fórmulas existentes.

26.7.1 Inserción y eliminación de celdas

La **inserción de celdas** permite añadir espacio dentro de una hoja de cálculo sin necesidad de insertar filas o columnas completas. Al insertar celdas, Excel desplaza automáticamente las celdas existentes hacia la derecha o hacia abajo, en función de la opción seleccionada.

La inserción de celdas se utiliza habitualmente cuando:

▸ Es necesario añadir información intermedia dentro de una tabla.

▸ Se desea reorganizar datos sin alterar toda la estructura de la hoja.

▸ Se corrige un error de planificación en la disposición inicial de los datos.

La **eliminación de celdas** elimina tanto el contenido como la propia celda, provocando que las celdas adyacentes se desplacen para ocupar el espacio vacío. Esta operación debe realizarse con precaución, ya que puede alterar la correspondencia entre datos y fórmulas.

Es importante diferenciar claramente entre:

▸ Borrar contenido de una celda, que conserva la estructura.

▸ Eliminar una celda, que modifica la estructura de la hoja.

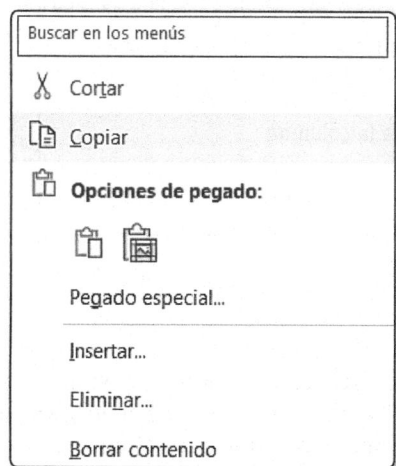
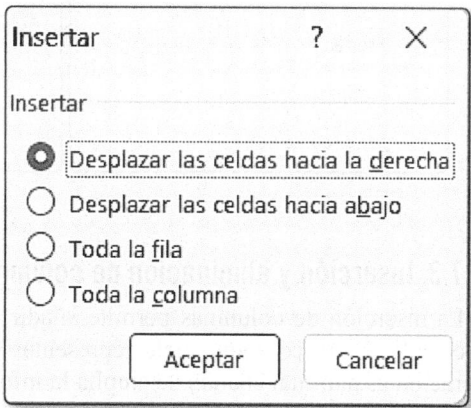

26.7.2 Inserción y eliminación de filas

La **inserción de filas** permite añadir nuevos registros completos en una hoja de cálculo. En la mayoría de contextos profesionales, las hojas de cálculo funcionan como listados o tablas en las que cada fila representa una unidad de información, como un cliente, un producto, una operación o un día concreto.

Insertar filas es especialmente útil cuando:

▰ Se incorporan nuevos registros a un listado existente.

▰ Se amplía la información con nuevos datos.

▰ Se mantiene un orden cronológico o lógico de los registros.

Excel inserta las filas desplazando hacia abajo las filas existentes, manteniendo la coherencia de la hoja.

La **eliminación de filas** elimina completamente los registros seleccionados. Esta operación es habitual cuando:

▰ Existen registros duplicados.

▰ Se detectan errores en los datos.

▰ La información deja de ser relevante.

Al eliminar filas, es fundamental comprobar que las fórmulas que hacen referencia a los datos eliminados no se vean afectadas negativamente.

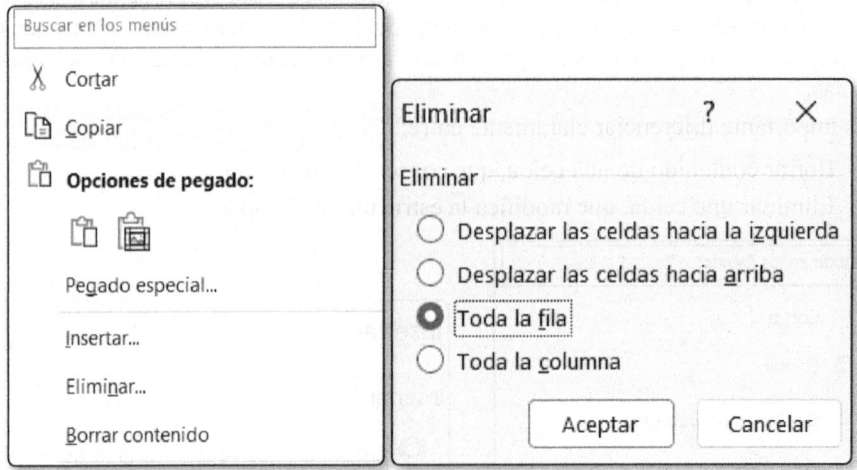

26.7.3 Inserción y eliminación de columnas

La inserción de columnas permite añadir nuevos campos de información a la hoja de cálculo. Cada columna suele representar un tipo de dato distinto, por lo que esta operación es habitual cuando se amplía la información que se desea registrar.

Insertar columnas resulta especialmente útil cuando:

▶ Se añade un nuevo dato asociado a cada registro.

▶ Se amplía un formulario o una tabla.

▶ Se reorganiza la estructura de la hoja para mejorar la claridad.

Excel desplaza automáticamente las columnas existentes hacia la derecha al insertar nuevas columnas.

La **eliminación de columnas** elimina completamente un campo de información. Esta operación se utiliza cuando:

▶ Una columna deja de ser necesaria.

▶ La información contenida es errónea o redundante.

▶ Se simplifica la hoja de cálculo.

Al igual que ocurre con las filas, eliminar columnas puede afectar a fórmulas, gráficos y referencias, por lo que debe realizarse con atención.

26.7.4 Inserción y eliminación de hojas de cálculo

Un libro de Excel puede contener múltiples **hojas de cálculo**, lo que permite organizar la información de forma estructurada. La inserción y eliminación de hojas es una herramienta clave para gestionar libros complejos.

La **inserción de hojas de cálculo** se utiliza para:

▶ Crear nuevas secciones de información.

▶ Separar datos por periodos, departamentos o proyectos.

▶ Ampliar un libro sin mezclar información distinta en una sola hoja.

La **eliminación de hojas de cálculo** permite eliminar secciones completas de información que ya no son necesarias. Esta operación debe realizarse con precaución, ya que la eliminación de una hoja supone la pérdida definitiva de todos sus datos.

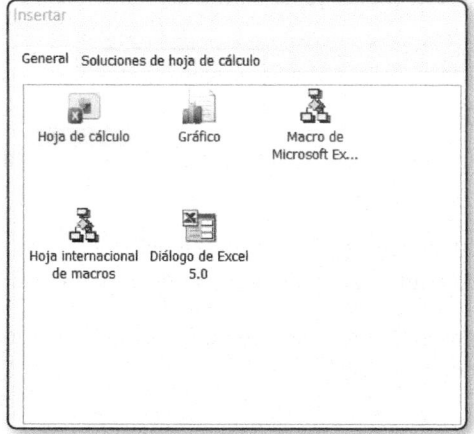
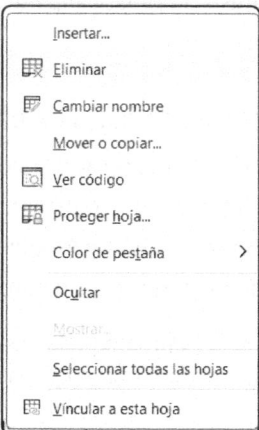

26.8 COPIADO O REUBICACIÓN DE INFORMACIÓN

Además de insertar o eliminar elementos, Excel permite **copiar o mover información**, lo que facilita la reorganización de los datos, la reutilización de estructuras y la creación de nuevas versiones de una hoja de cálculo.

El copiado conserva el elemento original, mientras que la reubicación implica un cambio de posición.

26.8.1 Copiado de celdas o rangos de celdas

El **copiado de celdas o rangos** permite duplicar información sin modificar el contenido original. Esta operación es una de las más utilizadas en Excel y resulta esencial para:

- ▶ Repetir estructuras de datos.
- ▶ Aplicar fórmulas a nuevos conjuntos de información.
- ▶ Crear copias de seguridad dentro de la misma hoja.
- ▶ Reutilizar datos en distintas zonas del documento.

Excel adapta automáticamente las referencias de las fórmulas al copiar rangos, lo que facilita el trabajo con cálculos repetitivos.

26.8.2 Reubicación de celdas o rangos de celdas

La **reubicación** consiste en mover celdas o rangos de una posición a otra dentro de la hoja o a otra hoja distinta. Esta operación es útil cuando:

- ▶ Se reorganiza la estructura de la hoja.
- ▶ Se agrupan datos relacionados.
- ▶ Se corrige una mala disposición inicial de la información.

Excel ajusta automáticamente las referencias de las fórmulas, reduciendo el riesgo de errores en los cálculos.

26.8.3 Copiado de hojas de cálculo

Excel permite **copiar hojas completas**, lo que resulta especialmente útil para:

- ▶ Crear plantillas reutilizables.
- ▶ Generar informes periódicos (mensuales, trimestrales, anuales).
- ▶ Conservar versiones de una hoja antes de realizar cambios importantes.

Copiar una hoja completa permite mantener tanto los datos como el formato y las fórmulas, ahorrando tiempo y evitando errores.

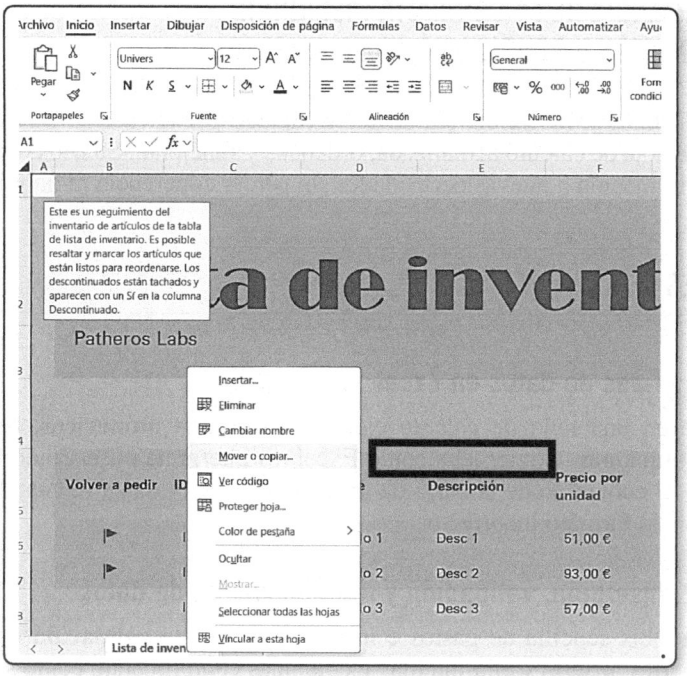

26.8.4 Reubicación de hojas de cálculo

La **reubicación de hojas** permite cambiar el orden de las hojas dentro de un libro o moverlas a otro libro distinto. Esta operación facilita:

▶ La organización lógica de la información.

▶ La agrupación de hojas relacionadas.

▶ La preparación de libros para su distribución o presentación.

Una correcta organización de las hojas mejora la claridad del documento y facilita su uso por otros usuarios.

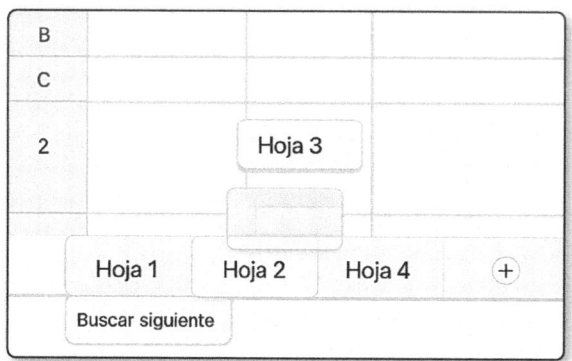

26.9 IMPORTANCIA DE LA CORRECTA INSERCIÓN, ELIMINACIÓN Y REUBICACIÓN DE ELEMENTOS

Las operaciones de inserción, eliminación, copiado y reubicación son esenciales para mantener una hoja de cálculo actualizada, ordenada y funcional. Su uso correcto permite adaptar la información a nuevas necesidades sin perder coherencia ni fiabilidad.

ACTIVIDADES

Actividad 1. Tipos de datos en Excel

Introduce en una hoja de cálculo ejemplos de **datos numéricos, texto, fechas, fórmulas y funciones**. Comprueba cómo Excel los interpreta observando la alineación en la celda y el contenido de la barra de fórmulas. Anota qué ocurre cuando un dato se introduce con un formato incorrecto.

Actividad 2. Inserción, validación y reorganización de datos

Crea una tabla sencilla de gastos e introduce reglas de **validación de datos** para fechas e importes. Inserta y elimina filas y columnas comprobando cómo se adaptan las fórmulas. Reorganiza la información copiando y moviendo rangos de celdas sin perder coherencia.

27

ALMACENAMIENTO Y RECUPERACIÓN DE UN LIBRO EN MICROSOFT EXCEL

El almacenamiento y la recuperación de los libros de Excel constituyen una de las competencias fundamentales en el uso profesional de las hojas de cálculo. No basta con saber introducir o modificar datos correctamente: es imprescindible conocer cómo **guardar, organizar, recuperar y proteger la información**, ya que de ello depende la continuidad del trabajo, la seguridad de los datos y la eficiencia en los procesos administrativos y de gestión.

En el entorno laboral, una mala gestión de los archivos puede provocar pérdidas de información, duplicidades innecesarias, errores en versiones de documentos o dificultades para el trabajo colaborativo. Microsoft Excel incorpora numerosas herramientas que facilitan una gestión avanzada de los libros, integrando el trabajo local con el almacenamiento en la nube y ofreciendo mecanismos de protección y recuperación de versiones.

27.1 EL CONCEPTO DE LIBRO EN EXCEL

En Microsoft Excel, el archivo principal recibe el nombre de **libro**. El libro es la unidad básica de almacenamiento y trabajo en Excel y puede contener una o varias hojas de cálculo relacionadas entre sí. Cada libro:

- Se guarda como un archivo independiente.
- Puede contener datos, fórmulas, funciones, gráficos y formatos.
- Permite estructurar la información en distintas hojas.
- Puede compartirse con otros usuarios.
- Puede reutilizarse como plantilla o modelo de trabajo.

Es fundamental que el lector comprenda la diferencia entre **libro** y **hoja de cálculo**, ya que muchas operaciones de almacenamiento afectan al libro completo y no únicamente a una hoja concreta. Un error frecuente en usuarios principiantes es pensar que cada hoja es un archivo independiente, cuando en realidad todas las hojas forman parte de un mismo libro.

27.2 CREACIÓN DE UN NUEVO LIBRO

La creación de un nuevo libro es el primer paso para iniciar cualquier trabajo en Excel. Un libro nuevo proporciona un entorno vacío o preconfigurado en el que introducir los datos y diseñar la hoja de cálculo.

Excel permite crear libros de distintas formas, adaptándose a las necesidades del usuario.

La forma más habitual es la creación de un **libro en blanco**, que proporciona una hoja vacía lista para comenzar a trabajar. Este método es especialmente adecuado cuando se desea diseñar una hoja de cálculo desde cero, adaptándola completamente a las necesidades del trabajo.

Otra opción es la creación de un libro a partir de **plantillas prediseñadas**, que ofrecen estructuras ya configuradas para tareas comunes como presupuestos, facturación, control de gastos o planificación. Las plantillas permiten ahorrar tiempo y garantizan una estructura coherente, especialmente útil en tareas repetitivas.

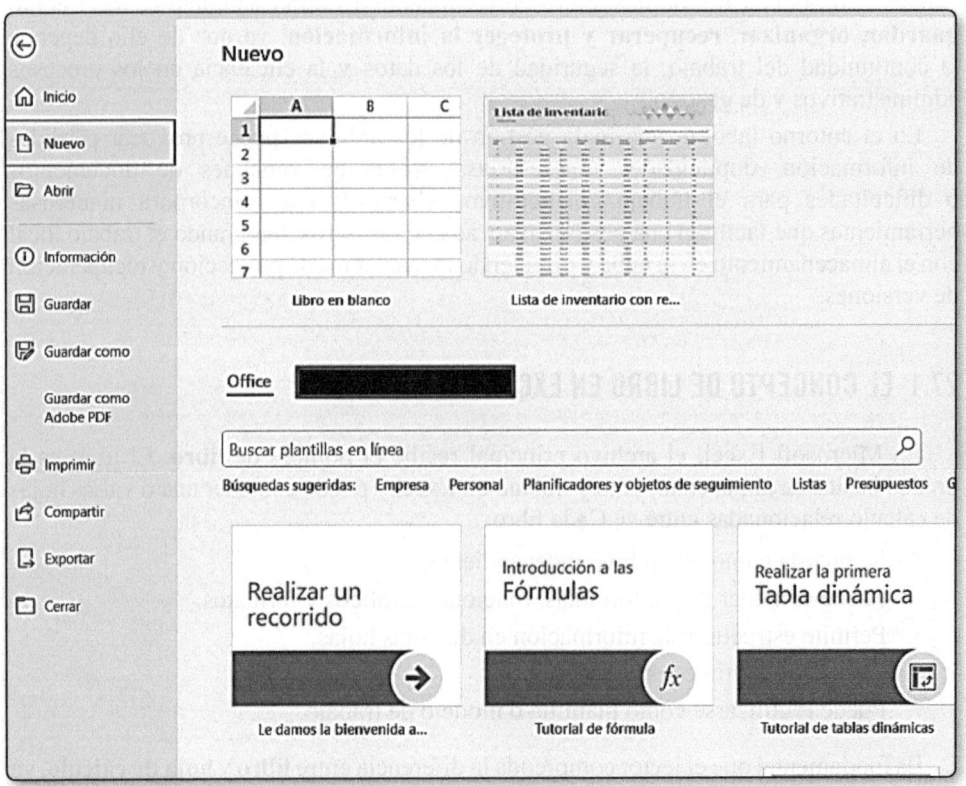

27.3 EL PROCESO DE GUARDADO DE UN LIBRO

El **guardado** es una operación crítica en Excel, ya que permite conservar los cambios realizados y asegurar que el trabajo no se pierda. Guardar un libro implica almacenar el archivo en una ubicación concreta con un nombre determinado.

Cuando se guarda un libro por primera vez, Excel solicita al usuario que:

▸ Asigne un nombre al archivo.

▸ Elija la ubicación donde se almacenará.

▸ Seleccione el formato del archivo, normalmente el formato estándar de Excel.

Es recomendable utilizar nombres de archivo claros y descriptivos, que permitan identificar fácilmente el contenido del libro sin necesidad de abrirlo. Una buena práctica profesional es incluir en el nombre información como el tipo de documento, la fecha o el periodo al que hace referencia.

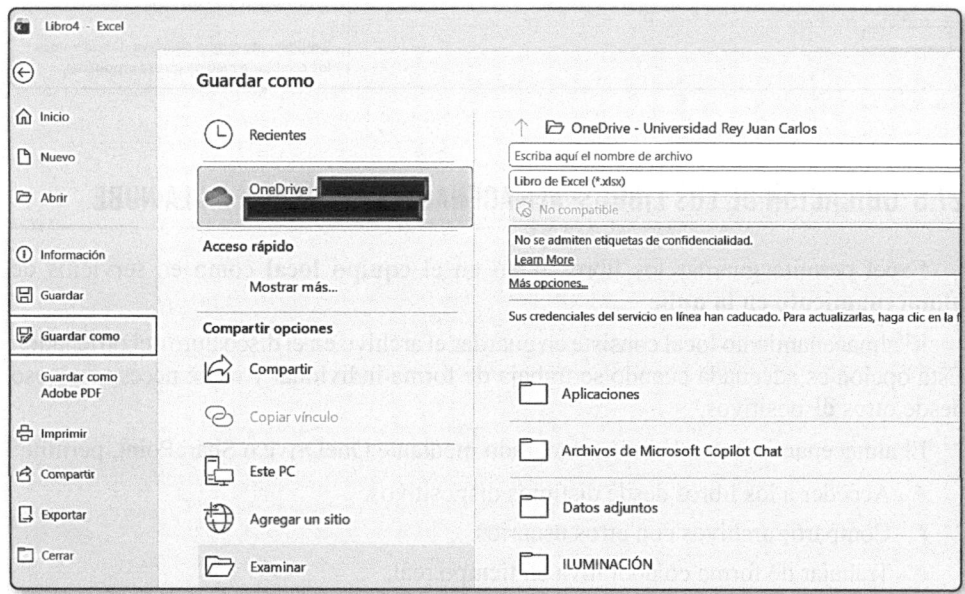

27.4 GUARDADO MANUAL Y AUTOMÁTICO

Excel incorpora dos sistemas de guardado complementarios: el **guardado manual** y automático.

El guardado manual permite al usuario decidir cuándo guardar los cambios. Es especialmente útil cuando se desea controlar versiones del documento o realizar guardados estratégicos tras cambios importantes.

El guardado automático, por su parte, es una de las principales novedades de Excel. Cuando el libro se guarda en la nube, los cambios se almacenan automáticamente a medida que se realizan, reduciendo de forma drástica el riesgo de pérdida de información.

El guardado automático:

- ▶ Protege el trabajo frente a cierres inesperados.
- ▶ Permite recuperar versiones anteriores del documento.
- ▶ Facilita el trabajo colaborativo.
- ▶ Aumenta la seguridad de los datos.

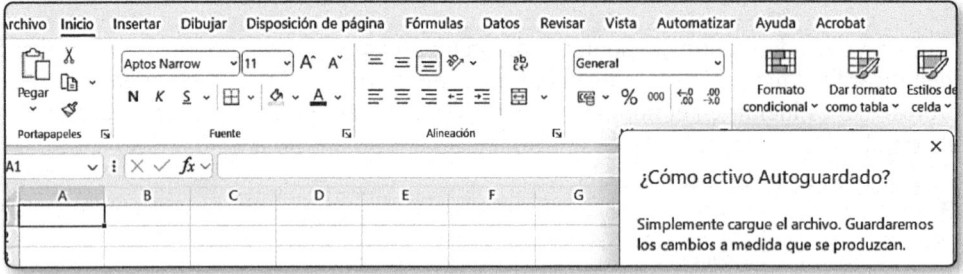

27.5 UBICACIÓN DE LOS LIBROS: ALMACENAMIENTO LOCAL Y EN LA NUBE

Excel permite guardar los libros tanto en el **equipo local** como en servicios de **almacenamiento en la nube**.

El almacenamiento local consiste en guardar el archivo en el disco duro del ordenador. Esta opción es adecuada cuando se trabaja de forma individual y no se necesita acceso desde otros dispositivos.

El almacenamiento en la nube, integrado mediante OneDrive o SharePoint, permite:

- ▶ Acceder a los libros desde distintos dispositivos.
- ▶ Compartir archivos con otros usuarios.
- ▶ Trabajar de forma colaborativa en tiempo real.
- ▶ Recuperar versiones anteriores del documento.

Comprender las diferencias entre ambos tipos de almacenamiento es esencial para elegir la opción más adecuada en cada situación profesional.

27.6 APERTURA DE UN LIBRO YA EXISTENTE

La **apertura de un libro existente** permite retomar trabajos anteriores o consultar información almacenada. Excel facilita esta operación mediante diferentes opciones de acceso.

El programa muestra una lista de libros recientes, lo que permite abrir rápidamente los documentos utilizados con mayor frecuencia. También es posible navegar por carpetas locales o ubicaciones en la nube para localizar archivos específicos.

La correcta apertura de libros garantiza que se trabaja siempre sobre el archivo adecuado y evita confusiones entre versiones similares.

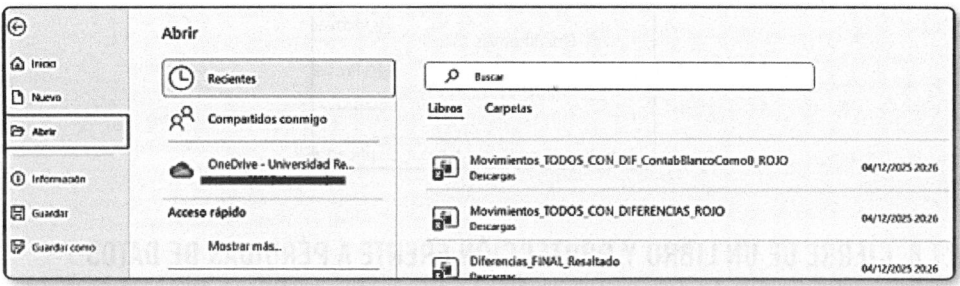

27.7 CREACIÓN DE COPIAS Y DUPLICADOS DE UN LIBRO

La creación de copias de un libro es una práctica habitual en el entorno profesional. Duplicar un libro permite trabajar sobre una copia sin alterar el documento original.

Esta operación es especialmente útil cuando:

▶ Se van a realizar cambios importantes.

▶ Se desea conservar una versión anterior.

▶ Se reutiliza una estructura para otro periodo o proyecto.

▶ Se crean informes periódicos a partir de un mismo modelo.

La duplicación de libros contribuye a una gestión más segura de la información y facilita el control de versiones.

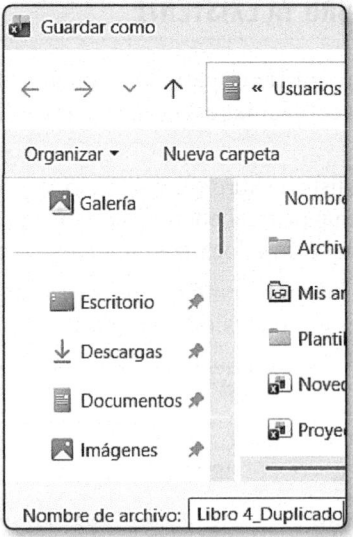

27.8 CIERRE DE UN LIBRO Y PROTECCIÓN FRENTE A PÉRDIDAS DE DATOS

El cierre de un libro finaliza la sesión de trabajo sobre ese archivo. Excel incorpora mecanismos de seguridad que advierten al usuario si existen cambios sin guardar antes de cerrar.

Este aviso es fundamental para evitar pérdidas accidentales de información. En el entorno profesional, cerrar correctamente los libros es una práctica básica que contribuye a la seguridad de los datos.

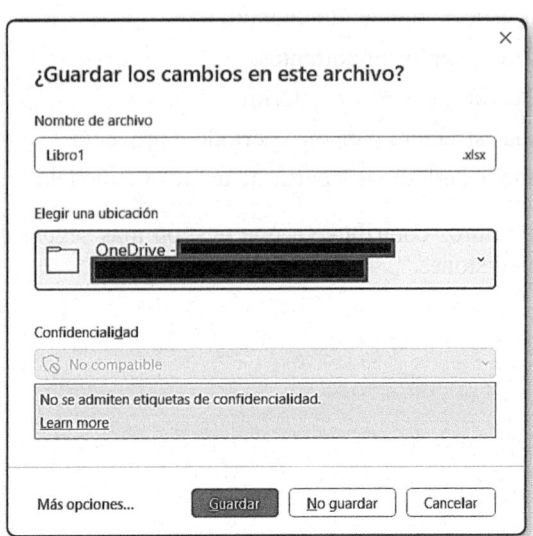

27.9 ORGANIZACIÓN DE LOS LIBROS

Una correcta organización de los libros de Excel es esencial para mantener un entorno de trabajo ordenado y eficiente. Algunas recomendaciones incluyen:

- Utilizar nombres de archivos claros y coherentes.
- Organizar los libros en carpetas temáticas.
- Mantener un histórico de versiones importantes.
- Evitar duplicidades innecesarias.
- Aprovechar las ventajas del almacenamiento en la nube.

Excel facilita la aplicación de estas recomendaciones gracias a sus herramientas de gestión de archivos y su integración con Microsoft 365.

27.10 IMPORTANCIA DEL ALMACENAMIENTO Y RECUPERACIÓN EN EL ENTORNO LABORAL

El correcto almacenamiento y recuperación de libros en Excel no solo evita pérdidas de información, sino que mejora la eficiencia del trabajo, facilita la colaboración y refuerza la seguridad de los datos.

ACTIVIDADES

Actividad 1. Creación de un libro nuevo y reconocimiento del entorno de guardado

El lector creará un libro nuevo en Excel, identificará que todavía no está guardado y reconocerá los indicadores visuales que ofrece la aplicación antes del primer guardado.

Pasos a realizar:

1. Abrir Microsoft Excel.
2. Seleccionar la opción de crear un libro en blanco.
3. Observar el nombre provisional del archivo en la barra de título.
4. Introducir cualquier dato sencillo en una celda, por ejemplo un texto o un número.
5. Comprobar que el libro aún no tiene nombre asignado ni ubicación definitiva.

Actividad 2. Guardado inicial de un libro con nombre y ubicación

El lector guardará el libro creado anteriormente en una carpeta específica del equipo o en la nube, asignándole un nombre identificativo.

Pasos a realizar:

1. Acceder a la opción de guardar el libro.

2. Seleccionar la opción "Guardar como".

3. Elegir una ubicación (equipo local o nube).

4. Crear, si es necesario, una carpeta con un nombre relacionado con la actividad.

5. Asignar al libro un nombre descriptivo, por ejemplo: "Practica_Almacenamiento_Excel".

6. Confirmar el guardado.

28

OPERACIONES CON RANGOS EN MICROSOFT EXCEL

El trabajo con **rangos de celdas** es uno de los aspectos más importantes y característicos del uso de Microsoft Excel. A diferencia de otras aplicaciones ofimáticas, Excel no está pensado para trabajar celda a celda de forma aislada, sino para operar con **conjuntos de celdas** que contienen información relacionada. Estos conjuntos reciben el nombre de rangos.

Un rango permite tratar varias celdas como una sola unidad lógica, lo que facilita la aplicación de fórmulas, funciones, formatos, gráficos y otras herramientas. En el entorno profesional, donde es habitual trabajar con listados extensos, tablas de datos y hojas estructuradas, el dominio de los rangos es imprescindible para trabajar con rapidez, precisión y seguridad.

28.1 CONCEPTO DE RANGO EN EXCEL

Un **rango** es un conjunto de dos o más celdas seleccionadas para realizar una acción conjunta. Estas celdas pueden estar situadas de forma continua o no continua dentro de una hoja de cálculo, o incluso repartidas entre varias hojas del mismo libro.

Excel identifica los rangos mediante referencias que indican la primera y la última celda que lo componen. Estas referencias son utilizadas internamente por el programa para aplicar cálculos, formatos o cualquier otra operación.

Trabajar con rangos permite:

▶ Aplicar una misma acción a varias celdas simultáneamente.

▶ Reducir el tiempo necesario para realizar tareas repetitivas.

▶ Evitar errores derivados de modificaciones manuales celda a celda.

▶ Mantener la coherencia de los datos y del formato.

Comprender este concepto es fundamental antes de avanzar hacia el uso de fórmulas, funciones y análisis de datos.

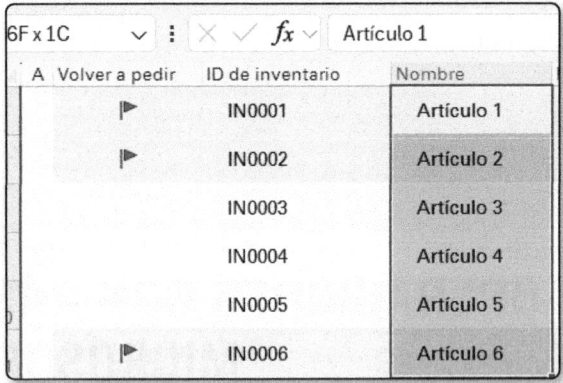

28.2 RELLENO RÁPIDO DE UN RANGO

El **relleno rápido** es una de las herramientas más utilizadas cuando se trabaja con rangos en Excel. Esta funcionalidad permite completar automáticamente una serie de datos siguiendo un patrón que el programa reconoce a partir de los valores iniciales introducidos por el usuario.

El relleno rápido se utiliza habitualmente para:

▼ Completar series numéricas consecutivas.

▼ Rellenar fechas de forma automática.

▼ Copiar fórmulas a lo largo de un rango.

▼ Repetir textos o estructuras de datos.

Para utilizar el relleno rápido, Excel pone a disposición del usuario un pequeño controlador visual situado en una esquina de la selección. Al arrastrar este controlador, Excel analiza el contenido inicial y genera el resto de la serie.

Esta herramienta es especialmente útil en el entorno profesional, ya que evita la introducción manual de datos repetitivos y reduce considerablemente la posibilidad de errores.

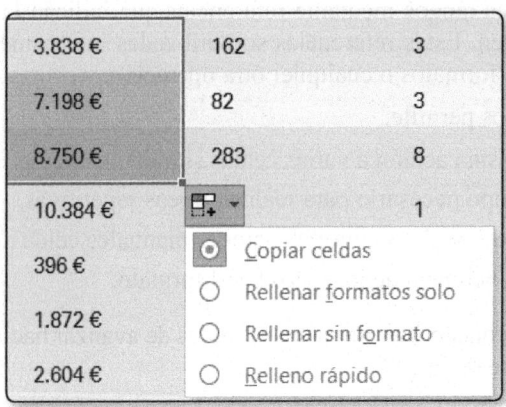

28.3 SELECCIÓN DE VARIOS RANGOS SIMULTÁNEAMENTE

Microsoft Excel permite seleccionar **varios rangos de celdas de forma simultánea**, incluso cuando dichos rangos **no están situados de manera contigua** dentro de la hoja de cálculo. Esta funcionalidad resulta especialmente útil cuando se desea aplicar una misma acción a diferentes zonas del documento sin tener que repetir el proceso de forma individual en cada una de ellas.

La selección de rangos múltiples facilita el trabajo y mejora la eficiencia, especialmente en hojas de cálculo extensas o con información distribuida en distintas áreas.

¿Para qué se utiliza la selección de rangos múltiples?

La selección de rangos múltiples se emplea, entre otras situaciones, para:

- Aplicar un mismo formato (tipo de letra, color, bordes o relleno) a celdas situadas en diferentes partes de la hoja.

- Borrar el contenido de celdas que no están juntas sin afectar al resto de la información.

- Copiar información dispersa para pegarla en otra ubicación o en otro documento.

- Realizar modificaciones conjuntas, como cambiar el formato de número o la alineación de varias celdas separadas.

¿Cómo se seleccionan varios rangos no contiguos en Excel?

Para seleccionar varios rangos de celdas no contiguos, se debe seguir el siguiente procedimiento:

1. Seleccionar el primer rango de celdas haciendo clic y arrastrando con el ratón, o bien utilizando el teclado.

2. Mantener pulsada la tecla **Ctrl** del teclado.

3. Sin soltar la tecla **Ctrl**, seleccionar con el ratón el segundo rango de celdas.

4. Repetir el proceso para añadir tantos rangos como sea necesario.

5. Soltar la tecla **Ctrl** una vez finalizada la selección.

Cada rango añadido se resaltará visualmente, indicando que forma parte de la selección múltiple.

Limitaciones y consideraciones importantes

Aunque la selección de rangos múltiples es muy útil, es importante tener en cuenta que **no todas las operaciones pueden aplicarse sobre este tipo de selección**. Algunas funciones y fórmulas de Excel requieren que los rangos sean continuos para funcionar correctamente.

Por este motivo, antes de trabajar con rangos múltiples, el usuario debe:

▶ Valorar qué operación va a realizar.

▶ Comprobar si dicha operación admite rangos no contiguos.

▶ Utilizar rangos continuos cuando se trate de cálculos complejos o funciones específicas.

Recomendación de uso

La selección de rangos múltiples es especialmente recomendable para tareas de **formato y edición**, mientras que para cálculos y análisis de datos suele ser más adecuado trabajar con rangos continuos o tablas estructuradas.

38,00 €	101	3.838 €	162	3
59,00 €	122	7.198 €	82	3
50,00 €	175	8.750 €	283	8

28.4 RANGOS TRIDIMENSIONALES

Los **rangos tridimensionales** permiten trabajar con celdas que se encuentran en la misma posición, pero en distintas hojas de cálculo dentro de un mismo libro. Este tipo de rango es especialmente útil cuando varias hojas tienen la misma estructura y se desea realizar una operación conjunta sobre todas ellas.

Por ejemplo, es habitual que un libro contenga varias hojas mensuales con la misma disposición de datos. En estos casos, los rangos tridimensionales permiten:

▶ Sumar datos de varias hojas a la vez.

▶ Comparar información entre periodos.

▶ Consolidar resultados en una hoja resumen.

▶ Aplicar fórmulas de forma global.

El uso de rangos tridimensionales evita tener que copiar manualmente los datos de distintas hojas, lo que reduce errores y agiliza el análisis de la información.

C31		⌄	⋮	✕ ✓ ƒx ⌄	=SUMA('Lista de inventario:Lista de inventario (2)'!G25:G30)		
A	B	C	D	E	F	G	H
		IN0017	Artículo 17	Desc 17	97,00 €	57	5.529 €
	▶	IN0018	Artículo 18	Desc 18	12,00 €	6	72 €
	▶	IN0019	Artículo 19	Desc 19	82,00 €	143	11.726 €
		IN0020	Artículo 20	Desc 20	16,00 €	124	1.984 €
		IN0021	Artículo 21	Desc 21	19,00 €	112	2.128 €
		IN0022	Artículo 22	Desc 22	24,00 €	182	4.368 €
		IN0023	Artículo 23	Desc 23	29,00 €	106	3.074 €
		IN0024	Artículo 24	Desc 24	75,00 €	173	12.975 €
		IN0025	Artículo 25	Desc 25	14,00 €	28	392 €
		2175					

28.5 NOMBRES DE RANGOS

Excel permite asignar **nombres personalizados a los rangos**, sustituyendo las referencias tradicionales de celdas por identificadores más descriptivos. En lugar de trabajar con referencias difíciles de interpretar, el usuario puede emplear nombres que reflejen claramente el contenido del rango.

Los nombres de rangos se utilizan para:

▸ Mejorar la legibilidad de las fórmulas.
▸ Facilitar la comprensión de la hoja de cálculo.
▸ Reducir errores al trabajar con referencias complejas.
▸ Hacer más intuitivo el mantenimiento del documento.

Por ejemplo, una fórmula que utiliza un rango con nombre resulta mucho más comprensible que otra basada únicamente en referencias numéricas.

28.6 USO DE RANGOS CON NOMBRE EN FÓRMULAS Y FUNCIONES

Una vez asignado un nombre a un rango, este puede utilizarse directamente en fórmulas y funciones, igual que si se tratara de una referencia tradicional. Excel reconoce el nombre y lo asocia automáticamente al conjunto de celdas correspondiente.

El uso de rangos con nombre aporta numerosas ventajas:

▸ Las fórmulas son más fáciles de leer y entender.
▸ Se reduce el riesgo de errores al modificar la hoja.
▸ Es más sencillo actualizar los datos si cambia la estructura del rango.
▸ Se facilita el trabajo colaborativo, ya que otros usuarios comprenden mejor el funcionamiento del documento.

En hojas de cálculo complejas, esta práctica es altamente recomendable.

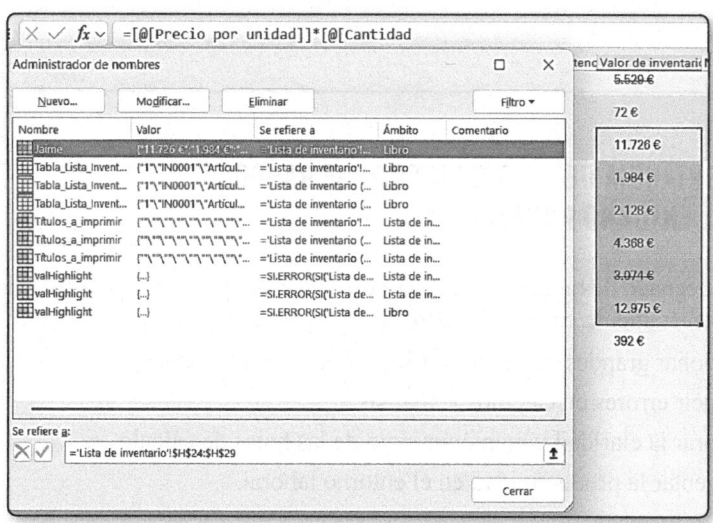

28.7 MODIFICACIÓN Y GESTIÓN DE RANGOS CON NOMBRE

Excel incluye herramientas específicas para **gestionar los rangos con nombre**. Estas herramientas permiten al usuario:

▼ Consultar todos los nombres definidos en el libro.

▼ Modificar el rango asociado a un nombre.

▼ Cambiar el nombre asignado.

▼ Eliminar nombres que ya no se utilizan.

La correcta gestión de los rangos con nombre es esencial para mantener la coherencia de la hoja de cálculo a lo largo del tiempo, especialmente cuando se realizan modificaciones en la estructura de los datos.

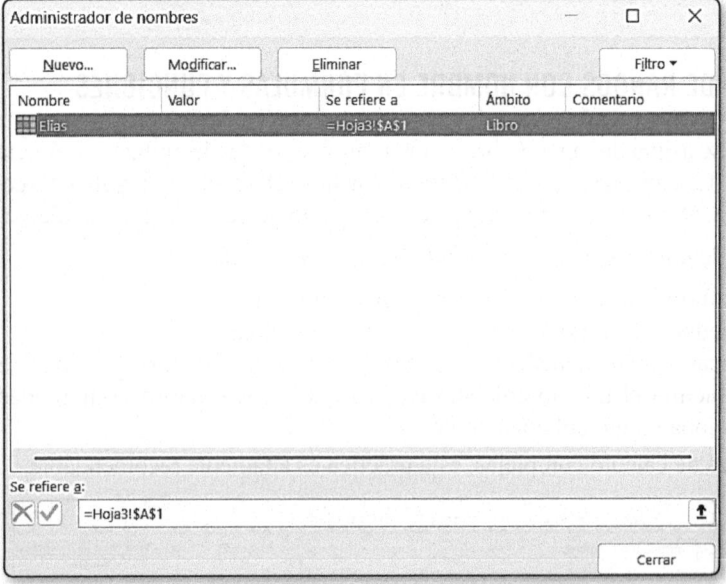

28.8 IMPORTANCIA DEL USO CORRECTO DE RANGOS EN EL ENTORNO PROFESIONAL

El uso adecuado de rangos es una competencia clave para cualquier usuario de Excel. Trabajar correctamente con rangos permite:

▼ Gestionar grandes volúmenes de datos de forma eficiente.

▼ Reducir errores en cálculos y análisis.

▼ Mejorar la claridad y mantenimiento de las hojas de cálculo.

▼ Aumentar la productividad en el entorno laboral.

El dominio de las operaciones con rangos sienta las bases necesarias para abordar con éxito contenidos más avanzados, como la modificación del aspecto de la hoja, el uso intensivo de funciones, la creación de gráficos y el tratamiento avanzado de datos.

ACTIVIDADES

Actividad 1. Creación, relleno y selección de rangos de datos

El lector trabajará con una hoja de cálculo en blanco y creará un rango de datos numéricos y de fechas, utilizando el relleno rápido para completar la información.

Pasos a realizar:

1. Abrir un libro nuevo en Excel.
2. Introducir en una columna una serie de números consecutivos en las dos primeras celdas.
3. Seleccionar ambas celdas para definir el patrón.
4. Utilizar el controlador de relleno para completar el resto del rango.
5. Repetir el proceso con una serie de fechas en otra columna.
6. Seleccionar el rango completo de datos creado.
7. Seleccionar dos rangos no contiguos manteniendo pulsada la tecla correspondiente.

Actividad 2. Asignación y uso de nombres de rangos

El lector asignará un nombre a un rango de datos y lo utilizará posteriormente en una fórmula para realizar un cálculo sencillo.

Pasos a realizar:

1. Introducir una serie de valores numéricos en una columna.
2. Seleccionar el rango que contiene los valores.
3. Asignar un nombre al rango utilizando el cuadro de nombres.
4. Seleccionar una celda vacía.
5. Introducir una fórmula que utilice el nombre del rango asignado.
6. Confirmar la fórmula y comprobar el resultado.
7. Modificar uno de los valores del rango y observar cómo se actualiza el resultado.

29

MODIFICACIÓN DE LA APARIENCIA DE UNA HOJA DE CÁLCULO EN MICROSOFT EXCEL

La modificación de la apariencia de una hoja de cálculo es una fase esencial del trabajo con Microsoft Excel. Aunque Excel es una herramienta fundamentalmente orientada al tratamiento y análisis de datos, el aspecto visual de la información desempeña un papel clave en su correcta interpretación, comprensión y presentación. Una hoja de cálculo bien formateada no solo resulta más atractiva visualmente, sino que facilita la lectura, reduce errores, mejora la claridad de los datos y transmite una imagen profesional del trabajo realizado.

En el entorno laboral, las hojas de cálculo no suelen utilizarse únicamente como herramientas internas de cálculo, sino también como documentos que se imprimen, se comparten con otros usuarios o se presentan como apoyo a la toma de decisiones. Por ello, conocer y dominar las opciones de formato de Excel.

29.1 EL FORMATO DE CELDA COMO HERRAMIENTA DE PRESENTACIÓN

En Excel, el **formato de celda** permite definir cómo se muestran los datos contenidos en una celda, sin modificar su valor real. Esto significa que el formato afecta únicamente a la presentación visual de la información, no al dato interno con el que Excel realiza los cálculos.

El formato de celda se aplica siempre sobre una selección previa, que puede ser:

▶ Una celda individual.

▶ Un rango de celdas.

▶ Filas completas.

▶ Columnas completas.

▶ Toda la hoja de cálculo.

La correcta aplicación del formato permite diferenciar tipos de datos, destacar información relevante, organizar visualmente la hoja y facilitar su comprensión tanto en pantalla como en formato impreso.

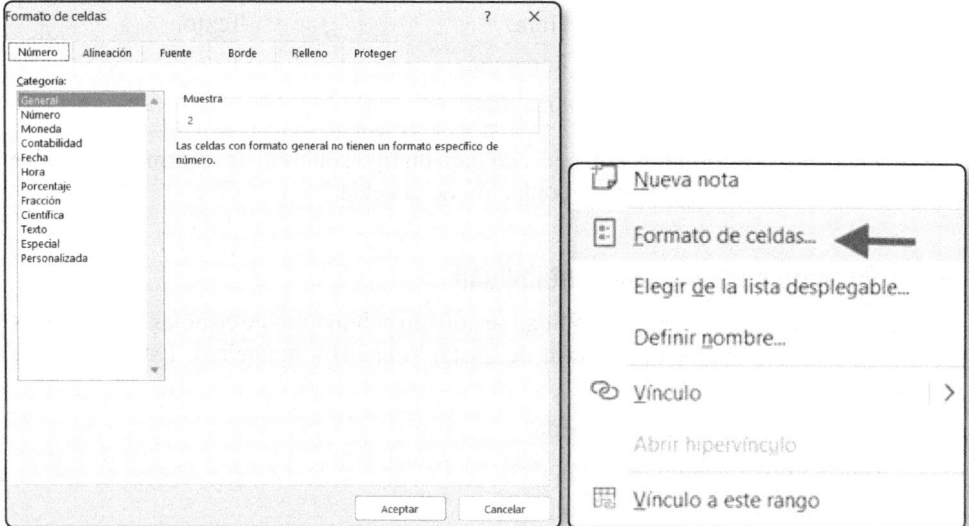

29.2 FORMATO DE NÚMERO

El **formato de número** es una de las opciones más importantes dentro del formato de celda, ya que determina cómo se muestran los valores numéricos, fechas y horas en la hoja de cálculo. Aunque dos celdas puedan contener el mismo valor interno, su apariencia puede ser completamente distinta en función del formato aplicado.

Excel incluye múltiples formatos numéricos predefinidos, adaptados a los usos más habituales en el entorno profesional.

29.2.1 Importancia del formato numérico

Aplicar correctamente el formato numérico permite:

▶ Mostrar los datos de forma clara y comprensible.

▶ Evitar interpretaciones erróneas.

▶ Adaptar la hoja a normas contables o administrativas.

▶ Preparar la información para su impresión o presentación.

Un error frecuente en usuarios principiantes es introducir símbolos manualmente (como el símbolo de moneda), en lugar de aplicar el formato adecuado. Esto puede provocar errores en cálculos y funciones posteriores.

29.2.2 Tipos de formato de número más habituales

Excel ofrece, entre otros, los siguientes formatos numéricos:

▶ General.   ▶ Fecha.   ▶ Científico.

▶ Número.   ▶ Hora.   ▶ Texto.

▶ Moneda.   ▶ Porcentaje.

▶ Contabilidad.   ▶ Fracción.

Cada uno de estos formatos está pensado para un tipo concreto de información y debe utilizarse de forma coherente con el contenido de la celda.

29.2.3 Formato de moneda y contabilidad

Los formatos de moneda y contabilidad se utilizan habitualmente en hojas relacionadas con presupuestos, facturación, control de gastos o análisis financiero. Estos formatos permiten:

▶ Mostrar el símbolo de la moneda.

▶ Alinear correctamente los importes.

▶ Mantener una presentación homogénea.

Es importante comprender que el valor interno sigue siendo numérico, aunque visualmente se muestre con símbolos y separadores.

29.2.4 Formato de fecha y hora

Las fechas y horas son valores numéricos especiales en Excel. Aplicar correctamente su formato permite mostrar:

▶ Fechas en distintos estilos.

▶ Horas con distintos niveles de precisión.

▶ Combinaciones de fecha y hora.

Un formato adecuado facilita el análisis temporal de los datos y evita errores de interpretación.

29.3 FORMATO DE ALINEACIÓN

El **formato de alineación** controla la posición del contenido dentro de la celda. Aunque pueda parecer un aspecto secundario, una correcta alineación mejora notablemente la legibilidad de la hoja de cálculo.

Excel permite modificar tanto la alineación horizontal como la vertical del contenido.

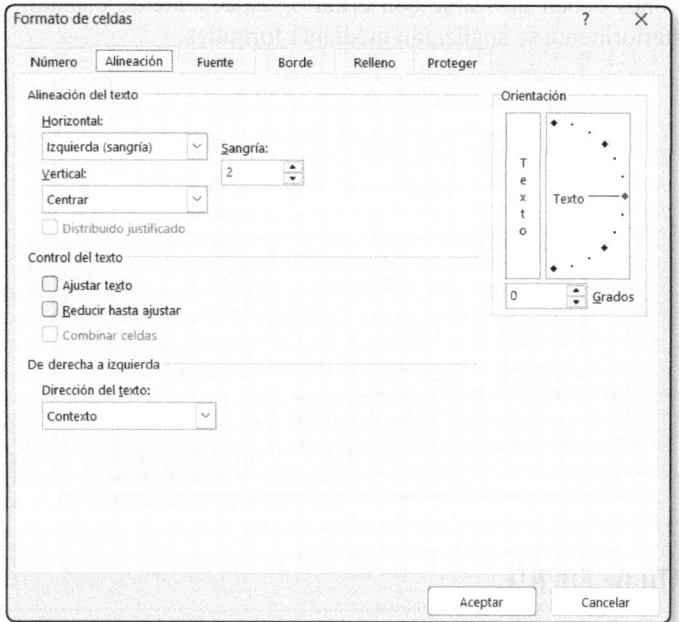

29.3.1 Alineación horizontal

La alineación horizontal define cómo se sitúa el contenido dentro de la celda de izquierda a derecha. Las opciones más habituales son:

▶ Alineación a la izquierda.

▶ Alineación centrada.

▶ Alineación a la derecha.

▶ Justificación.

De forma predeterminada, Excel alinea el texto a la izquierda y los números a la derecha, lo que facilita la identificación visual del tipo de dato.

29.3.2 Alineación vertical

La alineación vertical determina la posición del contenido dentro de la celda de arriba a abajo. Resulta especialmente útil cuando se trabaja con celdas de mayor altura.

29.3.3 Ajuste de texto y combinación de celdas

Excel permite:

▶ Ajustar el texto para que se muestre en varias líneas dentro de una celda.

▶ Combinar varias celdas en una sola para crear encabezados o títulos.

Estas opciones deben utilizarse con criterio, especialmente cuando se trabaja con datos que posteriormente se analizarán mediante fórmulas.

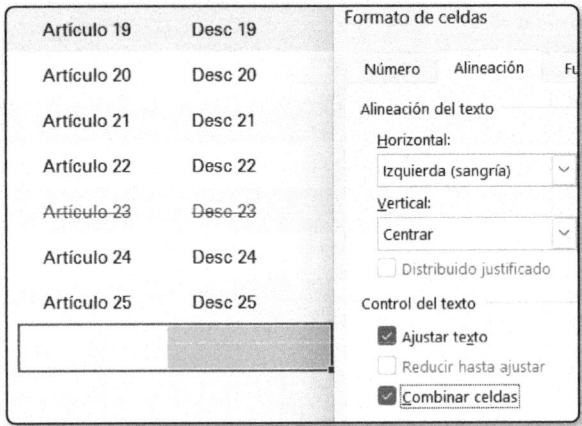

29.4 FORMATO DE FUENTE

El **formato de fuente** permite modificar la apariencia del texto contenido en las celdas. Aunque Excel no es un procesador de textos, ofrece suficientes opciones de formato para mejorar la claridad y jerarquía visual de la información.

29.4.1 Tipo y tamaño de fuente

Excel permite seleccionar distintos tipos y tamaños de letra. En el entorno profesional se recomienda:

- Utilizar fuentes claras y legibles.
- Mantener tamaños coherentes.
- Evitar el uso excesivo de estilos llamativos.

29.4.2 Estilos de fuente

Los estilos de fuente permiten resaltar información concreta mediante:

- Negrita.
- Cursiva.
- Subrayado.

Estos estilos se utilizan habitualmente para:

- Encabezados.
- Totales.
- Información relevante.

29.4.3 Color de fuente

El color de fuente permite destacar datos importantes, pero debe utilizarse con moderación para no dificultar la lectura.

29.5 BORDES DE CELDA

Los **bordes** permiten delimitar visualmente las celdas y rangos, facilitando la lectura de tablas y listados.

Aplicar bordes correctamente:

▼ Mejora la organización visual.

▼ Facilita la identificación de filas y columnas.

▼ Aporta un aspecto profesional a la hoja.

Excel permite aplicar distintos tipos de bordes:

▼ Bordes exteriores.

▼ Bordes interiores.

▼ Bordes personalizados.

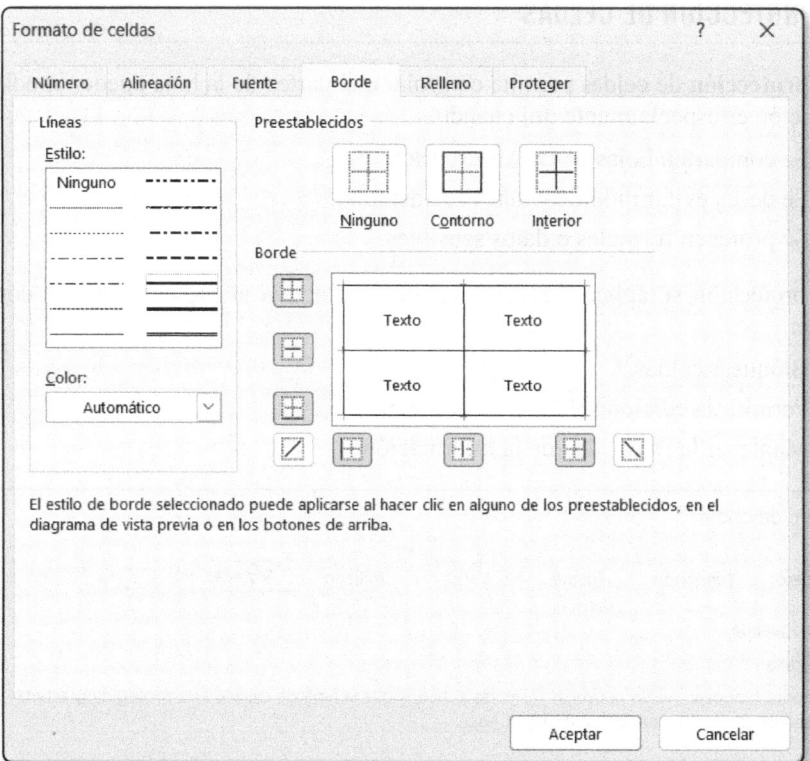

29.6 RELLENO DE CELDAS

El **relleno** permite aplicar colores de fondo a las celdas. Se utiliza para:

▼ Diferenciar encabezados.

▼ Destacar totales o resultados.

▼ Separar visualmente bloques de información.

El uso del relleno debe ser coherente y moderado, evitando combinaciones que dificulten la lectura.

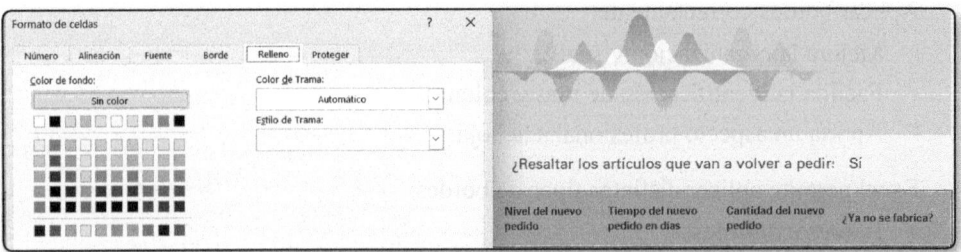

29.7 PROTECCIÓN DE CELDAS

La **protección** de celdas permite controlar qué partes de la hoja pueden modificarse. Esta opción es especialmente útil cuando:

▼ Se comparten hojas con otros usuarios.

▼ Se desea evitar modificaciones accidentales.

▼ Se protegen fórmulas o datos sensibles.

La protección se aplica a nivel de celda y se activa al proteger la hoja completa. Permite:

▼ Bloquear celdas.

▼ Permitir la edición solo en zonas concretas.

▼ Mantener la integridad de la información.

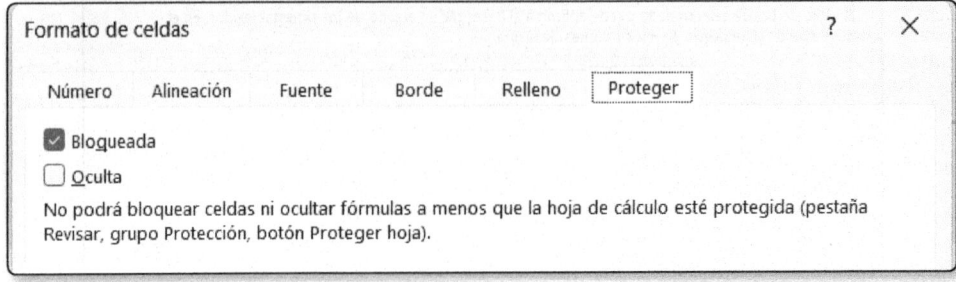

29.8 IMPORTANCIA DEL FORMATO EN EL ENTORNO PROFESIONAL

La modificación de la apariencia de una hoja de cálculo no es un aspecto meramente estético. Un buen formato:

- Facilita la comprensión de los datos.
- Reduce errores de interpretación.
- Mejora la comunicación de la información.
- Refuerza la profesionalidad del documento.

29.9 ANCHURA Y ALTURA DE LAS COLUMNAS Y FILAS

La **anchura de las columnas** y la **altura de las filas** determinan el espacio disponible para mostrar el contenido de las celdas. Un ajuste adecuado de estas dimensiones es fundamental para garantizar que la información se visualice correctamente, sin textos cortados, solapamientos ni espacios innecesarios.

En Excel, las columnas y filas tienen un tamaño predeterminado, pero este tamaño no siempre se adapta al contenido introducido. Por ello, es habitual modificar manualmente estas dimensiones para mejorar la legibilidad de la hoja de cálculo.

Ajustar correctamente la anchura y la altura permite:

- Mostrar completamente textos largos o valores extensos.
- Evitar que los datos aparezcan ocultos o truncados.
- Mejorar la presentación visual de la hoja.
- Preparar el documento para su impresión.

Excel permite modificar estas dimensiones de varias formas:

- Ajuste manual arrastrando el borde de la columna o fila.
- Ajuste automático al contenido.
- Definición de valores exactos desde las opciones del programa.

El **ajuste automático** resulta especialmente útil cuando se trabaja con grandes cantidades de datos, ya que adapta el tamaño de la columna o fila al contenido más largo, sin necesidad de calcular manualmente las dimensiones.

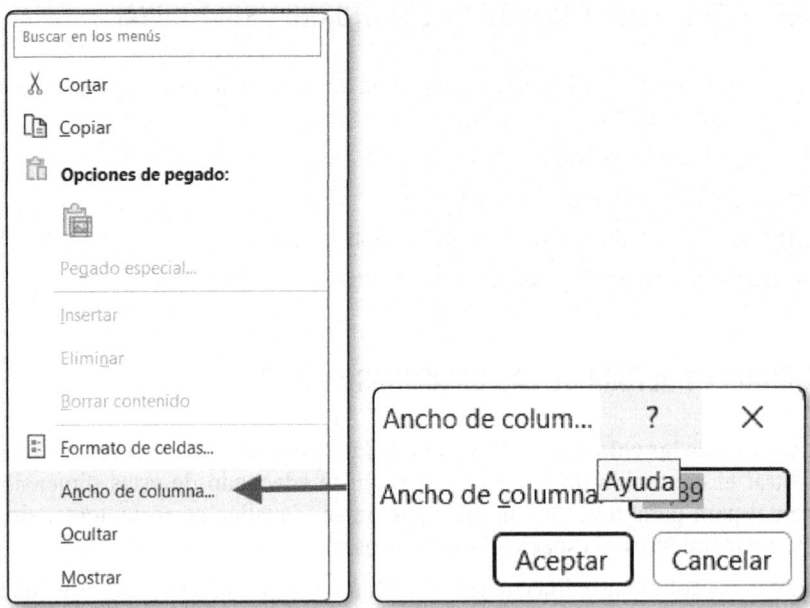

29.10 OCULTANDO Y MOSTRANDO COLUMNAS, FILAS U HOJAS DE CÁLCULO

En determinadas situaciones, no es necesario eliminar información, sino simplemente **ocultarla temporalmente** para facilitar la visualización de los datos más relevantes. Excel permite ocultar y mostrar columnas, filas y hojas de cálculo completas sin perder la información contenida en ellas.

Ocultar elementos resulta especialmente útil cuando:

▼ Se trabaja con hojas muy extensas.

▼ Existen datos auxiliares que no deben mostrarse.

▼ Se desea centrar la atención en una parte concreta de la hoja.

▼ Se preparan documentos para presentación o impresión.

Cuando una columna o fila está oculta:

▼ Sus datos no se eliminan.

▼ No se muestran en pantalla.

▼ Siguen siendo utilizados por fórmulas y cálculos.

La posibilidad de **mostrar nuevamente** los elementos ocultos permite recuperar la información en cualquier momento, lo que convierte esta herramienta en una opción segura y flexible.

Del mismo modo, Excel permite ocultar hojas completas dentro de un libro, lo que facilita la organización de documentos complejos y evita modificaciones accidentales en hojas auxiliares.

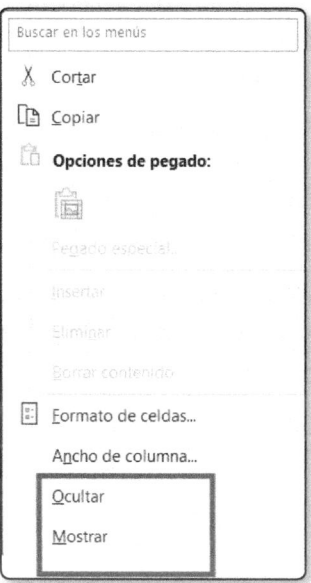

29.11 FORMATO DE LA HOJA DE CÁLCULO

Además del formato aplicado a celdas individuales o rangos, Excel permite aplicar **formatos a nivel de hoja**, afectando a su estructura general y a su presentación global.

El formato de la hoja incluye aspectos como:

▸ Configuración visual general.

▸ Organización de los datos.

▸ Identificación clara del contenido.

▸ Preparación del documento para su impresión o distribución.

Una hoja de cálculo correctamente formateada a nivel global:

▸ Facilita la navegación del usuario.

▸ Mejora la coherencia visual del documento.

▸ Reduce errores de interpretación.

▸ Transmite una imagen profesional.

Este tipo de formato es especialmente relevante cuando la hoja va a ser utilizada por otras personas o compartida en un entorno laboral.

29.12 CAMBIO DE NOMBRE DE UNA HOJA DE CÁLCULO

Cada hoja de cálculo dentro de un libro tiene un nombre que permite identificar su contenido. Por defecto, Excel asigna nombres genéricos, pero estos nombres no resultan descriptivos en documentos profesionales.

Cambiar el nombre de una hoja permite:

▶ Identificar rápidamente el contenido.

▶ Organizar mejor la información.

▶ Facilitar la navegación entre hojas.

▶ Mejorar la comprensión del libro por parte de otros usuarios.

Es una buena práctica profesional asignar nombres claros y coherentes a las hojas, especialmente en libros que contienen múltiples hojas relacionadas entre sí.

El nombre de una hoja debe ser:

▶ Breve.

▶ Descriptivo.

▶ Coherente con el contenido.

▶ Fácil de entender.

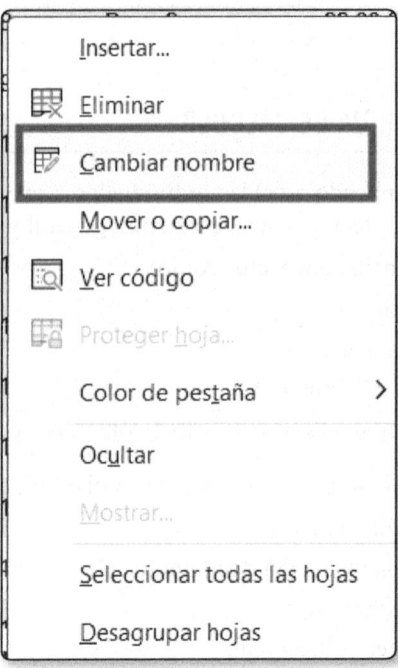

29.13 FORMATOS CONDICIONALES

El **formato condicional** es una de las herramientas más potentes de Excel para mejorar la interpretación visual de los datos. Se encuentra en el menú de inicio y permite aplicar formatos automáticamente a las celdas en función de su contenido o del cumplimiento de determinadas condiciones.

El formato condicional se utiliza para:

▶ Destacar valores altos o bajos.

▶ Identificar errores o datos fuera de rango.

▶ Resaltar resultados relevantes.

▶ Facilitar el análisis visual de la información.

A diferencia del formato tradicional, el formato condicional se aplica de forma dinámica. Esto significa que el formato cambia automáticamente cuando cambian los datos, lo que resulta especialmente útil en hojas de cálculo que se actualizan con frecuencia.

Excel ofrece distintos tipos de formatos condicionales, como:

▶ Reglas de resaltado de celdas.

▶ Barras de datos.

▶ Escalas de color.

▶ Conjuntos de iconos.

El uso adecuado del formato condicional permite analizar grandes volúmenes de datos de un solo vistazo, sin necesidad de revisar cada valor individualmente.

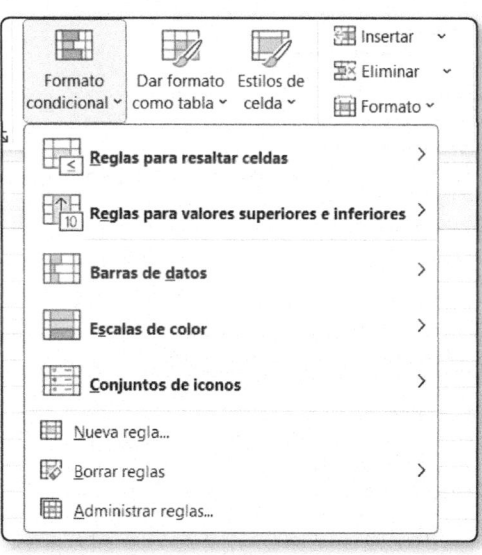

29.14 AUTOFORMATOS O ESTILOS PREDEFINIDOS

Excel incluye **estilos predefinidos**, también conocidos como autoformatos, que permiten aplicar rápidamente un conjunto coherente de formatos a celdas, rangos o tablas.

Estos estilos combinan distintos elementos de formato, como:

- Tipo y tamaño de fuente.
- Colores.
- Bordes.
- Rellenos.

El uso de estilos predefinidos permite:

- Ahorrar tiempo en el formato.
- Mantener una apariencia homogénea.
- Evitar combinaciones de formato poco coherentes.
- Aplicar cambios globales de forma rápida.

Los estilos pueden utilizarse tal como vienen definidos en Excel o pueden personalizarse para adaptarse a las necesidades del usuario o de la organización.

En el entorno profesional, el uso de estilos favorece la estandarización de documentos y mejora la coherencia visual entre distintas hojas y libros.

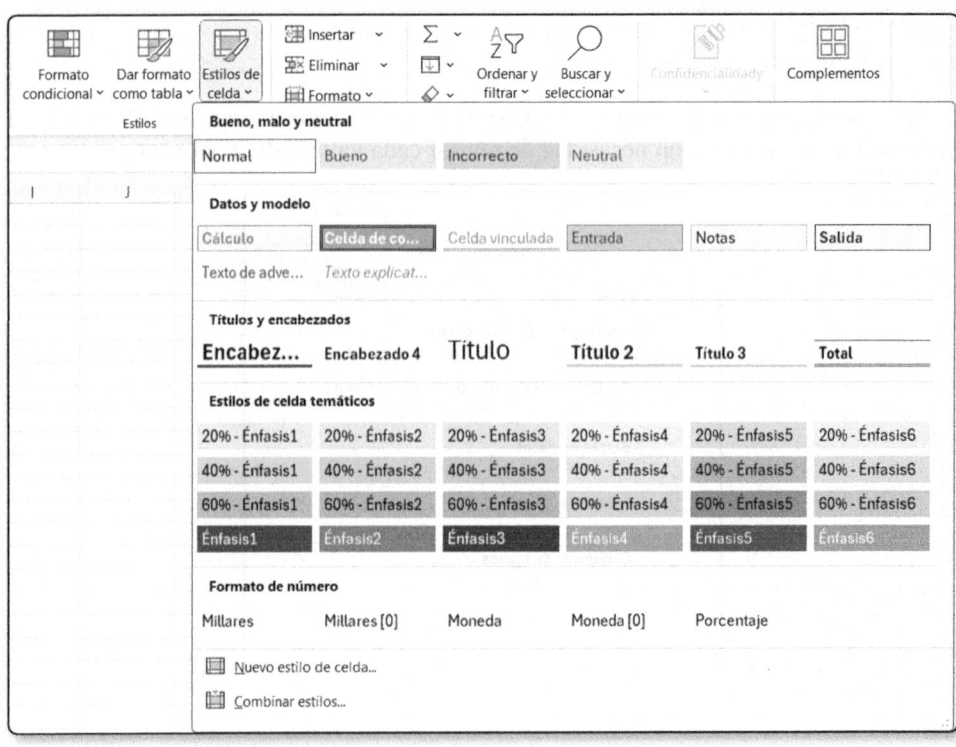

ACTIVIDADES

Actividad 1. Ajuste de anchura y altura de columnas y filas

El lector trabajará con una hoja que contiene textos y números de distinta longitud y ajustará las dimensiones de columnas y filas para que toda la información sea visible correctamente.

Pasos a realizar:

1. Abrir un libro de Excel con una hoja que contenga datos variados.

2. Observar qué columnas presentan contenido cortado o parcialmente visible.

3. Ajustar manualmente la anchura de una columna arrastrando su borde.

4. Aplicar el ajuste automático de anchura a otra columna.

5. Modificar la altura de una fila para adaptarla a su contenido.

6. Comprobar que todos los datos se visualizan correctamente.

Actividad 2. Ocultación y visualización de columnas, filas y hojas

El lector ocultará temporalmente información auxiliar de una hoja de cálculo y la volverá a mostrar posteriormente.

Pasos a realizar:

1. Seleccionar una o varias columnas con datos secundarios.

2. Ocultar las columnas seleccionadas.

3. Comprobar que los datos no se muestran en pantalla.

4. Volver a mostrar las columnas ocultas.

5. Repetir el proceso ocultando una fila.

6. Ocultar una hoja completa del libro y volver a mostrarla.

FÓRMULAS EN MICROSOFT EXCEL

Las **fórmulas** constituyen uno de los elementos más potentes y característicos de Microsoft Excel. Son el mecanismo que permite transformar una hoja de cálculo en una herramienta dinámica capaz de realizar cálculos automáticos, analizar datos y generar resultados que se actualizan de forma inmediata cuando cambian los valores de origen.

30.1 CONCEPTO DE FÓRMULA EN EXCEL

Una **fórmula** es una expresión que permite realizar cálculos a partir de los datos contenidos en una o varias celdas. A diferencia de un valor introducido manualmente, el resultado de una fórmula se calcula automáticamente y se actualiza cada vez que cambian los datos de los que depende.

Toda fórmula en Excel:

▶ Comienza siempre con el signo igual (=).
▶ Puede incluir valores numéricos, referencias a celdas, operadores y funciones.
▶ Devuelve un resultado que se muestra en la celda donde se introduce.

El uso de fórmulas permite automatizar cálculos, reducir errores humanos y trabajar de forma más eficiente con grandes volúmenes de información.

30.2 IMPORTANCIA DE LAS FÓRMULAS EN EL ENTORNO PROFESIONAL

Las fórmulas son esenciales porque permiten:

▼ Evitar cálculos manuales repetitivos.
▼ Garantizar la coherencia de los resultados.
▼ Actualizar automáticamente la información.
▼ Facilitar el análisis de datos.
▼ Mejorar la productividad y la fiabilidad del trabajo.

En un contexto profesional, una hoja de cálculo sin fórmulas pierde gran parte de su utilidad. Por el contrario, una hoja bien diseñada con fórmulas adecuadas se convierte en una herramienta de apoyo fundamental para la toma de decisiones.

30.3 OPERADORES EN EXCEL

Los **operadores** son los símbolos que indican a Excel qué tipo de operación debe realizar dentro de una fórmula. Excel utiliza distintos tipos de operadores, siendo los más habituales los operadores aritméticos.

30.3.1 Operadores aritméticos

Los operadores aritméticos permiten realizar operaciones matemáticas básicas. Los más utilizados son:

▼ Suma.   ▼ Multiplicación.   ▼ Potenciación.
▼ Resta.   ▼ División.

Estos operadores se utilizan tanto con valores numéricos directos como con referencias a celdas.

Por ejemplo, una fórmula puede sumar los valores contenidos en dos celdas o multiplicar un valor por otro almacenado en otra parte de la hoja.

30.3.2 Uso combinado de operadores

En muchas fórmulas se utilizan varios operadores al mismo tiempo. En estos casos, Excel aplica unas reglas internas para determinar el orden en el que se realizan las operaciones. Comprender estas reglas es fundamental para obtener resultados correctos.

30.4 PRIORIDAD DE LOS OPERADORES

La **prioridad de los operadores** determina el orden en el que Excel realiza las operaciones dentro de una fórmula. Este orden no depende de la posición de los operadores, sino de una jerarquía predefinida.

De forma general:

- Las operaciones de potenciación se realizan antes que el resto.
- La multiplicación y la división se realizan antes que la suma y la resta.
- Las operaciones situadas entre paréntesis se realizan en primer lugar.

Este comportamiento es similar al de las matemáticas tradicionales y debe tenerse siempre en cuenta al escribir fórmulas.

30.4.1 Uso de paréntesis en las fórmulas

Los **paréntesis** permiten modificar el orden natural de las operaciones, indicando a Excel qué cálculo debe realizar primero. Su uso es fundamental para:

- Asegurar resultados correctos.
- Evitar errores de interpretación.
- Hacer más comprensible la fórmula.

Utilizar paréntesis correctamente es una buena práctica que mejora la claridad y fiabilidad de las fórmulas.

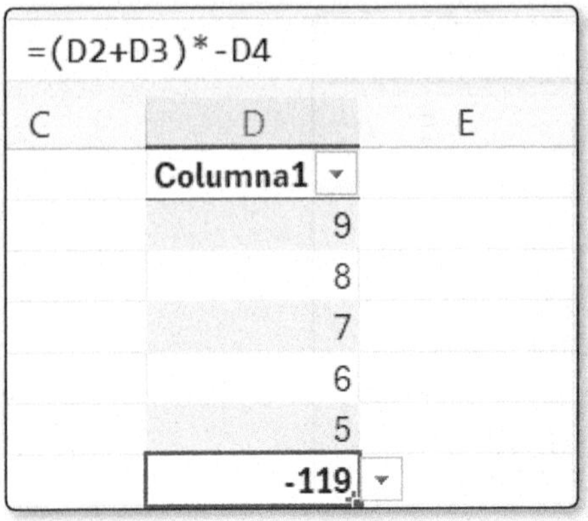
=(D2+D3)*-D4
C
D
E
Columna1
9
8
7
6
5
-119

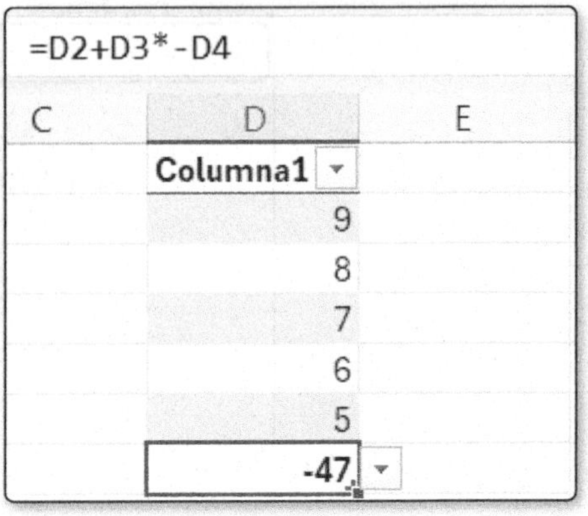
=D2+D3*-D4
C
D
E
Columna1
9
8
7
6
5
-47

30.5 ESCRITURA DE FÓRMULAS EN EXCEL

La **escritura de fórmulas** es un proceso que combina la introducción manual de operadores con la selección de celdas que contienen los datos. Excel facilita este proceso mediante ayudas visuales que reducen los errores.

Al escribir una fórmula:

▸ Se introduce el signo igual.

▸ Se seleccionan las celdas que contienen los valores.

▸ Se utilizan los operadores adecuados.

▸ Se confirma la fórmula para obtener el resultado.

Excel muestra referencias de celdas de distintos colores durante la escritura, lo que ayuda a identificar qué valores intervienen en el cálculo.

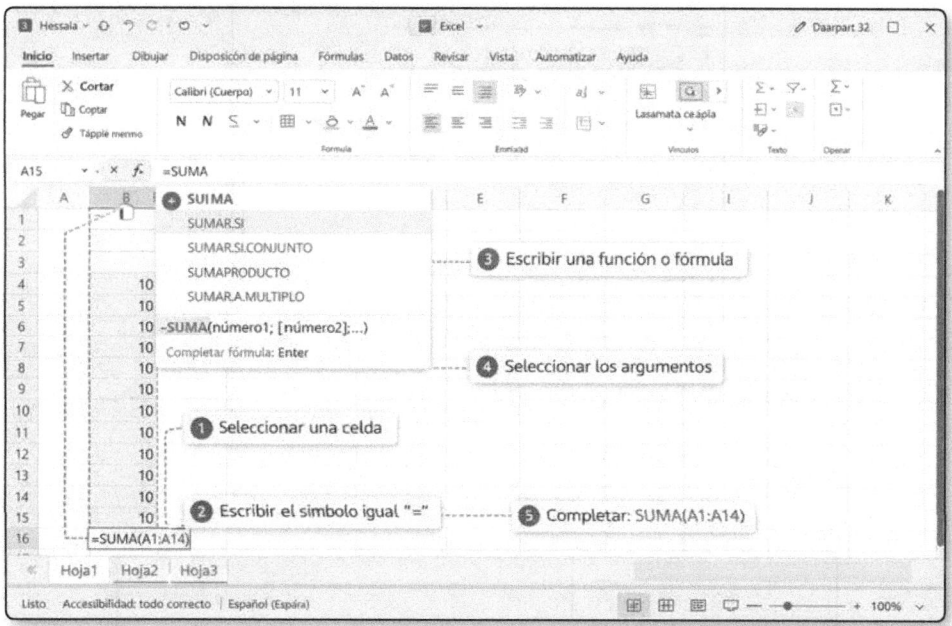

30.5.1 Uso de referencias en las fórmulas

En lugar de escribir valores numéricos directamente, es recomendable utilizar referencias a celdas. Esto permite que la fórmula se actualice automáticamente cuando cambian los datos.

Esta práctica es esencial para:

▸ Mantener la coherencia de los cálculos.

▸ Evitar modificaciones manuales constantes.

▸ Facilitar el mantenimiento de la hoja de cálculo.

30.6 COPIA DE FÓRMULAS

Una de las grandes ventajas de Excel es la posibilidad de **copiar fórmulas** de una celda a otra. Al copiar una fórmula, Excel ajusta automáticamente las referencias de las celdas en función de la nueva ubicación.

La copia de fórmulas permite:

▶ Aplicar el mismo cálculo a múltiples filas o columnas.

▶ Ahorrar tiempo en la introducción de fórmulas repetitivas.

▶ Mantener una estructura coherente en la hoja de cálculo.

La copia se realiza habitualmente mediante el controlador de relleno, aunque también puede hacerse mediante opciones de copiar y pegar.

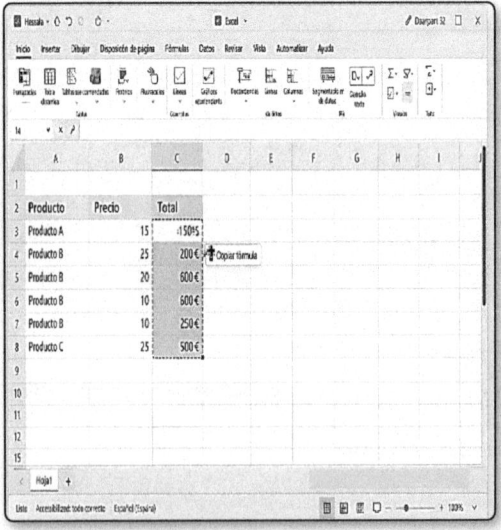

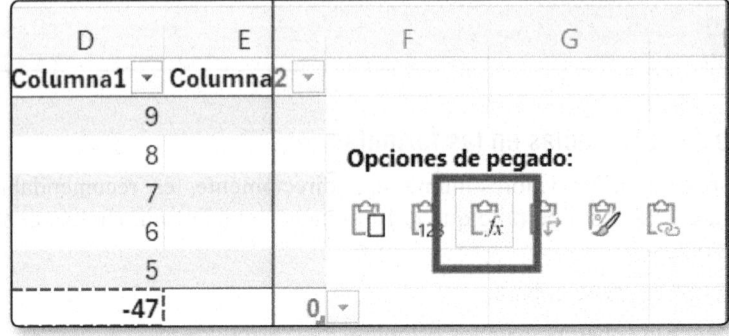

30.7 REFERENCIAS RELATIVAS

Las **referencias relativas** son el tipo de referencia que Excel utiliza por defecto al crear una fórmula. Estas referencias se ajustan automáticamente cuando la fórmula se copia a otra celda.

Por ejemplo, si una fórmula hace referencia a una celda situada una columna a la izquierda, al copiarla a otra posición, Excel mantiene esa relación relativa.

Las referencias relativas son ideales cuando:

▼ Se realizan cálculos repetitivos.

▼ Se trabaja con tablas de datos.

▼ Se desea aplicar la misma fórmula a varias filas o columnas.

30.8 REFERENCIAS ABSOLUTAS

Las **referencias absolutas** permiten fijar una celda concreta dentro de una fórmula, de forma que no cambie al copiarla a otra posición. Esto se consigue utilizando un símbolo específico que bloquea la referencia.

Las referencias absolutas son especialmente útiles cuando:

▼ Se utiliza un valor constante en varios cálculos.

▼ Se trabaja con porcentajes, impuestos o coeficientes fijos.

▼ Se desea que una celda actúe como referencia común.

El uso correcto de referencias absolutas evita errores en los cálculos al copiar fórmulas.

30.9 REFERENCIAS MIXTAS

Las **referencias mixtas** combinan características de las referencias relativas y absolutas. Permiten fijar solo la fila o solo la columna, manteniendo la otra parte variable.

Este tipo de referencia se utiliza en situaciones más avanzadas, como:

▼ Tablas de doble entrada.

▼ Cálculos matriciales.

▼ Distribución de valores en filas y columnas.

Comprender las referencias mixtas es clave para trabajar con hojas de cálculo más complejas y flexibles.

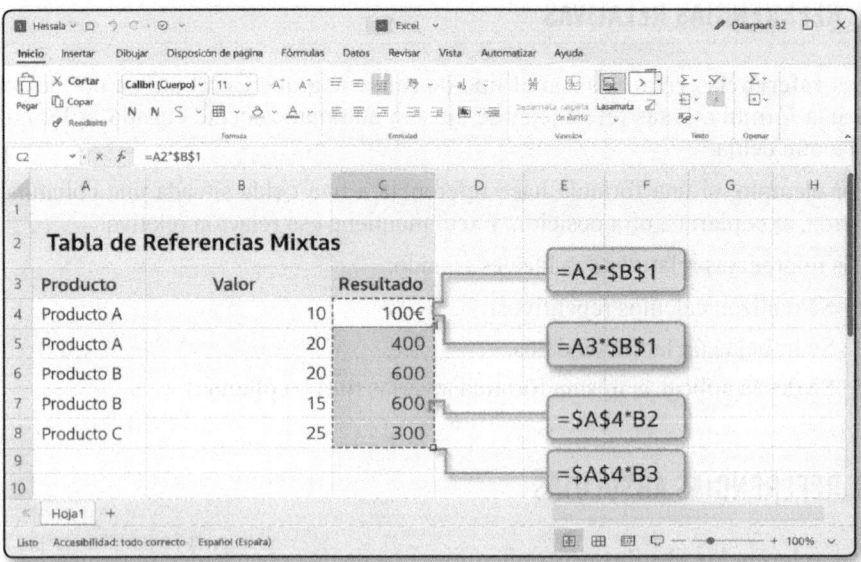

30.10 IMPORTANCIA DEL USO CORRECTO DE REFERENCIAS EN LAS FÓRMULAS

El comportamiento de las referencias es uno de los aspectos que más confusión genera en usuarios principiantes. Sin embargo, una vez comprendido, se convierte en una de las herramientas más potentes de Excel.

El uso correcto de referencias relativas, absolutas y mixtas permite:

▶ Diseñar hojas de cálculo eficientes.

▶ Reducir errores en los cálculos.

▶ Facilitar la reutilización de fórmulas.

▶ Mejorar la escalabilidad de los documentos.

30.11 RECOMENDACIONES EN EL USO DE FÓRMULAS

Algunas recomendaciones fundamentales al trabajar con fórmulas en Excel son:

▶ Utilizar referencias en lugar de valores fijos.

▶ Emplear paréntesis para clarificar los cálculos.

▶ Comprobar siempre los resultados.

▶ Probar las fórmulas con distintos valores.

▶ Mantener una estructura clara y coherente.

▶ Estas recomendaciones contribuyen a la creación de hojas de cálculo fiables, comprensibles y profesionales.

30.12 LAS FÓRMULAS COMO BASE DEL USO AVANZADO DE EXCEL

Las fórmulas constituyen la base sobre la que se construyen funcionalidades más avanzadas de Excel, como:

- El uso intensivo de funciones.
- El análisis de datos.
- La creación de gráficos dinámicos.
- La automatización mediante macros.

30.13 REFERENCIAS EXTERNAS Y VÍNCULOS

Hasta ahora, las fórmulas vistas trabajan con datos situados dentro de la misma hoja o del mismo libro de Excel. Sin embargo, en el entorno profesional es muy habitual que la información esté repartida en **varios libros de Excel distintos**. Para dar respuesta a esta necesidad, Excel permite trabajar con **referencias externas** y **vínculos entre libros**.

Una **referencia externa** es una referencia que apunta a una celda o rango situado en otro libro distinto del que contiene la fórmula. De este modo, una hoja de cálculo puede utilizar datos almacenados en otros archivos sin necesidad de duplicarlos.

El uso de referencias externas permite:

- Centralizar la información en un único archivo.
- Evitar duplicidades de datos.
- Mantener coherencia entre documentos relacionados.
- Actualizar automáticamente los resultados cuando cambian los datos de origen.

Este tipo de referencias es muy habitual en entornos administrativos, contables o de gestión, donde distintos libros pueden depender unos de otros.

30.13.1 Funcionamiento de las referencias externas

Cuando una fórmula utiliza una referencia externa, Excel identifica:

- El nombre del libro de origen.
- La hoja de cálculo donde se encuentra el dato.
- La celda o rango referenciado.

Si el libro de origen está abierto, Excel puede acceder directamente a los datos. Si está cerrado, Excel utiliza la última información guardada en ese archivo. En ambos casos, la referencia externa sigue funcionando, aunque el comportamiento puede variar según la configuración del usuario.

Es importante comprender que las referencias externas crean una **dependencia entre archivos**, por lo que deben utilizarse con criterio y buena organización.

30.13.2 Vínculos entre libros de Excel

Los **vínculos** son conexiones que se establecen entre libros cuando uno de ellos utiliza datos del otro. Excel gestiona estos vínculos de forma automática, pero el usuario debe ser consciente de su existencia.

Los vínculos permiten:

- ▶ Actualizar automáticamente los datos.
- ▶ Mantener la coherencia entre informes.
- ▶ Detectar cambios en la información de origen.

No obstante, un uso excesivo o desorganizado de vínculos puede dificultar el mantenimiento de los archivos, especialmente si se cambian las ubicaciones o los nombres de los libros.

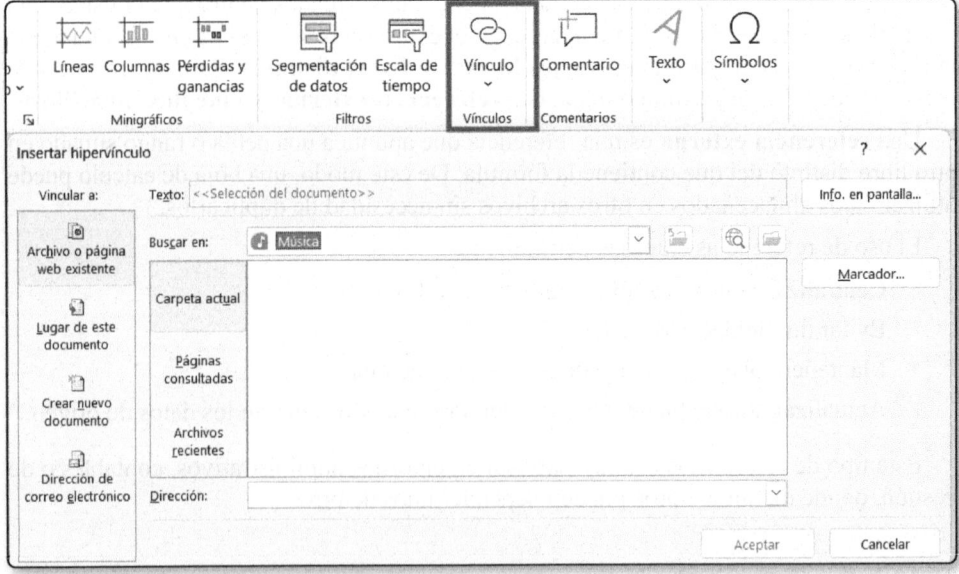

30.14 RESOLUCIÓN DE ERRORES EN LAS FÓRMULAS

Cuando se trabaja con fórmulas, es normal que aparezcan **errores**, especialmente durante el aprendizaje o al modificar hojas de cálculo complejas. Excel incluye mecanismos para detectar estos errores y ayudar al usuario a identificarlos y corregirlos.

Un error en una fórmula puede deberse a:

- ▶ Una referencia incorrecta.
- ▶ Un operador mal utilizado.
- ▶ Datos inexistentes o no válidos.
- ▶ Problemas con rangos o vínculos externos.

Comprender cómo identificar y resolver errores es una competencia clave para trabajar con Excel de forma eficaz y segura.

30.15 TIPOS DE ERRORES MÁS HABITUALES EN EXCEL

Excel muestra los errores mediante **mensajes específicos**, que permiten identificar el tipo de problema detectado. Conocer estos mensajes es fundamental para interpretar correctamente el origen del error.

30.15.1 Error por división entre cero

Este error aparece cuando una fórmula intenta dividir un valor entre cero o entre una celda vacía. Es uno de los errores más comunes y suele producirse cuando faltan datos.

Para evitarlo, es habitual comprobar previamente si la celda contiene un valor válido antes de realizar la operación.

30.15.2 Error por referencia no válida

Este error se produce cuando una fórmula hace referencia a una celda que no existe, por ejemplo, porque ha sido eliminada o desplazada. Es frecuente al borrar filas o columnas que estaban siendo utilizadas por una fórmula.

30.15.3 Error por nombre no reconocido

Este error aparece cuando Excel no reconoce un nombre utilizado en la fórmula. Puede deberse a:

- Un error tipográfico.
- El uso de un nombre de rango inexistente.
- Una función escrita incorrectamente.

30.15.4 Error por valor no válido

Este error se produce cuando se utilizan datos no compatibles con la operación solicitada, como intentar realizar una operación matemática con texto.

30.15.5 Error por falta de datos

Este error aparece cuando una fórmula depende de información que aún no ha sido introducida o está incompleta.

30.16 INTERPRETACIÓN CORRECTA DE LOS ERRORES

Es importante entender que un error no significa que Excel esté funcionando mal, sino que **la fórmula contiene un problema** que debe corregirse. Los mensajes de error están diseñados para orientar al usuario sobre la naturaleza del problema.

Adoptar una actitud analítica ante los errores permite:

- Detectar fallos en los datos.
- Mejorar el diseño de las fórmulas.
- Aumentar la fiabilidad de la hoja de cálculo.

30.17 HERRAMIENTAS DE AYUDA EN LA RESOLUCIÓN DE ERRORES

Excel incorpora varias **herramientas de ayuda** que facilitan la detección y corrección de errores en las fórmulas.

30.17.1 Indicadores visuales de error

Cuando Excel detecta un error, muestra un pequeño indicador visual en la celda afectada. Este indicador permite acceder a opciones de ayuda y sugerencias de corrección.

Estas indicaciones ayudan especialmente a usuarios principiantes a comprender qué está ocurriendo en la fórmula.

30.17.2 Comprobación de errores

Excel dispone de una herramienta específica para **comprobar errores**, que analiza las fórmulas de la hoja y guía al usuario paso a paso para corregir los problemas detectados.

Esta herramienta permite:

- Revisar errores uno a uno.
- Obtener explicaciones sobre cada error.
- Aceptar o corregir las sugerencias propuestas.

30.17.3 Evaluación de fórmulas

La **evaluación de fórmulas** es una herramienta avanzada que permite analizar una fórmula paso a paso, mostrando cómo Excel calcula cada parte del resultado. Es especialmente útil para:

- Entender fórmulas complejas.
- Localizar el punto exacto donde se produce el error.
- Aprender cómo Excel interpreta las referencias y operadores.

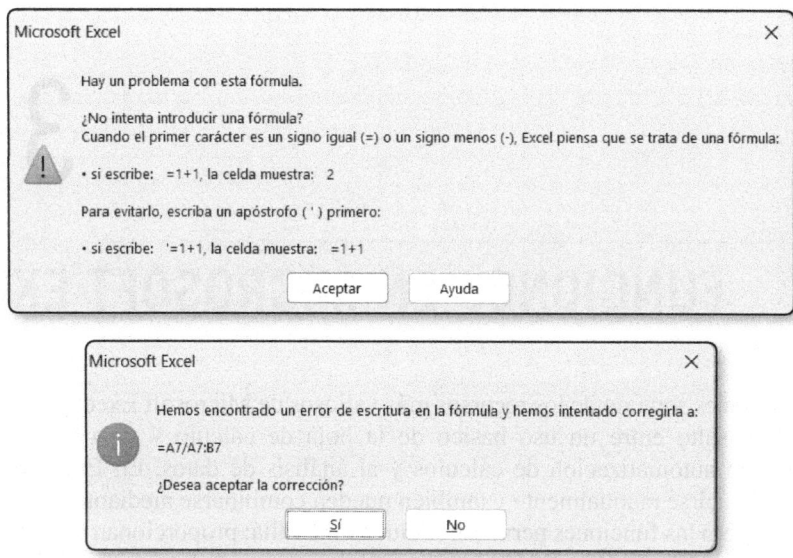

30.17.4 Uso de referencias correctas y comprobación previa

Además de las herramientas automáticas, una buena práctica consiste en:

▶ Revisar cuidadosamente las referencias.

▶ Comprobar los datos antes de realizar cálculos.

▶ Probar las fórmulas con valores sencillos.

▶ Utilizar paréntesis para clarificar las operaciones.

Estas prácticas reducen considerablemente la aparición de errores y facilitan su resolución cuando se producen.

ACTIVIDADES

Actividad 1. Copia de fórmulas con referencias relativas

Crea una columna de valores y escribe una **fórmula básica** (suma, resta, multiplicación o división). Copia la fórmula hacia abajo y comprueba cómo **cambian las referencias** automáticamente.

Actividad 2. Referencias absolutas y mixtas

Introduce un **valor fijo** (por ejemplo, un porcentaje) y calcula resultados para varios datos usando una **referencia absoluta**. Copia la fórmula y modifica el valor fijo para verificar la actualización. Prueba después una **referencia mixta** en una tabla sencilla.

31

FUNCIONES EN MICROSOFT EXCEL

Las funciones son uno de los recursos más valiosos de Microsoft Excel y constituyen el verdadero salto entre un uso básico de la hoja de cálculo y un uso profesional orientado a la automatización de cálculos y al análisis de datos. En Excel, los datos pueden introducirse manualmente y también pueden combinarse mediante fórmulas con operadores, pero las funciones permiten ir mucho más allá: proporcionan operaciones ya diseñadas, comprobadas y optimizadas para resolver tareas habituales sin necesidad de construir cálculos complejos desde cero.

En un entorno laboral real, Excel se utiliza para organizar listados, calcular importes, presupuestar, evaluar resultados, consolidar información de diferentes registros y generar informes. En estas tareas, las funciones aparecen constantemente: sumar un rango de importes, calcular el promedio de ventas, localizar el valor máximo, contar datos registrados, redondear resultados o realizar cálculos encadenados. El uso adecuado de las funciones reduce errores, ahorra tiempo y hace que las hojas de cálculo sean más fiables y fáciles de comprender por cualquier persona que las revise.

31.1 CONCEPTO DE FUNCIÓN EN EXCEL

Una función es una fórmula predefinida que realiza un cálculo específico siguiendo unas reglas internas ya establecidas por Excel. Dicho de forma sencilla, una función es como una "herramienta" que ya viene preparada: el usuario solo tiene que indicarle qué datos quiere que use y Excel devuelve el resultado.

Toda función en Excel cumple estas características generales:

▶ Comienza con el signo igual (=), como cualquier fórmula.

▶ Tiene un nombre (por ejemplo, SUMA, PROMEDIO, MAX, MIN, REDONDEAR).

▶ Incluye paréntesis, dentro de los cuales se escriben los argumentos.

▶ Devuelve un resultado en la celda en la que se introduce la función.

El lector debe comprender que una función no "muestra" el cálculo paso a paso como lo haría una operación escrita manualmente, sino que ejecuta internamente una serie de operaciones. Por ejemplo, una función de promedio calcula la suma de los valores y la divide por la cantidad de elementos, pero el usuario no necesita escribir ese procedimiento: Excel lo hace de forma automática.

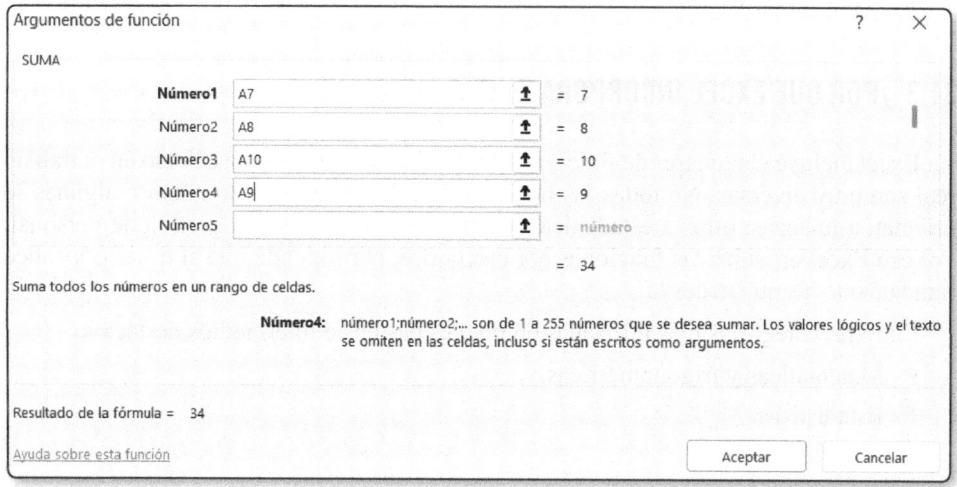

31.2 DIFERENCIA ENTRE FÓRMULA Y FUNCIÓN

Aunque ambos conceptos están relacionados, conviene diferenciarlos con claridad, porque en formación básica suele haber confusión.

Una fórmula es una expresión construida por el usuario combinando:

▸ Operadores (suma, resta, multiplicación, división, etc.).
▸ Referencias a celdas.
▸ Valores numéricos.
▸ Paréntesis.
▸ En ocasiones, funciones dentro de la fórmula.

Una función es una fórmula ya definida por Excel con un nombre y una estructura fija. Por ejemplo, si queremos sumar diez celdas, podríamos escribir una fórmula larga sumándolas una por una, o podríamos usar una función de suma aplicada a un rango. El resultado será el mismo, pero el uso de la función es más rápido, más claro y reduce los errores.

En el entorno profesional se prioriza el uso de funciones siempre que sea posible, porque:

▸ Mejoran la legibilidad del archivo.
▸ Facilitan su mantenimiento.
▸ Son más robustas frente a cambios.
▸ Permiten un trabajo más eficiente.

31.3 ¿POR QUÉ EXCEL INCORPORA TANTAS FUNCIONES?

Excel incluye centenares de funciones porque las necesidades de cálculo en el trabajo real son muy diversas. No todas las hojas de cálculo sirven para lo mismo: algunas se orientan a finanzas, otras a estadísticas, otras a inventario, otras a gestión de personal. Por eso Excel organiza las funciones por categorías, permitiendo que el usuario localice rápidamente las que necesita.

Entre las categorías más utilizadas en niveles básicos e intermedios destacan:

▸ Matemáticas y trigonométricas.
▸ Estadísticas.
▸ Lógicas.
▸ Texto.
▸ Fecha y hora.

En este punto del temario se enfatiza especialmente el uso de funciones matemáticas y las reglas básicas de empleo, ya que constituyen la base para avanzar hacia otros tipos de funciones y hacia herramientas más avanzadas como tablas dinámicas o análisis de datos.

31.4 REGLAS PARA UTILIZAR FUNCIONES PREDEFINIDAS

Para que una función funcione correctamente, Excel exige seguir una sintaxis. Aunque Excel ofrece ayudas y sugerencias, los errores más comunes se producen cuando el usuario no respeta una regla básica. Estas reglas deben aprenderse de forma explícita y practicarse con ejemplos.

Regla 1. Toda función comienza con el signo igual (=). Si no se escribe el signo igual, Excel interpretará el texto como contenido literal o como dato, y no realizará ningún cálculo.

Regla 2. El nombre de la función debe escribirse correctamente. Si se escribe mal, Excel devolverá un error porque no reconoce el nombre.

Regla 3. Los argumentos van entre paréntesis. Si faltan los paréntesis, Excel no puede interpretar la función.

Regla 4. Los argumentos deben separarse con el separador correspondiente. En muchas configuraciones en español, el separador de argumentos es el punto y coma (;) en lugar de la coma. Esto depende de la configuración regional, por lo que es importante que los lectores identifiquen el separador utilizado en su Excel.

Regla 5. Hay funciones con argumentos obligatorios y otros opcionales. Si no se incluye un argumento obligatorio, la función no se podrá calcular.

Regla 6. Las funciones aceptan referencias a celdas y rangos. Es preferible referirse a celdas en lugar de escribir números fijos, porque permite que los resultados se actualicen cuando cambian los datos.

Regla 7. Las funciones pueden anidarse, es decir, una función puede incluir otra dentro de sus argumentos. Aunque esto es un contenido más avanzado, conviene mencionarlo para que El lector comprenda por qué a veces ve fórmulas con varias funciones.

31.5 ARGUMENTOS: QUÉ SON Y CÓMO SE INTRODUCEN

Los argumentos son los "datos de entrada" que una función necesita para calcular un resultado. Por ejemplo:

▸ Una función SUMA necesita saber qué valores debe sumar.

▸ Una función PROMEDIO necesita saber qué valores debe promediar.

▸ Una función REDONDEAR necesita el número que se va a redondear y el número de decimales.

Los argumentos pueden escribirse de varias formas:

▸ Como números directos (por ejemplo, 10 o 3,5).

▸ Como referencias a celdas (por ejemplo, A1).

▸ Como rangos (por ejemplo, A1:A10).

▸ Como combinación de referencias y números.

Se recomienda insistir en que usar referencias y rangos es más profesional que escribir números directos, porque permite que la hoja sea dinámica y reutilizable.

Ejemplo conceptual

Si calculo el IVA de varios importes y el IVA cambia, es mucho más eficiente tener el porcentaje en una celda y referenciarlo, que modificar todas las fórmulas una por una.

31.6 FUNCIONES MATEMÁTICAS PREDEFINIDAS MÁS USADAS EN ENTORNOS PROFESIONALES

En la práctica cotidiana, no se utilizan todas las funciones de Excel. En niveles básicos e intermedios, el lector debe dominar un conjunto de funciones esenciales porque aparecen en casi cualquier contexto de trabajo.

31.6.1 SUMA

La función SUMA permite sumar valores de uno o varios rangos. Es una función imprescindible para obtener totales.

Aplicaciones frecuentes:

- Total de ventas.
- Total de gastos.
- Total de horas trabajadas.
- Total de unidades vendidas.

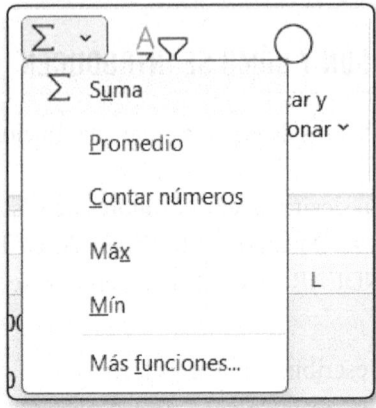

31.6.2 PROMEDIO

La función PROMEDIO calcula la media de un conjunto de valores.

Aplicaciones frecuentes:

⮚ Promedio de ventas diarias.

⮚ Promedio de calificaciones.

⮚ Promedio de gastos mensuales.

⮚ Promedio de tiempos o rendimientos.

Aspectos importantes:

⮚ Si hay celdas vacías, Excel no las cuenta como cero, sino que las ignora.

⮚ Si hay texto en el rango, también lo ignora.

⮚ Es útil explicar que el promedio no siempre representa bien la realidad si hay valores extremos; esto ayuda a comprender la función, aunque el análisis estadístico no sea el objetivo principal.

31.6.3 MAX y MIN

MAX devuelve el mayor valor de un rango, y MIN el menor.

Aplicaciones frecuentes:

⮚ Mayor venta del mes.

⮚ Menor gasto de una serie.

⮚ Mejor resultado de producción.

⮚ Detección de valores extremos.

31.6.4 CONTAR y CONTARA

Aunque el temario menciona funciones matemáticas, en la práctica es muy útil introducir estas funciones de conteo, porque se usan con frecuencia en tareas de control.

CONTAR cuenta celdas con números.
CONTARA cuenta celdas no vacías (incluye texto).

Aplicaciones:

⮚ Saber cuántos registros numéricos hay.

⮚ Ver cuántas celdas tienen algún dato.

⮚ Control de listas incompletas.

31.6.5 REDONDEAR, REDONDEAR.MAS, REDONDEAR.MENOS

Estas funciones ajustan resultados a un número determinado de decimales.

Aplicaciones frecuentes:

⮚ Importes económicos que deben presentarse con 2 decimales.

⮚ Cálculo de porcentajes.

⮚ Evitar diferencias por decimales en sumas o informes.

31.6.6 ENTERO y TRUNCAR

ENTERO devuelve la parte entera de un número (redondeando hacia abajo). TRUNCAR elimina decimales sin redondear.

Aplicaciones:

- ▼ Trabajar con unidades completas.
- ▼ Control de cantidades cuando no se admiten fracciones.
- ▼ Separación de parte decimal e integral.

31.7 REGLAS Y RECOMENDACIONES PARA USAR FUNCIONES DE FORMA SEGURA

Para trabajar con funciones de manera profesional, conviene inculcar hábitos:

Usar rangos bien definidos. Si el rango se queda corto, el resultado será incorrecto. Si el rango incluye celdas que no corresponden, también.

Evitar mezclar datos y totales en el mismo rango. Un error común es incluir la celda del total dentro del rango de suma, generando un "total que se suma a sí mismo". Esto provoca resultados erróneos y es muy típico en principiantes.

Colocar totales fuera del rango de cálculo y etiquetar claramente. La etiqueta evita confusiones y mejora la comprensión.

Revisar resultados con lógica. Excel puede calcular "bien" una función pero el rango puede ser erróneo. Por ello, hay que promover la comprobación crítica: si el resultado no tiene sentido, hay que revisar.

31.8 UTILIZACIÓN DE LAS FUNCIONES MÁS USUALES: CASOS PRÁCTICOS CONCEPTUALES

En un manual SEPE es recomendable explicar el contexto de uso. Sin convertir esto en un listado infinito de ejercicios, se pueden introducir "situaciones tipo" que conecten con el mundo laboral.

Caso 1. Control de gastos.

- ▼ Una columna con importes diarios.
- ▼ SUMA para total mensual.
- ▼ PROMEDIO para gasto medio diario.
- ▼ MAX para identificar el día con mayor gasto.
- ▼ MIN para el día con menor gasto.

Caso 2. Registro de ventas.

▸ Un listado de ventas por producto.

▸ SUMA para total de ventas.

▸ MAX para venta mayor.

▸ CONTAR para número de ventas registradas si son numéricas.

Caso 3. Producción o inventario.

▸ Unidades producidas por turno.

▸ PROMEDIO para rendimiento medio.

▸ MIN para identificar el rendimiento más bajo.

	ARTÍCULO	COSTO	CANTIDAD	TOTAL	IVA	IMPORTE TOTAL
4	TRAJE	180	=B4*C4	=13,500	=2,835	=16,335
5	GABARDINA	120	=B5*C5	=10,800	=2,268	=13,068
6	SOMBRERO	35	=B6*C6	=4,550	=955,50	=5,505,50
7	BUFANDA	20	=B7*C7	=1,700	=357	=2,057
8	Total		30,550	=SUMA(D4:D7)	=SUMA(E4:E7)	=SUMA(F4E7) =36,965,50

	% IVA		Cantidad Promedio	Importe total Mayor	Importe Total Menor
11 12 13		0,21	=PROMEDIO(C4:C7)	=MAX(F4:F7)	=MIN(F4:F7)

	Total		30,550	6,415,50	36,965,50
14					
16	% IVA	0,21	=SUMA(D4:D7)	=SUMA(E4:E7)	= SUMA(F4:F7)

	Cantidad Promedio	95,00	16,335	2,057
16				
18	Total	=PROMEDIO(C4:C7)	= MAX(F4:F7)	= MIN(F4:F7)

31.9 USO DEL ASISTENTE PARA FUNCIONES EN EXCEL

El asistente para funciones es una herramienta clave en Excel, especialmente en el aprendizaje. Permite introducir funciones sin memorizar la sintaxis completa, guiando al usuario para rellenar argumentos de forma correcta.

El asistente es útil para:

▸ Descubrir funciones nuevas.

▸ Evitar errores de escritura.

▸ Comprender qué argumentos necesita una función.

▸ Ver una explicación breve del propósito de la función.

▸ Previsualizar resultados.

En Excel, el asistente puede abrirse desde:

▼ El botón "Insertar función" (fx).

▼ La pestaña "Fórmulas".

▼ El cuadro de búsqueda de funciones.

Un enfoque eficaz consiste en enseñar al lector a usar el asistente como "apoyo" y, al mismo tiempo, a reconocer la estructura final de la función para que no dependa siempre de la herramienta.

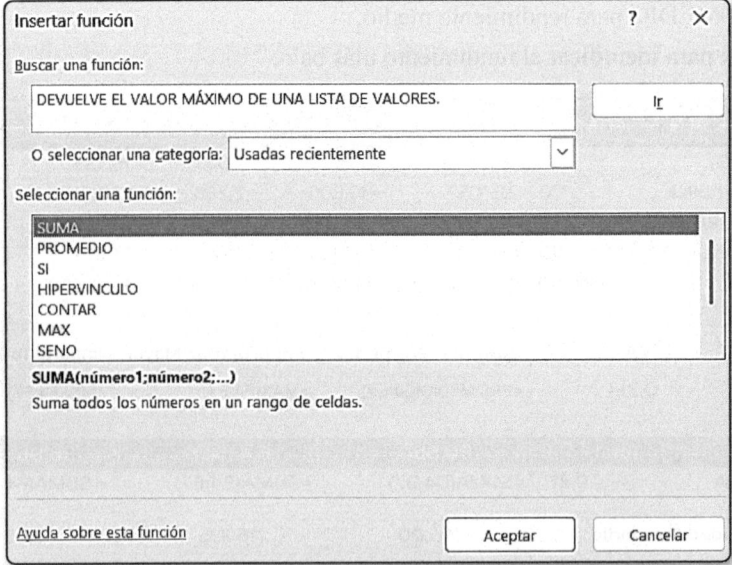

31.10 PASOS PARA USAR EL ASISTENTE (METODOLOGÍA)

Para que El lector interiorice el proceso, conviene explicar el uso del asistente como una secuencia:

1. Seleccionar la celda donde irá el resultado.

2. Abrir el asistente de funciones.

3. Buscar la función por nombre o categoría.

4. Leer la descripción para comprobar que es la función adecuada.

5. Rellenar los argumentos seleccionando celdas o rangos con el ratón.

6. Revisar la previsualización del resultado.

7. Confirmar para insertar la función.

8. Comprobar en la barra de fórmulas la función que se ha generado.

Este procedimiento refuerza el aprendizaje, porque El lector no solo obtiene el resultado, sino que ve la construcción de la función y aprende a reconocerla.

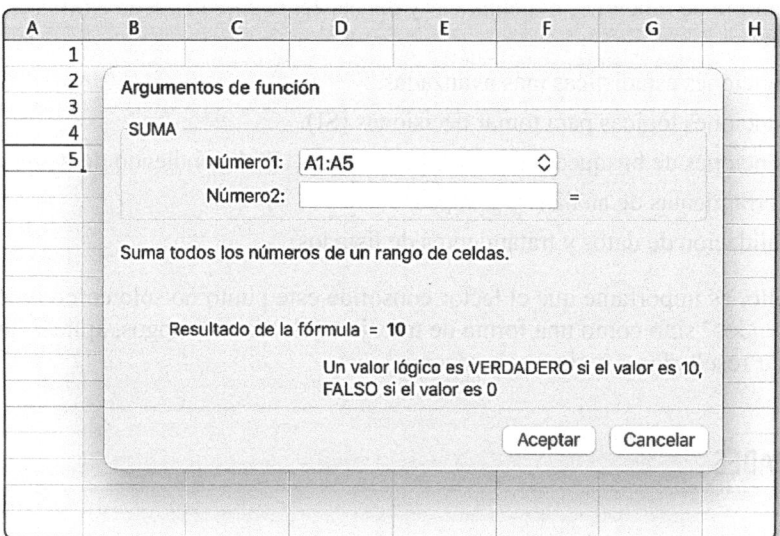

31.11 ERRORES FRECUENTES AL USAR FUNCIONES Y CÓMO EVITARLOS

En formación, es útil anticipar errores típicos:

▶ Error 1. Olvidar el signo igual.

Consecuencia: Excel trata lo escrito como texto.

▶ Error 2. Separador incorrecto de argumentos.

Consecuencia: Excel no interpreta la función y devuelve error.

▶ Error 3. Rango incorrecto.

Consecuencia: el resultado es "correcto" para ese rango, pero no para lo que el usuario quería.

▶ Error 4. Incluir la celda del total en el rango.

Consecuencia: totales inflados o resultados erróneos.

▶ Error 5. Confundir CONTAR con CONTARA.

Consecuencia: se cuentan menos datos de los que se cree.

▶ Error 6. Redondear de forma inapropiada.

Consecuencia: resultados financieros inconsistentes (por ejemplo, sumas que no cuadran por redondeos parciales).

31.12 FUNCIONES COMO BASE DEL APRENDIZAJE POSTERIOR

El dominio de funciones matemáticas y del asistente abre la puerta a otros contenidos del curso:

▶ Funciones estadísticas más avanzadas.

▶ Funciones lógicas para tomar decisiones (SI).

▶ Funciones de búsqueda (BUSCARV, XLOOKUP dependiendo del temario).

▶ Herramientas de análisis y gráficos.

▶ Validación de datos y tratamientos de listados.

Por ello, es importante que el lector consolide este punto no solo como un conjunto de "comandos" sino como una forma de trabajar: seleccionar rangos, aplicar funciones, interpretar resultados y revisar coherencia.

ACTIVIDADES

Actividad 1. Aplicación de funciones matemáticas básicas

A partir de un listado de datos numéricos, utiliza las funciones **SUMA, PROMEDIO, MAX y MIN** para obtener totales, promedios y valores extremos, identificando correctamente cada resultado.

Actividad 2. Uso del asistente de funciones

Inserta una función matemática básica utilizando el **asistente de funciones** de Excel y comprueba la estructura generada en la barra de fórmulas, verificando el resultado obtenido.

32

INSERCIÓN DE GRÁFICOS PARA REPRESENTAR LA INFORMACIÓN CONTENIDA EN LAS HOJAS DE CÁLCULO EN MICROSOFT EXCEL

La representación gráfica de los datos es una de las funciones más importantes y valiosas de Microsoft Excel. Aunque una hoja de cálculo permite almacenar y calcular grandes cantidades de información numérica, no siempre resulta sencillo interpretar los datos únicamente a partir de filas y columnas. En muchos casos, especialmente en el entorno profesional, es necesario **visualizar la información de forma clara, rápida e intuitiva**, y es aquí donde los gráficos adquieren un papel fundamental.

Los gráficos permiten transformar datos numéricos en representaciones visuales que facilitan la comprensión de tendencias, comparaciones, proporciones y evoluciones en el tiempo. Un gráfico bien diseñado puede transmitir en pocos segundos una información que, de otro modo, requeriría un análisis detallado de tablas completas. Por esta razón, Excel incorpora una amplia variedad de tipos de gráficos y herramientas para crearlos, modificarlos y adaptarlos a las necesidades del usuario.

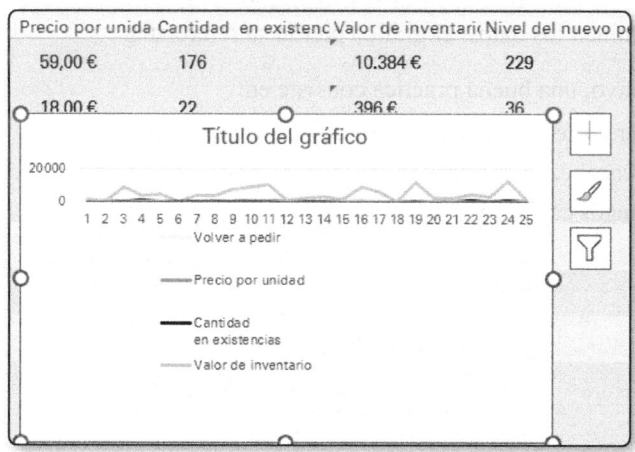

32.1 IMPORTANCIA DE LOS GRÁFICOS EN EL TRATAMIENTO DE LA INFORMACIÓN

En el ámbito laboral, los gráficos se utilizan constantemente para:

▶ Analizar resultados.

▶ Comparar datos entre periodos.

▶ Visualizar tendencias.

▶ Presentar informes.

▶ Apoyar la toma de decisiones.

Mientras que una tabla muestra valores exactos, un gráfico permite captar rápidamente:

▶ Qué valores son mayores o menores.

▶ Si una serie de datos crece o disminuye.

▶ Qué categoría destaca sobre las demás.

▶ Cómo se reparte un total entre diferentes partes.

Por ello, Excel no concibe los gráficos como un elemento decorativo, sino como una **herramienta de análisis y comunicación**. Un gráfico bien diseñado debe ser claro, coherente y fiel a los datos que representa.

32.2 RELACIÓN ENTRE DATOS Y GRÁFICOS

Antes de crear un gráfico, es imprescindible comprender que **un gráfico siempre depende de los datos de origen**. El gráfico no es un elemento independiente, sino una representación visual de una tabla o rango de celdas.

Esto implica que:

▶ Si los datos cambian, el gráfico se actualiza automáticamente.

▶ Si se amplía el rango de datos, el gráfico puede ajustarse.

▶ Si se eliminan los datos, el gráfico pierde su referencia.

Por este motivo, una buena práctica consiste en:

▶ Organizar correctamente los datos antes de crear el gráfico.

▶ Utilizar encabezados claros.

▶ Evitar rangos con datos mezclados o incompletos.

32.3 TIPOS DE GRÁFICOS EN EXCEL (VISIÓN GENERAL)

Excel ofrece una gran variedad de tipos de gráficos, cada uno adecuado para un tipo de análisis concreto. Aunque el temario no exige profundizar en todos ellos, es importante que el lector conozca los más habituales y sepa cuándo utilizar cada uno.

Entre los gráficos más utilizados se encuentran:

- Gráficos de columnas.
- Gráficos de barras.
- Gráficos de líneas.
- Gráficos circulares.
- Gráficos de áreas.
- Gráficos combinados.

La elección del tipo de gráfico no es arbitraria. Depende del tipo de datos y del mensaje que se desea transmitir. Un error frecuente es utilizar gráficos inadecuados, lo que puede llevar a interpretaciones incorrectas.

32.4 ELEMENTOS DE UN GRÁFICO

Todo gráfico en Excel está compuesto por una serie de **elementos básicos** que permiten interpretar correctamente la información representada. Conocer estos elementos es esencial tanto para comprender un gráfico como para modificarlo adecuadamente.

32.4.1 Área del gráfico

El área del gráfico es el espacio total que ocupa el gráfico. Incluye todos los elementos visibles, como títulos, ejes, leyendas y series de datos.

El área del gráfico puede:

- Cambiar de tamaño.
- Moverse dentro de la hoja.
- Modificarse en cuanto a formato y estilo.

32.4.2 Área de trazado

El área de trazado es la zona donde se representan los datos propiamente dichos, es decir, donde aparecen las columnas, barras, líneas o sectores del gráfico.

Separar visualmente el área de trazado del resto del gráfico mejora la claridad y facilita la lectura de los datos.

32.4.3 Series de datos

Las series de datos representan los valores que se están graficando. Cada serie corresponde normalmente a una columna o fila de datos en la hoja de cálculo.

En un gráfico puede haber:

▶ Una sola serie de datos.

▶ Varias series, representadas con distintos colores o estilos.

La correcta identificación de las series es fundamental para interpretar el gráfico.

32.4.4 Ejes del gráfico

En muchos tipos de gráficos existen dos ejes principales:

▶ Eje horizontal, que suele representar categorías.

▶ Eje vertical, que suele representar valores numéricos.

Los ejes ayudan a situar los datos y a interpretar las magnitudes representadas. Un eje mal configurado puede distorsionar la percepción de los datos.

32.4.5 Título del gráfico

El título del gráfico describe de forma clara y concisa qué información se está representando. Un gráfico sin título pierde gran parte de su utilidad, ya que obliga al lector a deducir el significado de los datos.

Un buen título debe:

▶ Ser breve.

▶ Describir el contenido del gráfico.

▶ Evitar ambigüedades.

32.4.6 Leyenda

La leyenda identifica las distintas series de datos mediante colores o símbolos. Es especialmente importante cuando el gráfico contiene más de una serie.

La leyenda debe:

▶ Ser clara.

▶ Estar bien situada.

▶ No ocultar datos importantes.

32.4.7 Etiquetas de datos

Las etiquetas de datos muestran el valor exacto de cada elemento representado. Aunque no siempre son necesarias, pueden resultar útiles cuando se requiere precisión.

Sin embargo, un uso excesivo de etiquetas puede saturar el gráfico y dificultar su lectura, por lo que deben utilizarse con criterio.

32.5 CREACIÓN DE UN GRÁFICO EN EXCEL

La **creación de un gráfico** en Excel es un proceso guiado y accesible, incluso para usuarios sin experiencia previa. No obstante, para obtener un resultado correcto es fundamental seguir una secuencia lógica de pasos.

32.5.1 Selección de los datos

El primer paso para crear un gráfico consiste en seleccionar correctamente los datos que se desean representar. Esta selección debe incluir:

▰ Los valores numéricos.

▰ Las categorías.

▰ Los encabezados, si se desea que aparezcan en el gráfico.

32.5.2 Inserción del gráfico

Una vez seleccionados los datos, Excel permite insertar el gráfico desde la cinta de opciones. El programa ofrece sugerencias automáticas basadas en los datos seleccionados, lo que facilita la elección del tipo de gráfico más adecuado.

El usuario puede:

▰ Aceptar una sugerencia.

▰ Elegir manualmente el tipo de gráfico.

▰ Probar distintos tipos hasta encontrar el más adecuado.

32.5.3 Ubicación del gráfico

Al insertar un gráfico, Excel puede:

▰ Colocarlo dentro de la misma hoja.

▰ Ubicarlo como una hoja independiente.

La elección depende del uso que se vaya a dar al gráfico. En informes sencillos suele colocarse junto a los datos, mientras que en presentaciones puede ser preferible dedicarle una hoja completa.

32.6 MODIFICACIÓN DE UN GRÁFICO

Una vez creado el gráfico, Excel ofrece múltiples opciones para **modificarlo y personalizarlo**. Estas modificaciones permiten mejorar la claridad, adaptar el diseño a un estilo corporativo o resaltar información relevante.

32.6.1 Cambio del tipo de gráfico

Es posible cambiar el tipo de gráfico sin necesidad de volver a crearlo desde cero. Esta opción resulta muy útil cuando se desea comparar distintas formas de representación.

32.6.2 Modificación de los elementos del gráfico

Excel permite añadir, quitar o modificar:

- Título.
- Ejes.
- Leyenda.
- Etiquetas de datos.
- Líneas de cuadrícula.

Estas opciones permiten adaptar el gráfico al nivel de detalle requerido.

32.6.3 Formato visual del gráfico

El formato visual incluye aspectos como:

- Colores.
- Tipos de letra.
- Estilos predefinidos.
- Tamaño y posición.

Un buen formato visual mejora la comprensión sin distraer del contenido.

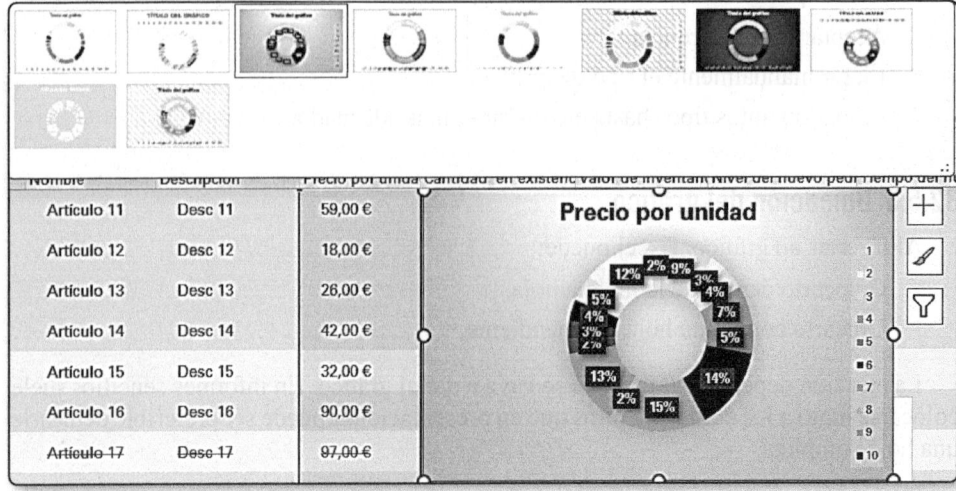

32.6.4 Actualización automática del gráfico

Una característica clave de los gráficos en Excel es su **actualización automática**. Cuando los datos de origen cambian, el gráfico se ajusta de forma inmediata, lo que garantiza la coherencia entre datos y representación visual.

Esta funcionalidad convierte al gráfico en un elemento dinámico y siempre actualizado.

32.7 ERRORES COMUNES EN LA CREACIÓN Y MODIFICACIÓN DE GRÁFICOS

Algunos errores frecuentes que conviene evitar son:

- Seleccionar rangos incorrectos.
- Usar gráficos inadecuados para el tipo de datos.
- Sobrecargar el gráfico con demasiados elementos.
- Utilizar colores poco contrastados.
- No incluir título ni leyenda.

Desde el punto de vista formativo, es importante enseñar no solo cómo crear gráficos, sino también **cómo interpretarlos críticamente**.

32.8 BORRADO DE UN GRÁFICO

El **borrado de un gráfico** es una operación sencilla, pero conviene entender sus implicaciones. Al eliminar un gráfico:

- Se elimina únicamente la representación visual.
- Los datos originales permanecen intactos.
- No se afecta a las fórmulas ni a los cálculos.

Esta operación es útil cuando:

- El gráfico ya no es necesario.
- Se va a crear otro gráfico diferente.
- Se reorganiza la hoja de cálculo.

32.9 IMPORTANCIA DE LOS GRÁFICOS EN EL ENTORNO PROFESIONAL

En el entorno laboral, los gráficos son una herramienta clave para:

- Presentar resultados.
- Comunicar información compleja.
- Apoyar decisiones.
- Elaborar informes claros y comprensibles.

ACTIVIDADES

Actividad 1. Creación de un gráfico a partir de datos

A partir de una tabla de datos, **inserta un gráfico adecuado** (columnas, líneas o circular), añade **título y leyenda** y comprueba cómo el gráfico se **actualiza automáticamente** al modificar los valores.

Actividad 2. Modificación y mejora de un gráfico

Selecciona un gráfico ya creado y **cambia su tipo**, ajusta los **elementos del gráfico** (ejes, etiquetas de datos y título) y aplica un **formato visual sencillo** que mejore la claridad de la información.

33

INSERCIÓN DE OTROS ELEMENTOS DENTRO DE UNA HOJA DE CÁLCULO EN MICROSOFT EXCEL

Además de datos numéricos, textos y fórmulas, Microsoft Excel permite **insertar distintos elementos gráficos y visuales** dentro de una hoja de cálculo. Estos elementos no forman parte directa de los cálculos, pero cumplen una función fundamental en la **presentación, explicación y contextualización de la información**.

En muchos documentos profesionales, la hoja de cálculo no se utiliza únicamente como herramienta de cálculo, sino también como soporte para:

- Informes.
- Cuadros resumen.
- Paneles de información.
- Documentos de seguimiento.
- Presentaciones internas.

33.1 CONSIDERACIONES GENERALES SOBRE LA INSERCIÓN DE ELEMENTOS

Antes de insertar cualquier elemento adicional en una hoja de cálculo, es importante que el lector comprenda una idea clave: **estos elementos son objetos flotantes**, no celdas.

Esto significa que:

- No forman parte de filas ni columnas.
- No se desplazan exactamente igual que las celdas.
- Pueden superponerse a datos si no se colocan correctamente.
- No participan en cálculos ni fórmulas.

33.2 INSERCIÓN DE IMÁGENES EN UNA HOJA DE CÁLCULO

Para insertar una imagen en una hoja de cálculo de Excel 365, se debe acceder a la pestaña **Insertar** de la cinta de opciones y seleccionar el grupo **Ilustraciones**, haciendo clic en la opción **Imágenes**. A continuación, el programa permite elegir el origen de la imagen, pudiendo seleccionarse **Este dispositivo**, **Imágenes de archivo** o **Imágenes en línea**, según el caso.

Excel ofrece dos formas de insertar imágenes en relación con las celdas de la hoja:

- ▶ **Colocar en celda**, opción mediante la cual la imagen queda ajustada al tamaño de la celda y se comporta como su contenido.

- ▶ **Colocar sobre celdas**, que permite situar la imagen libremente sobre la hoja de cálculo, sin quedar vinculada inicialmente a una celda concreta.

Una vez insertada una imagen colocada **sobre celdas**, es posible configurar su comportamiento para que se desplace y cambie de tamaño junto con las celdas. Para ello, se debe hacer clic con el botón derecho del ratón sobre la imagen, acceder a la opción **Formato de imagen** y, dentro del apartado **Propiedades**, activar la casilla **Mover y cambiar tamaño con celdas**.

Esta configuración resulta especialmente útil cuando se trabaja con diseños estructurados o se prevé modificar el tamaño de filas y columnas, ya que garantiza que la imagen mantenga su posición relativa dentro de la hoja de cálculo.

33.2.1 Tipos de imágenes que pueden insertarse

Excel permite insertar imágenes:

- ▶ Desde un archivo almacenado en el equipo.
- ▶ Desde dispositivos conectados.
- ▶ Desde recursos en línea (según configuración).
- ▶ Copiadas desde otras aplicaciones mediante el portapapeles.

Las imágenes suelen utilizarse para:

- ▶ Insertar logotipos.
- ▶ Añadir capturas explicativas.
- ▶ Incluir esquemas o iconos.
- ▶ Acompañar informes con elementos visuales.

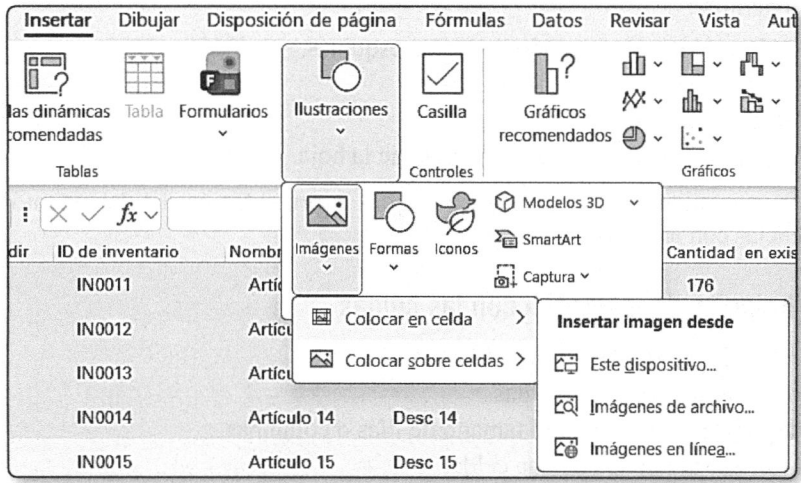

33.2.2 Inserción de una imagen desde archivo

El proceso general para insertar una imagen desde un archivo consiste en:

▸ Seleccionar la ubicación aproximada donde se colocará la imagen.

▸ Acceder a la opción de inserción de imágenes.

▸ Seleccionar el archivo correspondiente.

▸ Ajustar el tamaño y la posición de la imagen.

Una vez insertada, la imagen se comporta como un objeto independiente que puede moverse, redimensionarse y formatearse.

Aspectos importantes:

▸ Explicar que la imagen no queda "dentro" de una celda, aunque visualmente pueda alinearse con ella.

▸ Mostrar cómo mantener la proporción de la imagen al redimensionarla.

▸ Advertir sobre imágenes demasiado grandes que oculten datos.

33.2.3 Ajuste de tamaño y posición de imágenes

Tras insertar una imagen, es habitual ajustar:

▸ Su tamaño.

▸ Su ubicación.

▸ Su alineación respecto a los datos.

Excel permite:

- Redimensionar arrastrando desde las esquinas.
- Mover la imagen con el ratón.
- Alinear varias imágenes entre sí.
- Ajustar la imagen a un área concreta de la hoja.

Una buena colocación de la imagen mejora la presentación del documento y evita interferencias con los datos.

33.2.4 Relación de la imagen con las celdas

Las imágenes pueden configurarse para:

- Moverse junto con las celdas.
- No moverse al cambiar el tamaño de filas o columnas.
- Ajustarse al tamaño de una celda.

Comprender esta relación es importante para evitar que una imagen "se desplace" inesperadamente al modificar la hoja.

33.3 AUTOFORMAS EN EXCEL

Las **autoformas** son figuras geométricas prediseñadas que pueden insertarse en la hoja de cálculo para destacar información, crear esquemas visuales o señalar elementos concretos.

Entre las autoformas más utilizadas se encuentran:

- Rectángulos.
- Círculos y óvalos.
- Flechas.
- Líneas.
- Llamadas.

33.3.1 Inserción de una autoforma

El proceso de inserción de una autoforma consiste en:

- Seleccionar el tipo de forma.
- Dibujarla sobre la hoja de cálculo.
- Ajustar su tamaño y posición.

Una vez insertada, la autoforma puede:

- Cambiar de color.
- Modificar su contorno.
- Incluir texto en su interior.
- Duplicarse para crear esquemas repetitivos.

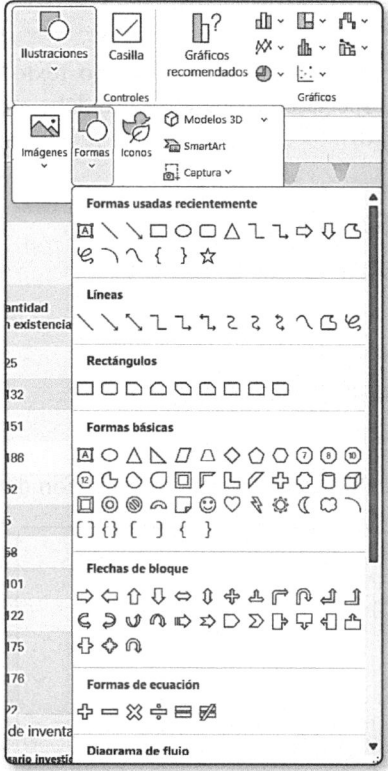

33.3.2 Formato de autoformas

Excel permite personalizar las autoformas mediante:

▶ Color de relleno.

▶ Color y grosor del contorno.

▶ Estilos predefinidos.

▶ Efectos visuales sencillos.

Es importante insistir en que el formato debe ser sobrio y funcional, evitando excesos que dificulten la lectura.

Una característica clave de las autoformas es que permiten insertar texto en su interior. Este texto puede servir para:

▶ Explicar un dato.

▶ Identificar una sección.

▶ Añadir comentarios breves.

El texto dentro de una autoforma puede formatearse igual que el texto de una celda: tipo de letra, tamaño, color y alineación.

33.4 TEXTO ARTÍSTICO EN EXCEL

El **texto artístico**, conocido habitualmente como texto decorativo, permite crear textos con estilos visuales especiales. Aunque su uso debe ser moderado, puede resultar útil en determinados contextos.

33.4.1 Finalidad del texto artístico

El texto artístico se utiliza principalmente para:

▶ Títulos destacados.

▶ Encabezados visuales.

▶ Portadas de informes dentro de Excel.

▶ Identificación clara de secciones.

No está pensado para textos largos ni para información detallada.

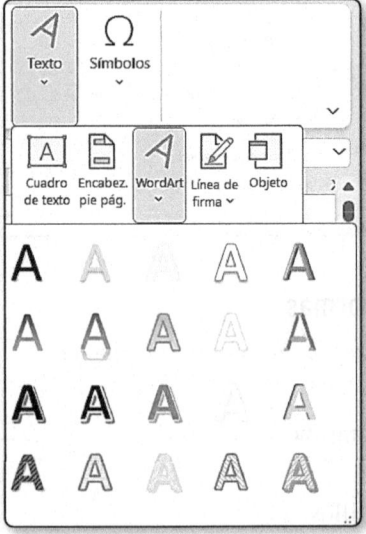

33.4.2 Inserción de texto artístico

El proceso general de inserción consiste en:

▶ Seleccionar un estilo.

▶ Escribir el texto.

▶ Ajustar su tamaño y posición.

El texto artístico se comporta como un objeto gráfico, no como contenido de una celda.

Una vez insertado, el texto artístico puede:

- ▸ Cambiar de estilo.
- ▸ Modificar colores y efectos.
- ▸ Redimensionarse.
- ▸ Girarse.

Conviene advertir que el abuso del texto artístico puede restar profesionalidad al documento.

33.5 OTROS ELEMENTOS INSERTABLES EN EXCEL

Además de imágenes, autoformas y texto artístico, Excel permite insertar otros elementos que amplían las posibilidades de la hoja de cálculo.

Cuadros de texto

Los cuadros de texto permiten insertar texto libre en cualquier parte de la hoja, sin depender de una celda concreta.

Se utilizan para:

- ▸ Notas explicativas.
- ▸ Comentarios visibles.
- ▸ Instrucciones de uso.
- ▸ Aclaraciones sobre los datos.

Iconos y elementos gráficos simples

Excel incorpora una colección de iconos que pueden utilizarse para:

- ▸ Señalar información.
- ▸ Representar estados.
- ▸ Acompañar títulos o notas.

Estos iconos son especialmente útiles cuando se desea una presentación visual sencilla y clara.

Elementos copiados desde otras aplicaciones

Es posible copiar elementos desde otras aplicaciones y pegarlos en Excel, como:

- ▸ Imágenes.
- ▸ Gráficos.
- ▸ Fragmentos visuales.

Es importante comprobar que estos elementos se integran correctamente y no afectan al rendimiento del archivo.

33.6 ORGANIZACIÓN Y GESTIÓN DE ELEMENTOS INSERTADOS

Cuando una hoja contiene varios elementos gráficos, es fundamental gestionar su organización:

- ▶ Alinear objetos.
- ▶ Agrupar elementos relacionados.
- ▶ Distribuirlos uniformemente.
- ▶ Bloquear su posición si es necesario.

Estas acciones facilitan el mantenimiento de la hoja y evitan desplazamientos accidentales.

ACTIVIDADES

Actividad 1. Inserción y ajuste de imágenes

Inserta una **imagen desde archivo** en una hoja de Excel, ajusta su tamaño y posición y configura su comportamiento para que **se mueva y cambie de tamaño con las celdas**. Comprueba el resultado al modificar filas y columnas.

Actividad 2. Uso de autoformas y cuadros de texto

Inserta **autoformas** y un **cuadro de texto** para destacar y explicar datos de una tabla. Aplica un formato sencillo y organiza los elementos alineándolos correctamente dentro de la hoja.

34

IMPRESIÓN EN MICROSOFT EXCEL

La impresión de documentos en Microsoft Excel constituye una fase fundamental del trabajo con hojas de cálculo cuando la información debe compartirse en formato físico o convertirse en documentos PDF para su distribución. Aunque Excel es una herramienta concebida principalmente para el trabajo digital con datos, su uso profesional exige un dominio preciso de las opciones de impresión para garantizar que la información se presente de forma clara, ordenada y comprensible fuera de la pantalla.

Imprimir una hoja de cálculo no consiste únicamente en pulsar el botón de imprimir. En la mayoría de los casos, los datos deben prepararse previamente para que el resultado impreso sea correcto. Las hojas de cálculo suelen contener gran cantidad de filas, columnas, cálculos y elementos visuales que no siempre se adaptan automáticamente al formato de una página. Por ello, Excel ofrece un conjunto de herramientas específicas que permiten controlar exactamente qué se imprime, cómo se distribuye el contenido en la página y qué márgenes se aplican.

34.1 CONCEPTO DE IMPRESIÓN EN EXCEL

Imprimir en Excel implica trasladar la información contenida en una hoja de cálculo a un formato paginado. A diferencia de los procesadores de texto, donde el documento ya está pensado en páginas, Excel trabaja con una estructura de cuadrícula potencialmente infinita. Esto hace que la impresión requiera un proceso previo de adaptación.

Cuando se envía una hoja de Excel a imprimir, el programa:

- Divide el contenido en páginas.
- Aplica los márgenes definidos.
- Ajusta la escala según la configuración.
- Respeta las zonas de impresión establecidas.
- Genera una vista previa que permite revisar el resultado.

Comprender este proceso ayuda a evitar errores habituales, como imprimir páginas en blanco, datos cortados o columnas repartidas en varias hojas sin sentido.

34.2 ZONAS DE IMPRESIÓN

Una zona de impresión es el área concreta de una hoja de cálculo que Excel utilizará como referencia para imprimir. Todo lo que quede fuera de esta zona no se imprimirá, aunque esté visible en pantalla.

Las zonas de impresión son especialmente útiles cuando:

- La hoja contiene información auxiliar que no debe imprimirse.
- Solo se necesita imprimir una tabla concreta.
- Existen varias tablas en la misma hoja.
- Se desea controlar exactamente el contenido impreso.

34.2.1 Definición de una zona de impresión

Para definir una zona de impresión, el usuario debe seleccionar previamente el rango de celdas que desea imprimir. Este rango puede incluir:

Encabezados de tabla.

- Datos numéricos.
- Totales.
- Títulos.

Una vez seleccionado el rango, Excel permite establecerlo como zona de impresión. A partir de ese momento, cualquier impresión de la hoja se limitará a esa área.

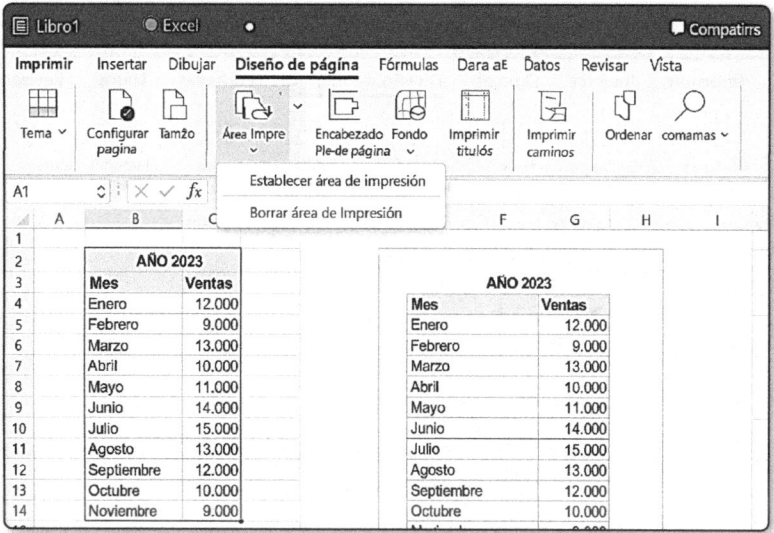

34.2.2 Importancia de seleccionar correctamente la zona

Seleccionar correctamente la zona de impresión es un paso crítico. Una selección incorrecta puede provocar:

▬ Impresión de información incompleta.

▬ Inclusión de celdas vacías innecesarias.

▬ Cortes de tablas entre páginas.

▬ Resultados visualmente desordenados.

▬ Por ello, antes de definir la zona de impresión, es recomendable:

▬ Revisar la estructura de la tabla.

▬ Asegurarse de incluir encabezados.

▬ Comprobar que los totales estén dentro del rango.

▬ Evitar seleccionar filas o columnas vacías.

34.2.3 Modificación de una zona de impresión

Las zonas de impresión no son definitivas. Excel permite:

▬ Cambiar la zona de impresión.

▬ Ampliarla o reducirla.

▬ Eliminarla por completo.

▬ Modificar una zona de impresión es habitual cuando:

▬ Se añaden nuevos datos.

▬ Se corrige la estructura de la hoja.

▬ Se generan versiones distintas del documento.

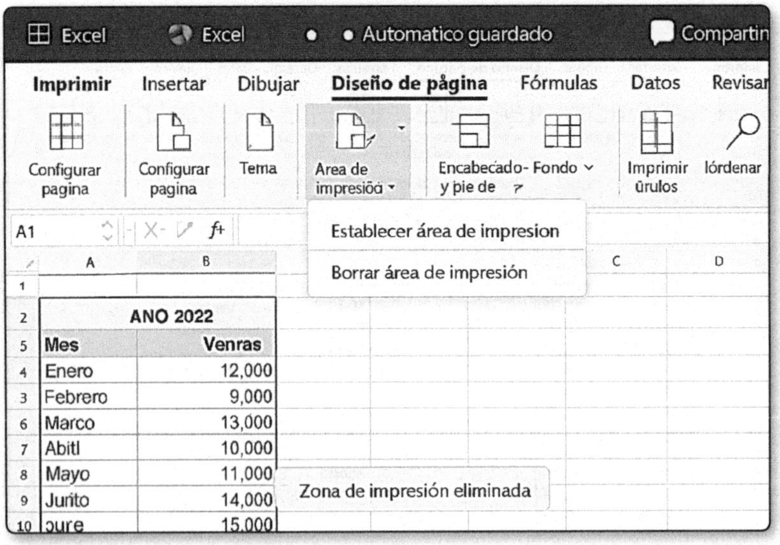

34.2.4 Uso de varias zonas de impresión

Excel permite definir varias zonas de impresión dentro de una misma hoja. En este caso, cada zona se imprimirá como un bloque independiente, normalmente en páginas separadas.

Este recurso es útil cuando:

- Existen varias tablas independientes.
- Se quiere imprimir información no contigua.
- Se desea mantener separadas distintas secciones del documento.
- Sin embargo, el uso de múltiples zonas de impresión requiere una planificación cuidadosa para evitar resultados confusos.

34.3 ESPECIFICACIONES DE IMPRESIÓN

Las especificaciones de impresión determinan cómo se enviará el contenido seleccionado a la impresora o al archivo PDF. Estas opciones afectan directamente al aspecto final del documento impreso.

Excel permite configurar estas especificaciones desde:

- El panel de impresión.
- El cuadro de configuración de página.
- La pestaña Diseño de página.

34.3.1 Orientación de la página

La orientación de la página define cómo se dispondrá el contenido sobre el papel. Existen dos orientaciones principales:

- Vertical.
- Horizontal.

La elección de la orientación depende del número de columnas y del ancho de la tabla. Las tablas con muchas columnas suelen requerir orientación horizontal para evitar que la información se divida en varias páginas.

34.3.2 Tamaño del papel

El tamaño del papel determina el espacio disponible para imprimir el contenido. Excel permite seleccionar distintos tamaños, siendo el más habitual el formato A4.

Elegir el tamaño adecuado es importante para:

- Evitar escalados innecesarios.
- Ajustar correctamente los márgenes.
- Garantizar compatibilidad con la impresora disponible.

34.3.3 Escala de impresión

La escala controla cómo se ajusta el contenido al tamaño del papel. Excel permite:

- Imprimir al tamaño real.
- Ajustar el contenido para que quepa en una o varias páginas.
- Reducir o ampliar el contenido mediante porcentajes.

Un uso incorrecto de la escala puede provocar textos demasiado pequeños o tablas ilegibles, por lo que debe utilizarse con criterio.

34.3.4 Impresión de líneas de cuadrícula y encabezados

Excel permite decidir si se imprimen:

- Las líneas de cuadrícula.
- Los encabezados de filas y columnas.

Estas opciones influyen directamente en la legibilidad del documento impreso. En muchos casos, imprimir las líneas de cuadrícula facilita la lectura de tablas extensas.

34.4 CONFIGURACIÓN DE PÁGINA

La configuración de página agrupa las opciones que controlan cómo se distribuye el contenido dentro de cada hoja impresa. Es una fase esencial del proceso de impresión, ya que permite adaptar la hoja de cálculo a un formato paginado.

34.4.1 Acceso a la configuración de página

- La configuración de página puede abrirse desde:
- La pestaña Diseño de página.
- El panel de impresión.
- Atajos de acceso directo.
- Desde este cuadro se controlan la mayoría de los parámetros de impresión.

34.4.2 Márgenes de página

Los márgenes son los espacios en blanco que rodean el contenido impreso. Su función es:

- Evitar que el contenido quede demasiado cerca del borde.
- Permitir encuadernación o archivado.
- Mejorar la presentación visual.

Excel ofrece márgenes predefinidos y la posibilidad de personalizarlos.

34.4.3 Tipos de márgenes

Los márgenes se dividen en:

- Margen superior.
- Margen inferior.
- Margen izquierdo.
- Margen derecho.
- Márgenes de encabezado y pie.
- Cada uno puede ajustarse de forma independiente.

34.4.4 Importancia del ajuste correcto de márgenes

Un margen mal configurado puede provocar:

▶ Texto cortado.

▶ Desalineación del contenido.

▶ Resultados poco profesionales.

▶ Ajustar los márgenes correctamente es en especial importante cuando:

▶ Se imprimen tablas anchas.

▶ Se utilizan encabezados o pies de página.

▶ El documento va a archivarse físicamente.

34.5 REVISIÓN PREVIA A LA IMPRESIÓN

Antes de imprimir definitivamente, Excel permite revisar el resultado mediante la vista previa. Esta revisión es una fase imprescindible para:

▶ Detectar errores de ajuste.

▶ Verificar que no hay páginas en blanco.

▶ Confirmar que el contenido es legible.

▶ Comprobar la distribución de páginas.

34.6 ERRORES COMUNES EN LA IMPRESIÓN DE HOJAS DE CÁLCULO

Entre los errores más habituales se encuentran:

▶ No definir zona de impresión.

▶ Imprimir hojas completas innecesariamente.

▶ Usar una escala incorrecta.

▶ Márgenes demasiado grandes o pequeños.

▶ No revisar la vista previa.

▶ Identificar estos errores ayuda a mejorar la calidad del documento impreso.

34.7 RECOMENDACIONES EN LA IMPRESIÓN

▶ Algunas recomendaciones generales:

▶ Preparar la hoja antes de imprimir.

▶ Usar zonas de impresión.

▶ Ajustar orientación y escala.

▶ Revisar siempre la vista previa.

▶ Imprimir una prueba si el documento es importante.

34.8 ORIENTACIÓN DE LA PÁGINA

La **orientación de la página** determina la disposición del contenido impreso sobre el papel y es una de las decisiones más importantes en el proceso de impresión de una hoja de cálculo. En Excel existen dos orientaciones posibles: **vertical** y **horizontal**. Elegir correctamente la orientación permite aprovechar mejor el espacio disponible y evita que la información se distribuya de forma incorrecta en varias páginas.

La orientación **vertical** es la opción predeterminada y se utiliza habitualmente cuando la hoja contiene pocas columnas y un número elevado de filas. En este formato, la altura de la página es mayor que su anchura, lo que facilita la lectura de listados largos.

La orientación **horizontal** se emplea cuando la hoja de cálculo contiene muchas columnas o columnas especialmente anchas. En este caso, la anchura de la página es mayor que su altura, lo que permite que la información se muestre en una sola página o en menos páginas, evitando cortes innecesarios.

Antes de decidir la orientación, es recomendable analizar:

▼ El número de columnas de la tabla.

▼ La anchura de los encabezados.

▼ La presencia de totales o columnas calculadas.

▼ El formato de destino (papel o PDF).

Excel permite cambiar la orientación desde distintas ubicaciones del programa, siendo la más habitual la pestaña **Diseño de página**. El cambio de orientación afecta a toda la hoja que se va a imprimir y se refleja inmediatamente en la vista preliminar.

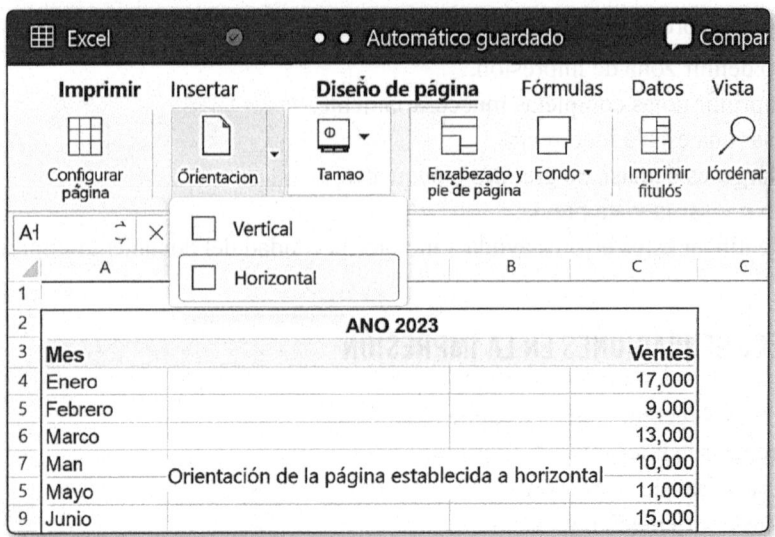

34.9 ENCABEZADOS Y PIES DE PÁGINA

Los **encabezados y pies de página** son zonas especiales situadas en la parte superior e inferior de cada página impresa. Estas zonas no forman parte del área de impresión principal y se repiten automáticamente en todas las páginas del documento.

Su función es proporcionar información adicional que ayude a identificar el documento, como:

- Título del informe.
- Nombre de la hoja o del archivo.
- Fecha de impresión.
- Número de página.
- Información del autor o del departamento.

El uso de encabezados y pies de página es especialmente importante en documentos de varias páginas, ya que permite mantener el contexto de la información incluso cuando las páginas se separan físicamente.

34.9.1 Acceso a la edición de encabezados y pies

En Excel, los encabezados y pies de página pueden editarse desde:

- La vista Diseño de página.
- El cuadro de configuración de página.
- El menú de impresión.

Al acceder a la edición, Excel divide el encabezado y el pie en tres secciones:

- Sección izquierda.
- Sección central.
- Sección derecha.

Esta división permite distribuir la información de forma equilibrada y clara.

34.9.2 Inserción de texto en encabezados y pies

El usuario puede introducir texto libre en cualquiera de las secciones del encabezado o del pie. Este texto puede utilizarse para identificar el contenido del documento o aportar información contextual.

Recomendaciones para la inserción de texto:

- Usar textos breves y claros.
- Evitar frases largas que ocupen demasiado espacio.
- Mantener coherencia entre encabezado y pie.
- Utilizar el encabezado para identificación y el pie para información complementaria.

34.9.3 Inserción de elementos automáticos

Excel permite insertar elementos automáticos en encabezados y pies, como:

- Número de página.
- Número total de páginas.
- Fecha actual.
- Hora.
- Nombre del archivo.
- Nombre de la hoja.

Estos elementos se actualizan automáticamente y evitan errores manuales, especialmente en documentos que se imprimen varias veces o se modifican con frecuencia.

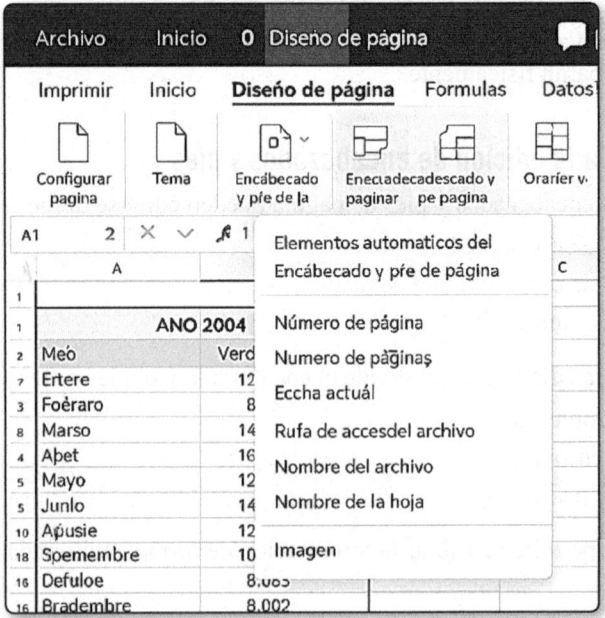

34.10 NUMERACIÓN DE PÁGINAS

La **numeración de páginas** es un elemento esencial en documentos impresos de más de una página. Permite ordenar correctamente el documento y facilita su lectura, archivo y referencia.

En Excel, la numeración de páginas se gestiona desde los encabezados y pies de página, utilizando campos automáticos. Esto garantiza que la numeración se actualice de forma automática si cambia el número total de páginas.

34.10.1 Tipos de numeración

Excel permite diferentes formatos de numeración, como:

▶ Número de página simple.

▶ Página actual de un total de páginas.

▶ Numeración combinada con texto descriptivo.

Elegir el tipo adecuado depende del uso del documento y del nivel de formalidad requerido.

34.10.2 Ubicación de la numeración

La numeración puede colocarse:

▶ En el encabezado.

▶ En el pie de página.

▶ En la parte izquierda, central o derecha.

Habitualmente, la numeración se sitúa en el pie de página, centrada o alineada a la derecha, aunque esto puede variar según las necesidades del documento.

34.11 VISTA PRELIMINAR

La **vista preliminar** es una herramienta imprescindible antes de realizar cualquier impresión definitiva. Permite visualizar cómo quedará el documento una vez impreso, mostrando:

▶ Distribución de páginas.

▶ Saltos de página.

▶ Márgenes.

▶ Encabezados y pies.

▶ Escala aplicada.

La vista preliminar actúa como una fase de comprobación final que ayuda a detectar errores y corregirlos antes de gastar papel o generar un PDF incorrecto.

34.11.1 Acceso a la vista preliminar

En Excel, la vista preliminar se muestra automáticamente al acceder al menú de impresión. Desde esta vista, el usuario puede:

▶ Navegar entre páginas.

▶ Acercar o alejar el zoom.

▶ Cambiar configuraciones y ver el resultado en tiempo real.

34.11.2 Corrección de errores desde la vista preliminar

Desde la vista preliminar es habitual detectar problemas como:

- Columnas cortadas.
- Filas divididas entre páginas.
- Márgenes excesivos.
- Texto demasiado pequeño.

Una vez detectados, el usuario puede volver a la hoja, ajustar la configuración y comprobar de nuevo el resultado. Este proceso puede repetirse tantas veces como sea necesario.

34.12 FORMAS DE IMPRESIÓN

Excel ofrece distintas **formas de impresión**, adaptadas a diferentes necesidades y contextos de uso.

34.12.1 Impresión en papel

La impresión en papel es la forma tradicional y se utiliza cuando el documento debe:

- Entregarse físicamente.
- Archivarse.
- Firmarse.
- Utilizarse en reuniones presenciales.

En este caso, es especialmente importante cuidar márgenes, legibilidad y presentación general.

34.12.2 Impresión a archivo PDF

Excel permite imprimir directamente a PDF utilizando una impresora virtual. Esta opción es muy utilizada para:

- Enviar documentos por correo electrónico.
- Compartir informes.
- Conservar copias digitales.

La impresión a PDF mantiene el formato y evita modificaciones accidentales.

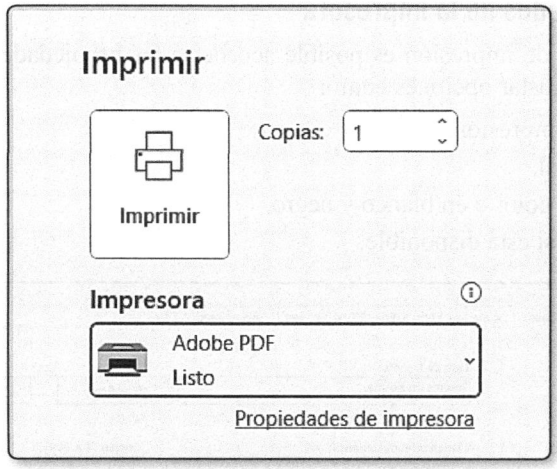

34.12.3 Impresión parcial o por selección

El usuario puede elegir imprimir:

▸ Toda la hoja.

▸ El libro completo.

▸ Solo la selección actual.

Esta flexibilidad permite adaptar la impresión a cada necesidad concreta sin modificar la hoja original.

34.13 CONFIGURACIÓN DE IMPRESORA

La **configuración de la impresora** determina cómo se comunicará Excel con el dispositivo de impresión. Aunque muchas impresoras funcionan con valores predeterminados, en ocasiones es necesario ajustar parámetros específicos.

34.13.1 Selección de impresora

Excel permite seleccionar la impresora disponible en el sistema, lo que resulta útil cuando:

▸ Hay varias impresoras instaladas.

▸ Se alterna entre impresora física y PDF.

▸ Se trabaja en entornos compartidos.

34.13.2 Propiedades de la impresora

Desde el panel de impresión es posible acceder a las propiedades de la impresora, donde se pueden ajustar opciones como:

▶ Calidad de impresión.

▶ Tipo de papel.

▶ Impresión a color o en blanco y negro.

▶ Doble cara, si está disponible.

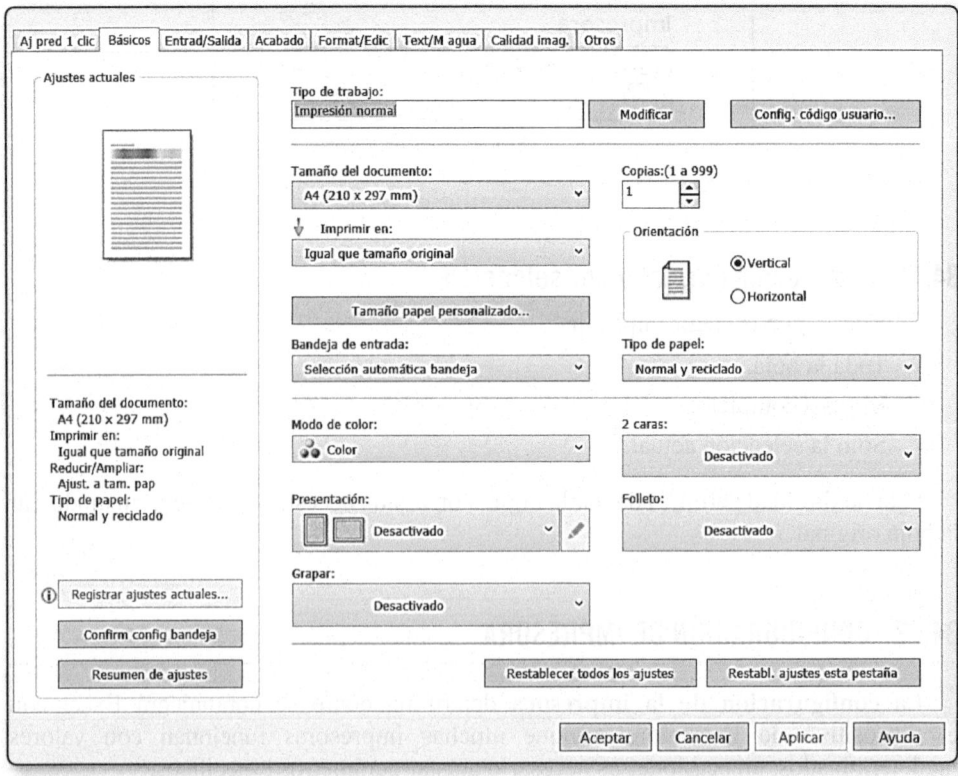

34.13.3 Importancia de revisar la configuración de impresora

Una configuración incorrecta de la impresora puede provocar:

▶ Impresiones borrosas.

▶ Consumo excesivo de tinta.

▶ Uso de papel inadecuado.

▶ Resultados distintos a los esperados.

Por ello, es recomendable revisar estas opciones antes de imprimir documentos importantes.

34.14 REVISIÓN FINAL ANTES DE IMPRIMIR

Antes de confirmar la impresión, es aconsejable realizar una revisión final que incluya:

- Vista preliminar correcta.
- Orientación adecuada.
- Zona de impresión bien definida.
- Encabezados y pies visibles.
- Numeración correcta.
- Impresora seleccionada correctamente.

Esta revisión reduce errores y garantiza un resultado profesional.

Actividad 1. Definición de zona de impresión y vista preliminar

Selecciona una tabla en una hoja de Excel, **define una zona de impresión** y comprueba el resultado en la **vista preliminar**. Modifica la zona para incluir encabezados y totales y verifica cómo cambia la distribución de las páginas.

Actividad 2. Configuración de página y exportación a PDF

Configura la **orientación**, **márgenes** y **escala de impresión** de una hoja de cálculo para que toda la información se imprima correctamente en formato A4. Añade **encabezado, pie de página y numeración** y genera el documento en **PDF** revisando el resultado final.

35

TRABAJO CON DATOS EN MICROSOFT EXCEL

Dentro de la pestaña **Datos** de Excel se agrupan una serie de herramientas orientadas al **tratamiento, depuración, validación y análisis de la información** contenida en las hojas de cálculo. Estas herramientas permiten convertir datos sin estructurar en información organizada y fiable, facilitando su posterior análisis y toma de decisiones.

Las opciones que se describen a continuación se encuentran en el grupo **Herramientas de datos**.

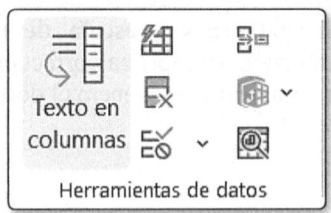

35.1 TEXTO EN COLUMNAS

La herramienta **Texto en columnas** permite **dividir el contenido de una celda en varias columnas**, utilizando como criterio un separador o un ancho fijo. Resulta especialmente útil cuando se importan datos desde archivos externos o cuando la información no está correctamente estructurada.

Excel ofrece dos métodos de separación:

▶ **Delimitados**, cuando los datos están separados por caracteres como comas, puntos y coma, espacios o tabulaciones.

▶ **Ancho fijo**, cuando cada campo ocupa un espacio determinado dentro de la celda.

Este proceso se realiza mediante un asistente que guía al usuario paso a paso, permitiendo previsualizar el resultado antes de aplicar los cambios de forma definitiva.

35.2 RELLENO RÁPIDO

El **Relleno rápido** es una herramienta que reconoce **patrones en los datos introducidos por el usuario** y completa automáticamente el resto de la columna siguiendo ese mismo criterio.

Se utiliza, por ejemplo, para:

- Separar nombres y apellidos.
- Unificar formatos de texto.
- Extraer partes concretas de una cadena de caracteres.

El usuario introduce manualmente uno o dos ejemplos y Excel completa el resto de los datos sin necesidad de fórmulas, mejorando notablemente la rapidez en la preparación de la información.

35.3 QUITAR DUPLICADOS

La opción **Quitar duplicados** permite **eliminar registros repetidos** dentro de un rango de datos o una tabla, manteniendo únicamente una instancia de cada valor o combinación de valores.

Antes de ejecutar la acción, Excel permite seleccionar:

- Las columnas que se tendrán en cuenta para detectar duplicados.
- Si los datos incluyen encabezados.

Esta herramienta resulta esencial para garantizar la **calidad y fiabilidad de los datos**, especialmente en bases de datos, listados de clientes o inventarios.

35.4 VALIDACIÓN DE DATOS

La **Validación de datos** se utiliza para **controlar el tipo de información que puede introducirse en una celda**, evitando errores y asegurando la coherencia de los datos.

Entre las restricciones más habituales se encuentran:

- Números dentro de un rango determinado.
- Fechas válidas.
- Listas desplegables con valores predefinidos.
- Longitud máxima del texto.

Además, es posible configurar mensajes de entrada y avisos de error, lo que mejora la usabilidad de la hoja de cálculo y reduce la introducción de datos incorrectos.

35.5 CONSOLIDAR

La herramienta **Consolidar** permite **resumir datos procedentes de distintos rangos o incluso de varias hojas o libros**, aplicando funciones como suma, promedio, máximo o mínimo.

Esta funcionalidad se utiliza cuando la información está distribuida en diferentes ubicaciones pero se desea obtener un resultado global, como por ejemplo:

▶ Totales mensuales agrupados en un resumen anual.

▶ Datos de distintos departamentos unificados en una sola hoja.

35.6 ANÁLISIS DE HIPÓTESIS

El **Análisis de hipótesis** agrupa herramientas que permiten **simular distintos escenarios** y observar cómo afectan a los resultados de las fórmulas.

Incluye opciones como:

▶ Administrador de escenarios.

▶ Buscar objetivo.

▶ Tablas de datos.

Estas herramientas son especialmente útiles en contextos financieros, presupuestarios o de planificación, ya que permiten anticipar resultados sin modificar los datos originales.

35.7 ESQUEMA Y AGRUPACIÓN DE DATOS

Las opciones de **Esquema** permiten **agrupar filas o columnas**, facilitando la visualización de grandes volúmenes de datos mediante niveles de detalle.

El usuario puede:

▶ Crear grupos manuales o automáticos.

▶ Expandir o contraer información.

▶ Trabajar con resúmenes sin perder acceso a los datos detallados.

Esta funcionalidad mejora la organización de la hoja y facilita el análisis progresivo de la información.

35.8 IMPORTANCIA DE LAS HERRAMIENTAS DE DATOS

El dominio de estas herramientas capacita al usuario para:

▼ Preparar datos antes de su análisis.

▼ Evitar errores de introducción.

▼ Optimizar el tratamiento de grandes volúmenes de información.

▼ Trabajar de forma eficiente y profesional con hojas de cálculo complejas.

35.9 RELACIÓN ENTRE VALIDACIÓN, ESQUEMAS Y TABLAS

Las herramientas vistas en este punto no son independientes entre sí. Al contrario, se complementan:

▼ La validación asegura la calidad de los datos.

▼ Las tablas organizan y estructuran la información.

▼ Los esquemas facilitan la visualización y el análisis.

El uso combinado de estas herramientas permite trabajar con datos de forma ordenada, fiable y eficiente.

35.10 ERRORES COMUNES EN EL TRABAJO CON DATOS

Entre los errores más frecuentes se encuentran:

▼ No validar los datos de entrada.

▼ Mezclar datos y totales en la misma tabla.

▼ Crear tablas con filas en blanco.

▼ No utilizar esquemas en hojas muy extensas.

Detectar y corregir estos errores mejora notablemente la calidad del trabajo realizado en Excel.

35.11 ORDENACIÓN DE LISTAS DE DATOS POR UNO O VARIOS CAMPOS

La **ordenación de datos** permite reorganizar la información de una lista o tabla según uno o varios criterios. Esta herramienta es fundamental para analizar datos, localizar información relevante y presentar listados de forma clara y lógica. En Excel, la ordenación puede aplicarse tanto a rangos de datos como a tablas, y puede realizarse de manera sencilla o avanzada.

Ordenar datos resulta especialmente útil cuando se trabaja con:

⚑ Listados extensos de registros.

⚑ Información que debe presentarse por orden alfabético o numérico.

⚑ Datos que requieren una jerarquía clara.

⚑ Análisis comparativos.

La ordenación no modifica los valores de los datos, únicamente cambia su **posición** dentro de la lista, manteniendo la coherencia entre filas.

35.11.1 Requisitos previos para una ordenación correcta

Antes de ordenar una lista de datos, es importante comprobar:

⚑ Que los datos estén organizados en filas y columnas.

⚑ Que exista una fila de encabezados claramente definida.

⚑ Que no haya filas o columnas vacías intermedias.

⚑ Que cada columna contenga un único tipo de dato.

Cumplir estos requisitos evita errores y garantiza que la ordenación se realice correctamente.

ID de inventario	Nombre	Descripción	Precio por unidad
IN0001	Artículo 1	Desc 1	51,00 €
IN0002	Artículo 2	Desc 2	93,00 €
IN0003	Artículo 3	Desc 3	57,00 €
IN0004	Artículo 4	Desc 4	19,00 €
IN0005	Artículo 5	Desc 5	75,00 €
IN0006	Artículo 6	Desc 6	11,00 €

35.11.2 Ordenación por un solo campo

La **ordenación por un solo campo** consiste en reorganizar los datos atendiendo a una única columna. Es la forma más sencilla de ordenar una lista y se utiliza habitualmente para:

⚑ Ordenar nombres alfabéticamente.

⚑ Ordenar importes de menor a mayor o de mayor a menor.

⚑ Ordenar fechas cronológicamente.

Excel permite elegir el sentido de la ordenación:

◤ Ascendente.

◤ Descendente.

Al aplicar la ordenación, Excel reorganiza todas las filas manteniendo la relación entre las columnas, lo que evita desajustes en la información.

35.11.3 Ordenación por varios campos

La **ordenación por varios campos** permite establecer una jerarquía de criterios. En este caso, Excel ordena primero por el campo principal y, cuando existen valores iguales, utiliza el segundo campo, y así sucesivamente.

Este tipo de ordenación es útil cuando:

◤ Se agrupan datos por categorías.

◤ Se necesita ordenar dentro de cada grupo.

◤ Se trabaja con listados complejos.

Por ejemplo, una lista puede ordenarse primero por departamento y, dentro de cada departamento, por apellido.

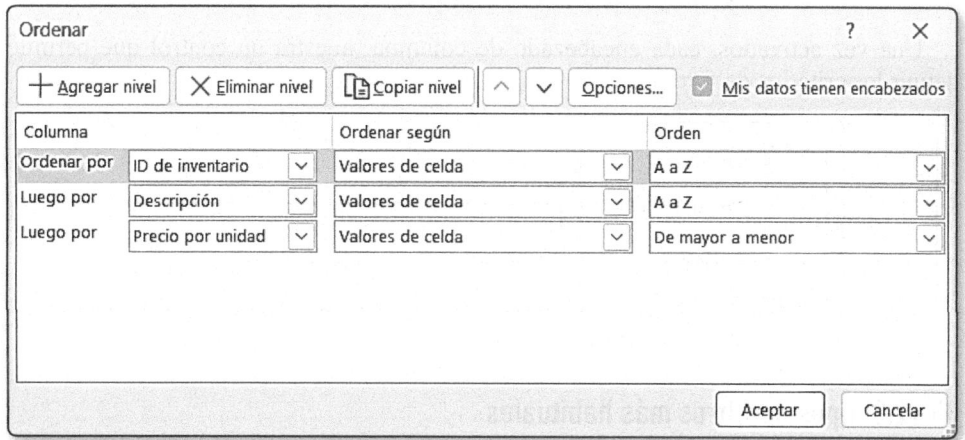

35.12 USO DE FILTROS

Los **filtros** permiten mostrar únicamente los registros que cumplen determinadas condiciones, ocultando temporalmente el resto. A diferencia de la ordenación, el filtrado no reorganiza los datos, sino que controla su visibilidad.

El uso de filtros es esencial cuando se trabaja con grandes volúmenes de información y se necesita:

- Localizar registros concretos.
- Analizar subconjuntos de datos.
- Trabajar con criterios temporales o categóricos.
- Simplificar la visualización de listas extensas.

35.12.1 Concepto de filtro

Un filtro actúa como un criterio de selección aplicado a una columna. Solo se muestran las filas que cumplen el criterio establecido, mientras que las demás permanecen ocultas.

El filtrado es una operación reversible, ya que en cualquier momento se pueden quitar los filtros y volver a mostrar todos los datos.

35.12.2 Activación de filtros en una lista o tabla

Excel permite activar filtros de forma sencilla:

- En listas normales.
- En tablas de datos, donde los filtros se activan automáticamente.

Una vez activados, cada encabezado de columna muestra un control que permite definir los criterios de filtrado.

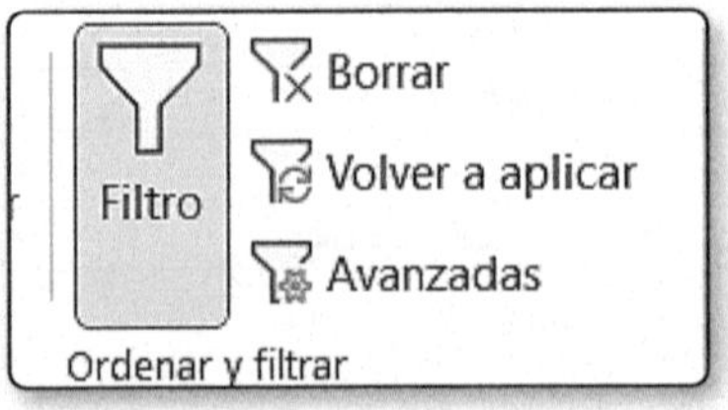

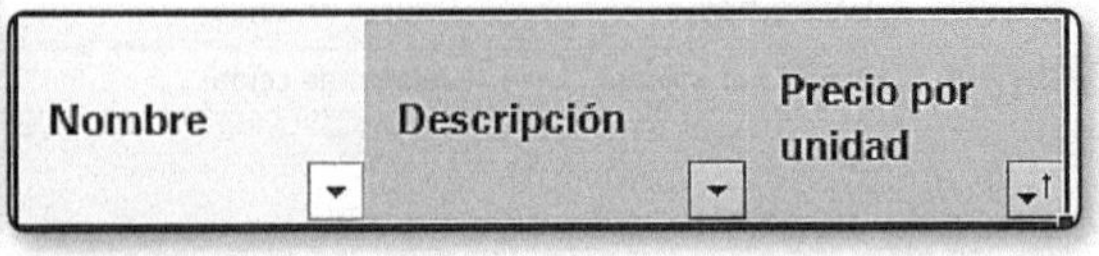

35.12.3 Tipos de filtros más habituales

Entre los filtros más utilizados se encuentran:

Filtros por valor, que permiten mostrar solo:

- Valores concretos.
- Rangos de valores.
- Valores mayores, menores o iguales a un criterio.

Filtros por texto, que permiten:

- Buscar coincidencias.
- Filtrar por inicio o contenido del texto.

Filtros por fecha, que facilitan:

▶ Filtrar por periodos.

▶ Mostrar registros de un mes o año concreto.

Estos filtros permiten un análisis rápido y flexible de la información.

35.12.4 Uso combinado de filtros

Es posible aplicar filtros en varias columnas simultáneamente. En este caso, Excel muestra únicamente las filas que cumplen **todos los criterios establecidos**.

Este uso combinado es especialmente útil para realizar búsquedas complejas sin necesidad de crear nuevas hojas o eliminar datos.

35.12.5 Eliminación y gestión de filtros

Una vez finalizado el análisis, los filtros pueden:

▶ Desactivarse individualmente.

▶ Eliminarse completamente.

▶ Modificarse para aplicar nuevos criterios.

Es importante recordar que los filtros no eliminan datos, solo afectan a su visualización.

35.13 SUBTOTALES

Los **subtotales** permiten resumir información dentro de una lista de datos organizada, calculando automáticamente totales parciales según un criterio de agrupación. Esta herramienta es especialmente útil para analizar datos por categorías.

Los subtotales se utilizan habitualmente para:

▶ Obtener totales por grupo.

▶ Analizar resultados parciales.

▶ Crear informes resumidos.

▶ Trabajar con grandes listados estructurados.

35.13.1 Requisitos previos para usar subtotales

Antes de aplicar subtotales, es imprescindible:

▶ Que la lista esté ordenada por el campo de agrupación.

▶ Que no existan filas en blanco dentro del rango.

▶ Que los encabezados estén correctamente definidos.

No cumplir estos requisitos puede provocar resultados incorrectos.

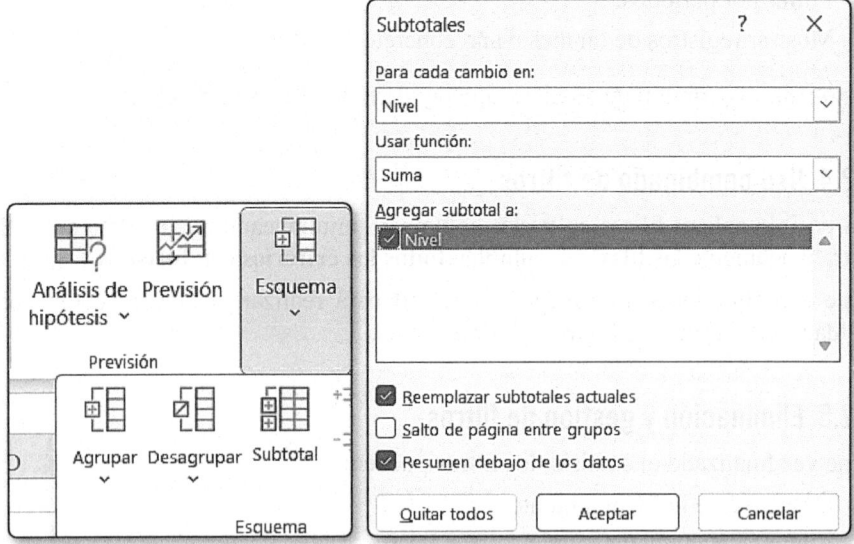

35.13.2 Aplicación de subtotales

Al aplicar subtotales, Excel:

▸ Inserta filas adicionales con los cálculos parciales.

▸ Crea automáticamente un esquema.

▸ Permite alternar entre vista detallada y vista resumida.

Los cálculos de subtotales pueden incluir operaciones como:

▸ Suma.

▸ Promedio.

▸ Conteo.

▸ Máximo o mínimo.

35.13.3 Visualización de subtotales mediante esquemas

Una vez aplicados los subtotales, Excel genera un esquema que permite:

▸ Mostrar solo los totales generales.

▸ Mostrar totales por grupo.

▸ Mostrar el detalle completo.

Esta funcionalidad facilita el análisis progresivo de los datos.

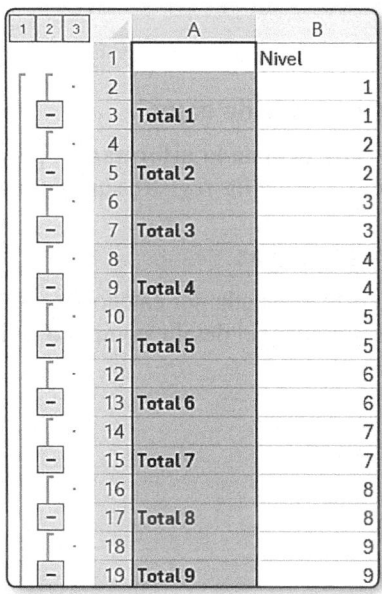

35.13.4 Modificación y eliminación de subtotales

Los subtotales pueden:

- Modificarse cambiando la función aplicada.
- Reemplazarse por otros subtotales.
- Eliminarse completamente para recuperar la lista original.

Eliminar los subtotales no borra los datos originales, solo elimina las filas y el esquema creados automáticamente.

35.14 RELACIÓN ENTRE ORDENACIÓN, FILTROS Y SUBTOTALES

Estas tres herramientas están estrechamente relacionadas:

- La ordenación organiza los datos.
- Los filtros permiten analizarlos selectivamente.
- Los subtotales resumen la información agrupada.

El uso combinado de estas opciones permite trabajar con listas de datos complejas de forma eficiente y controlada, mejorando la capacidad de análisis y la claridad de la información.

ACTIVIDADES

Actividad 1. Ordenación y filtrado de datos

A partir de una lista de datos, **ordena la información** por uno y por varios campos y aplica **filtros** para mostrar únicamente los registros que cumplan determinados criterios.

Actividad 2. Subtotales y esquemas

Aplica **subtotales** a una lista ordenada por categorías y utiliza el **esquema** generado para alternar entre la vista resumida y el detalle completo de los datos.

36

UTILIZACIÓN DE LAS HERRAMIENTAS DE REVISIÓN Y TRABAJO CON LIBROS COMPARTIDOS EN MICROSOFT EXCEL

El trabajo colaborativo con hojas de cálculo es una realidad habitual en entornos profesionales. En muchas organizaciones, un mismo archivo de Excel es utilizado, revisado o modificado por varias personas, ya sea de forma simultánea o en distintos momentos del tiempo. Para dar respuesta a esta necesidad, Microsoft Excel incorpora **herramientas específicas de revisión, control y protección**, diseñadas para facilitar el trabajo compartido y reducir errores derivados de modificaciones no controladas.

Este punto aborda el uso de las principales herramientas de revisión y colaboración disponibles en Excel, centrándose en:

- Inserción y gestión de comentarios.
- Control y seguimiento de cambios.
- Comparación de documentos.
- Protección de hojas y libros.
- Trabajo con libros compartidos.

El objetivo es que el usuario adquiera una visión clara y práctica de cómo **revisar, controlar y proteger la información** cuando una hoja de cálculo es utilizada por varias personas.

36.1 IMPORTANCIA DE LA REVISIÓN Y EL TRABAJO COMPARTIDO

Cuando un archivo de Excel es utilizado por una sola persona, el control de los cambios es relativamente sencillo. Sin embargo, cuando el archivo se comparte:

- Aumenta el riesgo de errores.
- Se pueden perder datos importantes.
- Es más difícil identificar quién ha realizado una modificación.
- Pueden producirse conflictos entre versiones.

Las herramientas de revisión permiten:

▶ Documentar cambios.

▶ Añadir aclaraciones.

▶ Controlar quién puede modificar qué.

▶ Proteger información sensible.

▶ Mantener la integridad del documento.

En Excel, estas herramientas están integradas de forma que puedan utilizarse tanto en archivos locales como en archivos almacenados en la nube.

36.2 INSERCIÓN DE COMENTARIOS

Los **comentarios** permiten añadir observaciones, aclaraciones o indicaciones a una celda sin modificar su contenido. Son especialmente útiles para:

▶ Explicar datos.

▶ Solicitar revisiones.

▶ Dejar instrucciones.

▶ Comunicar cambios a otros usuarios.

36.2.1 Diferencia entre datos y comentarios

Es fundamental que el lector comprenda que:

▶ El comentario no altera el valor de la celda.

▶ No afecta a fórmulas ni cálculos.

▶ No se imprime por defecto (salvo configuración específica).

▶ Sirve como elemento informativo o comunicativo.

Esta separación entre dato y comentario evita errores y mantiene la hoja limpia y funcional.

36.2.2 Inserción de un comentario

Para insertar un comentario en Excel:

▶ Se selecciona la celda correspondiente.

▶ Se utiliza la opción de insertar comentario.

▶ Se escribe el texto deseado.

Una vez insertado, el comentario queda asociado a la celda y puede visualizarse al seleccionarla o al pasar el cursor por encima, según configuración.

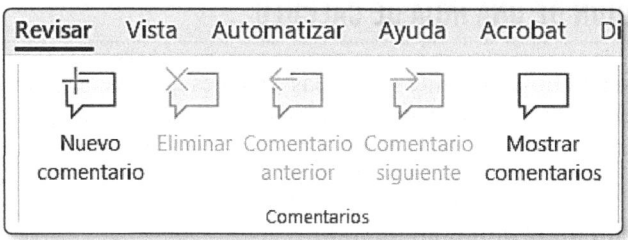

36.2.3 Edición y eliminación de comentarios

Los comentarios pueden:

- Editarse para actualizar la información.
- Eliminarse cuando ya no son necesarios.

Es importante eliminar comentarios obsoletos para evitar confusiones, especialmente en documentos compartidos durante largos periodos de tiempo.

36.2.4 Uso correcto de los comentarios

Recomendaciones en el uso de comentarios:

- Ser claros y concisos.
- Evitar comentarios ambiguos.
- No utilizar comentarios como sustituto de datos.
- Revisarlos periódicamente.

36.3 CONTROL DE CAMBIOS EN UN LIBRO DE EXCEL

El **control de cambios** permite registrar las modificaciones realizadas en un archivo, facilitando su seguimiento y revisión. Aunque Excel ha evolucionado hacia modelos de colaboración en tiempo real, sigue siendo fundamental comprender el concepto de control de cambios.

El control de cambios resulta útil para:

- Revisar modificaciones realizadas por otros usuarios.
- Aceptar o rechazar cambios.
- Mantener un historial de ediciones.

36.4 PROTECCIÓN DE UNA HOJA DE CÁLCULO

La **protección de hojas** permite limitar las acciones que pueden realizar los usuarios sobre una hoja concreta. Esta herramienta es clave para evitar modificaciones accidentales o no autorizadas.

36.4.1 Concepto de protección de hoja

Cuando una hoja está protegida:

▶ Se pueden bloquear celdas específicas.

▶ Se puede permitir o restringir determinadas acciones.

▶ Se mantiene la estructura de la hoja.

La protección no elimina datos, solo controla el acceso y la edición.

36.4.2 Configuración de la protección

Al proteger una hoja, Excel permite:

▶ Definir una contraseña.

▶ Elegir qué acciones están permitidas.

▶ Determinar qué celdas pueden editarse.

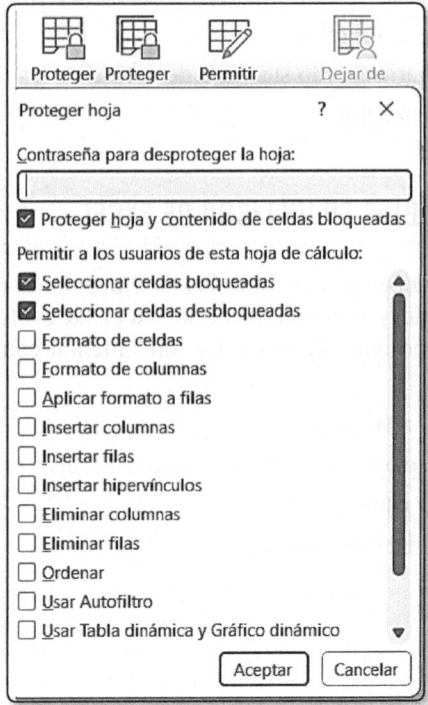

36.4.3 Uso adecuado de la protección

La protección es recomendable cuando:

▼ La hoja contiene fórmulas importantes.

▼ El archivo será usado por personal no experto.

▼ Se desea preservar la estructura del documento.

36.5 PROTECCIÓN DE UN LIBRO COMPLETO

Además de proteger hojas individuales, Excel permite **proteger el libro completo**, evitando cambios en su estructura.

36.5.1 Qué protege la protección del libro

La protección del libro permite:

▼ Evitar la inserción o eliminación de hojas.

▼ Impedir el cambio de nombre de hojas.

▼ Mantener la estructura del archivo.

Esta opción es útil en documentos con estructura fija.

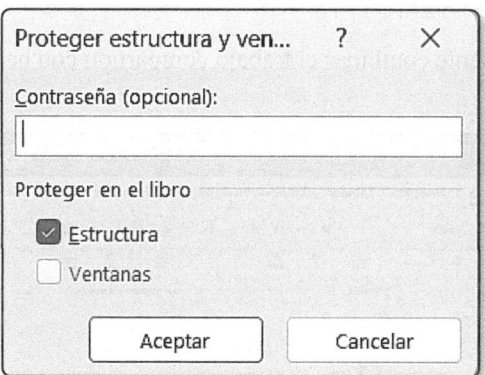

36.6 TRABAJO CON LIBROS COMPARTIDOS

Los **libros compartidos** permiten que varias personas trabajen sobre el mismo archivo. En Excel, esta funcionalidad se ha reforzado especialmente cuando los archivos se almacenan en entornos compartidos.

36.6.1 Concepto de libro compartido

Un libro compartido es aquel que:

- Puede ser editado por varios usuarios.
- Permite ver cambios en tiempo real o diferido.
- Facilita la colaboración.

36.6.2 Ventajas del trabajo compartido

Entre las principales ventajas destacan:

- Ahorro de tiempo.
- Reducción de duplicidades.
- Mejora de la comunicación.
- Actualización constante de la información.

36.6.3 Riesgos del trabajo compartido

También existen riesgos si no se gestiona correctamente:

- Conflictos de edición.
- Pérdida de información.
- Errores no detectados.

Por ello, es importante combinar el trabajo compartido con herramientas de revisión y protección.

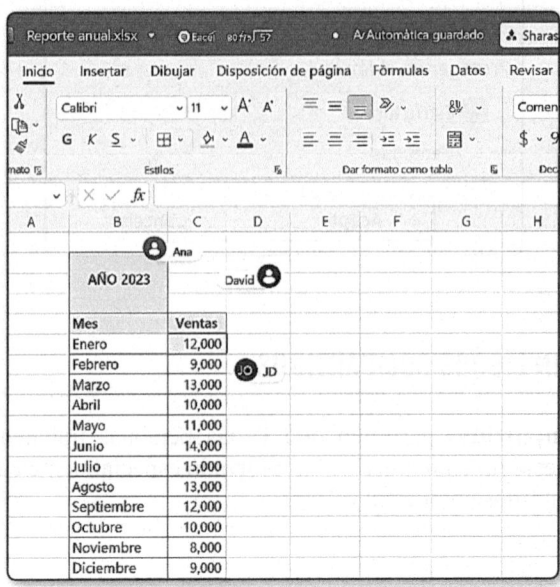

36.7 GESTIÓN DE CONFLICTOS EN DOCUMENTOS COMPARTIDOS

Cuando varias personas trabajan sobre un mismo libro de Excel, especialmente de forma simultánea, pueden producirse **conflictos de edición**. Un conflicto aparece cuando dos o más usuarios modifican el mismo elemento del documento (una celda, una fórmula o una estructura) al mismo tiempo o antes de que los cambios se sincronicen correctamente.

La correcta gestión de estos conflictos es esencial para evitar la pérdida de información y garantizar la coherencia del documento final.

36.7.1 Concepto de conflicto de edición

Un conflicto de edición se produce cuando Excel detecta que existen **dos versiones distintas de un mismo dato** y no puede decidir automáticamente cuál debe conservarse. Esto puede suceder, por ejemplo, cuando:

- Dos usuarios editan la misma celda casi simultáneamente.
- Un usuario trabaja sin conexión y guarda cambios posteriormente.
- Se realizan modificaciones estructurales mientras otro usuario edita datos.

Excel está diseñado para minimizar estos conflictos, pero es importante que el usuario conozca cómo identificarlos y resolverlos.

36.7.2 Detección de conflictos

Cuando se produce un conflicto, Excel puede:

- Mostrar un aviso al usuario.
- Solicitar que se elija qué cambio conservar.
- Crear versiones alternativas del contenido.

El usuario debe revisar cuidadosamente las opciones antes de confirmar una decisión, especialmente en documentos críticos.

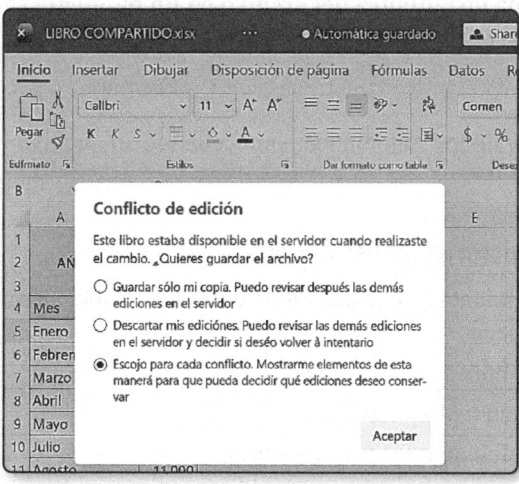

36.7.3 Resolución de conflictos

Para resolver un conflicto, Excel permite:

▶ Aceptar el cambio propio.

▶ Aceptar el cambio de otro usuario.

▶ Revisar ambas versiones antes de decidir.

La elección debe basarse en:

▶ La coherencia del dato.

▶ La actualización más reciente.

▶ La finalidad del documento.

Una buena práctica es **comunicar previamente** los cambios importantes cuando se trabaja en equipo, para reducir la aparición de conflictos.

36.8 HISTORIAL DE VERSIONES

El **historial de versiones** es una de las herramientas más valiosas del trabajo colaborativo en Excel. Permite acceder a versiones anteriores del documento y restaurarlas si es necesario.

Esta funcionalidad resulta especialmente útil cuando:

▶ Se detecta un error grave tras una modificación.

▶ Se desea recuperar información eliminada.

▶ Se necesita comparar el estado actual con versiones anteriores.

36.8.1 Qué es una versión de un documento

Una versión es una **instantánea del archivo en un momento concreto**, que incluye:

▶ Datos.   ▶ Estructura.

▶ Fórmulas.   ▶ Formato.

Excel guarda versiones automáticamente cuando el archivo se almacena en un entorno compartido.

36.8.2 Acceso al historial de versiones

El historial de versiones puede consultarse desde las opciones del archivo. Una vez abierto, el usuario puede:

▶ Ver la fecha y hora de cada versión.

▶ Identificar quién realizó cambios.

▶ Abrir una versión anterior para revisarla.

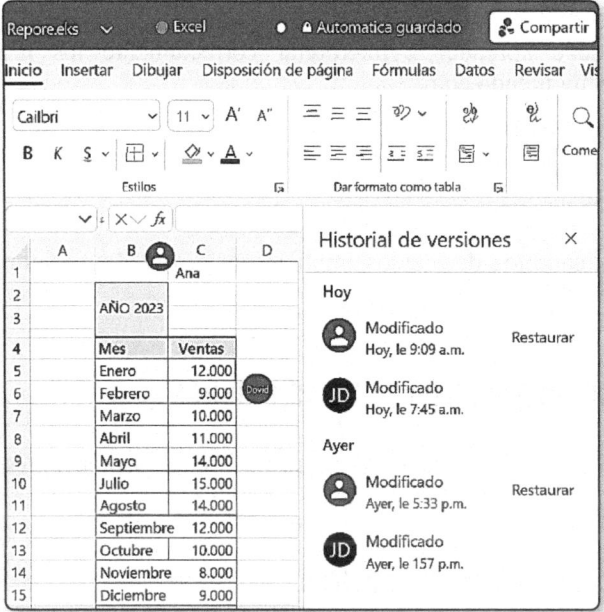

36.8.3 Restauración de versiones anteriores

Excel permite restaurar una versión anterior del documento. Al hacerlo:

▶ El contenido actual se reemplaza por la versión seleccionada.

▶ Se conserva el historial, permitiendo volver atrás si fuera necesario.

Esta función actúa como un sistema de seguridad ante errores humanos.

36.9 COMPARACIÓN AVANZADA DE CAMBIOS

Además de la comparación básica entre documentos, Excel permite realizar **análisis más detallados de los cambios** cuando se trabaja con versiones diferentes de un mismo archivo.

36.9.1 Tipos de cambios comparables

Al comparar versiones, pueden detectarse cambios en:

▶ Valores numéricos.

▶ Textos.

▶ Fórmulas.

▶ Referencias.

▶ Formato de celdas.

▶ Estructura de hojas.

Esta comparación es especialmente útil en procesos de revisión y auditoría interna.

36.9.2 Interpretación de los resultados

El usuario debe aprender a interpretar correctamente los resultados de una comparación, distinguiendo entre:

- Cambios intencionados.
- Cambios accidentales.
- Cambios irrelevantes.

No todos los cambios detectados implican un error; algunos forman parte de la evolución normal del documento.

36.10 PROTECCIÓN AVANZADA DE HOJAS Y LIBROS

Además de la protección básica, Excel permite aplicar **protecciones más avanzadas** para reforzar la seguridad del documento.

36.10.1 Protección selectiva de celdas

Es posible:

- Bloquear solo determinadas celdas.
- Permitir la edición de otras.
- Proteger fórmulas manteniendo visibles los resultados.

Esta protección selectiva es muy útil en hojas que combinan:

- Zonas de entrada de datos.
- Zonas de cálculo.
- Zonas informativas.

36.10.2 Protección con contraseña

Las contraseñas permiten:

- Limitar el acceso a modificaciones.
- Proteger la estructura del documento.
- Evitar cambios no autorizados.

Es importante gestionar correctamente las contraseñas para evitar la pérdida de acceso al archivo.

36.10.3 Limitaciones de la protección

La protección de Excel no debe entenderse como un sistema de seguridad absoluta, sino como una herramienta de control. Su función principal es:

- Evitar errores accidentales.
- Disuadir modificaciones no autorizadas.
- Mantener la integridad estructural.

36.11 RECOMENDACIONES EN EL TRABAJO COLABORATIVO

Para trabajar eficazmente con libros compartidos en Excel, es recomendable seguir una serie de buenas prácticas.

36.11.1 Organización previa del documento

Antes de compartir un archivo:

- Definir claramente su estructura.
- Proteger celdas críticas.
- Establecer zonas de entrada de datos.
- Eliminar información innecesaria.

Una buena organización reduce errores y conflictos.

36.11.2 Comunicación entre usuarios

El uso de comentarios y mensajes claros facilita:

- La coordinación del trabajo.
- La resolución de dudas.
- La identificación de responsabilidades.

La comunicación es tan importante como la herramienta.

36.11.3 Revisión periódica del documento

Es recomendable:

- Revisar cambios regularmente.
- Comprobar fórmulas críticas.
- Validar datos introducidos por otros usuarios.

Esta revisión continua mejora la calidad del resultado final.

36.12 CASOS PRÁCTICOS DE TRABAJO COMPARTIDO

En la práctica profesional, el trabajo compartido con Excel se utiliza en múltiples contextos, como:

▶ Presupuestos colaborativos.

▶ Listados de seguimiento.

▶ Informes periódicos.

▶ Control de proyectos.

En todos estos casos, las herramientas de revisión y protección juegan un papel clave para garantizar la fiabilidad de la información.

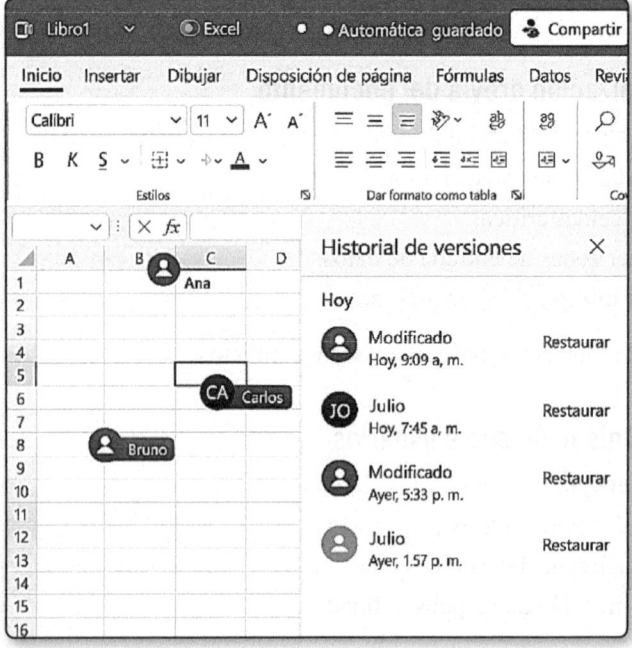

36.13 ERRORES COMUNES EN DOCUMENTOS COMPARTIDOS

Algunos errores frecuentes son:

▶ No proteger fórmulas importantes.

▶ Editar simultáneamente sin coordinación.

▶ Ignorar avisos de conflicto.

▶ No revisar el historial de versiones.

Conocer estos errores permite evitarlos y mejorar el trabajo en equipo.

ACTIVIDADES

Actividad 1. Comentarios y revisión de cambios

Inserta **comentarios** en varias celdas de una hoja de Excel y revisa las **modificaciones realizadas** en el documento, identificando los cambios efectuados.

Actividad 2. Protección y trabajo compartido

Protege una **hoja de cálculo** para impedir la modificación de fórmulas y comparte el libro para su uso colaborativo, comprobando el **historial de versiones** y la gestión básica de cambios.

37

IMPORTACIÓN DE DATOS DESDE OTRAS APLICACIONES DEL PAQUETE OFIMÁTICO EN MICROSOFT EXCEL

La importación de datos desde otras aplicaciones es una de las funciones más importantes de Microsoft Excel en entornos profesionales. En la práctica, la información con la que se trabaja rara vez se genera íntegramente dentro de una sola aplicación. Es habitual que los datos procedan de documentos de texto, hojas de cálculo previas, bases de datos, presentaciones u otras fuentes externas.

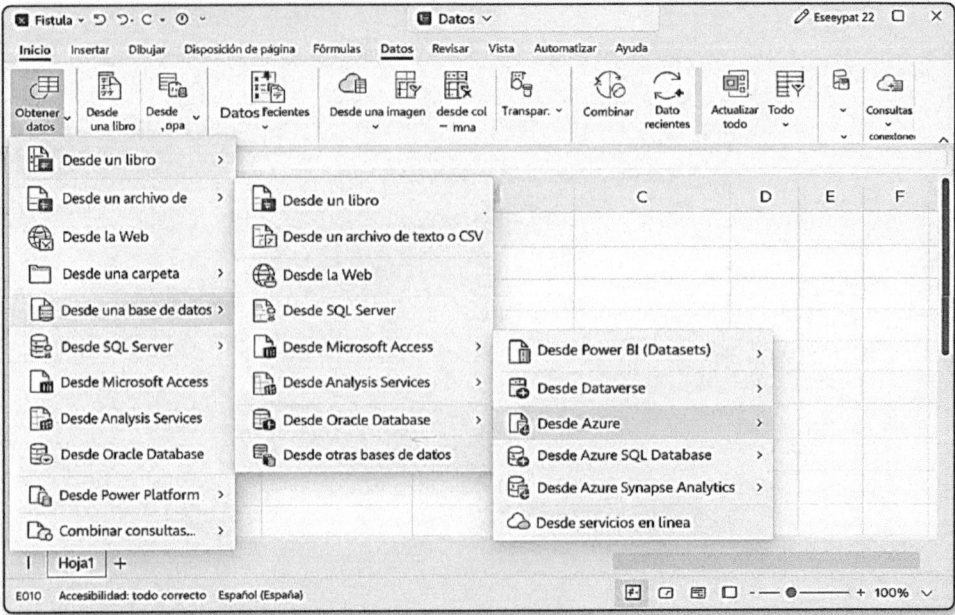

Excel actúa como una **herramienta centralizadora de información**, capaz de recibir datos desde múltiples aplicaciones del paquete ofimático y organizarlos para su posterior análisis, tratamiento y presentación. Dominar estas opciones de importación permite:

- Evitar la duplicación de trabajo.
- Reducir errores derivados de la introducción manual de datos.
- Mantener la coherencia de la información.
- Actualizar datos procedentes de otras fuentes.

Este punto aborda la importación de datos desde:

- Bases de datos.
- Presentaciones.
- Documentos de texto.

37.1 CONCEPTO DE IMPORTACIÓN DE DATOS EN EXCEL

La **importación de datos** consiste en incorporar información generada en otra aplicación o sistema dentro de una hoja de cálculo de Excel, conservando su estructura básica y permitiendo su posterior manipulación.

Importar datos no significa únicamente copiar y pegar información. Excel ofrece mecanismos que permiten:

- Mantener formatos.
- Conservar estructuras.
- Actualizar datos importados.
- Establecer vínculos entre archivos.

Comprender esta diferencia es fundamental para utilizar correctamente las herramientas de importación.

37.2 IMPORTACIÓN DESDE BASES DE DATOS

Las **bases de datos** son uno de los orígenes más habituales de información estructurada. En entornos administrativos y empresariales, gran parte de los datos se almacenan en sistemas de bases de datos que posteriormente deben analizarse o resumirse mediante Excel.

37.2.1 Características de los datos procedentes de bases de datos

Los datos procedentes de bases de datos suelen:

▼ Estar altamente estructurados.

▼ Organizarse en tablas relacionadas.

▼ Contener grandes volúmenes de registros.

▼ Seguir reglas estrictas de integridad.

Excel permite importar este tipo de datos respetando su estructura y facilitando su análisis posterior.

37.2.2 Proceso general de importación desde una base de datos

El proceso de importación desde una base de datos implica normalmente:

▼ Seleccionar la fuente de datos.

▼ Establecer una conexión.

▼ Elegir las tablas o consultas necesarias.

▼ Definir cómo se cargarán los datos en la hoja de cálculo.

Una vez importados, los datos pueden tratarse como cualquier otra tabla de Excel.

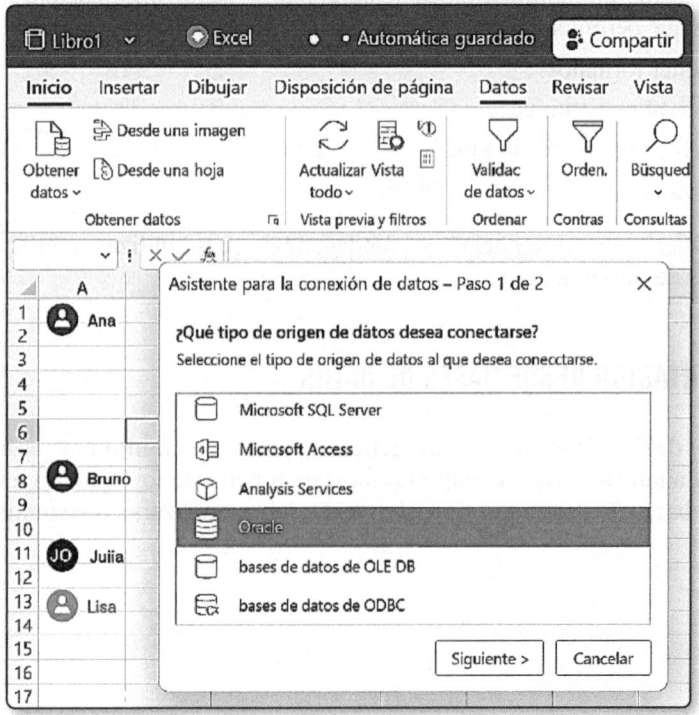

37.2.3 Ventajas de importar datos frente a copiarlos manualmente

Importar datos desde una base de datos ofrece ventajas claras:

▼ Reducción de errores.

▼ Ahorro de tiempo.

▼ Posibilidad de actualización automática.

▼ Conservación de la estructura original.

Estas ventajas hacen que la importación sea la opción preferente en entornos profesionales.

37.2.4 Actualización de datos importados

Una vez importados, los datos pueden actualizarse si la base de datos original cambia. Excel permite:

▼ Refrescar los datos.

▼ Mantener el vínculo con la fuente.

▼ Evitar la reimportación manual.

Esta funcionalidad es especialmente útil en informes periódicos.

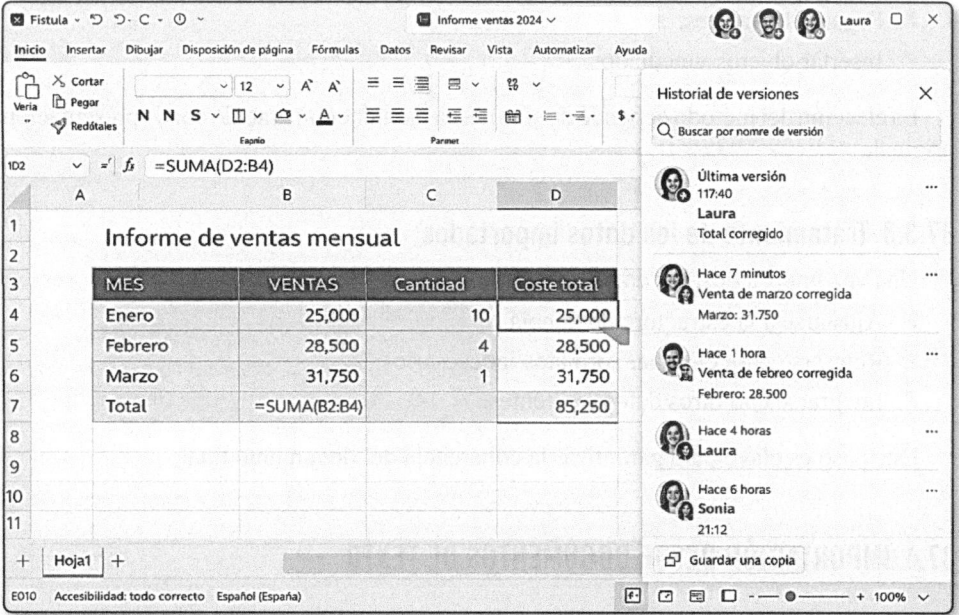

37.3 IMPORTACIÓN DESDE PRESENTACIONES

Aunque las **presentaciones** no son una fuente típica de datos numéricos, en muchos casos contienen tablas, listados o información estructurada que puede ser útil en Excel.

37.3.1 Tipo de información importable desde presentaciones

Desde una presentación pueden importarse:

▶ Tablas.

▶ Listados.

▶ Datos resumidos.

▶ Información estructurada mostrada en diapositivas.

Este tipo de importación suele realizarse mediante copia y pegado avanzado o inserción de objetos.

37.3.2 Inserción de datos de presentaciones en Excel

Excel permite:

▶ Pegar datos conservando formato.

▶ Pegar solo valores.

▶ Insertar objetos vinculados.

La elección del método depende de si se desea mantener un vínculo con la presentación original.

37.3.3 Tratamiento de los datos importados

Una vez importados, los datos deben:

▶ Ajustarse a la estructura de la hoja.

▶ Revisarse para eliminar formatos innecesarios.

▶ Integrarse con otros datos existentes.

Este paso es clave para garantizar la coherencia del documento final.

37.4 IMPORTACIÓN DESDE DOCUMENTOS DE TEXTO

Los **documentos de texto** son una de las fuentes más comunes de información que posteriormente se necesita analizar en Excel.

Pueden contener:

- Listados.
- Tablas.
- Informes.
- Registros estructurados.

37.4.1 Tipos de documentos de texto

Los documentos de texto pueden ser:

- Documentos con formato.
- Archivos de texto plano.
- Informes exportados desde otras aplicaciones.

Excel ofrece distintas opciones de importación según el tipo de documento.

37.4.2 Importación de tablas desde documentos de texto

Cuando un documento contiene tablas bien definidas, Excel puede:

- Reconocer filas y columnas.
- Importar los datos respetando su estructura.
- Convertirlos en tablas de Excel.

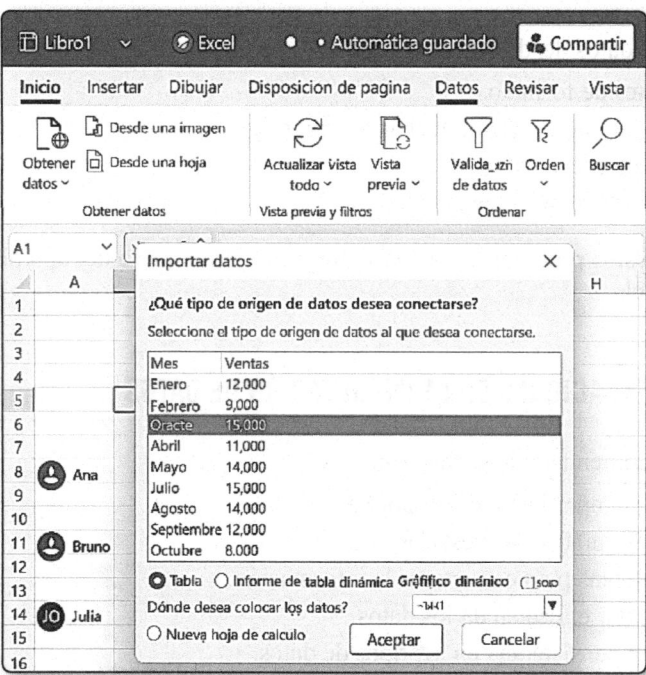

37.4.3 Importación de texto delimitado

En el caso de archivos de texto plano, los datos suelen estar separados por:

▼ Comas.

▼ Puntos y coma.

▼ Tabulaciones.

Excel permite especificar el delimitador para convertir correctamente el texto en columnas.

Este tipo de importación es muy habitual cuando los datos proceden de exportaciones automáticas.

37.4.4 Revisión de los datos importados

Tras la importación, es imprescindible:

▼ Revisar la correcta separación de columnas.

▼ Verificar los tipos de datos.

▼ Ajustar formatos si es necesario.

Este proceso garantiza que los datos estén listos para su análisis.

37.5 PROBLEMAS HABITUALES EN LA IMPORTACIÓN DE DATOS

Al importar datos desde otras aplicaciones pueden surgir problemas como:

▼ Desajustes de formato.

▼ Conversión incorrecta de fechas o números.

▼ Pérdida de encabezados.

▼ Inclusión de datos innecesarios.

Identificar estos problemas y saber corregirlos forma parte del aprendizaje práctico del uso de Excel.

37.6 RECOMENDACIONES EN LA IMPORTACIÓN DE DATOS

Algunas recomendaciones clave son:

▼ Revisar siempre los datos importados.

▼ Limpiar formatos innecesarios.

▼ Utilizar tablas para estructurar la información.

▼ Documentar el origen de los datos.

▼ Mantener consistencia en los tipos de datos.

37.7 IMPORTACIÓN AVANZADA DE DATOS Y VÍNCULOS ENTRE APLICACIONES

Además de la importación puntual de información, Excel permite establecer **vínculos dinámicos** con datos procedentes de otras aplicaciones del paquete ofimático. Estos vínculos permiten que la información importada se actualice automáticamente cuando cambian los datos de origen, evitando así procesos manuales repetitivos.

La importación avanzada se utiliza principalmente cuando:

▶ Los datos se actualizan periódicamente.
▶ El archivo de Excel funciona como informe o cuadro de mando.
▶ Se necesita coherencia permanente entre distintas aplicaciones.
▶ Se trabaja con información viva que no debe duplicarse.

Comprender la diferencia entre **datos importados estáticos** y **datos vinculados** es fundamental para utilizar correctamente estas opciones.

37.8 CONCEPTO DE VÍNCULO DE DATOS

Un **vínculo de datos** es una conexión establecida entre un archivo de Excel y una fuente externa de información. En lugar de copiar los datos, Excel mantiene una referencia a su origen y puede actualizar el contenido cuando sea necesario.

Un vínculo puede establecerse con:

▶ Otros libros de Excel.
▶ Bases de datos.
▶ Documentos de texto.
▶ Otras aplicaciones del paquete ofimático.

Este tipo de conexión es especialmente útil en entornos donde se generan informes periódicos a partir de datos comunes.

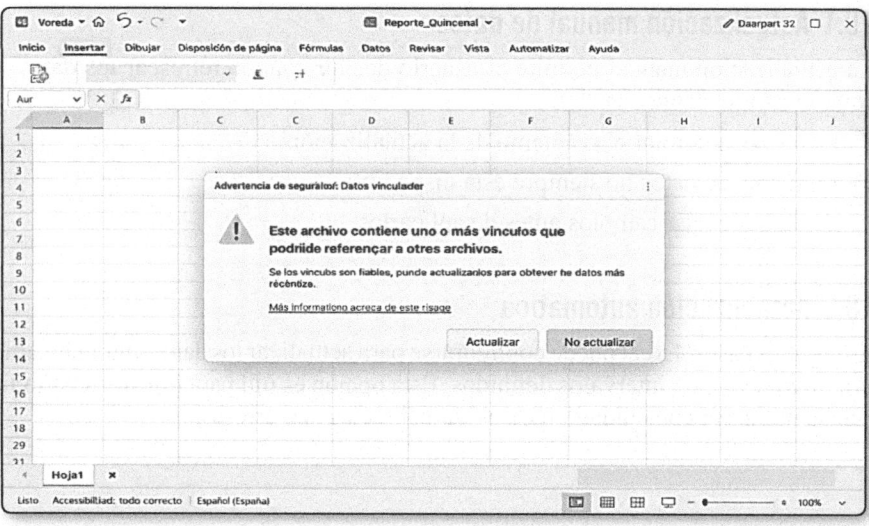

37.9 VENTAJAS Y RIESGOS DE LOS DATOS VINCULADOS

El uso de datos vinculados presenta numerosas ventajas, pero también requiere precaución.

Entre las **ventajas** destacan:

- Actualización automática de la información.
- Eliminación de duplicidades.
- Reducción de errores de transcripción.
- Ahorro de tiempo en procesos repetitivos.

Entre los **riesgos** se encuentran:

- Dependencia de la fuente original.
- Errores si la fuente se modifica o elimina.
- Necesidad de controlar permisos y accesos.
- Posibles problemas de compatibilidad entre versiones.

Por ello, es importante evaluar cuándo conviene utilizar vínculos y cuándo es preferible trabajar con datos importados de forma estática.

37.10 ACTUALIZACIÓN DE DATOS IMPORTADOS Y VINCULADOS

Excel permite actualizar los datos importados o vinculados de forma manual o automática. Esta funcionalidad es clave cuando se trabaja con información que cambia con frecuencia.

37.10.1 Actualización manual de datos

La actualización manual permite al usuario decidir cuándo refrescar los datos. Esta opción es recomendable cuando:

- Se quiere controlar el momento de la actualización.
- La fuente de datos no siempre está disponible.
- Se desea revisar cambios antes de aplicarlos.

37.10.2 Actualización automática

En algunos casos, Excel puede configurarse para actualizar los datos automáticamente al abrir el archivo o en intervalos definidos. Esta opción es útil para informes periódicos, pero debe utilizarse con cuidado para evitar sobrecargas o errores.

37.10.3 Gestión de errores en la actualización

Cuando Excel no puede actualizar los datos, puede mostrar avisos o errores. Las causas más habituales son:

- Archivo de origen no disponible.
- Cambios en la estructura de la fuente.
- Falta de permisos.
- Problemas de conexión.

El usuario debe aprender a interpretar estos mensajes y a tomar decisiones adecuadas.

37.11 INTEGRACIÓN DE DATOS IMPORTADOS CON FÓRMULAS Y TABLAS

Una vez importados, los datos no deben considerarse aislados. Excel permite integrarlos plenamente con el resto de herramientas de la hoja de cálculo.

37.11.1 Conversión de datos importados en tablas

Es altamente recomendable convertir los datos importados en **tablas de Excel**, ya que esto permite:

- Aplicar filtros y ordenaciones.
- Utilizar referencias estructuradas.
- Facilitar la actualización de fórmulas.
- Mejorar la legibilidad del documento.

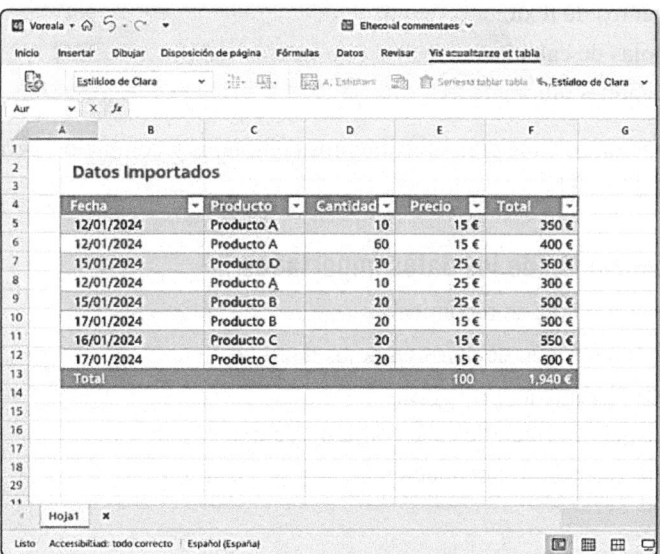

37.11.2 Uso de fórmulas sobre datos importados

Los datos importados pueden utilizarse en:

- Fórmulas matemáticas.
- Funciones de resumen.
- Cálculos comparativos.
- Informes dinámicos.

Es importante asegurarse de que los tipos de datos sean correctos (número, texto, fecha) para evitar errores en los cálculos.

37.11.3 Dependencia entre datos importados y cálculos

Cuando los datos importados se utilizan en fórmulas, cualquier actualización puede afectar a los resultados. Por ello, es recomendable:

- Verificar los cálculos tras cada actualización.
- Documentar la relación entre datos y resultados.
- Proteger fórmulas críticas.

37.12 IMPORTACIÓN COMBINADA DE MÚLTIPLES FUENTES

En entornos reales, es habitual que un mismo libro de Excel integre datos procedentes de varias fuentes distintas. Excel permite combinar información de:

- Bases de datos.
- Documentos de texto.
- Otras hojas de cálculo.
- Exportaciones automáticas.

Esta integración permite crear documentos complejos y completos, pero requiere una planificación adecuada.

37.12.1 Organización de los datos importados

Para evitar confusión, se recomienda:

- Separar cada origen de datos en hojas distintas.
- Nombrar claramente las hojas.
- Documentar el origen de cada conjunto de datos.
- Evitar mezclar datos sin relación.

37.12.2 Consolidación de datos

Una vez importados, los datos pueden consolidarse mediante:

- Fórmulas.
- Tablas.
- Herramientas de resumen.

La consolidación permite obtener una visión global a partir de múltiples fuentes.

37.13 PROBLEMAS FRECUENTES EN LA INTEGRACIÓN DE DATOS

Al trabajar con datos importados desde distintas aplicaciones pueden surgir problemas como:

- Incompatibilidad de formatos.
- Diferencias en criterios de clasificación.
- Duplicidad de registros.
- Inconsistencias en los encabezados.

Detectar estos problemas forma parte del trabajo habitual con Excel y requiere atención y método.

37.14 SEGURIDAD Y CONTROL EN LA IMPORTACIÓN DE DATOS

La importación de datos implica también aspectos de seguridad y control, especialmente cuando los archivos se comparten.

Es recomendable:

- Verificar el origen de los datos.
- Evitar archivos de procedencia desconocida.
- Proteger hojas con datos sensibles.
- Limitar permisos de edición.

Estas medidas ayudan a preservar la integridad del documento y la seguridad de la información.

37.15 CASOS PRÁCTICOS DE IMPORTACIÓN EN ENTORNOS PROFESIONALES

Algunos ejemplos habituales de uso de la importación en Excel son:

- ▰ Importación de listados de clientes desde una base de datos.
- ▰ Integración de informes de ventas generados en otras aplicaciones.
- ▰ Análisis de datos exportados desde sistemas externos.
- ▰ Consolidación de información procedente de distintos departamentos.

Estos casos reflejan la importancia de dominar las herramientas de importación.

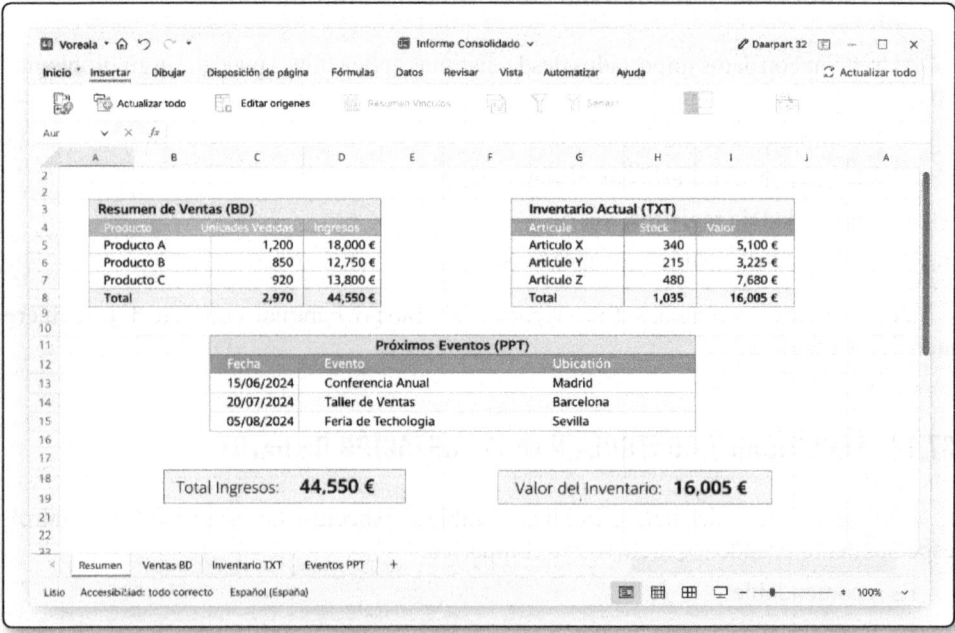

37.16 ERRORES COMUNES EN LA IMPORTACIÓN DE DATOS

Entre los errores más frecuentes destacan:

- ▰ No revisar los datos tras la importación.
- ▰ Confiar ciegamente en la estructura importada.
- ▰ No documentar el origen de los datos.
- ▰ Mezclar datos sin coherencia.

Evitar estos errores mejora la calidad del trabajo realizado.

ACTIVIDADES

Actividad 1. Importación de datos desde un documento de texto y estructuración en Excel

El lector trabajará con un archivo de texto que contiene información estructurada y la importará en Excel, ajustando su formato y estructura.

Pasos a realizar:

1. Abrir un libro nuevo en Excel.
2. Acceder a la opción de importación de datos desde un archivo de texto.
3. Seleccionar un archivo de texto que contenga una lista de registros separados por delimitadores.
4. Indicar el delimitador correcto para separar la información en columnas.
5. Revisar la vista previa del resultado antes de completar la importación.
6. Confirmar la importación y comprobar que los datos se han distribuido correctamente.
7. Convertir el rango importado en una tabla de Excel.
8. Revisar los tipos de datos de cada columna y corregirlos si es necesario.
9. Guardar el archivo.

Actividad 2. Importación y actualización de datos vinculados desde otra hoja de cálculo

El lector importará datos desde un libro de Excel existente y verificará cómo se actualizan automáticamente cuando cambia la información de origen.

Pasos a realizar:

1. Abrir un libro de Excel que contenga una tabla de datos.
2. Crear un segundo libro de Excel que actuará como documento de destino.
3. Importar los datos del primer libro al segundo utilizando una conexión o vínculo.
4. Comprobar que los datos importados aparecen correctamente en el libro de destino.
5. Modificar un dato en el libro de origen.
6. Actualizar los datos en el libro de destino.
7. Verificar que el cambio se refleja correctamente.
8. Documentar el origen de los datos en una celda o comentario.
9. Guardar ambos archivos.

Parte IV

APLICACIONES INFORMÁTICAS DE BASES DE DATOS RELACIONALES

38

INTRODUCCIÓN Y CONCEPTOS GENERALES DE LA APLICACIÓN DE BASE DE DATOS

Access forma parte del conjunto de aplicaciones de Microsoft 365 orientadas a la productividad, pero ocupa un lugar muy particular: es la herramienta especializada en la gestión de información estructurada mediante bases de datos relacionales. Mientras que Excel permite trabajar con datos de forma flexible, pero sin una estructura formal rígida, Access obliga a pensar en términos de entidades, campos, registros y relaciones. Esa "obligación" no es una limitación, sino precisamente lo que convierte a Access en una herramienta idónea para entornos administrativos, comerciales, sanitarios, educativos o de recursos humanos, donde la información debe mantenerse coherente, libre de duplicidades y preparada para ser consultada de múltiples formas.

El objetivo de este primer capítulo es sentar las bases conceptuales y prácticas que necesita cualquier persona que se inicia en Access. Se explicará qué es realmente una base de datos y qué significa que sea "relacional"; se presentará el entorno de trabajo de Access, con sus elementos principales; se describirán los objetos clave (tablas, consultas, formularios e informes) y se mostrarán las distintas formas de crear, abrir, guardar y cerrar una base de datos. Por último, se abordarán las herramientas de copia de seguridad, compactación y reparación, fundamentales para mantener la integridad de la información a lo largo del tiempo.

A lo largo del capítulo, se intercalan notas, advertencias y ejemplos prácticos que facilitan la comprensión de los conceptos. El objetivo no es solo que el lector "sepa" qué es Access, sino que empiece a mirar cualquier información de su entorno –listados, ficheros, formularios en papel– como posibles bases de datos bien diseñadas o mal diseñadas.

38.1 QUÉ ES UNA BASE DE DATOS

Una base de datos es un conjunto estructurado de información que se almacena de forma organizada para permitir su consulta, gestión, actualización y análisis. No se trata simplemente de "muchos datos juntos", sino de datos organizados siguiendo un criterio definido. Su finalidad principal es facilitar el acceso rápido y fiable a esos datos, evitando duplicidades, errores y pérdidas de información. En el ámbito profesional, las bases de datos constituyen el núcleo de la gestión administrativa, comercial, logística, sanitaria, educativa y prácticamente cualquier actividad que requiera registrar información de manera sistemática.

Desde un punto de vista técnico, una base de datos se fundamenta en tres pilares que conviene tener siempre presentes:

- **Estructura**: la forma en que se organizan los datos (tablas, campos, relaciones).

- **Integridad**: el conjunto de reglas que garantizan que los datos sean coherentes y válidos.

- **Acceso**: los mecanismos que permiten consultar, modificar o analizar la información.

Cuando estos tres pilares están bien definidos, la base de datos se convierte en una herramienta fiable y potente. Cuando no lo están, la base de datos puede funcionar durante un tiempo, pero terminará generando problemas: datos duplicados, registros inconsistentes, dificultades para obtener informes fiables, etc.

38.1.1 Bases de datos relacionales

Access es un sistema de gestión de bases de datos relacional (SGBDR). Esto significa que organiza la información en **tablas** que pueden relacionarse entre sí mediante campos comunes. Cada tabla representa un tipo de entidad del mundo real (clientes, productos, pedidos, empleados, alumnos…), y cada registro representa un caso concreto de esa entidad.

Este modelo relacional permite:

- Reducir la duplicidad de datos, ya que cada dato se almacena en un único lugar.

- Mantener la coherencia entre registros, gracias a las claves primarias y las relaciones.

- Realizar consultas complejas que combinen información de varias tablas.

- Automatizar procesos mediante formularios, macros e informes, sin tener que reescribir los mismos datos una y otra vez.

Cuando se diseña una base de datos relacional, no se piensa en "listas largas" sino en entidades que se relacionan. Es decir, en lugar de tener una única tabla gigante con clientes y pedidos mezclados, se separa la información en varias tablas y se establecen las relaciones adecuadas.

38.1.2 Ejemplo

Imagina una empresa que gestiona pedidos. La información mínima que necesitaría almacenar podría organizarse así:

- ⚐ Una tabla **Clientes**, con los datos de cada cliente.
- ⚐ Una tabla **Productos**, con la información de cada producto.
- ⚐ Una tabla **Pedidos**, que recoge cada pedido realizado.
- ⚐ Una tabla **Líneas de pedido**, donde cada registro corresponde a un producto concreto dentro de un pedido.

Cada tabla almacena un tipo de información, pero todas se relacionan entre sí. Gracias a estas relaciones, es posible, por ejemplo, obtener un informe de ventas por cliente, un listado de los productos más vendidos o un resumen de pedidos por mes, sin tener que duplicar datos de clientes o productos en cada pedido.

38.2 ENTRADA Y SALIDA DE LA APLICACIÓN DE BASE DE DATOS

Access forma parte del ecosistema Microsoft 365 y puede iniciarse desde el menú Inicio de Windows, desde el buscador, desde el portal web de Microsoft 365 (en su versión online) o mediante un acceso directo en el escritorio o en la barra de tareas. El modo de arrancar el programa es similar al de cualquier otra aplicación de Office, pero lo realmente relevante es qué ocurre cuando se abre y qué tipo de pantalla inicial se muestra al usuario.

Al iniciar la aplicación, aparece la **pantalla de inicio**, que actúa como punto de partida para la creación o apertura de bases de datos. En esta pantalla, el usuario puede:

- ⚐ Crear una base de datos en blanco.
- ⚐ Seleccionar una plantilla predefinida (por ejemplo, contactos, tareas, inventarios…).
- ⚐ Abrir bases de datos recientes.
- ⚐ Acceder a otros archivos y opciones de configuración.

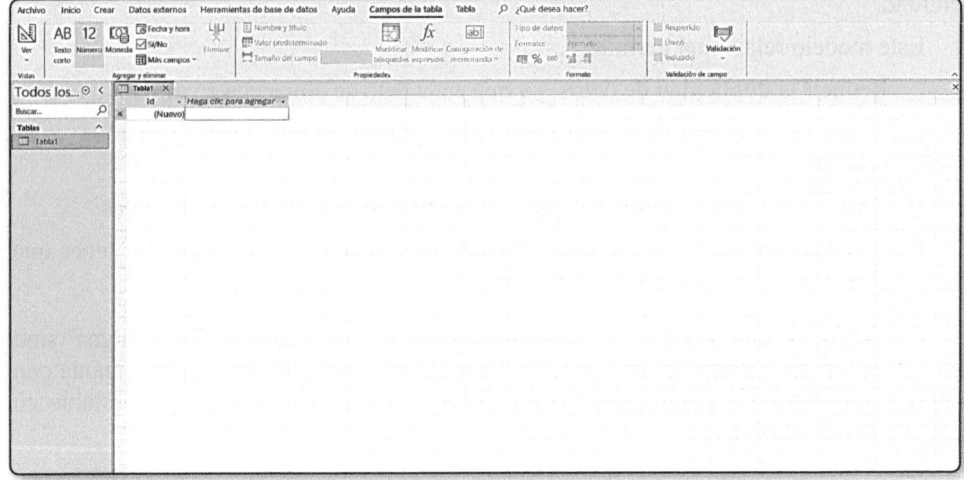

38.2.1 Salida de la aplicación

Salir de Access parece una operación trivial, pero tiene implicaciones importantes en términos de integridad de los datos. Para cerrar Access, existen varias opciones:

▶ Cerrar la ventana mediante el botón **X** de la esquina superior derecha.

▶ Ir al menú **Archivo** → **Salir**.

▶ Utilizar el atajo de teclado **ALT + F4**.

Si existen cambios sin guardar en la estructura de algún objeto (por ejemplo, en el diseño de una tabla o de un formulario), Access mostrará un aviso pidiendo confirmación para guardar. En cuanto a los datos (los registros), Access los guarda automáticamente al cambiar de registro o al cerrar el objeto.

Cerrar Access mientras se está realizando una operación de escritura importante (como una importación masiva de datos o una compactación) puede provocar la pérdida de información o incluso la corrupción del archivo de base de datos. Es fundamental esperar a que Access termine las operaciones en curso antes de salir.

38.3 LA VENTANA DE LA APLICACIÓN DE BASE DE DATOS

Una vez abierta una base de datos, Access muestra su interfaz principal, compuesta por varios elementos fundamentales que permiten trabajar con los objetos de la base de datos. Conocer estos elementos es clave para orientarse dentro de la aplicación y aprovechar todas sus posibilidades.

En la parte superior se encuentra la **barra de título**, que incluye el nombre del archivo de base de datos abierto, el nombre de la aplicación y, en algunos casos, un indicador de modo (por ejemplo, "Sólo lectura" si no se dispone de permisos de escritura en la ubicación del archivo). A la derecha, como en el resto de aplicaciones de Windows, aparecen los botones de minimizar, maximizar y cerrar.

Debajo de la barra de título se sitúa la **cinta de opciones**, que organiza las herramientas en pestañas temáticas, como **Archivo**, **Inicio**, **Crear**, **Datos externos**, **Herramientas de base de datos** o **Ayuda**. Cada pestaña contiene grupos de comandos relacionados: por ejemplo, en "Inicio" se encuentran las herramientas básicas para trabajar con datos, mientras que en "Crear" se concentran las opciones para generar tablas, consultas, formularios e informes.

A la izquierda de la ventana aparece el **panel de navegación**, que muestra todos los objetos definidos en la base de datos, clasificados por tipo (tablas, consultas, formularios, informes, macros y módulos) o según diferentes criterios de organización. Desde este panel se pueden abrir, renombrar, eliminar o modificar los objetos.

En el centro de la ventana se extiende el **área de trabajo**, donde se abren y editan los objetos seleccionados. Access permite tener varios objetos abiertos simultáneamente, cada uno en una pestaña, lo que facilita la comparación y el trabajo paralelo.

Por último, en la parte inferior se encuentra la **barra de estado**, que muestra información contextual, como el modo de vista actual (Hoja de datos, Diseño, Formulario, Informe), mensajes sobre la operación en curso o indicadores de bloqueo o edición.

> ### ⓘ Saber más
>
> Access permite personalizar tanto la cinta de opciones como el panel de navegación, adaptando la interfaz a las tareas más frecuentes del usuario. En entornos profesionales puede ser útil ocultar opciones avanzadas para evitar modificaciones no deseadas.

38.4 ELEMENTOS BÁSICOS DE LA BASE DE DATOS

Una base de datos en Access está compuesta por distintos tipos de objetos que trabajan de forma conjunta para almacenar, consultar, presentar y analizar información. Cada tipo de objeto tiene un propósito específico y, aunque en este primer contacto puede parecer que son muchos, se organizan de forma lógica:

- ▶ Las **tablas** son el elemento principal de almacenamiento.
- ▶ Las **consultas** se utilizan para obtener información específica a partir de una o varias tablas.
- ▶ Los **formularios** actúan como pantallas de introducción y visualización de datos.
- ▶ Los **informes** sirven para presentar esos datos de manera estructurada, a menudo con finalidad de impresión.
- ▶ Las **macros** y **módulos** se utilizan para automatizar tareas y añadir funcionalidades avanzadas mediante programación.

En este capítulo nos centraremos especialmente en los cuatro primeros (tablas, consultas, formularios e informes), que constituyen el núcleo operativo de Access en el ámbito administrativo y de gestión.

Recuadro explicativo: las macros y los módulos (código VBA) no son imprescindibles para comenzar a trabajar con Access, pero se vuelven muy útiles cuando se quiere automatizar procesos repetitivos o implementar reglas de negocio complejas. Primero es importante dominar tablas, consultas, formularios e informes; después ya habrá tiempo de "programar".

38.5 TABLAS

Las tablas son el corazón de cualquier base de datos relacional. En Access, cada tabla almacena información sobre un único tipo de entidad: clientes, productos, facturas, empleados, alumnos, proveedores, etc. Una tabla bien diseñada es la base de una base de datos robusta; una tabla mal diseñada arrastrará problemas al resto del sistema.

38.5.1 Estructura de una tabla

Una tabla está formada por **campos** y **registros**. Los campos definen el tipo de información que se almacenará (por ejemplo, nombre, apellidos, teléfono, correo electrónico, fecha de alta), mientras que cada registro representa una instancia concreta de la entidad (un cliente, un producto, un pedido).

Además, cada tabla debe tener una **clave primaria**, que es el campo o conjunto de campos que identifica de manera única cada registro. Esta clave evita que existan registros duplicados y sirve como referencia cuando se establecen relaciones con otras tablas.

Ejemplo de tabla Clientes

IDCliente (Clave primaria)	Nombre	Apellidos	Teléfono	Email
1.	Ana.	López.	600123456.	ana@example.com.
2.	Carlos.	Ruiz.	611987654.	carlos@example.com.

En este ejemplo, el campo IDCliente actúa como clave primaria. Cada cliente tiene un identificador único, aunque pueda haber dos personas con el mismo nombre y apellidos.

38.5.2 Tipos de datos

Access ofrece una amplia variedad de tipos de datos. La elección correcta es fundamental para garantizar la integridad y eficiencia de la base de datos. No es lo mismo almacenar un número como texto que como dato numérico: en el primer caso, no se podrán realizar cálculos con él.

Algunos de los tipos de datos más habituales en Access son:

- **Texto corto**: nombres, direcciones, códigos, teléfonos (cuando no se van a usar para cálculos).
- **Texto largo**: descripciones extensas, comentarios, observaciones.
- **Número**: valores numéricos con los que se realizarán cálculos (cantidades, unidades, etc.).
- **Fecha/Hora**: fechas de registro, de nacimiento, de vencimiento, etc.
- **Moneda**: importes económicos, precios, salarios (evita errores de redondeo).
- **Sí/No**: valores booleanos (por ejemplo, Activo/Inactivo).
- **Autonumérico**: identificadores únicos generados automáticamente.
- **Hipervínculo**: enlaces web o rutas a recursos.
- **Archivo adjunto**: documentos, imágenes u otros archivos asociados al registro.

Elegir un tipo de dato incorrecto (por ejemplo, almacenar importes económicos como texto) puede impedir realizar cálculos o generar errores en consultas y formularios. Es una decisión que conviene pensar desde el principio.

38.5.3 Vista Hoja de datos y Vista Diseño

Access permite trabajar con las tablas en dos modos principales, cada uno con un propósito diferente.

En **Vista Hoja de datos**, la tabla se muestra como una cuadrícula similar a una hoja de cálculo. Es la vista en la que se introducen y editan registros de manera directa. Resulta muy útil para tareas rápidas de edición o para revisar el contenido de la tabla.

En **Vista Diseño**, en cambio, no se ven los datos, sino la estructura. Aquí es donde se definen los campos, se eligen los tipos de datos y se configuran las propiedades (tamaño, formato, valores predeterminados, reglas de validación, etc.). Esta vista es la recomendada para diseñar correctamente la tabla antes de empezar a introducir datos.

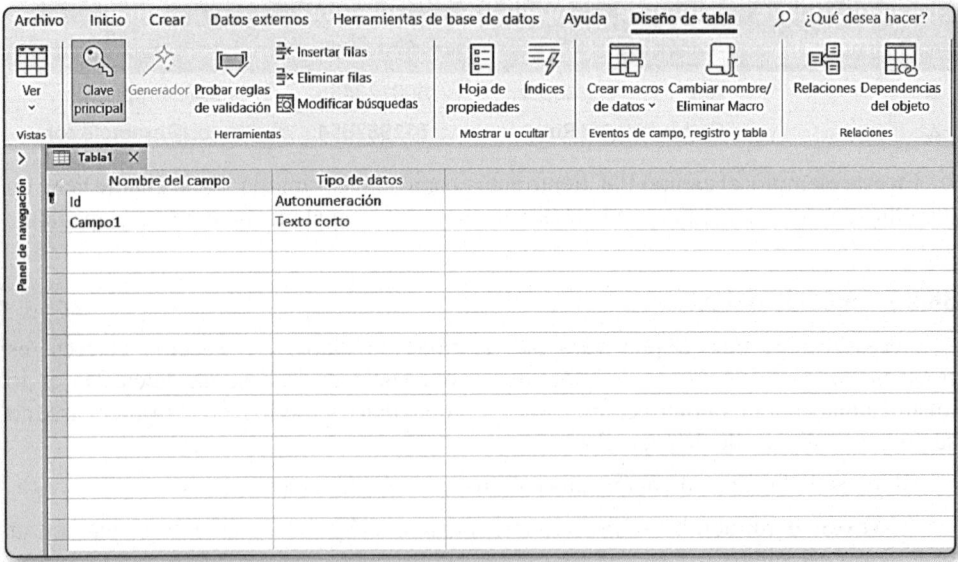

38.5.4 Propiedades de los campos

Además de elegir el tipo de dato, cada campo de una tabla puede configurarse mediante una serie de propiedades que determinan cómo se almacenará y validará la información. Algunas de las propiedades más utilizadas son:

- Tamaño del campo (por ejemplo, longitud máxima de un texto).
- Formato (cómo se mostrará una fecha, un número o un importe).
- Máscara de entrada (patrón que deben seguir los datos al introducirse).
- Valor predeterminado (valor que se asigna automáticamente si no se introduce otro).
- Requerido (si el campo puede quedar vacío o no).
- Regla de validación (condiciones que debe cumplir el valor introducido).

Ejemplo

Un campo "Teléfono" puede definirse como texto corto, con una máscara de entrada como 000 000 000, marcarse como "Requerido: sí" y añadir una regla de validación que impida introducir menos dígitos de los necesarios. De este modo, se garantiza que todos los teléfonos tengan el mismo formato y se reducen los errores de captura.

38.6 VISTAS O CONSULTAS

Las tablas almacenan datos, pero para obtener información útil a partir de ellos se utilizan las **consultas**. Una consulta permite extraer registros concretos que cumplen determinadas condiciones, combinar información de varias tablas, realizar cálculos o agrupar datos. En la práctica, las consultas son la herramienta más poderosa de Access para "preguntar" a la base de datos.

38.6.1 Tipos de consultas

Access incluye varios tipos de consultas, entre las que destacan:

- **Consulta de selección**: muestra datos filtrados según uno o varios criterios. Es la más utilizada y no modifica la información almacenada.

- **Consulta de acción**: modifica datos (por ejemplo, actualizar valores, eliminar registros, agregar nuevos registros a partir de otros). Requiere especial precaución.

- **Consulta de parámetros**: solicita al usuario un valor (por ejemplo, una fecha o un apellido) y utiliza ese valor como criterio.

- **Consulta de totales**: realiza cálculos como sumas, promedios o conteos agrupando registros.

- **Consulta de referencias cruzadas**: genera tablas dinámicas donde filas y columnas representan categorías diferentes.

- **Consulta SQL**: permite escribir directamente instrucciones en lenguaje SQL para quienes tienen conocimientos más avanzados.

38.6.2 Consulta de selección (la más utilizada)

La consulta de selección es la puerta de entrada al mundo de las consultas. Se utiliza para:

- Filtrar registros según criterios (por ejemplo, mostrar solo los clientes de una ciudad).

- Ordenar resultados (por ejemplo, por fecha o por importe).

- Mostrar solo algunos campos de una tabla, en lugar de todos.

- Combinar datos de varias tablas relacionadas, como Clientes y Pedidos.

Ejemplo

Obtener los clientes cuyo apellido sea "López". Para ello:

▶ Tabla: **clientes**.
▶ Campo: **apellidos**.
▶ Criterio: "López".

El resultado podría ser una lista como:

Nombre	Apellidos	Teléfono
Celia.	López.	600123456.

La ventaja de usar una consulta es que esta "vista filtrada" puede guardarse y reutilizarse siempre que sea necesario, sin tener que aplicar de nuevo los filtros manualmente.

38.6.3 Vista Diseño de consultas

En la **vista Diseño** de una consulta se construye gráficamente la "pregunta" que se quiere hacer a la base de datos. En la parte superior de la ventana se muestran las tablas implicadas y sus campos; en la parte inferior, una cuadrícula donde se especifica qué campos se mostrará, qué criterios se aplicarán y cómo se ordenarán los resultados.

Las consultas de selección no modifican los datos originales; simplemente muestran una "vista filtrada". Las consultas de acción, en cambio, sí cambian los datos. Por ello, es recomendable aprender primero a dominar las consultas de selección antes de trabajar con consultas que actualizan o eliminan información.

38.7 FORMULARIOS

Los formularios son objetos diseñados para facilitar la entrada, edición y visualización de datos. Su función principal es ofrecer una interfaz amigable que permita trabajar con los registros sin necesidad de interactuar directamente con las tablas, que pueden resultar menos intuitivas para ciertos usuarios.

Un formulario bien diseñado puede guiar al usuario paso a paso en la introducción de datos, evitar errores mediante controles y validaciones, y presentar la información en un formato más agradable y adaptado al contexto (por ejemplo, mostrando solo los campos relevantes para un tipo de tarea).

38.7.1 Utilidad de los formularios

Entre las utilidades principales de los formularios se encuentran:

▶ Controlar la forma en que se introducen los datos, evitando que el usuario tenga que navegar por tablas extensas.

▶ Reducir errores mediante reglas de validación y controles específicos (cuadros combinados, botones de opción, casillas de verificación…).

- ▶ Presentar la información de manera clara y ordenada, con etiquetas comprensibles y diseño adaptado al proceso de trabajo.

- ▶ Crear interfaces diferenciadas para distintos tipos de usuarios (por ejemplo, un formulario sencillo para recepción y otro más completo para administración).

- ▶ Automatizar acciones mediante botones y macros (por ejemplo, guardar, imprimir, abrir otro formulario).

Ejemplo

Un formulario de **Clientes** puede incluir cuadros de texto para el nombre, apellidos, teléfono y correo, un cuadro combinado para seleccionar la provincia, un botón para guardar el registro y otro para buscar clientes existentes. Para el usuario final, trabajar con ese formulario es mucho más cómodo que hacerlo directamente sobre la tabla.

38.7.2 Tipos de formularios en Access

Access permite crear diferentes tipos de formularios, desde opciones rápidas generadas automáticamente hasta diseños completamente personalizados. Entre los más habituales se encuentran el formulario simple (un registro por pantalla), el formulario dividido (que combina formulario y hoja de datos), el formulario múltiple (varios registros en formato lista) o el formulario en blanco, que permite partir de cero y diseñar cada detalle.

38.7.3 Vista Diseño y Vista Formulario

Al igual que ocurre con tablas y consultas, los formularios tienen varias vistas. En **Vista Formulario** se observa el formulario tal como lo verá el usuario final y se pueden introducir y consultar datos, pero no modificar la estructura. En **Vista Diseño**, en cambio, se trabaja sobre la estructura: se añaden controles, se reordenan campos, se cambian etiquetas, se ajustan propiedades y se definen comportamientos.

38.8 INFORMES O REPORTS

Los informes son objetos diseñados para presentar datos de forma estructurada, generalmente con fines de impresión, exportación o presentación formal. Mientras que un formulario está pensado para introducir y modificar datos, un informe está orientado a **mostrar resultados**: listados, resúmenes, facturas, etiquetas, balances, etc.

38.8.1 Finalidad de los informes

Un informe puede agrupar datos por categorías, ordenarlos, mostrar totales y subtotales, incorporar logotipos o encabezados corporativos y aplicar formatos que faciliten la lectura en papel o en pantalla. Es la herramienta ideal para convertir los datos almacenados en la base de datos en documentos comprensibles para terceros.

Ejemplo

Un informe de **Ventas mensuales** puede incluir un encabezado con el nombre de la empresa, una tabla con los productos vendidos, totales por categoría y un gráfico de barras que represente el volumen de ventas por mes. Este informe puede imprimirse al final de cada mes o exportarse a PDF para enviarlo por correo.

38.8.2 Estructura de un informe

Un informe se divide en secciones, como el **encabezado del informe**, el **encabezado de página**, la sección de **detalle** (donde se muestran los registros), el **pie de página** y el **pie del informe**, donde suelen situarse totales generales o notas finales. Access permite controlar el formato de cada sección, de manera que el informe pueda adaptarse a los requisitos de presentación de cada organización.

Un informe no está pensado para introducir datos, sino para presentarlos. La edición de registros debe realizarse mediante tablas o formularios. Si se intenta modificar información desde un informe, se está trabajando con la herramienta equivocada.

38.9 DISTINTAS FORMAS DE CREACIÓN DE UNA BASE DE DATOS

Access ofrece varias vías para crear una base de datos, adaptándose al nivel de experiencia del usuario y a la situación de partida.

La opción más flexible es **crear una base de datos en blanco**. En este caso, el usuario define la primera tabla, establece los campos, elige los tipos de datos y va construyendo la estructura poco a poco. Este enfoque exige tener claro qué se quiere conseguir, pero ofrece el máximo control.

Otra opción consiste en **crear una base de datos a partir de una plantilla**. Access incluye plantillas predefinidas para gestión de contactos, inventarios, tareas, proyectos, ventas, activos y otros escenarios habituales. Estas plantillas incluyen tablas, formularios y consultas ya configuradas, lo que permite comenzar a trabajar de inmediato y aprender observando cómo están construidos los objetos.

Las plantillas son muy útiles para aprender y para proyectos sencillos, pero en entornos profesionales suele ser preferible diseñar la base de datos desde cero, ajustándola exactamente a las necesidades de la organización.

Por último, es posible **crear una base de datos a partir de datos existentes**, importándolos desde otras fuentes como archivos Excel, CSV, de texto, otras bases de datos Access, SQL Server, SharePoint u orígenes ODBC. En estos casos, la base de datos se construye en torno a la información ya disponible, lo que obliga a revisar cuidadosamente los tipos de datos, la presencia de encabezados, las posibles duplicidades y la necesidad de definir claves primarias.

La importación desde Excel es una de las funciones más utilizadas en entornos administrativos. Muchas organizaciones empiezan gestionando datos en hojas de cálculo y, cuando el volumen y la complejidad crecen, dan el paso a Access, utilizando esas hojas como punto de partida.

38.10 APERTURA DE UNA BASE DE DATOS

Una vez creada una base de datos o recibida desde otra fuente, Access permite abrirla mediante distintos procedimientos. La apertura correcta es fundamental para garantizar la integridad de los datos y evitar conflictos de edición, especialmente cuando la base de datos se comparte entre varias personas.

Se puede abrir una base de datos desde la pantalla inicial, desde el menú **Archivo** → **Abrir** o simplemente haciendo doble clic sobre el archivo en el Explorador de archivos. En todos los casos, si el archivo procede de Internet o de un correo electrónico, Access puede mostrar un aviso de seguridad. Es imprescindible habilitar el contenido solo si la fuente es confiable, ya que las bases de datos pueden contener macros y otros elementos capaces de ejecutar acciones automatizadas.

Cuando la base de datos está situada en una carpeta compartida, es probable que varios usuarios intenten abrirla simultáneamente. Access permite el uso multiusuario, pero no admite ediciones simultáneas sobre el mismo registro: si dos personas intentan modificar a la vez los datos de un mismo cliente, por ejemplo, Access bloqueará el registro para evitar conflictos.

Abrir una base de datos en modo exclusivo impide que otros usuarios puedan acceder a ella. Este modo solo debe utilizarse cuando sea necesario realizar operaciones de mantenimiento o modificaciones estructurales que requieran que nadie más esté trabajando en el archivo.

38.11 GUARDADO DE UNA BASE DE DATOS

El guardado de una base de datos en Access funciona de manera distinta a lo que el usuario puede estar habituado en Word o Excel. En Access, los cambios realizados en los **datos** (registros) se guardan automáticamente en cuanto se pasa a otro registro o se cierra el objeto. No es necesario pulsar continuamente "Guardar" para que los datos queden registrados.

Sin embargo, los cambios en la **estructura** de los objetos sí requieren un guardado explícito. Cuando se crea o modifica una tabla, una consulta, un formulario o un informe, Access preguntará si se desean guardar esos cambios al cerrar el objeto. Del mismo modo, cuando se crea un objeto nuevo, es el usuario quien debe asignarle un nombre significativo.

38.12 CIERRE DE UNA BASE DE DATOS

Cerrar correctamente una base de datos es tan importante como abrirla bien. No se trata solo de pulsar en una "X", sino de asegurarse de que todos los cambios han quedado guardados y de que el archivo no se cierra mientras se realiza alguna operación crítica.

Access permite cerrar elementos concretos (tablas, consultas, formularios, informes) desde la "X" de cada pestaña. También es posible cerrar toda la base de datos desde el menú **Archivo → Cerrar base de datos**, sin salir de la aplicación, o bien cerrar completamente Access.

Cuando se cierra un objeto que ha sufrido cambios estructurales, Access solicita confirmación para guardar o descartar dichos cambios. Los cambios en los datos, como ya se ha comentado, se guardan automáticamente.

Nunca se debe apagar el equipo o cerrar Access de forma abrupta mientras se está realizando una operación de importación, exportación, compactación o actualización masiva. Hacerlo puede dejar la base de datos en un estado inconsistente y provocar su corrupción.

38.13 COPIA DE SEGURIDAD DE LA BASE DE DATOS

La copia de seguridad es un procedimiento esencial para garantizar la continuidad del trabajo y la protección de los datos. Ninguna base de datos es "segura" si no existe, al menos, una copia de respaldo actualizada que pueda utilizarse en caso de fallo.

Access facilita la creación de copias de seguridad desde el menú **Archivo → Guardar como → Copia de seguridad de la base de datos**. Esta opción genera un archivo con todos los objetos y datos de la base de datos en el estado en que se encuentren en ese momento. Por defecto, Access añade la fecha al nombre del archivo de copia de seguridad, lo que ayuda a mantener un histórico de versiones.

Es recomendable guardar estas copias en ubicaciones externas a la ubicación de trabajo habitual: unidades USB, discos duros externos o servicios en la nube como OneDrive o SharePoint. De este modo, si el equipo sufre un fallo grave o el archivo original se corrompe, siempre se podrá recurrir a una versión anterior.

ⓘ **Saber más**

Algunas organizaciones establecen políticas de copia de seguridad que incluyen copias diarias, semanales y mensuales. Esta estrategia permite recuperar versiones anteriores en caso de que se detecten errores que llevan tiempo en la base de datos.

38.14 HERRAMIENTAS DE RECUPERACIÓN Y MANTENIMIENTO DE LA BASE DE DATOS

Access incluye herramientas específicas para mantener el rendimiento y reparar posibles daños en las bases de datos. La más importante de ellas es la opción **Compactar y reparar base de datos**, accesible desde el menú **Archivo** → **Información**.

38.14.1 Compactar y reparar

La opción "Compactar y reparar" cumple varias funciones esenciales:

- Reduce el tamaño del archivo, eliminando espacios que han quedado libres tras eliminaciones de registros.
- Reorganiza los datos internamente, lo que suele mejorar el rendimiento general.
- Repara daños menores en la estructura del archivo, derivados de cierres incorrectos o pequeños fallos.

Es recomendable utilizar esta herramienta:

- Después de eliminar muchos registros de la base de datos.
- Cuando el archivo crece demasiado y empieza a funcionar lentamente.
- Si Access muestra mensajes de error al trabajar con ciertos objetos.
- Periódicamente, como parte de un mantenimiento preventivo.

El procedimiento general consiste en cerrar todos los objetos abiertos dentro de la base de datos, ir a **Archivo** → **Información** y seleccionar **Compactar y reparar base de datos**. Access se encargará del resto, aunque el tiempo necesario dependerá del tamaño del archivo y del estado en que se encuentre.

38.14.2 Recuperación de bases de datos dañadas

Si una base de datos no se abre o muestra errores graves, puede que esté dañada. En ese caso, se pueden intentar varias estrategias:

- Abrir la base de datos en modo exclusivo e intentar repararla.
- Utilizar la opción "Compactar y reparar" desde una base de datos en blanco que importe los objetos de la dañada.
- Importar objetos concretos (tablas, consultas, formularios, informes) a una base de datos nueva, descartando aquellos que estén irrecuperables.
- Recuperar la información desde una copia de seguridad reciente.

Los daños suelen producirse por apagados inesperados, fallos eléctricos, cortes de red o prácticas inadecuadas en el uso multiusuario (por ejemplo, varios usuarios cerrando a la vez la base de datos sin esperar a que terminen las operaciones en curso). La mejor herramienta de reparación sigue siendo una política de copias de seguridad bien aplicada.

ACTIVIDADES

Actividad 1. Identificación de elementos de Access

Crea un documento donde el lector deba:

▶ Identificar las partes principales de la interfaz de Access (panel de navegación, cinta de opciones, vistas, objetos).

▶ Explicar la función de cada una con sus propias palabras.

Actividad 2. Clasificación de tipos de datos

Proporciona una tabla con 20 ejemplos de datos reales (fechas, códigos, importes, textos, booleanos). El lector debe:

▶ Clasificar cada dato según el tipo de dato de Access.

▶ Justificar por qué ese tipo es el adecuado.

39

CREACIÓN E INSERCIÓN DE DATOS EN TABLAS

39.1 INTRODUCCIÓN

En el capítulo anterior se presentaron los conceptos generales de Access y el papel que desempeñan las bases de datos relacionales. Ahora vamos a descender al terreno donde realmente "vive" la información: las **tablas**. Todo lo que sucede en una base de datos –consultas, formularios, informes, estadísticas, informes impresos, automatizaciones– depende de que los datos estén correctamente almacenados en tablas bien diseñadas. Si las tablas están mal pensadas, el resto del sistema se verá afectado tarde o temprano.

Este capítulo se centra en el ciclo completo de trabajo con tablas: desde su creación hasta la introducción y edición de datos, pasando por la configuración de campos, la eliminación y modificación de registros, el copiado y movimiento de información, la búsqueda y reemplazo, la creación de filtros, la ordenación y el uso de índices. El objetivo es que el lector no solo sepa dónde hacer clic, sino que comprenda qué está ocurriendo y por qué es importante cada decisión de diseño.

A medida que avancemos, se combinará explicación conceptual con descripciones detalladas del entorno de Access y pequeños ejemplos prácticos. Además, se integrarán seis capturas centradas que mostrarán los momentos clave del trabajo con tablas: creación en blanco, vista Diseño, propiedades de campos, introducción de datos, filtros y ordenaciones, y creación de índices.

39.2 CONCEPTO DE REGISTROS Y CAMPOS

Para entender cómo funciona una tabla en Access, es necesario asimilar dos conceptos básicos: **campo** y **registro**. Aunque puedan parecer términos sencillos, de su correcta comprensión depende que el diseño de la tabla sea coherente.

Un **campo** es una columna de la tabla. Representa una característica de la entidad que se quiere registrar. Si pensamos en una tabla de clientes, cada campo sería un dato que interesa guardar de cada cliente: su nombre, sus apellidos, su teléfono, su dirección, su correo electrónico, su fecha de alta, etc. Cada campo tiene un nombre, un tipo de dato y un conjunto de propiedades que determinan qué puede almacenarse en él y cómo debe comportarse.

El **registro**, en cambio, es una fila completa de la tabla. Cada registro representa un caso concreto de la entidad. Siguiendo con el ejemplo, un registro es un cliente específico: "Ana López", con su teléfono, su email y el resto de datos. Si en la tabla hay 500 registros, significa que hay 500 clientes almacenados.

Esta distinción es fundamental: la estructura de la información se define a través de los campos; el contenido se materializa a través de los registros. Una tabla bien diseñada debe tener campos claramente definidos y registros coherentes con estos campos. Cuando los campos se mezclan, se repiten o no están bien delimitados, surgen problemas como datos redundantes, dificultades para realizar filtros o imposibilidad de hacer consultas complejas.

39.3 DISTINTAS FORMAS DE CREACIÓN DE TABLAS

Access ofrece varias maneras de crear tablas, pensadas para distintos niveles de experiencia y situaciones de trabajo. No es lo mismo empezar desde cero con una tabla vacía que aprovechar datos existentes o partir de una plantilla predefinida. Entender estas opciones permite elegir la más adecuada en cada contexto.

La forma más básica consiste en crear una **tabla en blanco**. Access genera una tabla nueva y el usuario va añadiendo campos conforme los necesita. Este modo es sencillo e intuitivo, pero puede favorecer diseños improvisados si no se tiene claro de antemano qué datos se van a almacenar.

Otra forma, muy habitual en un entorno profesional, es utilizar la **vista Diseño** para definir la tabla. En esta vista se trabajan los campos de manera estructurada: se asigna un nombre a cada uno, se escoge el tipo de dato y se configuran propiedades importantes como el tamaño, el formato, si el campo es obligatorio, etc. Este enfoque exige un poco más de reflexión inicial, pero ofrece un control mucho mayor sobre la calidad del diseño.

También es posible crear tablas a partir de **datos existentes**, por ejemplo importando una hoja de cálculo de Excel o un archivo de texto. Access detecta las columnas y propone tipos de datos para cada una. Esta opción es práctica cuando una organización ya lleva tiempo trabajando con listados en Excel y decide dar el salto a Access para mejorar la gestión.

Por último, existen las **tablas incluidas en plantillas**. Cuando se abre una plantilla de base de datos (por ejemplo, de contactos o de inventario), se obtienen tablas ya definidas, con campos y relaciones que cubren un escenario típico. Estas plantillas son útiles para aprender y para proyectos sencillos, pero rara vez encajan al cien por cien con las necesidades reales de una organización, por lo que suelen requerir ajustes.

39.4 ELEMENTOS DE UNA TABLA

Una tabla está compuesta por varios elementos que, aunque a primera vista pasen desapercibidos, son esenciales para su correcto funcionamiento. No se trata solo de "una cuadrícula con datos", sino de una estructura definida en detalle.

En primer lugar, cada tabla debe disponer de una **clave primaria**, es decir, un campo o combinación de campos que identifica de manera única cada registro. La clave primaria evita duplicidades y permite a Access establecer relaciones fiables con otras tablas. En muchos casos se utiliza un campo autonumérico (como IDCliente, IDProducto, etc.), que Access incrementa automáticamente con cada nuevo registro.

Además de la clave primaria, cada campo tiene un **nombre** que debe ser claro y representativo. Aunque Access permite utilizar nombres genéricos como "Campo1", hacerlo dificulta enormemente la comprensión de la base de datos con el paso del tiempo. Nombres como "NombreCliente", "FechaPedido" o "PrecioUnidad" hacen que la estructura sea autoexplicativa.

Cada campo está asociado a un **tipo de dato**, que indica qué clase de información se guardará en él: texto, número, fecha, moneda, sí/no, etc. Elegir el tipo de dato correcto no es un detalle menor: determina qué operaciones se podrán realizar después, qué validaciones se aplicarán y cómo se comportarán las consultas.

Por último, las tablas pueden disponer de **índices** en determinados campos. Los índices son estructuras internas que Access utiliza para acelerar la búsqueda y ordenación de datos. La clave primaria genera automáticamente un índice único, pero es posible crear otros índices en campos que se utilicen con frecuencia en consultas o filtros.

39.5 PROPIEDADES DE LOS CAMPOS

Más allá del tipo de dato, cada campo cuenta con un conjunto de **propiedades** que afinan su comportamiento. Estas propiedades permiten controlar la longitud máxima de un texto, el rango válido de un número, el formato de una fecha, si el campo es obligatorio, qué valor se asignará por defecto, o qué mensaje se mostrará en caso de error.

Configurar adecuadamente estas propiedades es una de las claves para garantizar la **calidad de los datos**. Cuanto más preciso sea el diseño, menos errores de introducción se producirán y menos tiempo habrá que invertir en corregirlos.

Por ejemplo, en un campo de tipo "Texto corto" puede establecerse un tamaño máximo de 50 caracteres si ese es el límite razonable para un nombre. En un campo de tipo "Número" puede definirse el número de decimales y el rango mínimo y máximo. En un campo de fecha puede fijarse un formato concreto y establecer una regla de validación que impida introducir fechas futuras en un apartado donde solo deberían figurar fechas pasadas.

Las propiedades también incluyen opciones como **Máscara de entrada**, que obliga a seguir un patrón (por ejemplo, para números de teléfono), o **Valor predeterminado**, que asigna automáticamente un valor cuando el usuario no introduce nada (por ejemplo, la fecha actual en un campo de alta de registro).

39.6 INTRODUCCIÓN DE DATOS EN LA TABLA

Una vez definidos los campos y sus propiedades, la tabla está lista para recibir datos. La forma más directa de introducirlos es utilizar la **vista Hoja de datos**, que se parece visualmente a una hoja de cálculo. Cada fila nueva que se rellena se convierte en un registro, y cada columna corresponde a un campo de la tabla.

Al empezar a escribir en una nueva fila, Access puede asignar automáticamente el valor de la clave primaria si esta se ha definido como autonumérica. El usuario se centra entonces en los campos de contenido: nombre, dirección, importe, etc. En el momento en que se pasa al siguiente registro o se guarda la tabla, los datos quedan almacenados.

Durante la introducción, Access comprueba el tipo de dato y las propiedades. Si se intenta escribir un texto en un campo numérico, o una fecha incorrecta, el programa muestra un mensaje de aviso. Si un campo está marcado como "Requerido" y se va a salir del registro sin haberlo rellenado, Access también avisará. De este modo, la propia tabla actúa como un filtro de calidad de datos.

En tablas con muchos campos, la introducción directa en la vista Hoja de datos puede hacerse algo incómoda. En esos casos, resulta muy útil diseñar **formularios** específicos que presenten solo los campos necesarios y los ordenen de manera lógica. Sin embargo, aun cuando se trabaje con formularios, los datos siempre terminarán almacenándose en la tabla correspondiente.

39.7 MOVIMIENTOS POR LOS CAMPOS Y REGISTROS DE UNA TABLA

Trabajar con tablas implica desplazarse continuamente por campos y registros. Access ofrece varias formas de hacerlo, tanto con el ratón como con el teclado. Aprender a moverse con soltura aumenta la rapidez y reduce el cansancio al introducir o revisar datos.

Con el ratón, el movimiento es intuitivo: se hace clic en la celda deseada y se empieza a escribir o se modifica el contenido existente. Sin embargo, cuando se introducen muchos registros, el teclado suele ser más eficiente. La tecla **Tab** permite avanzar al siguiente campo del mismo registro; la combinación **Shift+Tab** retrocede al campo anterior. Las flechas de dirección sirven para moverse tanto horizontal como verticalmente.

Cuando la tabla contiene muchos registros, puede resultar útil utilizar la barra de desplazamiento vertical para ir a los primeros o últimos registros, o bien usar combinaciones de teclas como **Ctrl+Inicio** o **Ctrl+Fin** para saltar al principio o al final de la tabla. Access muestra, en la barra de navegación situada en la parte inferior, el número de registro actual y el total de registros.

En tablas muy anchas, con muchos campos, a veces conviene "congelar" las primeras columnas para que permanezcan visibles mientras se desplaza horizontalmente por el resto. Este recurso ayuda a mantener la referencia sobre qué registro se está editando, especialmente si la clave primaria o el nombre del elemento se sitúan en las primeras columnas.

ⓘ Saber más

Cuando la estructura de la tabla es muy compleja, la solución ideal no es desplazarse más rápido, sino diseñar formularios que guíen la introducción de datos. Las tablas son el almacén; los formularios, la interfaz de trabajo.

39.8 ELIMINACIÓN DE REGISTROS DE UNA TABLA

Eliminar registros es una operación que debe abordarse con cuidado. A diferencia de ocultarlos mediante filtros o consultas, la eliminación es permanente: una vez borrado el registro, desaparece de la tabla y deja de estar disponible para consultas, informes y análisis.

Para eliminar un registro, basta con situarse en cualquier campo de la fila correspondiente, seleccionar la fila completa (por ejemplo, haciendo clic en el selector de fila a la izquierda) y pulsar la tecla **Supr** o utilizar el menú contextual. Access mostrará un cuadro de diálogo solicitando confirmación. Esta confirmación es un mecanismo de protección básico, pero no sustituye a una buena política de copias de seguridad.

Si la tabla está relacionada con otras, es posible que Access impida la eliminación de un registro para no romper la integridad referencial. Por ejemplo, si se intenta borrar un cliente que tiene pedidos asociados, y la relación está configurada para evitar huérfanos, Access mostrará un aviso indicando que no se puede borrar el registro porque hay datos relacionados en otra tabla.

Existe la posibilidad de configurar las relaciones con **eliminación en cascada**, de modo que al borrar un registro principal se borren automáticamente los registros relacionados. Sin embargo, esta opción debe utilizarse con extrema precaución, ya que un borrado mal planteado puede provocar pérdidas masivas de datos.

Antes de eliminar registros, conviene preguntarse si realmente es necesario borrarlos o basta con marcar su estado (por ejemplo, "Activo/No activo") mediante un campo sí/no. El borrado físico debe reservarse para casos en los que sea imprescindible.

39.9 MODIFICACIÓN DE REGISTROS DE UNA TABLA

Modificar registros es una tarea cotidiana en cualquier base de datos. Las direcciones cambian, los teléfonos se actualizan, los precios se revisan, las observaciones se amplían o corrigen. Access permite modificar los datos simplemente situándose en la celda correspondiente y escribiendo el nuevo valor.

Al igual que en la introducción inicial de datos, las propiedades del campo y las reglas de validación actúan como barrera de calidad. Si se intenta introducir un valor no válido, Access mostrará un mensaje de error e impedirá guardar el cambio. Una vez que la modificación cumple las reglas, basta con pasar a otro registro o cerrar la tabla para que el cambio quede almacenado.

Hay que tener especial cuidado al modificar campos que participan en relaciones, especialmente si forman parte de una clave primaria o de una clave externa. Cambiar el valor de una clave primaria puede romper las referencias que otras tablas tengan hacia ese registro. En general, no es buena práctica modificar manualmente los valores de una clave primaria autonumérica.

39.10 COPIADO Y MOVIMIENTO DE DATOS

En muchas ocasiones, al trabajar con tablas, se necesita copiar información de un registro a otro o reutilizar datos similares. Access permite copiar y pegar tanto celdas individuales como filas completas, de forma parecida a como se hace en Excel.

Para copiar datos, se selecciona la celda o el conjunto de celdas, se utiliza **Ctrl+C** o el comando "Copiar" y luego se selecciona el destino y se utiliza **Ctrl+V** o "Pegar". Si se copian filas completas, Access generará nuevos registros con los valores copiados, salvo en el caso de campos autonuméricos, que recibirán un nuevo valor.

El movimiento de datos –por ejemplo, cortar y pegar– también es posible, pero debe realizarse con cautela cuando se trabaja en tablas relacionadas. Cortar un valor que actúa como clave externa puede dejar huérfanos registros en otras tablas si no se tiene en cuenta la estructura de relaciones.

En algunos escenarios, resulta tentador copiar grandes bloques de datos desde Excel y pegarlos directamente en una tabla de Access. Aunque Access lo permite, conviene asegurarse primero de que las columnas de destino tienen los tipos de datos adecuados y que no se violan reglas de validación. Un pegado masivo mal controlado puede introducir errores difíciles de detectar.

Ejemplo

Si se desean crear registros de pedidos muy similares, puede duplicarse una fila de la tabla "Pedidos", cambiar la fecha y ajustar solo los campos necesarios. Esto ahorra tiempo, siempre que se revise cuidadosamente cada campo para evitar confusiones.

39.11 BÚSQUEDA Y REEMPLAZADO DE DATOS

Conforme una tabla va creciendo, encontrar un dato concreto puede resultar más complejo si no se utilizan las herramientas adecuadas. Access incorpora una función de **búsqueda** que permite localizar, dentro de un campo o de toda la tabla, valores específicos.

La búsqueda puede configurarse para que sea exacta (encontrar textos iguales al buscado) o parcial (encontrar textos que contengan el término). Esta herramienta resulta útil para localizar un cliente por su apellido, un producto por su código o una fecha concreta dentro de un gran listado.

Además de buscar, Access permite **reemplazar**. Esta opción es especialmente poderosa, pero también peligrosa. Permite, por ejemplo, cambiar todas las apariciones de una palabra en un campo determinado. Sin embargo, si se utiliza "Reemplazar todo" sin revisar previamente los casos, puede acabar modificando datos que no deberían cambiarse.

El reemplazo masivo debe usarse con extrema prudencia. Es recomendable realizar primero una búsqueda, ver cuántos registros se verán afectados y, si es posible, hacer una copia de seguridad de la base de datos antes de aplicar un cambio extensivo.

39.12 CREACIÓN DE FILTROS

Los filtros son una herramienta muy eficaz para trabajar temporalmente con un subconjunto de los registros de una tabla, sin modificar la estructura ni los datos originales. Filtrar significa decirle a Access: "muéstrame solo aquellos registros que cumplen esta condición".

Access ofrece filtros automáticos contextuales, accesibles desde el menú desplegable de cada campo. Es posible, por ejemplo, filtrar por un valor concreto, por valores que comiencen por ciertas letras o por rangos en el caso de números y fechas. También se pueden crear filtros más avanzados combinando varias condiciones.

El uso de filtros resulta especialmente práctico cuando se quieren revisar o editar datos de un grupo concreto: clientes de una determinada provincia, productos sin stock, registros de una fecha específica, etc. Una vez finalizada la tarea, el filtro puede quitarse y la tabla vuelve a mostrar todos los registros.

Ventas netas	Texto corto	

General	Búsqueda	
Tamaño del campo	255	
Formato		
Máscara de entrada		
Título		
Valor predeterminado		
Regla de validación		
Texto de validación		
Requerido	No	
Permitir longitud cero	Sí	
Indexado	No	
Compresión Unicode	Sí	
Modo IME	Sin Controles	
Modo de oraciones IME	Nada	
Alineación del texto	General	

Vista Diseño. F6 = Cambiar paneles. F1 = Ayuda.

39.13 ORDENACIÓN ALFABÉTICA DE CAMPOS

Ordenar los registros de una tabla es una forma rápida de darles sentido y facilitar su consulta. Aunque la ordenación no cambia los datos, sí altera la forma en que se presentan, lo que puede ser crucial para localizar información o detectar patrones.

Access permite ordenar los registros de una tabla según un campo determinado, en orden ascendente o descendente. En campos de texto, la ordenación ascendente corresponde al orden alfabético; en campos numéricos, al orden de menor a mayor; y en campos de fecha, de la más antigua a la más reciente (o al revés, si se elige orden descendente).

En entornos administrativos, es muy habitual ordenar por apellidos, por fechas, por importes o por códigos internos. También es frecuente combinar filtros y ordenaciones: por ejemplo, filtrar los clientes de una ciudad concreta y, dentro de ellos, ordenarlos por apellidos.

Para necesidades más complejas, las **consultas** ofrecen opciones de ordenación múltiple, permitiendo ordenar, por ejemplo, primero por provincia y luego por apellidos dentro de cada provincia. Sin embargo, como primer recurso, la ordenación directa en la tabla resulta muy útil para tareas cotidianas.

39.14 FORMATOS DE UNA TABLA

El formato afecta a cómo se muestran los datos, no a lo que se almacena internamente. En Access, los campos pueden tener formatos específicos que hagan más legible la información: fechas con un estilo concreto, números con separadores de miles, importes en formato moneda, porcentajes, etc.

Aplicar un formato adecuado mejora significativamente la comprensión de la tabla. Un importe sin separadores puede resultar difícil de leer a simple vista; una fecha sin contexto puede confundirse entre día y mes si no se conoce el formato. Elegir formatos claros evita errores de interpretación y facilita el trabajo de las personas que consultan la base de datos.

Además de los formatos de campo, es posible ajustar ciertos aspectos visuales de la tabla, como el ancho de las columnas, el tamaño de la fuente o la alineación de los datos. Aunque estos ajustes no modifican el contenido, pueden ayudar a resaltar los campos más importantes o a aprovechar mejor el espacio en pantalla.

39.15 CREACIÓN DE ÍNDICES EN CAMPOS

Los **índices** son estructuras internas que Access utiliza para agilizar la búsqueda y ordenación de registros. Actúan como una especie de "índice de un libro", permitiendo localizar más rápido los datos, especialmente cuando el volumen de registros es elevado.

La clave primaria de una tabla genera automáticamente un índice único. Sin embargo, Access permite crear índices adicionales en otros campos que se utilicen con frecuencia en búsquedas, filtros o relaciones. Por ejemplo, en una tabla de clientes podría ser útil indexar el campo "Apellidos", y en una tabla de productos, el campo "CódigoProducto".

Crear un índice es tan sencillo como acceder al diseño de la tabla, seleccionar el campo y activar la propiedad de indexación. No obstante, es importante entender que no se trata de una decisión trivial. Cada índice adicional que se crea mejora el rendimiento de las búsquedas, pero al mismo tiempo añade cierta carga al sistema cuando se insertan, modifican o eliminan registros, ya que Access debe mantener el índice actualizado.

Por ello, no es recomendable indexar todos los campos indiscriminadamente. Los índices deben reservarse para aquellos campos que realmente se utilizan de forma intensiva en consultas, filtros o relaciones.

Los índices son estructuras que aceleran la búsqueda y ordenación de datos. Access permite crear índices en campos que se utilizan frecuentemente en búsquedas o relaciones.

ACTIVIDADES

Actividad 1. Creación de una tabla desde cero

▸ Crear una tabla llamada "Clientes".

▸ Definir 10 campos con tipos de datos adecuados.

▸ Configurar propiedades (tamaño, requerido, valor predeterminado, máscara de entrada).

▸ Introducir 15 registros reales.

Actividad 2. Aplicación de filtros y ordenaciones

Sobre la tabla creada:

▸ Aplicar 3 filtros distintos (por ciudad, por fecha, por importe).

▸ Ordenar los registros por dos campos diferentes.

▸ Capturar pantalla de cada resultado.

40

REALIZACIÓN DE CAMBIOS EN LA ESTRUCTURA DE TABLAS Y CREACIÓN DE RELACIONES

Hasta ahora has visto cómo crear tablas, definir campos, establecer propiedades e introducir datos. Es decir, has aprendido a construir la base sobre la que se apoyará toda la base de datos. Sin embargo, en la práctica profesional, las bases de datos rara vez permanecen inmutables. Con el tiempo, cambian los procesos de la organización, se incorporan nuevos servicios, se modifican formularios en papel, se amplían los informes demandados por la dirección o cambian las normativas que obligan a registrar nuevos datos. Todo ello se traduce en una necesidad constante: **ajustar la estructura de las tablas y crear (o modificar) relaciones entre ellas**.

Este capítulo se centra precisamente en ese trabajo de evolución estructural. Aquí no hablamos de "rellenar datos", sino de **modelar el esqueleto de la base de datos**: modificar el diseño de las tablas, cambiar sus nombres para reflejar mejor su función, eliminar tablas que han quedado obsoletas, copiarlas para experimentar sin riesgo, exportarlas a otras bases de datos, importar tablas ya existentes y, sobre todo, **definir relaciones correctas** entre ellas basadas en campos clave.

La segunda parte del capítulo profundiza en el **concepto de campo clave principal** y en los **tipos de relaciones** que se pueden establecer en Access: uno a uno, uno a varios y varios a varios. Estas relaciones no son un mero formalismo. Son el mecanismo que garantiza que los datos se mantengan coherentes y que las consultas puedan cruzar información de distintas tablas sin duplicidades ni errores.

El enfoque de este capítulo es deliberadamente práctico: se describen las operaciones paso a paso, pero también se analizan sus implicaciones. No basta con saber "dónde hacer clic"; es importante entender qué puede ocurrir en el resto de la base de datos cuando se cambia un tipo de dato, se borra una tabla relacionada o se define mal una relación. Esa comprensión es lo que diferencia a un usuario que "maneja Access" de alguien que realmente diseña y mantiene bases de datos fiables.

40.1 MODIFICACIÓN DEL DISEÑO DE UNA TABLA

Modificar el diseño de una tabla es una de las tareas más frecuentes durante la vida útil de una base de datos. Casi nunca el primer diseño es definitivo. Conforme se empieza a trabajar con los datos, aparecen nuevas necesidades: un campo que faltaba, uno que sobra, una propiedad mal elegida, una regla de validación que hay que afinar, un campo que conviene convertir en obligatorio, etcétera.

En Access, todas estas modificaciones se realizan desde la **vista diseño** de la tabla. Para abrirla, se selecciona la tabla en el panel de navegación, se hace clic con el botón derecho y se elige "vista diseño". En ese momento, la tabla deja de mostrarse como una hoja de datos y pasa a verse como una lista de campos, cada uno con su nombre, tipo de datos y propiedades asociadas. Esta vista no está orientada a introducir información, sino a **definir la estructura**.

En la vista diseño es posible:

- ▶ Añadir nuevos campos, escribiendo el nombre en una fila vacía y seleccionando un tipo de datos adecuado.

- ▶ Cambiar el tipo de datos de un campo existente (por ejemplo, de texto corto a número o de número a moneda).

- ▶ Modificar propiedades, como el tamaño, el formato, la máscara de entrada, el valor predeterminado, si el campo es requerido y la regla de validación.

- ▶ Establecer o cambiar la clave primaria de la tabla.

- ▶ Eliminar campos que han dejado de ser necesarios.

Cada una de estas operaciones tiene implicaciones. Añadir un campo nuevo suele ser relativamente inocuo, siempre que se defina bien su tipo de datos y sus propiedades. En cambio, **cambiar el tipo de datos de un campo que ya contiene información** puede generar conflictos: si el sistema no es capaz de convertir los datos automáticamente, aparecerán errores o se perderá información. Por ejemplo, si un campo de texto incluye valores como "12,50" y se intenta convertir directamente a número, puede que Access acepte algunos valores pero marque otros como incorrectos.

También hay que considerar las **relaciones**. Si el campo que se pretende modificar forma parte de una relación con otra tabla (por ejemplo, si es clave principal o clave externa), el cambio puede afectar a esa relación. Access mostrará advertencias o impedirá el cambio si este compromete la integridad referencial.

Por último, hay que tener presente que algunas modificaciones no son posibles mientras la tabla esté en uso. Si la tabla está abierta en vista hoja de datos, utilizada por un formulario o implicada en una consulta abierta, puede que Access no permita ciertos cambios en el diseño hasta que se cierren los objetos relacionados.

40.2 CAMBIO DEL NOMBRE DE UNA TABLA

A veces, el nombre elegido para una tabla en el momento de su creación resulta poco claro, demasiado genérico o simplemente deja de reflejar la realidad cuando la base de datos evoluciona. Por ejemplo, una tabla llamada "datos" o "lista1" no resulta nada informativa; una llamada "clientesAntiguos" puede quedarse obsoleta si la tabla pasa a gestionar también clientes actuales. Cambiar el nombre de una tabla es, por tanto, una práctica habitual de **mantenimiento semántico** de la base de datos.

En Access, el cambio de nombre se realiza desde el panel de navegación. Se selecciona la tabla, se hace clic con el botón derecho y se elige "cambiar nombre", o se pulsa la tecla F2. A continuación, se escribe el nuevo nombre y se confirma.

Sin embargo, este gesto sencillo esconde una realidad más compleja: esa tabla puede estar siendo utilizada por múltiples objetos. Consultas que le referencian en su origen de datos, formularios basados en ella, informes que muestran sus registros, macros que la usan para realizar operaciones... al cambiar el nombre, todos esos objetos pueden quedar desactualizados si no se actualizan también las referencias internas.

En versiones modernas de Access, existe una característica llamada "corrección de nombres" que puede ayudar a actualizar automáticamente algunas referencias. Aun así, no es infalible. Por ello, es recomendable que el cambio de nombre de una tabla forme parte de una **tarea de revisión más amplia**, en la que se analicen y prueben las consultas, formularios e informes dependientes, asegurando que siguen funcionando correctamente.

40.3 ELIMINACIÓN DE UNA TABLA

Eliminar una tabla es una de las operaciones más delicadas que se pueden realizar sobre la estructura de una base de datos. No se trata simplemente de "quitar un archivo de la vista": al eliminar una tabla, se borran todos los datos que contiene y se rompen todas las dependencias que otros objetos pudieran tener con ella.

Access permite eliminar tablas desde el panel de navegación. Se selecciona la tabla, se hace clic con el botón derecho y se elige "eliminar". El programa muestra entonces un cuadro de diálogo solicitando confirmación. Si se acepta, la tabla desaparece de la base de datos.

Los riesgos de esta operación son evidentes: si la tabla contiene información valiosa que no ha sido respaldada en otro lugar, esa información se perderá. Además, si existen consultas, formularios, informes o macros que dependan de esa tabla, comenzarán a generar errores. Por ejemplo, una consulta que hacía un "select" sobre esa tabla dejará de funcionar; un formulario que mostraba sus datos no podrá abrirse.

Antes de eliminar una tabla, conviene plantearse varias preguntas:

▶ ¿la tabla es realmente prescindible o sigue siendo utilizada, aunque sea de forma indirecta?

▶ ¿existe una copia de seguridad reciente de la base de datos que permita recuperarla si fuera necesario?

▶ ¿sería más adecuado vaciar sus registros (borrar los datos) pero conservar la estructura, por si se vuelve a utilizar en el futuro?

En bases de datos que se comparten entre varios usuarios o departamentos, la eliminación de una tabla debe tomarse como una **decisión coordinada**, no como una acción individual improvisada.

No elimines nunca una tabla sin revisar previamente las relaciones y dependencias. Una tabla eliminada puede dejar "huérfanos" formularios, informes o consultas, generando errores difíciles de rastrear.

40.4 COPIADO DE UNA TABLA

Copiar una tabla es una operación muy útil en diferentes contextos. Permite, por ejemplo:

▶ Crear una copia de seguridad rápida de una tabla antes de realizar cambios arriesgados.

▶ Disponer de una "versión de pruebas" para experimentar con campos y propiedades sin afectar a la tabla original.

▶ Reutilizar la estructura de una tabla como base para una tabla nueva, sin necesitar definir de nuevo todos los campos y propiedades.

En Access, el copiado se realiza desde el panel de navegación. Se selecciona la tabla, se elige "copiar" y, a continuación, "pegar". Al pegar, Access suele ofrecer opciones similares a:

▶ Copiar solo la estructura.

▶ Copiar la estructura y los datos.

▶ En algunos casos, copiar también relaciones.

Si se elige copiado de estructura, se obtendrá una tabla vacía pero con los mismos campos, tipos de datos y propiedades que la original. Esto es muy útil cuando se desea crear una tabla semejante pero destinada a otro propósito (por ejemplo, una tabla de "ClientesHistóricos" basada en la estructura de "Clientes").

Si se elige copiado de estructura y datos, se genera una tabla idéntica a la original, incluyendo todos los registros. Esta opción es especialmente interesante para realizar pruebas: se pueden ejecutar consultas de acción, cambiar tipos de datos, probar nuevas propiedades… todo ello sin riesgo para los datos de producción.

40.5 EXPORTACIÓN DE UNA TABLA A OTRA BASE DE DATOS

Además del copiado interno, Access permite **exportar tablas** a otras bases de datos o a otros formatos. Exportar significa sacar la tabla de su base de datos de origen y crear una copia en un archivo externo: otra base de datos Access, un libro de Excel, un archivo de texto, un archivo XML, un servidor de SQL Server, etcétera.

La exportación a otra base de datos Access se utiliza con frecuencia cuando se quiere:

▶ Consolidar información procedente de varias bases de datos en una sola.

▶ Dividir una base de datos grande en varias más pequeñas, repartiendo tablas.

▶ Compartir tablas con otra unidad o departamento que trabaja con su propia base de datos.

Para exportar, se selecciona la tabla en el panel de navegación, se abre la pestaña "datos externos" de la cinta de opciones y se elige el formato de exportación: otra base de datos Access, Excel, texto, etcétera. Al seleccionar "Access", se especifica la base de datos de destino y se completan las opciones del asistente.

Durante este proceso, es importante decidir si se exportará solo la estructura de la tabla o también los datos. En muchos casos, se quiere todo completo; en otros, basta con la estructura para replicar el modelo de datos.

Cuando se exportan tablas que forman parte de un conjunto de relaciones, es recomendable exportar también las demás tablas implicadas y reconstruir las relaciones en la base de datos de destino. De lo contrario, se corre el riesgo de perder la integridad lógica del modelo.

40.6 IMPORTACIÓN DE TABLAS DE OTRA BASE DE DATOS

La operación complementaria a la exportación es la **importación**. Importar tablas permite aprovechar información ya existente en otros sistemas, reutilizar estructuras de tablas bien diseñadas o integrar datos procedentes de distintas fuentes.

Access ofrece varias opciones de importación: desde otras bases de datos Access, desde libros de Excel, desde archivos de texto o CSV, desde servidores externos y desde otros formatos. Cuando la fuente es otra base de datos Access, se puede decidir si las tablas se van a importar como copias independientes o como tablas vinculadas.

▼ Importar como copia significa que la tabla (estructura y datos) se copia dentro de la base de datos actual. a partir de entonces, el contenido pasa a ser independiente del archivo original.

▼ Importar como tabla vinculada significa que Access crea un "enlace" a la tabla que sigue residiendo en la base de datos de origen. los datos se mantienen en un único lugar, pero pueden utilizarse desde la base de datos actual para consultas, formularios e informes.

La importación de tablas vinculadas es especialmente útil en escenarios multiusuario, donde se quiere centralizar los datos en una base de datos "de servidor" y permitir que varias bases de datos "cliente" trabajen con ellos sin duplicarlos.

Cuando se importan tablas que van a integrarse en el modelo relacional existente, es importante comprobar que:

▼ Los tipos de datos son compatibles con las tablas ya definidas.

▼ Los campos clave pueden usarse para establecer relaciones.

▼ No se generan duplicidades innecesarias (por ejemplo, tener dos tablas distintas con la misma información de clientes).

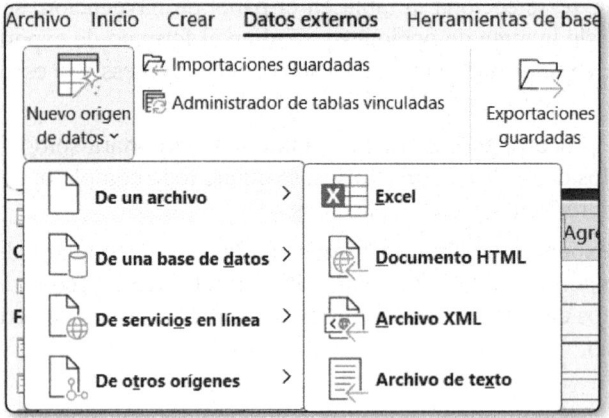

40.7 CREACIÓN DE RELACIONES ENTRE TABLAS

Hasta ahora hemos visto cómo modificar tablas de forma individual. Pero el verdadero potencial de una base de datos relacional aparece cuando esas tablas se **conectan** entre sí mediante relaciones. Una relación define cómo se vinculan los registros de una tabla con los registros de otra. Sin relaciones, cada tabla sería una isla; con relaciones bien definidas, la base de datos se convierte en un sistema integrado y coherente.

En Access, la creación y gestión de relaciones se realiza desde la ventana "relaciones", accesible desde la pestaña "herramientas de base de datos". Al abrirla por primera vez, la ventana aparece vacía, y es necesario añadir las tablas que se quieran relacionar. Esto se hace mediante el botón "mostrar tabla", seleccionando las tablas relevantes y agregándolas al área de diseño. Cada tabla aparece representada como un recuadro con sus campos.

Para crear una relación, se arrastra un campo de una tabla sobre el campo correspondiente en otra tabla. Normalmente, se arrastra el campo clave principal de la tabla "padre" sobre el campo que actúa como clave externa en la tabla "hija". Al soltar el ratón, Access abre el cuadro de diálogo "modificar relaciones", donde se configuran las opciones:

▶ Qué campos se vinculan exactamente.

▶ Si se va a aplicar integridad referencial.

▶ Si se permitirán actualizaciones en cascada.

▶ Si se permitirán eliminaciones en cascada.

La **integridad referencial** garantiza que no existan registros huérfanos. Por ejemplo, si hay una relación entre "Clientes" y "Pedidos", la integridad referencial impedirá crear un pedido para un código de cliente que no exista en la tabla "Clientes". También impedirá, salvo que se configure la eliminación en cascada, borrar un cliente que tiene pedidos asociados.

Las **actualizaciones en cascada** permiten que, si se cambia el valor de la clave principal en la tabla padre, ese cambio se propague automáticamente a las claves externas en la tabla hija. Las **eliminaciones en cascada** permiten que, si se borra un registro en la tabla padre, se borren también automáticamente los registros relacionados en la tabla hija.

Las opciones en cascada son muy poderosas, pero también peligrosas. Un borrado en cascada mal utilizado puede eliminar cientos de registros sin posibilidad de recuperación. Por ello, deben activarse solo cuando se está completamente seguro del efecto que tendrán sobre los datos.

La ventana de relaciones no solo sirve para crear vínculos; también es una representación visual del modelo relacional de la base de datos. Ver cómo se conectan "Clientes", "Pedidos", "LíneasDePedido", "Productos", "Empleados" y otras tablas ayuda a comprender la estructura global del sistema.

40.8 CONCEPTO DEL CAMPO CLAVE PRINCIPAL

El **campo clave principal** (o clave primaria) es uno de los conceptos más importantes del modelo relacional. Se trata de un campo, o combinación de campos, que identifica de forma única cada registro dentro de una tabla. Gracias a la clave principal, Access puede:

 ▸ Distinguir un registro de otro, aunque los demás campos tengan valores idénticos.

 ▸ Establecer relaciones fiables con otras tablas.

 ▸ Evitar la creación de registros duplicados.

Una clave principal debe cumplir varias características:

 ▸ Ser única: no puede haber dos registros con el mismo valor de clave principal.

 ▸ No admitir valores nulos: cada registro debe tener siempre un valor de clave.

 ▸ Ser estable: su valor no debería cambiar con el tiempo, porque se utiliza como referencia desde otras tablas.

En la práctica, el tipo de campo más utilizado como clave principal es el **autonumérico**, que Access incrementa automáticamente cada vez que se crea un nuevo registro. Esto garantiza la unicidad y evita errores humanos al asignar identificadores. Por ejemplo, en una tabla "Clientes", el campo "IDCliente" suele definirse como autonumérico y clave principal.

En algunos casos, sin embargo, se utiliza una clave principal "natural", basada en un dato con significado propio: un DNI, un código de producto, una matrícula, etcétera. Aunque esta opción puede parecer atractiva, tiene desventajas: esos valores a veces pueden cambiar (por ejemplo, por correcciones o cambios de criterio) o pueden introducirse con errores difíciles de detectar.

Cuando se define la clave principal en Access, se selecciona el campo en vista diseño y se pulsa el icono de "clave principal". Access marca ese campo con un pequeño icono de llave. A partir de ese momento, intentará evitar que se introduzcan valores duplicados o nulos en ese campo.

La clave principal desempeña un papel fundamental en las relaciones. En una relación uno a varios, la clave principal de la tabla "uno" se asocia al campo que actúa como clave externa en la tabla "varios". Sin una clave principal bien definida, es imposible garantizar la integridad referencial.

40.9 TIPOS DE RELACIONES ENTRE TABLAS

En una base de datos relacional, las tablas no se diseñan de forma aislada. Se crean relaciones entre ellas para reflejar cómo se relacionan las entidades del mundo real. Access admite tres tipos básicos de relaciones: **uno a uno**, **uno a varios** y **varios a varios**. Comprender estas relaciones es esencial para diseñar bases de datos coherentes.

40.9.1 Relación uno a uno

En una relación uno a uno, a cada registro de la primera tabla le corresponde como máximo un registro en la segunda tabla, y viceversa. Este tipo de relación no es muy frecuente en bases de datos sencillas, pero puede resultar útil en determinados casos.

Por ejemplo, una organización puede tener una tabla "Empleados" con datos generales (nombre, apellidos, fecha de contratación) y otra tabla "DatosConfidencialesEmpleado" con información sensible (salario, evaluaciones internas). Cada empleado tiene exactamente un registro en la tabla de datos confidenciales, y cada registro de esa tabla pertenece a un único empleado.

A menudo, este tipo de relación se utiliza para separar conjuntos de datos por motivos de seguridad, privacidad o frecuencia de uso. En muchos sistemas, la información más utilizada se agrupa en una tabla, y la información menos frecuente o más sensible se coloca en otra tabla vinculada uno a uno.

40.9.2 Relación uno a varios

La relación uno a varios es la más habitual en bases de datos relacionales. Significa que un registro de la tabla "padre" puede estar relacionado con varios registros de la tabla "hija", pero cada registro de la tabla "hija" está relacionado con un único registro de la tabla padre.

El ejemplo clásico es la relación entre "Clientes" y "Pedidos":

▼ Un cliente puede tener muchos pedidos.

▼ Cada pedido pertenece a un único cliente.

Para implementarla, la tabla "Clientes" tiene una clave principal, por ejemplo "IDCliente", y la tabla "Pedidos" tiene un campo "IDCliente" que actúa como clave externa. Al crear la relación entre estos campos en la ventana de relaciones y aplicar integridad referencial, se garantiza que ningún pedido podrá existir sin un cliente asociado.

Este tipo de relación también se utiliza en muchos otros contextos:

▸ Departamentos y empleados (un departamento tiene varios empleados).

▸ Facturas y líneas de factura (una factura tiene varias líneas).

▸ Cursos y matrículas (un curso tiene varios alumnos matriculados).

La relación uno a varios es la que convierte un conjunto de tablas aisladas en un sistema verdaderamente relacional, donde los datos dejan de repetirse y se distribuyen de forma lógica entre diferentes tablas.

40.9.3 Relación varios a varios

En la realidad, hay situaciones en las que un registro de una tabla puede relacionarse con varios registros de otra tabla, y a su vez, cada uno de esos registros puede relacionarse con varios registros de la primera tabla. Es decir, se dan una relación **varios a varios**.

Un ejemplo clásico es el de "Alumnos" y "Cursos":

▸ Un alumno puede estar matriculado en varios cursos.

▸ Un curso puede tener varios alumnos.

En el modelo relacional, este tipo de relación no se implementa directamente entre dos tablas, sino mediante una **tabla intermedia** o tabla de unión. En el ejemplo anterior, podría crearse una tabla "Matriculas" con, al menos, estos campos:

▸ IDAlumno (clave externa a la tabla "Alumnos").

▸ IDCurso (clave externa a la tabla "Cursos").

Opcionalmente, esta tabla intermedia puede incluir otros campos, como fecha de matrícula, estado, calificación, etcétera.

Desde el punto de vista de las relaciones:

▸ Entre "Alumnos" y "Matriculas" hay una relación uno a varios (un alumno tiene varias matrículas).

▸ Entre "Cursos" y "Matriculas" hay otra relación uno a varios (un curso tiene varias matrículas).

El resultado es que, a través de la tabla intermedia, se modela correctamente la relación varios a varios entre alumnos y cursos. Este patrón se utiliza en multitud de contextos: autores y libros, productos y proveedores, médicos y pacientes, etcétera.

ACTIVIDADES

Actividad 1. Modificación estructural

- ◣ Añadir 3 campos nuevos a una tabla existente.
- ◣ Cambiar el tipo de dato de un campo.
- ◣ Eliminar un campo obsoleto.
- ◣ Explicar qué riesgos existen en cada operación.

Actividad 2. Creación de relaciones

Con las tablas "Clientes", "Pedidos" y "LíneasPedido":

- ◣ Establecer relaciones uno-a-varios.
- ◣ Activar integridad referencial.
- ◣ Probar qué ocurre si intentan borrar un cliente con pedidos asociados.
- ◣ Documentar el resultado.

41

CREACIÓN, MODIFICACIÓN Y ELIMINACIÓN DE CONSULTAS O VISTAS

Hasta este punto has aprendido a crear tablas, definir campos, establecer propiedades, introducir datos y mantener la integridad mediante claves y relaciones. Es decir, ya sabes **almacenar** información de forma ordenada. Pero una base de datos profesional no se valora solo por cómo guarda los datos, sino por cómo permite **consultarlos y explotarlos**. Esa es la función de las **consultas**.

Las consultas son el mecanismo que utiliza Access para responder preguntas del tipo:

▸ "¿Qué clientes viven en Madrid y tienen pedidos pendientes?".

▸ "¿Cuántas ventas se han realizado este mes por cada comercial?".

▸ "¿Qué productos están sin stock?".

▸ "¿Qué registros deben actualizarse porque ha cambiado una tarifa o una normativa?".

A través de las consultas, puedes:

▸ Seleccionar registros concretos de una o varias tablas.

▸ Combinar datos relacionados (por ejemplo, clientes y pedidos).

▸ Aplicar filtros y criterios complejos.

▸ Ordenar resultados según uno o varios campos.

▸ Calcular totales, promedios, máximos y mínimos.

▸ Crear nuevas tablas a partir de resultados.

▸ Modificar, anexar o eliminar registros de manera masiva.

En este capítulo nos centraremos en el ciclo completo de trabajo con consultas o vistas: **creación, modificación y eliminación**, profundizando en:

▸ Creación de una consulta en vista diseño.

▸ Tipos de consulta y su finalidad.

▸ Selección de registros a partir de criterios.

▸ Modificación de registros o estructuras mediante consultas de acción.

- Guardado y reutilización de consultas.
- Ejecución y visualización de resultados.
- Impresión de los resultados de una consulta.
- Apertura y modificación de consultas existentes.
- Eliminación de consultas que han dejado de ser útiles.

El objetivo es que termines este capítulo siendo capaz de diseñar consultas sólidas, seguras y realmente útiles, entendiendo tanto sus posibilidades como sus riesgos, especialmente cuando intervienen consultas que modifican datos.

41.1 CREACIÓN DE UNA CONSULTA

La forma más completa y flexible de crear consultas en Access es mediante la **vista diseño de consulta**. Aunque los asistentes automáticos pueden ayudar en casos sencillos, es la vista diseño la que permite dominar de verdad cómo se construyen las consultas.

Para crear una consulta en vista diseño se sigue este flujo básico:

1. Seleccionar la pestaña **Crear** en la cinta de opciones.
2. Hacer clic en **Diseño de consulta**.
3. En el cuadro **Mostrar tabla**, elegir las tablas y/o consultas que actuarán como origen de datos y pulsar **Agregar**.
4. Cerrar el cuadro **Mostrar tabla** cuando ya estén todas las tablas necesarias.

En ese momento, la ventana de diseño se divide en dos zonas claramente diferenciadas:

- En la parte superior, Access muestra las tablas (y consultas) añadidas, con su lista de campos.
- En la parte inferior, aparece la **cuadrícula de diseño**, donde se construye la consulta: se eligen los campos, se establece si se mostrarán, se definen criterios y se establecen ordenaciones.

Para incluir un campo en la consulta puedes:

- Arrastrar el campo desde la lista de campos de la tabla hasta una columna libre de la cuadrícula.
- Abrir el desplegable del encabezado **Campo** en una columna y elegir el campo deseado de la lista.

Cada columna de la cuadrícula suele incluir:

- El nombre del campo.
- El nombre de la tabla de origen.
- Una casilla de Mostrar, para indicar si el campo se presentará en el resultado.
- Una fila Orden, para establecer orden ascendente o descendente.
- Una fila Criterios, donde se escribe la condición que deben cumplir los registros.

Durante el diseño, puedes alternar en cualquier momento entre **Vista diseño** y **Vista hoja de datos**. Este cambio te permite comprobar de inmediato si la consulta devuelve los resultados esperados y ajustar criterios o campos en consecuencia.

41.2 TIPOS DE CONSULTA

No todas las consultas realizan la misma labor. Access incluye varios tipos de consultas, cada una diseñada para un propósito específico. Conocer estos tipos ayuda a escoger la herramienta adecuada para cada problema.

41.2.1 Consultas de selección

Las consultas de selección son las más frecuentes y el punto de partida para trabajar con datos. Su misión principal es **mostrar información** sin modificarla. Permiten:

- Seleccionar campos concretos de una o varias tablas.
- Filtrar registros mediante criterios.
- Ordenar los resultados por uno o varios campos.
- Combinar datos de tablas relacionadas.

Una consulta de selección podría responder, por ejemplo, a preguntas como:

- "Mostrar todos los clientes de Barcelona.".
- "Listar los pedidos realizados este mes con su importe.".
- "Ver los productos cuyo stock sea inferior a un valor mínimo.".

41.2.2 Consultas de acción

Las consultas de acción sí modifican datos o estructuras. Son especialmente potentes, pero también implican más riesgo. Incluyen:

- **Consulta de actualización**: cambia el contenido de uno o varios campos en los registros que cumplen un criterio.
- **Consulta de eliminación**: elimina registros completos que cumplen una condición.
- **Consulta de datos anexados**: añade registros a otra tabla, a menudo desde una tabla temporal o importada.
- **Consulta de creación de tabla**: genera una tabla nueva basada en el resultado de una consulta de selección.

41.2.3 Consultas de parámetros

Las consultas de parámetros piden al usuario, en el momento de ejecutarse, que introduzca un valor que se utilizará como criterio. Por ejemplo:

- Un apellido.
- Una fecha inicial y una fecha final.
- Un código de departamento.

De esta forma, una misma consulta puede servir para múltiples casos, sin necesidad de editar su diseño cada vez.

41.2.4 Consultas de totales

Las consultas de totales permiten agrupar registros y realizar cálculos sobre esos grupos. Entre otros cálculos, pueden:

- Sumar importes.
- Calcular promedios.
- Contar el número de registros.
- Obtener valores mínimo y máximo.

Son muy útiles para informes de gestión: ventas por mes, número de pedidos por cliente, media de días de retraso, etcétera.

41.2.5 Consultas de referencias cruzadas

Estas consultas generan tablas que presentan la información en dos dimensiones, de forma similar a una tabla dinámica:

- Una variable se muestra por filas.
- Otra variable se muestra por columnas.
- En las intersecciones se colocan los totales o valores calculados.

Son ideales para comparar, por ejemplo, ventas por producto y por mes, o número de incidencias por tipo y por departamento.

41.2.6 Consultas SQL

Para usuarios avanzados, Access ofrece la posibilidad de trabajar directamente con **SQL (Structured Query Language)**. En la vista SQL se escribe a mano la instrucción (SELECT, UPDATE, DELETE, etcétera) que define la consulta. Aunque al principio pueda resultar más abstracto, muchas consultas complejas se expresan con mayor precisión y claridad en SQL que mediante la cuadrícula de diseño.

41.3 SELECCIÓN DE REGISTROS DE TABLAS

La selección de registros es la tarea cotidiana más habitual con consultas: decirle a la base de datos "muéstrame solo esto". Aquí la clave está en los **criterios**, que determinan qué registros entran en el resultado y cuáles quedan fuera.

En la cuadrícula de diseño, los criterios se introducen en la fila **Criterios** bajo el campo correspondiente. Algunos ejemplos típicos son:

- Para ver solo los clientes de Sevilla:
  - En el campo **Ciudad**: "Sevilla".
- Para ver pedidos posteriores a una fecha concreta:
  - En el campo **FechaPedido**: > #01/01/2026#.
- Para ver productos cuyo nombre comience por "Lap":
  - En el campo **NombreProducto**: como "Lap*".
- Para ver registros cuyo valor esté entre dos cantidades:
  - En el campo **Importe**: entre 100 Y 500.

Los criterios pueden combinarse de varias formas:

- Si colocas criterios en la **misma fila**, Access interpreta un **Y lógico** (AND):
  - "Ciudad = Madrid" y "Importe > 100" significa que deben cumplirse ambas condiciones en el mismo registro.
- Si colocas criterios en **filas distintas** (fila "O"), Access interpreta un **O lógico** (OR):
  - "Ciudad = Madrid" en la fila de criterios y "Ciudad = Barcelona" en la fila "O" mostrará registros de Madrid o de Barcelona.

También se pueden usar funciones integradas:

- Para seleccionar los registros de hoy:
  - Criterio en **Fecha**: date ().
- Para buscar campos vacíos (nulos):
  - Criterio en el campo: es Nulo.
- Para buscar campos rellenos (no nulos):
  - Criterio: no Es Nulo.

Ejemplo

Supongamos una tabla "Pedidos" y otra "Clientes", relacionadas por "IDCliente". Queremos ver:

- Solo los pedidos del año 2025.
- Solo de clientes de Valencia.
- Solo aquellos cuyo importe sea superior a 300 €.

El proceso sería:

- Añadir las tablas "Clientes" y "Pedidos" a la consulta.
- Incluir en la cuadrícula los campos "NombreCliente", "FechaPedido", "Ciudad" e "ImportePedido".
- En **Ciudad** escribir como criterio "Valencia".
- En **FechaPedido** escribir Entre #01/01/2025# Y #31/12/2025#.
- En **ImportePedido** escribir > 300.

La consulta devolverá exactamente los pedidos de clientes de Valencia, de 2025, con importe superior a 300 €.

41.4 MODIFICACIÓN DE REGISTROS, ESTRUCTURA DE LA TABLA O BASE DE DATOS

Hasta ahora hemos visto consultas que **no modifican** datos, solo los muestran. Sin embargo, en la gestión real de una base de datos es frecuente necesitar cambios masivos: actualizar tarifas, eliminar registros obsoletos, mover datos de una tabla a otra, crear tablas de trabajo a partir de resultados. Para estas tareas están las **consultas de acción**.

Trabajar con consultas de acción exige un nivel más alto de responsabilidad, porque los cambios que producen pueden ser irreversibles si no se dispone de copia de seguridad. La regla de oro es clara:

Diseñar primero una consulta de selección que identifique exactamente los registros a afectar, comprobarla, y solo después convertirla en consulta de acción.

41.4.1 Consultas de actualización

Una consulta de actualización permite modificar el contenido de uno o varios campos en todos los registros que cumplan un criterio.

Ejemplos de uso:

- Actualizar el campo "Estado" a "Inactivo" para clientes sin pedidos en los últimos tres años.
- Incrementar el campo "PrecioUnidad" en un 5 % para una determinada familia de productos.
- Rellenar un nuevo campo "Provincia" en base al contenido del campo "CódigoPostal".

El flujo habitual sería:

- Diseñar una consulta de selección que muestre únicamente los registros a actualizar.

- Una vez comprobada, cambiar el tipo de consulta a **Actualizar** desde la ficha "Diseño".

- En la cuadrícula, aparecerá la fila **Actualizar a**, donde se especifica el nuevo valor o expresión para el campo.

- Revisar de nuevo los registros afectados.

- Ejecutar la consulta.

Ejemplo

Subir un 10 % los precios de los productos de la categoría "Informática":

- Campo "Categoría": criterio "Informática".

- Campo "PrecioUnidad": en **Actualizar a**: [PrecioUnidad] * 1,10.

Al ejecutar, Access mostrará un mensaje indicando cuántos registros se van a modificar.

41.4.2 Consultas de eliminación

Las consultas de eliminación eliminan por completo los registros que cumplen un criterio. Son útiles para limpiar datos de prueba, borrar registros antiguos que ya no deben conservarse o eliminar filas duplicadas previamente identificadas.

Proceso recomendado:

- Crear una consulta de selección con los criterios que definen los registros a borrar.

- Comprobar cuidadosamente que devuelve exactamente los registros deseados.

- Cambiar el tipo de consulta a **Eliminar**.

- Ejecutar y confirmar cuando Access muestre el número de registros afectados.

Una consulta de eliminación puede borrar cientos o miles de registros en segundos. Siempre es recomendable tener copia de seguridad reciente y, si es posible, Probar antes en una base de datos de ensayo.

41.4.3 Consultas de datos anexados

Las consultas de datos anexados permiten **añadir registros** a una tabla existente a partir del resultado de otra tabla o consulta.

Son especialmente útiles cuando:

▼ Se ha importado información en una tabla temporal y se desea incorporarla a la tabla definitiva.

▼ Se quiere consolidar datos de varias bases de datos en una tabla central.

▼ Se desea almacenar en una tabla histórica los registros de ciertos períodos.

Cuando cambias el tipo de consulta a **Datos anexados**, Access pregunta a qué tabla se deben anexar los registros. Después, debes asegurarte de que los campos de origen se corresponden con los de destino en tipo de datos y significado.

41.4.4 Consultas de creación de tabla

Estas consultas generan una **nueva tabla** basada en el resultado de una consulta de selección. Pueden emplearse para:

▼ Crear tablas de trabajo para análisis específicos.

▼ Guardar un "snapshot" o instantánea de una situación en un momento dado (por ejemplo, clientes activos a 31 de diciembre).

▼ Preparar datos que luego se exportarán a otro sistema.

Al seleccionar el tipo **Creación de tabla**, se indica el nombre de la tabla nueva. Al ejecutar la consulta, Access construye esa tabla con los campos y registros que devuelva la consulta.

41.5 GUARDADO DE UNA CONSULTA

Una vez diseñada una consulta, lo habitual es querer reutilizarla. Guardar una consulta significa conservar su diseño (las tablas de origen, campos seleccionados, criterios, ordenaciones y tipo de consulta) dentro de la base de datos.

El proceso es sencillo:

▼ Con la consulta abierta, seleccionar **Guardar** en la barra de herramientas, o simplemente cerrar la consulta.

▼ Si no se ha guardado antes, Access solicitará un nombre.

La elección del nombre es importante. Algunos criterios útiles para nombrar consultas son:

▼ Utilizar un prefijo común para identificarlas, por ejemplo Q_.

▼ Emplear nombres descriptivos y consistentes, como:
  - Q_ClientesPorCiudad.
  - Q_PedidosPendientes.
  - Q_ProductosSinStock.
  - Q_VentasPorMes.

Una vez guardada, la consulta aparecerá en el panel de navegación y podrá abrirse, ejecutarse o modificarse cuantas veces sea necesario.

41.6 EJECUCIÓN DE UNA CONSULTA

Ejecución y diseño son dos caras de la misma moneda. En **Vista diseño** defines qué quieres que haga la consulta; en **Vista hoja de datos** ves lo que realmente devuelve. Ejecutar una consulta significa pedir a Access que aplique la definición sobre los datos actuales.

Para ejecutar una consulta puedes:

- Hacer clic en el botón **Ejecutar** (icono con un signo de exclamación) en la ficha "Diseño".

- Cambiar de **Vista diseño** a **Vista hoja de datos**.

- Si la consulta está cerrada, abrirla directamente desde el panel de navegación; Access la ejecutará y mostrará el resultado.

En consultas de selección, la ejecución produce únicamente un resultado visual. En consultas de acción, la ejecución **modifica datos**, y Access muestra antes un mensaje indicando el tipo de acción y el número de registros que se verán afectados.

La duración de la ejecución depende de:

- El volumen de datos de las tablas origen.

- La complejidad de los criterios y funciones utilizadas.

- La existencia y calidad de índices en campos utilizados para unir y filtrar.

- El rendimiento del sistema y la red, si se trabaja con archivos compartidos.

En consultas de acción, nunca ejecutes sin leer cuidadosamente el mensaje de confirmación. Si esperabas que se actualicen 20 registros y Access anuncia 2.000, probablemente el criterio no está bien definido y debes cancelar de inmediato.

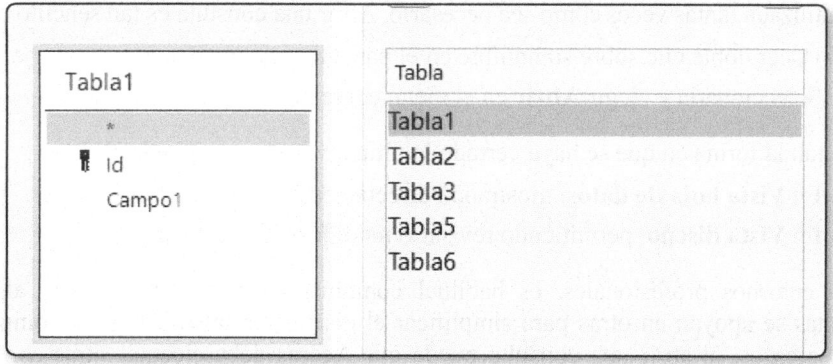

41.7 IMPRESIÓN DE RESULTADOS DE LA CONSULTA

En muchos escenarios de trabajo, tras obtener un conjunto concreto de datos con una consulta, surge la necesidad de **imprimir** esos resultados: para revisarlos en papel, archivarlos, presentarlos en una reunión o entregarlos a otra persona.

Access permite imprimir directamente la vista hoja de datos de una consulta. El flujo básico es:

▸ Ejecutar la consulta para obtener los resultados.

▸ Con la consulta en vista hoja de datos, ir a **Archivo → Imprimir** o usar el icono de impresión.

▸ Revisar la vista preliminar de impresión, donde puedes:
  - Cambiar la orientación de la página (Vertical u Horizontal).
  - Ajustar márgenes.
  - Seleccionar impresora, número de copias, etcétera.

Este método rápido puede ser suficiente cuando la consulta tiene pocos campos y no se requiere una presentación muy sofisticada. Sin embargo, si se necesita un documento más elaborado, con agrupaciones, títulos, logotipos, totales por grupo o formato corporativo, lo recomendable es:

▸ Crear un **informe** basado en la consulta.

▸ Diseñar el informe en vista diseño de informes, estructurando encabezados, detalles, pies y totales.

En esta combinación, la consulta actúa como **origen de datos**, mientras que el informe se convierte en el objeto destinado a la **presentación e impresión**.

41.8 APERTURA DE UNA CONSULTA

Una vez guardada, una consulta queda disponible en el panel de navegación y puede ser reutilizada tantas veces como sea necesario. Abrir una consulta es tan sencillo como:

▸ Hacer doble clic sobre su nombre en el panel de navegación, o.

▸ Seleccionarla y elegir **Abrir** en el menú contextual.

Según la forma en que se haya cerrado la última vez, Access puede abrirla:

▸ En **Vista hoja de datos**, mostrando directamente los resultados.

▸ En **Vista diseño**, permitiendo revisar o modificar su estructura.

En entornos profesionales, es habitual combinar consultas en cascada: algunas consultas se apoyan en otras para simplificar el diseño y reutilizar lógicas complejas. En esos casos, al abrir una consulta puede que Access deba ejecutar otras consultas intermedias.

Cuando hay muchas consultas, es recomendable:

▶ Agruparlas por tema o utilidad (por ejemplo, consultas de clientes, de pedidos, de informes).

▶ Usar nombres significativos y estables.

▶ Documentar, si es posible, la finalidad de cada consulta en materiales de apoyo o comentarios internos.

41.9 MODIFICACIÓN DE LOS CRITERIOS DE CONSULTA

Una de las ventajas de las consultas es su **flexibilidad**. Aunque sus definiciones se guarden, pueden modificarse tantas veces como sea necesario para adaptarse a nuevas necesidades, criterios cambiantes o correcciones en el análisis.

Para modificar una consulta, se abre en **Vista diseño**. Desde ahí se pueden realizar ajustes como:

▶ Añadir nuevos campos a la cuadrícula o eliminar campos ya no necesarios.

▶ Cambiar el orden de los campos para modificar la presentación del resultado.

▶ Introducir nuevos criterios o modificar los existentes.

▶ Cambiar las ordenaciones (ascendente, descendente, múltiples niveles).

▶ Incorporar nuevas tablas relacionadas.

▶ Convertir la consulta en otro tipo (por ejemplo, de selección a acción).

Ejemplo

Imagina una consulta que muestra los pedidos de un determinado año. En un primer momento, estaba filtrada para el año 2024 (criterio en el campo FechaPedido: entre #01/01/2024# Y #31/12/2024#). Más adelante, la dirección quiere ver los datos de 2025. Bastará con:

▶ Abrir la consulta en vista diseño.

▶ Modificar el criterio de fecha al rango de 2025.

▶ Guardar y ejecutar de nuevo.

Más adelante, podrías generalizar este caso convirtiendo la consulta en una **consulta de parámetros**, de forma que Access pregunte al usuario: "Introduzca el año que desea analizar".

41.10 ELIMINACIÓN DE UNA CONSULTA

Con el tiempo, se suelen acumular consultas que han dejado de ser útiles: pruebas, versiones antiguas de consultas, informes que ya no se generan, etcétera. Mantener todas esas consultas puede saturar el panel de navegación y dificultar el trabajo diario. Por ello, eliminar consultas obsoletas forma parte del **mantenimiento lógico** de la base de datos.

Eliminar una consulta implica:

- Seleccionarla en el panel de navegación.
- Hacer clic con el botón derecho y elegir **Eliminar**.
- Confirmar la acción cuando Access muestre el cuadro de diálogo correspondiente.

A diferencia de las tablas, eliminar una consulta **no borra datos**, ya que las consultas no almacenan registros, sino definiciones. Lo que se pierde es el diseño de la consulta: su selección de campos, sus criterios y su estructura.

Antes de borrar una consulta conviene hacerse algunas preguntas:

- ¿Está siendo utilizada como origen de datos de algún formulario o informe?
- ¿Forma parte de otra consulta más compleja?
- ¿Podría ser útil como base para futuras consultas, quizá renombrándola y ajustándola?

En caso de duda, una estrategia prudente consiste en:

- Renombrar la consulta con un prefijo como "Z_Obsoleta_" y dejarla un tiempo.
- Si después de un período razonable se confirma que nadie la usa, eliminarla definitivamente.

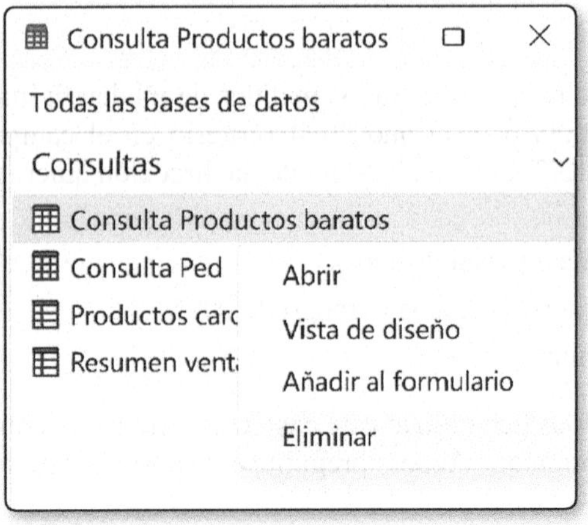

ACTIVIDADES

Actividad 1. Consulta de selección

Crear una consulta que muestre:

▶ Clientes de una ciudad concreta.

▶ Pedidos realizados en un rango de fechas.

▶ Importes superiores a un valor dado. El lector debe combinar criterios con AND y OR.

Actividad 2. Consulta de acción

▶ Crear una consulta de actualización que incremente un precio un 5 %.

▶ Crear una consulta de eliminación que borre registros antiguos.

▶ Explicar por qué es imprescindible probar antes con una consulta de selección.

42

RESULTADOS DE CONSULTAS Y CREACIÓN DE FORMULARIOS

Hasta este punto, ya dominas la creación de tablas, la inserción de datos, la modificación de estructuras y la construcción de consultas para seleccionar, analizar y transformar información. Sin embargo, aunque las consultas permiten obtener resultados precisos, no siempre son la forma más cómoda o intuitiva para que un usuario final interactúe con los datos. En entornos reales, especialmente administrativos, comerciales o educativos, los usuarios necesitan **interfaces amigables**, fáciles de usar, que permitan introducir, consultar y modificar datos sin tener que navegar por tablas o diseñar consultas.

Ese es el papel de los **formularios**.

Los formularios son ventanas diseñadas para facilitar la interacción con los datos. Permiten presentar la información de manera clara, ordenada y visualmente atractiva, utilizando controles como cuadros de texto, botones, listas desplegables, imágenes, pestañas, subformularios y otros elementos de diseño. Además, pueden automatizar tareas mediante macros o eventos, convirtiéndose en auténticas herramientas de trabajo diario.

Este capítulo profundiza en:

- La creación de formularios sencillos basados en tablas y consultas.
- La personalización de formularios mediante elementos de diseño.
- La creación de subformularios para mostrar datos relacionados.
- El almacenado, modificación y eliminación de formularios.
- La impresión de formularios.
- La inserción de imágenes y gráficos dentro de formularios.

El objetivo es que seas capaz de diseñar formularios profesionales, funcionales y visualmente coherentes, que permitan a los usuarios trabajar con los datos de forma eficiente y segura.

42.1 CREACIÓN DE FORMULARIOS SENCILLOS DE TABLAS Y CONSULTAS

La forma más directa de crear un formulario en Access es utilizar la opción **Formulario** de la pestaña "Crear". Esta opción genera automáticamente un formulario basado en la tabla o consulta seleccionada en el panel de navegación. El formulario resultante incluye todos los campos de la tabla o consulta, organizados en un diseño estándar.

El proceso básico es:

1. Seleccionar una tabla o consulta en el panel de navegación.
2. Ir a la pestaña **Crear**.
3. Hacer clic en **Formulario**.
4. Access genera un formulario con todos los campos.

Este formulario inicial es completamente funcional: permite ver registros, desplazarse entre ellos, añadir nuevos registros, modificar datos existentes y eliminar registros. Sin embargo, suele ser solo un punto de partida. Para crear formularios realmente útiles, es necesario personalizarlos.

Access también ofrece otras opciones de creación rápida:

► **Formulario dividido**: muestra simultáneamente un formulario y una hoja de datos.

► **Varios elementos**: muestra varios registros en formato lista.

► **Diseño en blanco**: permite construir un formulario desde cero.

► **Asistente para formularios**: guía paso a paso en la selección de campos y diseño.

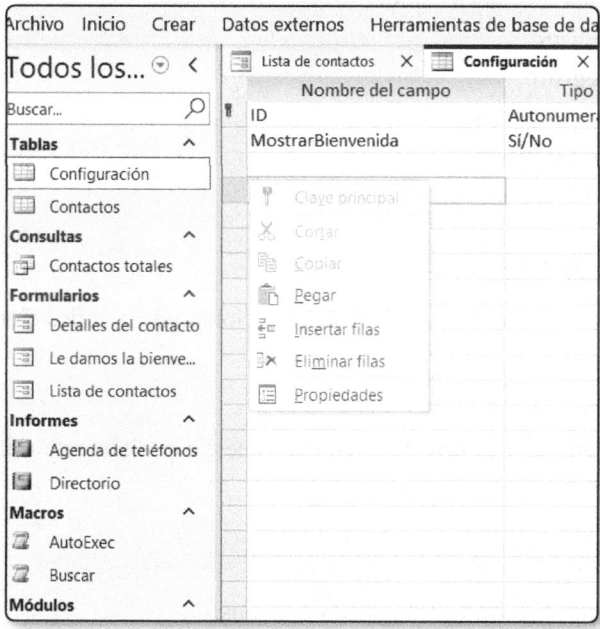

42.2 PERSONALIZACIÓN DE FORMULARIOS UTILIZANDO DIFERENTES ELEMENTOS DE DISEÑO

Una vez creado un formulario básico, el siguiente paso es personalizarlo. Access ofrece dos vistas principales para trabajar con formularios:

- **Vista diseño**: permite modificar la estructura del formulario con total libertad.
- **Vista presentación**: permite ajustar elementos visuales mientras se visualizan los datos.

En vista diseño, puedes añadir, mover, eliminar y configurar controles. Entre los elementos más utilizados se encuentran:

42.2.1 Cuadros de texto

Son los controles más comunes. Permiten mostrar y editar datos de campos de la tabla o consulta origen. Cada cuadro de texto suele ir acompañado de una etiqueta descriptiva.

42.2.2 Cuadros combinados

Permiten seleccionar valores de una lista desplegable. Son ideales para campos como "Provincia", "Categoría", "Departamento" o "Estado".

42.2.3 Botones de comando

Permiten ejecutar acciones como:

- Guardar registro.
- Eliminar registro.
- Abrir otro formulario.
- Ejecutar una consulta.
- Imprimir el formulario.

42.2.4 Cuadros de lista

Muestran listas de valores, permitiendo seleccionar uno o varios elementos.

42.2.5 Pestañas

Permiten organizar la información en secciones, especialmente útil en formularios con muchos campos.

42.2.6 Imágenes

Permiten insertar logotipos, fotografías o iconos.

42.2.7 Controles calculados

Permiten mostrar valores derivados de otros campos, como:

▶ [PrecioUnidad] * [Cantidad].

▶ Date ().

▶ =[Nombre] & " " & [Apellidos].

42.2.8 Líneas, rectángulos y elementos decorativos

Ayudan a estructurar visualmente el formulario.

42.2.9 Temas y estilos

Access permite aplicar temas predefinidos que modifican colores, fuentes y estilos.

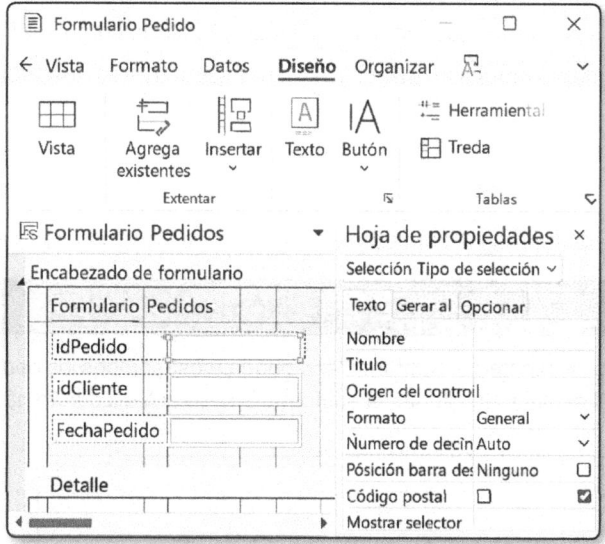

42.3 CREACIÓN DE SUBFORMULARIOS

Los subformularios permiten mostrar datos relacionados dentro de un formulario principal. Son esenciales para representar relaciones uno a varios, como:

▶ Clientes → Pedidos.

▶ Pedidos → Líneas de pedido.

▶ Profesores → Cursos.

▶ Facturas → Detalles de factura.

Un subformulario puede crearse de varias formas:

42.3.1 Mediante el asistente de subformularios

1. Crear o abrir un formulario principal.
2. Seleccionar la opción **Subformulario/Subinforme** en la pestaña "Diseño".
3. Elegir la tabla o consulta relacionada.
4. Access detecta automáticamente la relación y configura el vínculo.

42.3.2 Arrastrando un formulario existente

Si ya existe un formulario para la tabla relacionada, basta con arrastrarlo desde el panel de navegación al formulario principal.

42.3.3 Creando un subformulario desde cero

Se diseña un formulario independiente y luego se inserta como subformulario.

El vínculo entre formulario principal y subformulario se establece mediante las propiedades:

▸ **Vincular campos principales.**
▸ **Vincular campos secundarios.**

Access suele configurarlos automáticamente si existe una relación definida.

Ejemplo

En un formulario de clientes, el subformulario podría mostrar todos los pedidos del cliente seleccionado. Al cambiar de cliente, el subformulario se actualiza automáticamente.

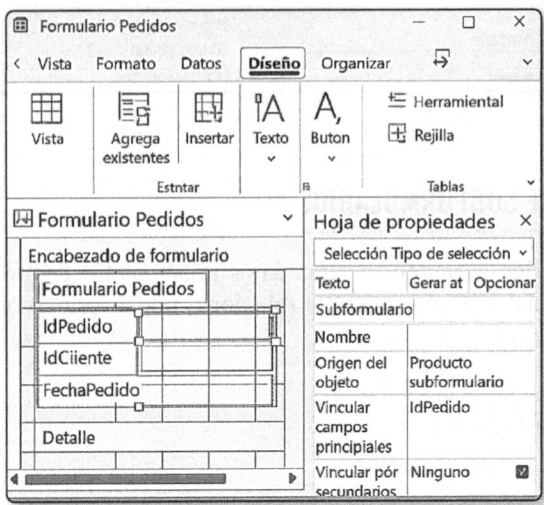

42.4 ALMACENADO DE FORMULARIOS

Una vez diseñado un formulario, es necesario guardarlo para poder reutilizarlo. El proceso es similar al de guardar consultas:

1. Hacer clic en **Guardar**.
2. Asignar un nombre claro y coherente.

Conviene utilizar una convención de nombres, por ejemplo:

- F_Clientes.
- F_Pedidos.
- F_Productos.
- F_Clientes_Pedidos (formulario con subformulario).

42.5 MODIFICACIÓN DE FORMULARIOS

Modificar un formulario es una tarea habitual. Puede ser necesario:

- Añadir nuevos campos.
- Cambiar el diseño.
- Reorganizar controles.
- Ajustar propiedades.
- Añadir botones o automatizaciones.
- Insertar imágenes o logotipos.

Para modificar un formulario, se abre en **Vista diseño** o **Vista presentación**. La vista diseño ofrece más control, mientras que la vista presentación permite ver los datos mientras se ajustan elementos visuales.

Ejemplo

Si se añade un nuevo campo "Correo alternativo" a la tabla Clientes, será necesario abrir el formulario correspondiente y añadir un cuadro de texto vinculado a ese campo.

Mostrar cómo se añaden nuevos controles, se ajustan propiedades y se reorganizan elementos.

42.6 ELIMINACIÓN DE FORMULARIOS

Eliminar un formulario es una operación sencilla:

1. Seleccionar el formulario en el panel de navegación.
2. Hacer clic con el botón derecho.
3. Elegir **Eliminar**.
4. Confirmar la operación.

Eliminar un formulario **no afecta a los datos**, ya que los formularios solo son interfaces. Sin embargo, conviene comprobar que:

- No es utilizado por otros formularios.
- No es origen de un subformulario.
- No está vinculado a macros o botones de otros formularios.

42.7 IMPRESIÓN DE FORMULARIOS

Los formularios pueden imprimirse directamente, aunque no siempre es la mejor opción. La impresión de formularios suele utilizarse cuando:

- Se necesita un documento rápido con el diseño del formulario.
- Se desea imprimir un registro individual.
- Se requiere un formato específico que ya está diseñado en el formulario.

Para imprimir un formulario:

1. Abrir el formulario en vista formulario.
2. Ir a **Archivo** → **Imprimir**.
3. Revisar la vista preliminar.

Sin embargo, para informes más elaborados, es preferible utilizar **informes**, que están diseñados específicamente para la impresión.

42.8 INSERCIÓN DE IMÁGENES Y GRÁFICOS EN FORMULARIOS

Los formularios pueden enriquecerse visualmente mediante imágenes y gráficos. Access permite insertar:

- Logotipos corporativos.
- Fotografías de productos.
- Imágenes de empleados.
- Iconos decorativos.
- Gráficos vinculados a datos.

42.8.1 Inserción de imágenes

Para insertar una imagen:

1. Abrir el formulario en vista diseño.
2. Seleccionar Insertar imagen.
3. Elegir la imagen desde el equipo.
4. Ajustar tamaño y posición.

Las imágenes pueden ser estáticas (logotipos) o vinculadas a campos de tipo "Adjunto".

42.8.2 Inserción de gráficos

Access permite insertar gráficos basados en datos de tablas o consultas. Estos gráficos pueden mostrar:

- ▶ Ventas por mes.
- ▶ Pedidos por cliente.
- ▶ Stock por categoría.
- ▶ Evolución temporal de un indicador.

Los gráficos se insertan desde la pestaña **Diseño**, seleccionando **Gráfico** y eligiendo la consulta origen.

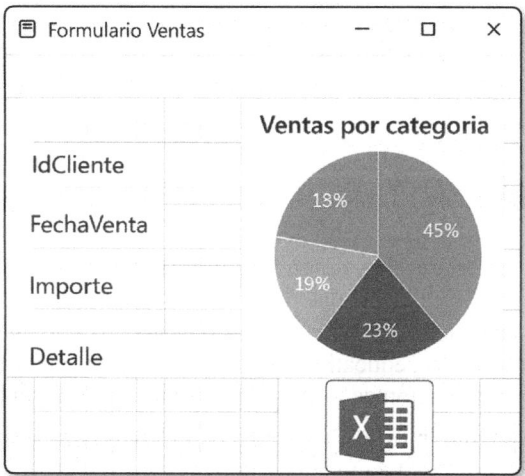

ACTIVIDADES

Actividad 1. Creación de un formulario profesional

- ▶ Crear un formulario basado en la tabla "Clientes".
- ▶ Añadir cuadros combinados, botones, imágenes y controles calculados.
- ▶ Aplicar un tema visual coherente.

Actividad 2. Subformularios

Crear un formulario "Clientes" con un subformulario "Pedidos":

- ▶ Vincular ambos mediante el campo IDCliente.
- ▶ Comprobar que al cambiar de cliente cambian los pedidos.
- ▶ Añadir un botón para abrir un formulario de detalles del pedido.

43

CREACIÓN DE INFORMES PARA LA IMPRESIÓN DE REGISTROS DE TABLAS O RESULTADOS DE CONSULTAS

43.1 INTRODUCCIÓN

En los capítulos anteriores has aprendido a crear tablas, introducir datos, diseñar consultas y construir formularios que permiten interactuar con la información de manera cómoda y estructurada. Sin embargo, en la mayoría de entornos profesionales –administrativos, comerciales, educativos, sanitarios o industriales– existe una necesidad recurrente: imprimir información de forma clara, ordenada y con un formato profesional.

Los usuarios no quieren imprimir una tabla en bruto ni una consulta tal cual aparece en la hoja de datos. Necesitan documentos que:

- Presenten la información con claridad.
- Organicen los datos en secciones.
- Incluyan encabezados, pies de página, logotipos y elementos gráficos.
- Permitan agrupar, ordenar y totalizar información.
- Sean adecuados para entregar a clientes, directivos o auditores.

Para cubrir estas necesidades, Access ofrece los **informes** (reports). Los informes son objetos diseñados específicamente para la **presentación e impresión** de datos. A diferencia de los formularios, que están pensados para la interacción, los informes están pensados para la **lectura** y la **impresión**.

En este capítulo aprenderás a:

- Crear informes sencillos basados en tablas o consultas.
- Personalizar informes utilizando elementos de diseño.
- Crear subinformes para mostrar datos relacionados.
- Guardar, modificar y eliminar informes.

▶ Imprimir informes con distintos formatos.

▶ Insertar imágenes y gráficos dentro de informes.

▶ Aplicar cambios en el aspecto del informe utilizando herramientas similares a un procesador de texto.

El objetivo es que seas capaz de diseñar informes profesionales, claros y funcionales, que presenten la información de forma impecable y que puedan imprimirse o exportarse con calidad.

43.2 CREACIÓN DE INFORMES SENCILLOS DE TABLAS O CONSULTAS

La forma más rápida de crear un informe en Access es utilizar la opción **Informe** de la pestaña "Crear". Esta opción genera automáticamente un informe basado en la tabla o consulta seleccionada en el panel de navegación.

El proceso básico es:

1. Seleccionar una tabla o consulta en el panel de navegación.

2. Ir a la pestaña **Crear**.

3. Hacer clic en **Informe**.

4. Access genera un informe con todos los campos.

Este informe inicial incluye:

▶ Un encabezado con el nombre del informe.

▶ Una sección de detalles con los campos de la tabla o consulta.

▶ Un pie de página con información básica.

Aunque este informe es funcional, suele ser solo un punto de partida. Para obtener informes profesionales, es necesario personalizarlos.

Access también ofrece otras opciones de creación:

▶ **Informe en blanco**: permite diseñar desde cero.

▶ **Asistente para informes**: guía paso a paso en la selección de campos, agrupaciones y ordenaciones.

▶ **Informe de varias columnas**: útil para etiquetas o listados compactos.

43.3 PERSONALIZACIÓN DE INFORMES UTILIZANDO DIFERENTES ELEMENTOS DE DISEÑO

Los informes pueden personalizarse ampliamente mediante la **vista diseño** y la **vista presentación**.

Cada una ofrece ventajas:

▶ **Vista diseño**: permite modificar la estructura con precisión.

▶ **Vista presentación**: permite ajustar elementos visuales mientras se visualizan los datos.

Los informes se componen de varias secciones:

▶ **Encabezado del informe**: aparece al inicio del documento.

▶ **Encabezado de página**: aparece en cada página.

▶ **Encabezado de grupo**: aparece al inicio de cada grupo de registros.

▶ **Detalle**: contiene los datos de cada registro.

▶ **Pie de grupo**: aparece al final de cada grupo.

▶ **Pie de página**: aparece en cada página.

▶ **Pie del informe**: aparece al final del documento.

43.3.1 Cuadros de texto

Permiten mostrar datos de campos o valores calculados. Son el elemento principal de los informes.

43.3.2 Etiquetas

Se utilizan para títulos, descripciones y encabezados de columnas.

43.3.3 Líneas y rectángulos

Ayudan a estructurar visualmente el informe.

43.3.4 Imágenes

Permiten insertar logotipos, fotografías o iconos.

43.3.5 Controles calculados

Permiten mostrar valores derivados, como:

▶ Totales.

▶ Promedios.

▶ Conteos.

▶ Porcentajes.

43.3.6 Agrupaciones y ordenaciones

Los informes permiten agrupar registros por campos, como:

▼ Ciudad.

▼ Categoría.

▼ Fecha.

▼ Departamento.

Cada grupo puede tener su propio encabezado y pie, donde se pueden colocar totales.

43.3.7 Temas y estilos

Access permite aplicar temas que modifican colores, fuentes y estilos.

Mostrar la vista diseño con secciones, controles y herramientas de diseño.

43.4 CREACIÓN DE SUBINFORMES

Los subinformes permiten mostrar datos relacionados dentro de un informe principal. Son esenciales para representar relaciones uno a varios, como:

▼ Clientes → Pedidos.

▼ Pedidos → Líneas de pedido.

▼ Profesores → Cursos.

▼ Facturas → Detalles de factura.

Un subinforme puede crearse de varias formas:

43.4.1 Mediante el asistente de subinformes

1. Abrir el informe principal.
2. Seleccionar **Subformulario/Subinforme** en la pestaña "Diseño".
3. Elegir la tabla o consulta relacionada.
4. Access detecta la relación y configura el vínculo.

43.4.2 Arrastrando un informe existente

Si ya existe un informe para la tabla relacionada, basta con arrastrarlo al informe principal.

43.4.3 Creando un subinforme desde cero

Se diseña un informe independiente y luego se inserta como subinforme.

El vínculo entre informe principal y subinforme se establece mediante:

▶ **Vincular campos principales.**

▶ **Vincular campos secundarios.**

Access suele configurarlos automáticamente si existe una relación definida.

43.5 ALMACENADO DE INFORMES

Guardar un informe es esencial para reutilizarlo. El proceso es similar al de formularios:

1. Hacer clic en **Guardar**.

2. Asignar un nombre claro y coherente.

Conviene utilizar una convención de nombres, por ejemplo:

▶ I_Clientes.

▶ I_Pedidos.

▶ I_Productos.

▶ I_Clientes_Pedidos.

43.6 MODIFICACIÓN DE INFORMES

Modificar un informe es una tarea habitual. Puede ser necesario:

▶ Añadir nuevos campos.

▶ Cambiar el diseño.

▶ Reorganizar controles.

▶ Ajustar propiedades.

▶ Añadir totales o agrupaciones.

▶ Insertar imágenes o logotipos.

Para modificar un informe, se abre en **Vista diseño** o **Vista presentación**.

Ejemplo

Si se añade un nuevo campo "Descuento" a la tabla Pedidos, será necesario abrir el informe correspondiente y añadir un cuadro de texto vinculado a ese campo.

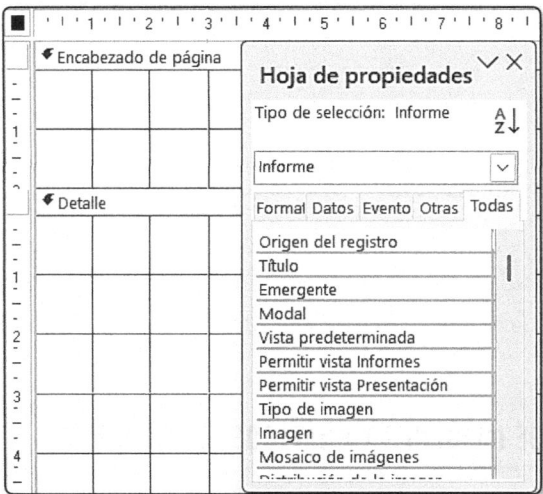

43.7 ELIMINACIÓN DE INFORMES

Eliminar un informe es sencillo:

1. Seleccionar el informe en el panel de navegación.
2. Hacer clic con el botón derecho.
3. Elegir **Eliminar**.
4. Confirmar la operación.

Eliminar un informe **no afecta a los datos**, ya que los informes solo son documentos de presentación.

43.8 IMPRESIÓN DE INFORMES

Los informes están diseñados específicamente para la impresión. Para imprimir un informe:

1. Abrir el informe en vista informe.
2. Ir a **Archivo → Imprimir**.
3. Revisar la vista preliminar.
4. Ajustar opciones como:
   - Orientación.
   - Márgenes.
   - Tamaño de papel.
   - Encabezados y pies.

Los informes pueden imprimirse:

▸ Completos.
▸ Por páginas.
▸ Por registros.

También pueden exportarse a:

▸ PDF.
▸ Word.
▸ Excel.
▸ HTML.

43.9 INSERCIÓN DE IMÁGENES Y GRÁFICOS EN INFORMES

Los informes pueden enriquecerse visualmente mediante imágenes y gráficos.

43.9.1 Inserción de imágenes

Para insertar una imagen:

1. Abrir el informe en vista diseño.
2. Seleccionar **Insertar imagen**.
3. Elegir la imagen desde el equipo.
4. Ajustar tamaño y posición.

Las imágenes pueden ser:

▸ Logotipos corporativos.
▸ Fotografías de productos.
▸ Iconos decorativos.

43.9.2 Inserción de gráficos

Los gráficos permiten visualizar datos de forma clara. Pueden mostrar:

▸ Ventas por mes.
▸ Pedidos por cliente.
▸ Stock por categoría.
▸ Evolución temporal.

Para insertar un gráfico:

1. Seleccionar **Gráfico** en la pestaña "Diseño".
2. Elegir la consulta origen.
3. Configurar el tipo de gráfico.

43.10 APLICACIÓN DE CAMBIOS EN EL ASPECTO DE LOS INFORMES UTILIZANDO EL PROCESADOR DE TEXTO

Access incorpora herramientas similares a un procesador de texto para mejorar el aspecto de los informes. Estas herramientas permiten:

- Cambiar fuentes.
- Ajustar tamaños de letra.
- Aplicar negrita, cursiva o subrayado.
- Cambiar colores de texto y fondo.
- Alinear textos.
- Ajustar espaciados.
- Aplicar estilos predefinidos.

Estas herramientas se encuentran en la pestaña **Formato** y permiten mejorar la legibilidad del informe.

Ejemplo

Un informe de ventas puede mejorarse aplicando:

- Títulos en negrita.
- Encabezados con fondo gris claro.
- Totales en letra más grande.
- Líneas divisorias para separar secciones.

ACTIVIDADES

Actividad 1. Informe con agrupaciones

- Crear un informe basado en la consulta "Pedidos".
- Agrupar por cliente.
- Añadir un total por cliente y un total general.
- Insertar el logotipo del centro educativo.

Actividad 2. Informe con subinforme

Crear:

- Un informe principal de clientes.
- Un subinforme de pedidos.
- Insertar ambos en un único documento.
- Ajustar diseño, márgenes y estilos para impresión profesional.

Parte V

APLICACIONES INFORMÁTICAS PARA PRESENTACIONES: GRÁFICAS DE INFORMACIÓN

44

DISEÑO, ORGANIZACIÓN Y ARCHIVO DE PRESENTACIONES PROFESIONALES EN POWERPOINT

En cualquier organización moderna, las presentaciones son una herramienta de trabajo cotidiana. Se utilizan para defender proyectos, presentar resultados, formar a empleados, vender productos, informar a la dirección o comunicar cambios estratégicos. PowerPoint se ha convertido en el estándar de facto para este tipo de comunicaciones.

Sin embargo, que una presentación se haya creado en PowerPoint no significa necesariamente que sea profesional. Una presentación profesional no se define solo por el contenido que incluye, sino por **cómo se diseña, cómo se estructura, cómo respeta la imagen corporativa, cómo se organiza el archivo, cómo se protege la información y cómo se entrega el resultado final**.

En este capítulo vamos a recorrer todo ese ciclo de vida: desde el primer momento en que se crea una nueva presentación hasta el instante en que se archiva y se comparte. El objetivo es que el alumno aprenda a trabajar con PowerPoint como lo haría un profesional en una empresa real.

44.1 LA IMAGEN CORPORATIVA DE UNA EMPRESA

Toda empresa, institución o entidad profesional posee una **identidad visual** que debe reflejarse en sus documentos, su sitio web, su material publicitario y, por supuesto, en sus presentaciones. PowerPoint no es un "mundo aparte": las diapositivas forman parte de la comunicación oficial de la organización.

44.1.1 Qué entendemos por imagen corporativa

La imagen corporativa está formada por un conjunto de elementos coherentes:

- **Logotipo y versión isotipo** (símbolo sin texto, cuando existe).
- **Paleta de colores corporativos**, definida con códigos concretos.

- **Tipografías oficiales** (una o varias, para títulos y cuerpo).
- **Estilo gráfico general**: tratamiento de imágenes, iconos, fondos, etc.
- **Tono comunicativo**: más formal, más cercano, más técnico, etc.

Al diseñar una presentación en PowerPoint, no estamos simplemente escogiendo colores al azar. Deberíamos estar apoyándonos en esta identidad para que la presentación "suene" y "se vea" como parte de la organización, no como una pieza aislada.

44.1.2 Importancia de respetar la imagen corporativa

Respetar la imagen corporativa no es solo una cuestión estética, sino también estratégica:

- **Refuerza la marca**: el público reconoce inmediatamente la organización.
- **Proyecta seriedad**: una presentación bien alineada con la marca transmite orden y profesionalidad.
- **Evita contradicciones**: si cada presentación parece de una empresa distinta, la imagen se diluye.
- **Facilita el trabajo en equipo**: si todos utilizan las mismas guías, las presentaciones son coherentes entre sí.

Por el contrario, una presentación que utiliza colores estridentes ajenos a la organización, tipos de letra poco legibles o logotipos deformados puede perjudicar la percepción del mensaje. El contenido puede ser excelente, pero el envoltorio visual hace que pierda credibilidad.

44.1.3 El manual de identidad corporativa y su aplicación en PowerPoint

Muchas empresas disponen de un documento llamado **Manual de Identidad Corporativa** o **Guía de Estilo de Marca**. En él se detallan aspectos como:

- Colores corporativos (por ejemplo: azul principal, gris secundario, color de acento).
- Uso correcto e incorrecto del logotipo (tamaños mínimos, fondos permitidos).
- Tipografías (por ejemplo, una fuente para títulos y otra para texto).
- Margen de seguridad alrededor del logotipo.
- Estilo de fotografías (corporativas, naturales, sin filtros exagerados).

El profesional que crea presentaciones debe consultar este manual y trasladar sus normas a PowerPoint. Esto se suele realizar a través de:

- **Plantillas corporativas** (archivos .pptx o .potx) que ya incluyen los diseños aprobados.
- **Temas personalizados** (colores, fuentes y efectos) que se aplican a cualquier presentación.
- **Master o patrón de diapositivas**, donde se definen fondos, logotipos y posiciones de texto.

44.1.4 Plantillas corporativas y temas en PowerPoint

Una forma eficaz de garantizar el respeto a la imagen corporativa es utilizar una plantilla oficial de la organización. Esta plantilla suele contener:

- ▶ Portada base con el logotipo en lugar correcto.
- ▶ Diseños de diapositivas internas (título y contenido, comparativas, solo título, etc.).
- ▶ Configuración de colores y tipografías corporativas.
- ▶ Estilos predefinidos para gráficos, tablas y SmartArt.

Al iniciar una nueva presentación, el usuario debería partir de esa plantilla y no de un diseño improvisado. De este modo, gran parte de las decisiones de diseño ya vendrán "resueltas" y el usuario podrá centrarse en el contenido.

Selección de plantilla corporativa desde Archivo → Nuevo

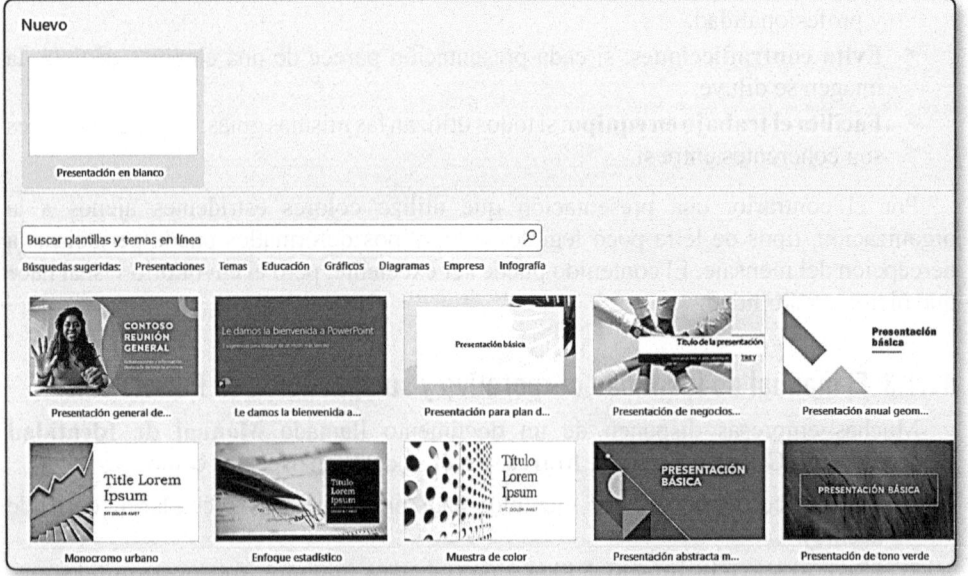

44.2 DISEÑO DE LAS PRESENTACIONES: CLARIDAD Y PERSUASIÓN

Una vez asegurado el respeto a la identidad corporativa, llega el momento de diseñar el contenido de la presentación. Aquí entran en juego dos conceptos fundamentales: **claridad** y **persuasión**. Una buena presentación debe ser fácil de entender y, además, debe contribuir a convencer, motivar o movilizar al público.

44.2.1 Claridad en la información

La claridad es el punto de partida. Si el público no entiende qué se le está explicando, ninguna estrategia persuasiva funcionará.

Algunas pautas para lograr claridad:

- ▶ **Menos es más**: cada diapositiva debe tener una idea principal, no cinco.
- ▶ **Texto breve**: frases cortas, sin subordinadas innecesarias.
- ▶ **Viñetas claras**: listas con entre 3 y 6 puntos como máximo, bien separados.
- ▶ **Lenguaje directo**: evitar tecnicismos si el público no los domina.
- ▶ **Evitar "bloques de texto"** largos que parecen párrafos de un libro pegados a una diapositiva.

En la práctica, una diapositiva con un título claro y tres ideas bien redactadas suele ser mucho más eficaz que otra con diez líneas de texto compacto.

44.2.2 Organización de la información

Además de clara, la información debe estar **bien organizada**. PowerPoint ofrece varias herramientas que facilitan esta tarea:

- ▶ **Diseños de diapositiva**: permiten elegir rápidamente estructuras comunes (título + contenido, dos columnas, comparativa, etc.).
- ▶ **Secciones**: ayudan a agrupar diapositivas en bloques lógicos (introducción, desarrollo, conclusiones).

Un error habitual es intentar meter "todo" en la diapositiva, cuando una parte del contenido puede ir en las notas o ser explicado verbalmente.

44.2.3 La persuasión en la transmisión de la idea

La persuasión es la capacidad de la presentación para **influir en la audiencia**, ya sea para que tome una decisión, acepte una propuesta o adopte un determinado punto de vista. En PowerPoint, esta persuasión se construye combinando contenido, estructura y elementos visuales.

Algunos principios básicos de persuasión en presentaciones:

- ▶ **Evidencias claras**: utilizar datos, gráficos, testimonios o ejemplos concretos.
- ▶ **Estructura narrativa**: plantear un problema, mostrar el análisis, proponer una solución.
- ▶ **Foco en beneficios**: aclarar qué gana la audiencia con lo que se propone.
- ▶ **Mensajes clave repetidos con intención**: no saturar, pero sí reforzar los puntos importantes.

El diseño visual puede apoyar esta persuasión, por ejemplo, destacando los mensajes clave con colores o tipografías ligeramente diferentes (siempre dentro de la identidad corporativa), o utilizando iconos que refuercen ideas sin recargar de texto.

44.2.4 Recursos visuales: imágenes, iconos y gráficos

Los elementos visuales son una parte esencial del diseño en PowerPoint. Bien utilizados, permiten:

- Sintetizar información compleja.
- Llamar la atención sobre un dato importante.
- Reforzar un argumento con una imagen potente.
- Hacer la presentación más atractiva y menos monótona.

No obstante, también pueden jugar en contra si se abusa de ellos o si se utilizan de forma arbitraria:

- Imágenes de baja calidad o pixeladas restan profesionalidad.
- Iconos sin relación con el contenido pueden confundir.
- Gráficos excesivamente recargados dificultan la lectura de los datos.

La regla general es sencilla: **cada elemento visual debe tener una función**. Si no aporta nada, es mejor no incluirlo.

44.2.5 Coherencia visual entre diapositivas

Un aspecto clave del diseño es la **coherencia**. La presentación debe percibirse como una unidad, no como una colección de diapositivas independientes. Para ello, se recomienda:

Mantener el mismo tipo de diseño en diapositivas similares.

- Utilizar la misma paleta de colores y la misma combinación de fuentes.
- Alinear correctamente todos los elementos (títulos, cajas de texto, imágenes).
- Evitar cambios bruscos de estilo sin justificación.

PowerPoint incluye herramientas de alineación y distribución que permiten colocar los elementos con precisión, así como la posibilidad de establecer "Guías" y "Rejillas" para mantener el orden visual.

44.3 EVALUACIÓN DE LOS RESULTADOS

Una presentación no termina cuando se cierra PowerPoint o cuando se apaga el proyector. Desde una perspectiva profesional, es imprescindible **evaluar el impacto real** de la presentación para aprender de la experiencia y mejorar las siguientes.

44.3.1 Indicadores de eficacia

Algunos aspectos que conviene analizar:

▸ Comprensión del mensaje: ¿el público ha entendido lo esencial?

▸ Nivel de atención: ¿se mantuvo el interés durante la exposición?

▸ Participación: ¿hubo preguntas, comentarios, interacción?

▸ Reacción emocional: ¿la audiencia se mostró receptiva, indiferente, escéptica?

▸ Resultados concretos: ¿se tomó la decisión que se buscaba?, ¿se aprobaron las propuestas?, ¿se generaron las oportunidades esperadas?

No todas las presentaciones tienen el mismo objetivo. En unas, se busca informar; en otras, persuadir; en otras, formar. La evaluación debe tener en cuenta cuál era la finalidad.

44.3.2 Herramientas para la evaluación

Algunas formas de recoger información útil:

▸ **Encuestas breves**: físicas o digitales, al finalizar la sesión.

▸ **Reuniones de retroalimentación** con el equipo interno.

▸ **Revisión de grabaciones** si la presentación se ha realizado en línea y se ha grabado.

▸ **Comparación de resultados** antes y después de la presentación (por ejemplo, ventas, inscripciones, acuerdos).

El objetivo no es "buscar culpables" si algo no ha funcionado, sino **detectar qué se puede mejorar** en el diseño, en el contenido o en la forma de presentar.

44.4 ORGANIZACIÓN Y ARCHIVO DE LAS PRESENTACIONES

En un entorno profesional, no basta con diseñar bien una presentación: es necesario también **organizarla y archivarla correctamente** para poder reutilizarla, compartirla con otros compañeros y mantener un control sobre las versiones.

44.4.1 Nomenclatura de archivos

El nombre del archivo debe ser informativo. Algunos elementos que conviene incluir:

- Tema o proyecto: por ejemplo, "LanzamientoProductoX".
- Fecha o año: por ejemplo, "2026".
- Versión: "v1", "v2", "Final", etc.
- Si procede, el público objetivo: "ComitéDirección", "FormaciónInterna", etc.

Un ejemplo completo podría ser: presentacion_LanzamientoProductoX_ComiteDireccion_2026_v3.pptx.

Este tipo de nomenclatura facilita saber, de un vistazo, qué contiene el archivo y en qué contexto se utilizó.

44.4.2 Estructura de carpetas

Tan importante como el nombre del archivo es la **ubicación** donde se guarda. En organizaciones que utilizan Microsoft es habitual trabajar con:

- **OneDrive** para archivos personales de trabajo.
- **SharePoint o Teams** para archivos compartidos por equipos o departamentos.

Una estructura de carpetas clara podría organizarse por:

- Proyectos.
- Clientes.
- Años.
- Tipos de documentos (presentaciones, informes, contratos, etc.).

La clave es que cualquier persona del equipo pueda localizar rápidamente la presentación que necesita sin depender de la memoria de quien la creó.

44.4.3 Versionado y copias

En algunos proyectos, una misma presentación sufre múltiples revisiones: se añaden diapositivas, se cambian datos, se ajusta el discurso. Para evitar confusiones es recomendable:

- Mantener un **historial de versiones** (v1, v2, v3…).
- Conservar copia de las versiones importantes (por ejemplo, la que se presentó ante la dirección).
- Evitar sobrescribir sin control un archivo que ya ha sido enviado o aprobado.

En entornos de colaboración en línea, PowerPoint integrado con OneDrive y SharePoint permite recuperar versiones anteriores de un mismo archivo, lo que añade una capa de seguridad adicional.

44.5 CONFIDENCIALIDAD DE LA INFORMACIÓN

Muchas presentaciones incluyen información sensible: resultados financieros, planes estratégicos, datos de clientes, precios, condiciones comerciales, información de empleados, etc. La gestión de estas presentaciones debe respetar siempre los principios de **confidencialidad**, **integridad** y **seguridad** de la información.

44.5.1 Riesgos más frecuentes

Algunos riesgos habituales son:

- Envío accidental de la presentación a destinatarios incorrectos.
- Almacenamiento en dispositivos personales sin protección.
- Uso de servicios de almacenamiento no autorizados por la organización.
- Pérdida de ordenadores o memorias USB con presentaciones sensibles.
- Compartición indiscriminada de enlaces sin control de permisos.

Estos escenarios pueden dar lugar a filtraciones de información con consecuencias legales, económicas o reputacionales para la empresa.

44.5.2 Medidas de protección en el archivo

Entre las medidas más comunes para proteger presentaciones confidenciales se encuentran:

- **Protección con contraseña** de apertura o de modificación.
- Guardar las presentaciones únicamente en **espacios de red protegidos** (OneDrive corporativo, SharePoint, Teams).
- Restringir los permisos de acceso a las personas que realmente necesitan la información.
- Evitar el envío por correo personal o servicios externos no aprobados.

PowerPoint, integrado en el ecosistema de Microsoft, ofrece opciones avanzadas de permisos, compartición segura y, en algunos entornos, incluso cifrado gestionado por la organización.

44.5.3 Avisos de confidencialidad

Además de las medidas técnicas, puede ser útil incorporar en algunas presentaciones un **aviso de confidencialidad**, por ejemplo en la primera diapositiva o en el pie de página. Este aviso recuerda a los receptores que:

- La información es interna.
- No debe difundirse sin autorización.
- Debe ser utilizada únicamente para los fines indicados.

Aunque un aviso no es una medida de seguridad en sí misma, sí refuerza la cultura de protección de la información.

44.6 ENTREGA DEL TRABAJO REALIZADO

La última fase del ciclo de vida de una presentación es su **entrega**: cómo se hace llegar al destinatario, en qué formato, con qué acompañamiento y en qué condiciones de seguridad.

44.6.1 Formatos habituales de entrega

Según el propósito y el destinatario, la presentación puede entregarse en diferentes formatos:

- ▶ **Archivo .pptx editable**: cuando el destinatario debe poder modificar o adaptar la presentación.

- ▶ **Archivo .pdf**: cuando se busca un formato fijo, sin posibilidad de cambios fáciles y con presentación uniforme en cualquier dispositivo.

- ▶ **Enlace compartido** (OneDrive, SharePoint, Teams): cuando se quiere trabajar de forma colaborativa o evitar enviar archivos por correo.

- ▶ **Presentación en directo**: en reuniones presenciales o en línea, proyectando desde el propio PowerPoint.

Es importante elegir el formato más adecuado según el contexto. Por ejemplo, no siempre es conveniente entregar un archivo editable a un cliente externo si se trata de una propuesta que no debe modificarse.

44.6.2 Revisión final antes de la entrega

Antes de dar por concluida la presentación, conviene realizar una **revisión final**:

- ▶ Comprobar ortografía y gramática.

- ▶ Revisar que todas las diapositivas respetan la identidad corporativa.

- ▶ Verificar que no se ha dejado contenido "de prueba" o notas internas que no deban verse.

- ▶ Confirmar que los datos (cifras, fechas, nombres) son correctos y están actualizados.

- ▶ Probar la presentación en la propia vista de presentación para detectar posibles problemas de ritmo o de legibilidad.

Esta revisión final es el equivalente a leer en voz alta un informe antes de imprimirlo: permite detectar errores que podrían echar por tierra un buen trabajo.

44.6.3 Entrega profesional

Además del archivo, la forma en que se entrega también transmite profesionalidad. Algunos detalles importantes:

- ▶ Acompañar la presentación con un **mensaje claro**, ya sea por correo electrónico, chat corporativo o informe adjunto.

- ▶ Indicar el **objetivo** de la presentación y, si procede, la fecha para comentarla o revisarla.

- ▶ Especificar si la presentación está **cerrada** (versión final) o es un **borrador** sujeto a cambios.

- ▶ En el caso de clientes o proveedores, utilizar un tono adecuado al contexto (más formal o cercano según la relación).

ACTIVIDADES

Actividad 1. Identidad corporativa en una presentación

Crea una presentación de **5 diapositivas** para una empresa ficticia.

- ▶ Define: **nombre, sector y valores**, **3 colores máximo** y **2 tipografías** (títulos/texto).

- ▶ Diseña: **portada**, **índice**, **2 de contenido** y **cierre**.

- ▶ Mantén **coherencia** de estilos en todas las diapositivas.

- ▶ Guarda como: `Presentacion_EmpresaFicticia_2026_v1.pptx`.

Actividad 2. Organización y confidencialidad

Crea una presentación de **4 diapositivas** para un informe interno:

- ▶ Portada (título, fecha, departamento) + **aviso de confidencialidad**.

- ▶ Resumen de resultados.

- ▶ Conclusiones.

- ▶ Propuestas de mejora.

- ▶ Guarda como: `InformeResultados_Direccion_2026_v2.pptx`, **exporta a PDF** y anota el **canal de entrega** (correo corporativo/Teams).

45

INTRODUCCIÓN Y CONCEPTOS GENERALES EN POWERPOINT

PowerPoint es una herramienta fundamental para la creación de presentaciones profesionales. Aunque su uso parece sencillo a primera vista, dominar la aplicación implica comprender su funcionamiento desde la base: cómo se ejecuta, cómo se cierra, cómo se crean y guardan presentaciones, cómo se organiza la interfaz y cómo se utilizan las distintas vistas que ofrece. Este capítulo proporciona una visión completa y detallada de estos conceptos iniciales, esenciales para cualquier usuario que desee trabajar con rigor y eficiencia.

45.1 EJECUCIÓN DE LA APLICACIÓN PARA PRESENTACIONES

El primer paso para trabajar con PowerPoint es ejecutar la aplicación. Aunque pueda parecer trivial, existen varias formas de iniciarla, y cada una responde a un contexto de trabajo distinto.

45.1.1 Inicio desde el menú Inicio de Windows

La forma más habitual de ejecutar PowerPoint es a través del menú Inicio:

- Hacer clic en el botón **Inicio** de Windows.
- Escribir "PowerPoint" en el cuadro de búsqueda.
- Seleccionar **PowerPoint** en los resultados.

Este método es rápido y funciona incluso si el usuario no recuerda la ubicación exacta del programa.

45.1.2 Inicio desde el escritorio o barra de tareas

Muchos usuarios prefieren tener un acceso directo:

- En el **escritorio**, mediante un icono.
- En la **barra de tareas**, anclando la aplicación para acceso inmediato.

Esto es especialmente útil para quienes trabajan con presentaciones de forma frecuente.

45.1.3 Inicio desde Microsoft (versión web)

PowerPoint también puede ejecutarse desde un navegador:

▶ Acceder a **www.office.com**.

▶ Iniciar sesión con la cuenta corporativa o educativa.

▶ Seleccionar **PowerPoint** en el panel de aplicaciones.

La versión web permite trabajar desde cualquier dispositivo sin necesidad de instalar la aplicación.

45.1.4 Inicio desde un archivo existente

Otra forma de ejecutar PowerPoint es abrir directamente un archivo .pptx:

▶ Desde el Explorador de archivos.

▶ Desde un correo electrónico.

▶ Desde OneDrive o SharePoint.

Al hacer doble clic sobre el archivo, PowerPoint se abre automáticamente.

45.2 SALIDA DE LA APLICACIÓN PARA PRESENTACIONES

Cerrar PowerPoint correctamente es tan importante como abrirlo. Una salida incorrecta puede provocar pérdida de datos o archivos dañados.

45.2.1 Cerrar desde el menú Archivo

La forma más segura de salir es:

▶ Ir a **Archivo**.

▶ Seleccionar **Salir**.

Si hay cambios sin guardar, PowerPoint mostrará un aviso.

45.2.2 Cerrar desde la "X" de la ventana

Otra forma habitual es hacer clic en la **X** de la esquina superior derecha. PowerPoint también solicitará guardar los cambios si es necesario.

45.2.3 Cierre automático por inactividad o apagado

En caso de apagado inesperado, PowerPoint incluye un sistema de recuperación automática que permite restaurar archivos no guardados. Aun así, es recomendable guardar con frecuencia.

45.3 CREACIÓN DE UNA PRESENTACIÓN

Crear una presentación es el punto de partida del trabajo en PowerPoint. Existen varias formas de hacerlo, según las necesidades del usuario.

45.3.1 Crear una presentación en blanco

La opción más básica:

▶ Abrir PowerPoint.

▶ Seleccionar **Presentación en blanco**.

Esto genera un archivo vacío con el diseño predeterminado.

45.3.2 Crear una presentación a partir de una plantilla

Las plantillas permiten comenzar con un diseño predefinido:

▶ Plantillas corporativas.

▶ Plantillas de Microsoft.

▶ Plantillas personalizadas.

Son ideales para mantener coherencia visual.

45.3.3 Crear una presentación desde un archivo existente

PowerPoint permite duplicar una presentación previa:

▶ Abrir un archivo existente.

▶ Guardarlo como un nuevo archivo.

▶ Modificar el contenido.

Esto es útil para presentaciones recurrentes.

45.4 GRABACIÓN DE UNA PRESENTACIÓN

Guardar o grabar una presentación es esencial para evitar pérdida de información.

45.4.1 Guardar por primera vez

Al guardar por primera vez:

▶ Ir a **Archivo → Guardar como**.

▶ Elegir ubicación (OneDrive, SharePoint, PC).

▶ Asignar un nombre al archivo.

▶ Seleccionar formato (.pptx por defecto).

45.4.2 Guardado automático (AutoSave)

En Microsoft, si el archivo está en OneDrive o SharePoint, el guardado automático está activado. Esto evita pérdidas por fallos inesperados.

45.4.3 Guardar versiones adicionales

Es recomendable guardar versiones numeradas:

- v1, v2, v3…
- "Final", "Revisión", "Cliente", etc.

Esto facilita el control de cambios.

45.5 CIERRE DE UNA PRESENTACIÓN

Cerrar una presentación no implica cerrar PowerPoint. Puede cerrarse un archivo sin salir de la aplicación.

45.5.1 Cerrar solo el archivo

- Ir a **Archivo** → **Cerrar**.
- PowerPoint vuelve a la pantalla inicial.

45.5.2 Cerrar con aviso de cambios

Si hay cambios sin guardar, PowerPoint mostrará un cuadro de diálogo:

- **Guardar.**
- **No guardar.**
- **Cancelar.**

Es importante elegir correctamente para evitar pérdidas.

45.6 APERTURA DE UNA PRESENTACIÓN

Abrir una presentación es una operación frecuente.

45.6.1 Abrir desde Archivo → Abrir

Permite acceder a:

- Archivos recientes.
- OneDrive.
- SharePoint.
- Equipo local.
- Carpetas personalizadas.

45.6.2 Abrir desde el Explorador de archivos

Haciendo doble clic sobre un archivo .pptx.

45.6.3 Abrir desde correo electrónico o Teams

PowerPoint se abre automáticamente al seleccionar un archivo adjunto.

45.7 ESTRUCTURA DE LA PANTALLA

La interfaz de PowerPoint está diseñada para facilitar el trabajo visual. Comprender su estructura es fundamental para trabajar con eficiencia.

45.7.1 Barra de título

Incluye:

- Nombre del archivo.
- Ubicación (OneDrive, PC).
- Botones de control de ventana.

45.7.2 Cinta de opciones

Organizada en pestañas:

- Inicio.
- Insertar.
- Diseño.
- Transiciones.
- Animaciones.
- Presentación con diapositivas.
- Revisar.
- Vista.

Cada pestaña contiene grupos de herramientas.

45.7.3 Panel de diapositivas

A la izquierda, muestra miniaturas de todas las diapositivas.

45.7.4 Área de trabajo

Zona central donde se edita la diapositiva.

45.7.5 Panel de notas

Permite añadir notas para el presentador.

45.7.6 Barra de estado

Muestra:

- Número de diapositiva.
- Idioma.
- Zoom.
- Vista actual.

45.8 LAS VISTAS DE LA APLICACIÓN PARA PRESENTACIONES

PowerPoint ofrece distintas vistas que permiten trabajar con la presentación desde diferentes perspectivas. Cada vista tiene una función específica y es importante conocerlas para utilizarlas correctamente.

45.8.1 Vista Normal

La vista Normal es la vista principal y la más utilizada. Permite:

- Editar el contenido de cada diapositiva.
- Ver miniaturas en el panel izquierdo.
- Añadir notas del orador.
- Insertar elementos visuales.

Es la vista ideal para la creación y edición detallada.

45.8.2 Vista Clasificador de diapositivas

El Clasificador de diapositivas muestra todas las diapositivas en miniatura, distribuidas en una cuadrícula. Es útil para:

- Reorganizar el orden de las diapositivas.
- Eliminar o duplicar varias diapositivas a la vez.
- Visualizar la estructura global de la presentación.
- Detectar incoherencias visuales.

Se accede desde **Vista → Clasificador de diapositivas**.

45.8.3 Vista Esquema

La vista Esquema muestra el contenido textual de la presentación en forma de lista jerárquica. Permite:

- Revisar la estructura lógica del contenido.
- Editar texto rápidamente sin distracciones visuales.
- Detectar redundancias o falta de coherencia.
- Reorganizar títulos y subtítulos.

Es especialmente útil para presentaciones largas.

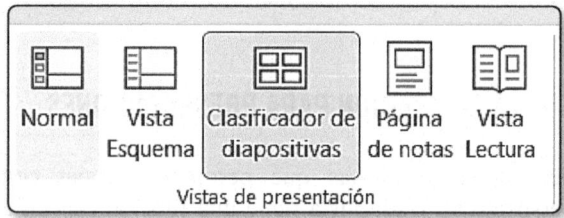

ACTIVIDADES

Actividad 1. Exploración de la interfaz

- Ejecuta PowerPoint desde el menú Inicio.
- Crea una presentación en blanco.
- Identifica cada zona de la interfaz y anótala en tus apuntes.
- Cambia entre las vistas Normal, Clasificador y Esquema.

Actividad 2. Gestión de archivos

- Crea una presentación con tres diapositivas.
- Guárdala con el nombre "Practica_PowerPoint__v1".
- Ciérrala y vuelve a abrirla desde Archivo → Abrir.
- Guarda una segunda versión con el nombre "Practica_PowerPoint__v2".

46

ACCIONES CON DIAPOSITIVAS EN POWERPOINT

El trabajo con diapositivas constituye el núcleo fundamental de PowerPoint. Aunque la aplicación ofrece multitud de herramientas avanzadas, la base de cualquier presentación profesional reside en saber gestionar correctamente las diapositivas: insertarlas, eliminarlas, duplicarlas y ordenarlas. Estas acciones, aparentemente simples, determinan la estructura, el ritmo y la coherencia de la presentación. Un usuario que domina estas operaciones básicas puede construir presentaciones sólidas, claras y bien organizadas, mientras que un manejo deficiente de las diapositivas suele dar lugar a presentaciones confusas, desordenadas o difíciles de seguir.

En este capítulo profundizaremos en cada una de estas acciones, explicando no solo cómo se realizan técnicamente, sino también cómo se aplican en un contexto profesional y qué criterios deben guiar al usuario para tomar decisiones adecuadas.

46.1 INSERCIÓN DE NUEVAS DIAPOSITIVAS

La inserción de nuevas diapositivas es una de las operaciones más frecuentes en PowerPoint. Cada diapositiva representa una unidad de contenido, y su correcta creación es esencial para mantener la coherencia visual y narrativa de la presentación.

46.1.1 Formas de insertar una nueva diapositiva

PowerPoint ofrece varias formas de insertar una diapositiva, adaptándose a distintos estilos de trabajo.

a) Desde la pestaña Inicio

- Ir a la pestaña **Inicio**.
- Hacer clic en **Nueva diapositiva**.
- Seleccionar un diseño predefinido (Título y contenido, Dos contenidos, Comparación, Solo título, etc.).

Esta es la forma más habitual y permite elegir el diseño adecuado desde el primer momento.

b) Desde el panel de diapositivas

En el panel izquierdo, donde aparecen las miniaturas:

▶ Hacer clic derecho entre dos diapositivas.

▶ Seleccionar **Nueva diapositiva**.

Este método es rápido y permite insertar la diapositiva exactamente en la posición deseada.

c) Atajo de teclado

PowerPoint permite insertar una diapositiva con: **Ctrl + M.**

Este atajo es especialmente útil para usuarios avanzados que buscan rapidez.

d) Insertar diapositiva desde el patrón

Si se trabaja con un patrón de diapositivas personalizado:

▶ Ir a **Vista** → **Patrón de diapositivas**.

▶ Seleccionar el diseño deseado.

▶ Insertar la diapositiva desde ese diseño.

Esto garantiza que la diapositiva respete la identidad corporativa.

46.1.2 Selección del diseño adecuado

No todas las diapositivas deben tener el mismo diseño. PowerPoint ofrece múltiples diseños predefinidos, cada uno pensado para un tipo de contenido:

▶ **Título y contenido**: ideal para ideas principales.

▶ **Dos contenidos**: perfecto para comparaciones.

▶ **Título de sección**: para separar bloques temáticos.

▶ **Solo título**: para diapositivas visuales con imágenes o gráficos.

▶ **En blanco**: para diseños totalmente personalizados.

Elegir el diseño adecuado mejora la claridad y la estética de la presentación.

46.1.3 Recomendaciones al insertar diapositivas

▶ Mantener coherencia visual con el resto de la presentación.

▶ Evitar insertar diapositivas en blanco sin propósito.

▶ No saturar la presentación con demasiadas diapositivas similares.

▶ Utilizar títulos claros y descriptivos.

▶ Insertar diapositivas de sección para separar bloques temáticos.

46.2 ELIMINACIÓN DE DIAPOSITIVAS

Eliminar diapositivas es una operación necesaria para depurar, simplificar o reorganizar la presentación. Una presentación profesional no debe incluir diapositivas redundantes, incompletas o irrelevantes.

46.2.1 Cómo eliminar una diapositiva

a) Desde el panel de diapositivas

- Seleccionar la diapositiva.
- Pulsar la tecla **Supr**.

Este es el método más rápido.

b) Desde el menú contextual

- Clic derecho sobre la miniatura.
- Seleccionar **Eliminar diapositiva**.

c) Eliminar varias diapositivas a la vez

PowerPoint permite seleccionar varias diapositivas:

- Manteniendo pulsada **Ctrl** para selección múltiple.
- Manteniendo pulsada **Shift** para seleccionar un rango.

Una vez seleccionadas, basta con pulsar **Supr**.

46.2.2 Cuándo eliminar una diapositiva

Eliminar una diapositiva no es solo una acción técnica, sino también una decisión editorial. Conviene eliminar una diapositiva cuando:

- Repite información ya presentada.
- No aporta valor al mensaje principal.
- Está incompleta o mal diseñada.
- Rompe el ritmo de la presentación.
- Contiene información obsoleta.

Una presentación profesional debe ser concisa y directa.

46.2.3 Recuperación de diapositivas eliminadas

Si se elimina una diapositiva por error:

- Se puede usar **Ctrl + Z** para deshacer.
- Si se ha cerrado el archivo, PowerPoint puede recuperar versiones anteriores desde OneDrive o SharePoint.

46.3 DUPLICACIÓN DE DIAPOSITIVAS

Duplicar diapositivas es una herramienta muy útil cuando se desea mantener un diseño o estructura y reutilizarlo con contenido diferente.

46.3.1 Cómo duplicar una diapositiva

a) Desde el menú contextual

- Clic derecho sobre la diapositiva.
- Seleccionar **Duplicar diapositiva**.

b) Atajo de teclado

- **Ctrl + D.**

Este método es extremadamente rápido.

c) Copiar y pegar

Seleccionar la diapositiva.

- **Ctrl + C.**
- **Ctrl + V.**

46.3.2 Cuándo duplicar una diapositiva

Duplicar es útil cuando:

- Se quiere mantener el mismo diseño.
- Se necesita repetir una estructura visual.
- Se trabaja con listas o gráficos similares.
- Se desea crear variaciones de una misma idea.

46.3.3 Recomendaciones al duplicar

- Evitar duplicar diapositivas con contenido que pueda generar confusión.
- Revisar títulos y numeraciones después de duplicar.
- Asegurar que el contenido duplicado se adapta al nuevo propósito.

46.4 ORDENACIÓN DE DIAPOSITIVAS

El orden de las diapositivas determina la narrativa de la presentación. Una buena presentación no solo tiene buen contenido, sino también un **orden lógico y fluido**.

46.4.1 Cómo cambiar el orden de las diapositivas

a) Arrastrar y soltar

En el panel de miniaturas:

- Seleccionar la diapositiva.
- Arrastrarla a la nueva posición.

b) Desde la vista Clasificador de diapositivas

Esta vista facilita la reorganización global:

- Ir a **Vista → Clasificador de diapositivas**.
- Arrastrar las diapositivas según el orden deseado.

46.4.2 Criterios para ordenar diapositivas

Una presentación debe seguir una estructura lógica. Algunos criterios:

a) Orden cronológico

Ideal para:

- Informes de progreso.
- Proyectos con fases.
- Presentaciones históricas.

b) Orden temático

Útil para:

- Formación.
- Presentaciones técnicas.
- Explicaciones conceptuales.

c) Orden persuasivo

Común en:

- Presentaciones comerciales.
- Propuestas de negocio.
- Argumentaciones estratégicas.

Este orden suele seguir:

- Problema.
- Análisis.
- Solución.
- Beneficios.
- Cierre.

46.4.3 Errores comunes en la ordenación

- Saltos bruscos entre temas.
- Repetición de ideas.
- Falta de introducción o conclusión.
- Orden incoherente con el objetivo de la presentación.

ACTIVIDADES

Actividad 1. Gestión básica de diapositivas

- Crea una presentación con 6 diapositivas.
- Inserta dos diapositivas nuevas con distintos diseños.
- Duplica una de ellas.
- Elimina una diapositiva innecesaria.
- Reordena las diapositivas para que sigan una secuencia lógica.

Actividad 2. Construcción de una narrativa visual

- Crea una presentación sobre un tema libre.
- Inserta diapositivas siguiendo un orden narrativo (inicio, desarrollo, cierre).
- Duplica una diapositiva para crear una variación.
- Elimina contenido redundante.
- Ordena las diapositivas en la vista Clasificador.

47

TRABAJO AVANZADO CON OBJETOS, TEXTO, TABLAS, FORMAS, IMÁGENES, GRÁFICOS Y DIAGRAMAS EN POWERPOINT

PowerPoint es un entorno visual basado en objetos. Cada elemento que aparece en una diapositiva –texto, imágenes, formas, gráficos, tablas, vídeos o diagramas– funciona como una pieza independiente que puede seleccionarse, moverse, alinearse, formatearse y reorganizarse. Comprender esta lógica es fundamental para diseñar presentaciones profesionales, limpias y equilibradas.

Este capítulo ofrece una guía clara y progresiva para dominar el trabajo con objetos y mejorar la calidad visual de cualquier presentación.

Selección de objetos

Seleccionar un objeto es el primer paso para modificarlo. Cuando un elemento está seleccionado, aparece rodeado por un marco con controladores. Estos puntos permiten cambiar su tamaño, rotarlo o ajustarlo según sea necesario.

Existen varias formas de seleccionar:

- **Clic directo:** la forma más rápida para trabajar con un único elemento.

- **Selección múltiple con Ctrl:** permite elegir varios objetos a la vez para moverlos o formatearlos de forma conjunta.

- **Selección por área:** arrastrar el ratón formando un rectángulo para seleccionar varios elementos cercanos.

- **Panel de selección:** una lista completa de todos los objetos de la diapositiva, ideal para diseños complejos o elementos superpuestos.

El Panel de selección es especialmente útil porque permite renombrar objetos, ocultarlos temporalmente y reorganizarlos con precisión.

Desplazamiento de objetos

Mover objetos correctamente es clave para lograr composiciones equilibradas. PowerPoint permite hacerlo de varias formas:

- ▶ **Arrastrar con el ratón:** rápido e intuitivo para movimientos amplios.
- ▶ **Flechas del teclado:** ideal para ajustes milimétricos.
- ▶ **Shift + arrastrar:** restringe el movimiento a una línea recta, evitando desviaciones accidentales.

Combinar ratón y teclado ofrece un control total sobre la posición final del objeto.

Eliminación de objetos

Eliminar elementos innecesarios mejora la claridad visual. Una diapositiva sobrecargada dificulta la comprensión del mensaje.

Puedes hacerlo mediante:

- ▶ **Tecla Supr**, para una eliminación inmediata.
- ▶ **Menú contextual**, útil cuando se revisa el diseño con más detalle.
- ▶ **Eliminación múltiple**, seleccionando varios objetos antes de borrarlos.

Modificación del tamaño de los objetos

El tamaño de un objeto determina su peso visual dentro de la diapositiva. Ajustarlo correctamente ayuda a establecer jerarquías claras.

Los **controladores de esquina** mantienen la proporción del objeto, ideales para imágenes y formas.

Los **controladores laterales** permiten modificar solo el ancho o el alto.

Mantener pulsada la tecla **Shift** evita deformaciones.

El panel **Formato** → **Tamaño** permite introducir medidas exactas para lograr uniformidad.

Duplicación de objetos

Duplicar objetos acelera el diseño y garantiza coherencia visual.

- ▶ **Ctrl + D** crea una copia inmediata.
- ▶ **Copiar y pegar** es el método universal.
- ▶ **Arrastrar con Ctrl** permite duplicar y posicionar en un solo gesto.

Reubicación de objetos (capas)

Cuando varios objetos se superponen, PowerPoint los organiza en capas. Controlar este orden es esencial para decidir qué elementos deben verse delante o detrás.

- ▶ **Traer al frente** coloca un objeto por encima de todos.
- ▶ **Enviar al fondo** lo sitúa detrás del resto.
- ▶ Las **capas intermedias** permiten ajustar la profundidad visual en diseños complejos.

Alineación y distribución

Una diapositiva bien alineada transmite profesionalidad. PowerPoint ofrece herramientas para:

- Alinear objetos a la izquierda, centro, derecha, arriba, medio o abajo.
- Distribuirlos equitativamente para mantener el equilibrio visual.
- Activar **guías y cuadrículas**, que funcionan como referencias invisibles para lograr precisión.

Trabajo con textos

El texto es uno de los elementos más importantes de una presentación. Debe ser claro, breve y bien formateado.

Puedes insertarlo directamente en la diapositiva o mediante cuadros de texto. La **vista Esquema** permite redactar el contenido de forma estructurada, ideal para planificar la presentación antes de diseñarla.

El formato del texto incluye:

- Fuente.
- Tamaño.
- Color.
- Interlineado.
- Viñetas y numeración.

Estos ajustes mejoran la legibilidad y ayudan a destacar ideas clave.

Formato de párrafos

El formato de párrafos organiza la información dentro de un cuadro de texto. Permite:

- Alinear el contenido según el tipo de mensaje.
- Crear listas numeradas para pasos o instrucciones.
- Usar viñetas para ideas principales.
- Aplicar estilos de los temas de PowerPoint para mantener coherencia visual.

Tablas

Las tablas permiten organizar información de forma clara y estructurada. Se insertan desde el menú **Insertar** → **Tabla** y pueden personalizarse mediante:

- Inserción o eliminación de filas y columnas.
- Combinación o división de celdas.
- Alineación horizontal y vertical.

Estilos predefinidos para profesionalizar su aspecto.

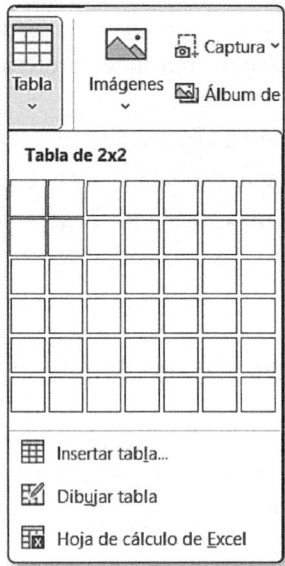

Dibujos y formas geométricas

Las líneas y formas simples permiten crear esquemas personalizados, destacar información o construir diseños visuales más elaborados.

- Las **líneas rectas** conectan ideas.
- Las **líneas curvas** aportan dinamismo.
- Las **formas geométricas** (rectángulos, círculos, flechas, bocadillos) son la base de muchos diagramas y composiciones.

Todas pueden personalizarse en grosor, color, estilo y efectos.

Sombras y efectos 3D

Los efectos visuales pueden mejorar una diapositiva, pero deben usarse con moderación.

- Las **sombras suaves** añaden profundidad sin distraer.
- Los **efectos 3D** deben aplicarse con criterio para evitar sobrecargar el diseño.

Reglas, guías y cuadrícula

Estas herramientas invisibles ayudan a diseñar con precisión:

- Las **reglas** permiten mantener márgenes y medidas.
- Las **guías** ayudan a alinear objetos.
- La **cuadrícula** facilita el ajuste automático.

Imágenes

Las imágenes deben ser de calidad y tener un propósito claro. Pueden insertarse desde archivo o mediante recursos prediseñados. PowerPoint permite:

- Recortar.
- Ajustar brillo y contraste.
- Aplicar filtros.
- Quitar el fondo.

Gráficos

Los gráficos permiten visualizar datos de forma clara. PowerPoint ofrece:

- Columnas, barras y líneas para comparaciones.
- Sectores para distribuciones.
- Dispersión para relaciones entre variables.

Combinados para datos complejos.

Diagramas SmartArt

Los diagramas SmartArt ayudan a representar procesos, jerarquías y relaciones de forma visual. Entre los más utilizados:

Organigramas.

- Procesos secuenciales.
- Ciclos.
- Matrices.

WordArt

WordArt permite crear títulos llamativos mediante estilos decorativos como degradados, contornos o sombras. Es recomendable usarlo solo en elementos destacados.

Sonidos y vídeos

Los elementos multimedia pueden enriquecer la presentación si se usan con criterio. Se insertan desde el menú correspondiente y deben ajustarse en duración, volumen y ubicación. Su uso debe ser moderado para evitar distracciones.

ACTIVIDADES

Actividad 1. Construcción visual completa.

Crea una diapositiva que combine formas, texto, imagen y gráfico. Alinea todos los elementos y explica por qué tu composición es clara y profesional.

Actividad 2. Diagrama y tabla profesional.

Inserta un organigrama y una tabla. Aplica estilos coherentes y explica cómo esta estructura ayuda a organizar la información.

48

FORMATO DE PÁRRAFOS, TABLAS Y DIBUJOS EN POWERPOINT

El diseño de una presentación profesional no depende únicamente de los elementos visuales más llamativos, como imágenes o gráficos. Una parte esencial del trabajo en PowerPoint consiste en dominar el formato de párrafos, la gestión de tablas y el uso de dibujos y líneas. Estos elementos, aunque discretos, son los que realmente permiten estructurar la información, mejorar la legibilidad, reforzar la jerarquía visual y aportar claridad al mensaje.

Una presentación puede tener colores atractivos y fotografías de alta calidad, pero si el texto está mal alineado, las listas no están organizadas o las tablas no son legibles, el resultado final será confuso. Por eso, este capítulo profundiza en cada uno de estos aspectos, explicando no solo cómo se aplican técnicamente, sino también cómo utilizarlos con criterio profesional.

48.1 FORMATO DE PÁRRAFOS

El formato de párrafos determina cómo se presenta el texto dentro de una diapositiva. Aunque PowerPoint no es un procesador de textos como Word, ofrece herramientas suficientes para controlar la apariencia del texto y mejorar su legibilidad. Para facilitar la comprensión, utilizaremos **tablas explicativas** que resumen los conceptos clave y permiten comparar opciones de forma clara.

Alineación del texto

La alineación define cómo se distribuye el texto dentro de un cuadro de texto. En la siguiente tabla se muestran los tipos de alineación disponibles y su uso recomendado:

Tipo de alineació	Descripción	Uso recomendado
Izquierda.	El texto se alinea al margen izquierdo.	Textos explicativos, párrafos largos, contenido general.
Centrada.	El texto se sitúa en el centro del cuadro.	Títulos, citas, mensajes breves.
Derecha.	El texto se alinea al margen derecho.	Datos numéricos, elementos decorativos.
Justificada.	El texto ocupa toda la línea.	Documentos largos; evitar en textos cortos.

Para aplicar cualquiera de estas alineaciones, basta con seleccionar el texto y utilizar las opciones del grupo **Párrafo** en la pestaña **Inicio**.

Listas numeradas

Las listas numeradas permiten organizar información secuencial. En la siguiente tabla se muestran los principales usos y estilos disponibles:

Estilo de numeración	Ejemplo	Cuándo utilizarlo
Números (1, 2, 3).	Paso uno.	Procedimientos paso a paso, secuencias temporales.
Letras (a, b, c).	a) Primera opción.	Subniveles o clasificaciones.
Romanos (I, II, III).	I. Introducción.	Estructuras formales o académicas.
Personalizado.	1.1, 1.2	Esquemas complejos o jerárquicos.

Las listas numeradas deben utilizarse cuando el orden es importante. Si no existe una secuencia lógica, es preferible utilizar viñetas.

Listas con viñetas

Las viñetas son ideales para listas sin orden específico. La siguiente tabla resume los tipos más comunes y su aplicación:

Tipo de viñeta	Ejemplo visual	Uso recomendado
Punto •.	• Elemento.	Ideas principales, listas simples.
Cuadrado ■.	■ Elemento.	Listas más formales o técnicas.
Flecha →.	→ Elemento.	Destacar acciones o direcciones.
Icono.	★ Elemento.	Presentaciones creativas.
Imagen.	(Miniatura).	Presentaciones temáticas.

Las viñetas deben ser coherentes con el estilo general de la presentación. No es recomendable mezclar demasiados estilos en una misma diapositiva.

Estilos de párrafo

Aunque PowerPoint no dispone de un sistema de estilos tan avanzado como Word, sí permite aplicar estilos coherentes mediante temas y diseños de diapositiva. La siguiente tabla resume los elementos que definen un estilo de párrafo:

Elemento	Función
Fuente.	Determina la personalidad del texto.
Tamaño.	Afecta a la legibilidad.
Color.	Refuerza la jerarquía visual.
Alineación.	Organiza el contenido.
Interlineado.	Facilita la lectura.
Espaciado.	Separa bloques de información.
Viñetas/numeración.	Estructuran listas.

48.2 TABLAS

Las tablas permiten organizar información en filas y columnas, facilitando la comparación y la lectura estructurada. En PowerPoint, las tablas no solo son herramientas de organización, sino también elementos visuales que pueden integrarse en el diseño de la diapositiva.

Creación de tablas

Existen varias formas de insertar una tabla. La siguiente tabla compara los métodos disponibles:

Método	Procedimiento	Ventajas
Desde Insertar.	Insertar → Tabla → Seleccionar filas/columnas.	Rápido y flexible.
Desde marcador de posición.	Clic en el icono de tabla.	Integrado en el diseño de la diapositiva.
Pegado desde Excel.	Copiar → Pegar.	Mantiene formato y datos originales.

Operaciones con filas y columnas

Una vez creada la tabla, es posible modificar su estructura. La siguiente tabla resume las operaciones más comunes:

Operación	Descripción	Cuándo usarla
Insertar filas.	Añade filas arriba o abajo.	Ampliar contenido.
Insertar columnas.	Añade columnas a izquierda o derecha.	Añadir categorías.
Eliminar.	Suprime filas, columnas o la tabla completa.	Simplificar la estructura.
Combinar celdas.	Une varias celdas.	Crear encabezados o bloques.
Dividir celdas.	Separa una celda en varias.	Añadir subcategorías.

Alineación del contenido

La alineación dentro de las celdas es esencial para la legibilidad. La siguiente tabla muestra las opciones disponibles:

Tipo de alineación	Ejemplo	Uso recomendado
Horizontal izquierda.	Texto.	Listas o textos largos.
Horizontal centrada.	Texto.	Datos breves o títulos.
Horizontal derecha.	Texto.	Números o importes.
Vertical arriba.	Texto.	Tablas densas.
Vertical medio.	Texto.	Tablas equilibradas.
Vertical abajo.	Texto.	Tablas con imágenes.

Estilos de tabla

PowerPoint ofrece estilos predefinidos que permiten aplicar colores, bordes y sombreados. La siguiente tabla resume los estilos más utilizados:

Estilo	Características	Uso recomendado
Encabezado.	Primera fila destacada.	Tablas informativas.
Filas alternas.	Fondo alterno.	Mejor legibilidad.
Colores corporativos.	Paleta del tema.	Presentaciones institucionales.
Bordes personalizados.	Grosor y color ajustables.	Tablas técnicas.

48.3 DIBUJOS

PowerPoint permite insertar dibujos simples mediante formas y líneas. Aunque no es un programa de diseño avanzado, estas herramientas son suficientes para crear esquemas, diagramas y elementos visuales personalizados.

Líneas y sus propiedades

Las líneas son elementos básicos pero muy útiles. La siguiente tabla resume los tipos de líneas disponibles:

Tipo de línea	Descripción	Uso recomendado
Recta.	Línea simple.	Conectar elementos.
Con flecha.	Línea con punta.	Indicar dirección.
Doble.	Dos líneas paralelas.	Separaciones fuertes.
Curva.	Línea ondulada.	Diseños orgánicos.
A mano alzada.	Trazo libre.	Anotaciones informales.

Las líneas tienen propiedades como grosor, color, estilo (punteado, discontinuo) y flechas en uno o ambos extremos. Estas propiedades permiten adaptar la línea al diseño de la diapositiva y al propósito del dibujo.

Cuándo usar líneas

La siguiente tabla resume los usos más comunes:

Uso	Ejemplo	Objetivo
Conectar elementos.	Flechas entre cuadros.	Mostrar relaciones.
Crear diagramas.	Líneas + formas.	Explicar procesos.
Subrayar.	Línea bajo un título.	Destacar información.
Separar secciones.	Línea horizontal.	Organizar contenido.

ACTIVIDADES

Actividad 1. Formato de párrafos

▰ Inserta un cuadro de texto.

▰ Escribe un párrafo y aplica alineación izquierda.

▰ Crea una lista numerada.

▰ Crea una lista con viñetas personalizadas.

▰ Cambia el espaciado entre líneas.

Actividad 2. Tablas y dibujos

▰ Inserta una tabla de 4 columnas y 3 filas.

▰ Combina dos celdas y divide otra.

▰ Alinea el contenido al centro.

▰ Inserta una línea con flecha y conéctala a la tabla.

▰ Cambia el color y grosor de la línea.

49

FORMAS, IMÁGENES, GRÁFICOS Y HERRAMIENTAS DE DISEÑO EN POWERPOINT

El diseño visual es uno de los pilares fundamentales de cualquier presentación profesional. Aunque el texto y la estructura narrativa son esenciales, la capacidad de integrar formas geométricas, autoformas, imágenes, gráficos, sombras, efectos 3D, reglas y guías determina en gran medida la calidad estética y comunicativa de una diapositiva. PowerPoint ofrece un conjunto muy completo de herramientas que permiten crear composiciones visuales precisas, equilibradas y atractivas, sin necesidad de recurrir a programas de diseño avanzados. Este capítulo profundiza en todas estas herramientas, explicando cómo funcionan, cuándo utilizarlas y qué criterios profesionales deben guiar su aplicación.

49.1 RECTÁNGULOS Y CUADRADOS

Los rectángulos y cuadrados son las formas más utilizadas en PowerPoint. Su versatilidad permite crear desde contenedores de texto hasta elementos decorativos, botones, esquemas, fondos y estructuras visuales. Son la base de la mayoría de composiciones modernas, especialmente en presentaciones corporativas, donde predominan los diseños limpios, modulares y estructurados.

Para insertar un rectángulo, se accede a **Insertar** → **Formas**, se selecciona la forma y se arrastra sobre la diapositiva. Si se desea crear un cuadrado perfecto, basta con mantener pulsada la tecla **Shift** mientras se arrastra.

Los rectángulos y cuadrados se utilizan para crear bloques de contenido, destacar títulos o subtítulos, diseñar tarjetas visuales, crear fondos parciales, construir diagramas u organizar información en columnas. Su simplicidad los convierte en una herramienta extremadamente flexible.

En el ámbito profesional, los rectángulos permiten crear composiciones limpias y ordenadas. Por ejemplo, pueden utilizarse para crear una banda lateral que contenga el título de la sección, o para dividir la diapositiva en dos columnas equilibradas. También son útiles para crear tarjetas visuales que agrupen información, como datos clave, cifras destacadas o conceptos importantes.

Es importante seguir algunas recomendaciones al utilizar rectángulos y cuadrados. Conviene evitar colores demasiado saturados, ya que pueden resultar agresivos visualmente. Es recomendable mantener coherencia con la paleta corporativa, utilizando colores institucionales o tonos neutros. Las esquinas redondeadas pueden aportar un estilo más moderno y suave. Por último, es fundamental alinear los rectángulos entre sí para mantener orden visual y evitar composiciones desorganizadas.

49.2 CÍRCULOS Y ELIPSES

Los círculos y elipses aportan dinamismo y permiten romper la rigidez de las formas rectangulares. Son ideales para destacar elementos, crear iconos, resaltar cifras clave o añadir elementos decorativos que suavicen la composición.

Para insertar un círculo o una elipse, se accede a **Insertar → Formas**, se selecciona la elipse y se arrastra sobre la diapositiva. Si se desea crear un círculo perfecto, se mantiene pulsada la tecla **Shift**.

Los círculos son ideales para iconos, indicadores numéricos, elementos decorativos, destacar cifras clave o crear diagramas circulares personalizados. Las elipses, por su parte, se utilizan para señalar elementos, crear fondos suaves o aportar un diseño más orgánico.

Es importante evitar círculos demasiado pequeños con texto dentro, ya que pueden dificultar la lectura. También es recomendable mantener proporciones equilibradas y utilizar colores suaves para elementos decorativos, reservando los colores intensos para elementos clave.

Los círculos pueden utilizarse para crear indicadores visuales, como números dentro de círculos para enumerar pasos. También pueden servir como base para iconos personalizados, combinando un círculo con una imagen o símbolo. En presentaciones creativas, los círculos pueden utilizarse para crear composiciones dinámicas que rompan la monotonía de las formas rectangulares.

49.3 AUTOFORMAS

Las autoformas son un conjunto de figuras predefinidas que permiten crear diagramas, flechas, bocadillos, estrellas, cintas, símbolos y elementos visuales complejos sin necesidad de diseño externo. PowerPoint incluye una amplia variedad de autoformas que pueden adaptarse a múltiples necesidades.

Entre las autoformas disponibles se encuentran flechas simples y dobles, flechas curvas, formas de diagrama de flujo, estrellas y explosiones, cintas y banners, bocadillos de texto, símbolos matemáticos y formas de proceso.

Para insertar una autoforma, se accede a **Insertar → Formas**, se selecciona la autoforma deseada y se dibuja en la diapositiva. Muchas autoformas incluyen controladores amarillos que permiten modificar su geometría, como la curvatura, los ángulos, las puntas de flecha o la profundidad de los bocadillos.

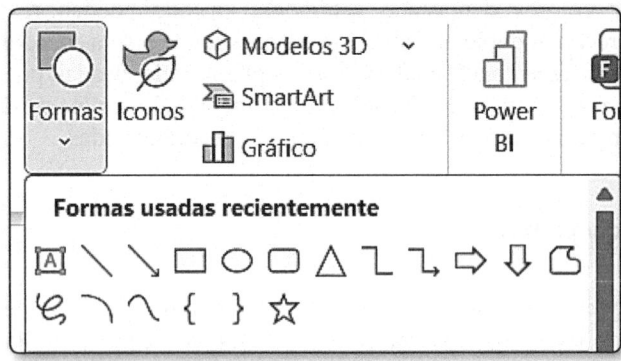

Las autoformas son especialmente útiles para crear diagramas de flujo, procesos empresariales, señalización visual, destacar información o crear iconografía personalizada. Por ejemplo, una flecha curva puede utilizarse para indicar una transición entre dos conceptos, mientras que un bocadillo puede servir para destacar una cita o un comentario.

En el ámbito corporativo, las autoformas permiten crear diagramas de procesos, flujos de trabajo o mapas conceptuales sin necesidad de herramientas externas. En el ámbito educativo, permiten representar conceptos de forma visual, facilitando la comprensión del lector.

Es importante utilizar autoformas con coherencia visual, manteniendo un estilo uniforme en toda la presentación. También es recomendable evitar el uso excesivo de autoformas decorativas que no aporten valor al contenido.

49.4 SOMBRAS Y EFECTOS 3D

Los efectos visuales permiten dar profundidad y realismo a los objetos. Sin embargo, deben utilizarse con moderación para evitar un diseño recargado o poco profesional.

Las sombras pueden aplicarse a formas, imágenes, cuadros de texto e iconos. Existen sombras exteriores, sombras interiores, sombras de perspectiva y sombras suaves. Para aplicar una sombra, se selecciona el objeto, se accede a **Formato → Efectos de forma → Sombra** y se elige el estilo deseado.

Las sombras suaves son las más recomendables para un estilo moderno y profesional. Las sombras duras o demasiado oscuras pueden resultar agresivas y deben evitarse. Es importante mantener coherencia en toda la presentación, utilizando el mismo tipo de sombra para todos los objetos.

Los efectos 3D permiten aplicar rotación 3D, profundidad, iluminación y materiales (metal, plástico, mate). Estos efectos pueden utilizarse para destacar un elemento clave, crear iconos personalizados o diseñar composiciones creativas. Sin embargo, deben evitarse en presentaciones corporativas formales, cuando distraen del contenido o cuando dificultan la lectura.

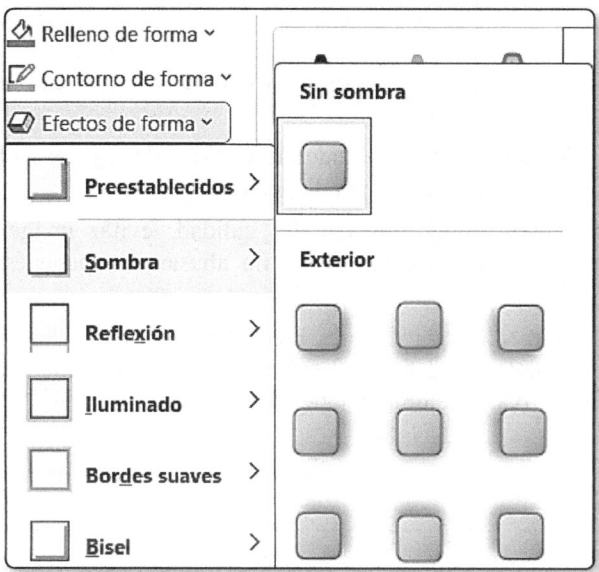

49.5 REGLAS Y GUÍAS

Las reglas y guías son herramientas esenciales para lograr precisión en el diseño. Permiten alinear objetos, mantener márgenes coherentes y crear composiciones equilibradas.

Para activar reglas y guías, se accede a **Vista** y se activan las opciones **Regla**, **Líneas de guía** y **Cuadrícula**.

Las reglas permiten medir distancias, alinear objetos con precisión y mantener márgenes coherentes. Las guías pueden arrastrarse para crear nuevas líneas, duplicarse manteniendo **Ctrl** o eliminarse arrastrándolas fuera de la diapositiva.

PowerPoint permite que los objetos se ajusten automáticamente a la cuadrícula, facilitando la alineación. Esta función es especialmente útil para crear composiciones simétricas o para alinear varios objetos entre sí.

El uso de reglas y guías es fundamental para lograr un diseño profesional. Una diapositiva con objetos desalineados transmite desorden y falta de cuidado. Por el contrario, una diapositiva bien alineada transmite profesionalidad y claridad.

49.6 IMÁGENES

Las imágenes son uno de los recursos más potentes en una presentación. Pueden transmitir emociones, reforzar ideas y mejorar la comprensión. Sin embargo, deben utilizarse con criterio para evitar saturar la diapositiva o distraer al público.

PowerPoint incluye acceso a imágenes prediseñadas, como iconos, ilustraciones, fotografías libres de derechos y pictogramas. Para insertar imágenes prediseñadas, se accede a **Insertar → Imágenes → Imágenes de archivo**, se busca por palabra clave y se inserta la imagen deseada.

Para insertar imágenes propias, se accede a **Insertar → Imágenes → Este dispositivo**, se selecciona la imagen y se inserta en la diapositiva.

Es importante utilizar imágenes de alta calidad, evitar imágenes pixeladas o deformadas, mantener coherencia estética y no abusar de imágenes decorativas sin propósito.

PowerPoint permite ajustar imágenes mediante recorte, estilos, brillo, contraste, filtros y la herramienta de quitar fondo. Estas herramientas permiten adaptar la imagen al diseño de la diapositiva y mejorar su integración visual.

49.7 GRÁFICOS

Los gráficos permiten representar datos de forma visual y comprensible. Son esenciales en presentaciones corporativas, académicas y científicas.

PowerPoint ofrece gráficos de columnas, barras, líneas, sectores (tarta), áreas, dispersión y combinados. Para insertar un gráfico, se accede a **Insertar → Gráfico**, se elige el tipo y se editan los datos en la hoja de Excel integrada.

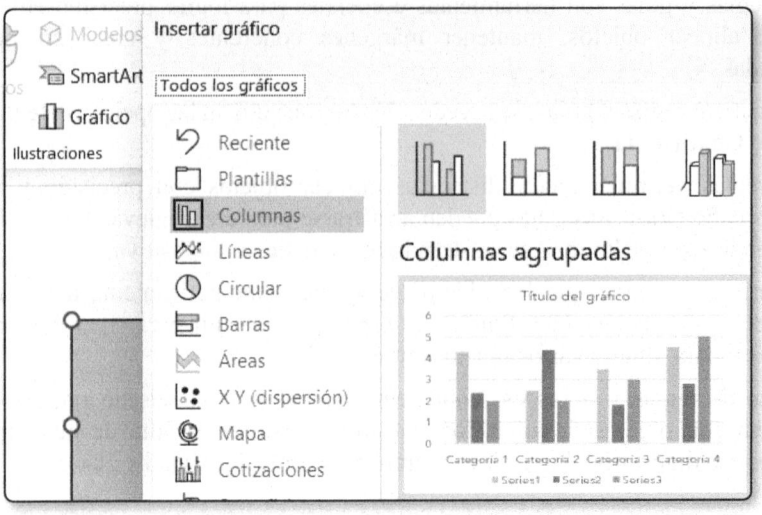

Es importante utilizar gráficos simples, evitar colores excesivos, destacar solo los datos importantes y mantener coherencia con la identidad corporativa.

Los gráficos deben ser claros, legibles y relevantes. Un gráfico complejo o saturado puede confundir al público. Es recomendable utilizar etiquetas claras, colores contrastados y eliminar elementos innecesarios.

ACTIVIDADES

Actividad 1. Formas y efectos

▸ Inserta un rectángulo, un círculo y una autoforma.

▸ Aplícales sombras suaves.

▸ Añade un efecto 3D a uno de ellos.

▸ Alinea las tres formas usando guías.

Actividad 2. Imágenes y gráficos

▸ Inserta una imagen prediseñada y otra desde archivo.

▸ Recorta una de ellas.

▸ Inserta un gráfico de columnas.

▸ Modifica los datos y cambia el estilo del gráfico.

50

DIAGRAMAS, WORDART, MULTIMEDIA Y FORMATO AVANZADO DE OBJETOS EN POWERPOINT

El diseño de presentaciones profesionales no se limita a insertar texto e imágenes. PowerPoint incorpora un conjunto de herramientas avanzadas que permiten enriquecer la comunicación visual mediante diagramas, organigramas, WordArt, sonidos, vídeos y efectos avanzados de formato. Dominar estas funciones permite crear presentaciones más dinámicas, claras, atractivas y adaptadas a distintos contextos profesionales: formación, comunicación interna, marketing, ventas, dirección, proyectos, etc.

En este capítulo exploraremos en profundidad todas estas herramientas, explicando cómo funcionan, cuándo utilizarlas y qué criterios profesionales deben guiar su aplicación. El objetivo es que el alumno adquiera una visión completa del potencial visual de PowerPoint y pueda aplicarlo con criterio y coherencia.

50.1 DIAGRAMAS

Los diagramas son representaciones visuales que permiten explicar procesos, jerarquías, relaciones, ciclos y estructuras de forma clara y comprensible. PowerPoint ofrece dos grandes vías para crearlos: **SmartArt**, que incluye diagramas predefinidos, y **formas**, que permiten construir diagramas personalizados desde cero.

Los diagramas son esenciales en presentaciones profesionales porque permiten transformar información compleja en representaciones visuales fáciles de entender. Un proceso de cinco pasos puede explicarse con un párrafo largo, pero un diagrama de proceso lo muestra de forma inmediata. Una jerarquía organizativa puede describirse con texto, pero un organigrama la hace evidente de un vistazo.

Los diagramas ayudan a estructurar la información, a destacar relaciones y a guiar la atención del público. Además, permiten mantener la diapositiva limpia y evitar saturarla con texto. Por estas razones, son una herramienta fundamental en cualquier presentación profesional.

Organigramas

Los organigramas representan la estructura jerárquica de una organización. PowerPoint facilita su creación mediante SmartArt, lo que permite generar organigramas completos en pocos minutos.

Para crear un organigrama, se accede a **Insertar** → **SmartArt**, se selecciona la categoría **Jerarquía** y se elige un estilo. A partir de ahí, basta con insertar los nombres y cargos en el panel de texto. PowerPoint permite añadir subordinados, compañeros o superiores con facilidad, reorganizar niveles, cambiar colores y aplicar estilos visuales.

Un organigrama bien diseñado debe mantener un tamaño uniforme en los cuadros, evitar textos demasiado largos, usar colores corporativos y no saturarse con demasiados niveles. En contextos educativos, los organigramas ayudan a explicar estructuras organizativas, jerarquías de contenido o relaciones entre conceptos. En contextos corporativos, son esenciales para presentar equipos, departamentos o estructuras de mando.

Diferentes estilos de diagramas

SmartArt incluye múltiples categorías que permiten representar distintos tipos de información:

- **Procesos**, que representan pasos secuenciales y son útiles para procedimientos, fases de un proyecto o instrucciones.

- **Ciclos**, que representan procesos circulares o repetitivos, como la mejora continua o los ciclos de vida.

- **Jerarquías**, que permiten representar estructuras de decisión, clasificaciones o árboles conceptuales.

- **Relaciones**, que representan conexiones entre elementos, comparaciones o interdependencias.

- **Matrices**, que organizan información en cuadrantes y son útiles para análisis DAFO, matrices de riesgo o clasificaciones estratégicas.

- **Pirámides**, que representan niveles de importancia, prioridades o jerarquías de valor.

Cada tipo de diagrama tiene un propósito específico y debe elegirse en función del contenido. Un error común es utilizar un diagrama atractivo pero inadecuado para la información que se quiere transmitir. El diseño debe estar al servicio del contenido, no al revés.

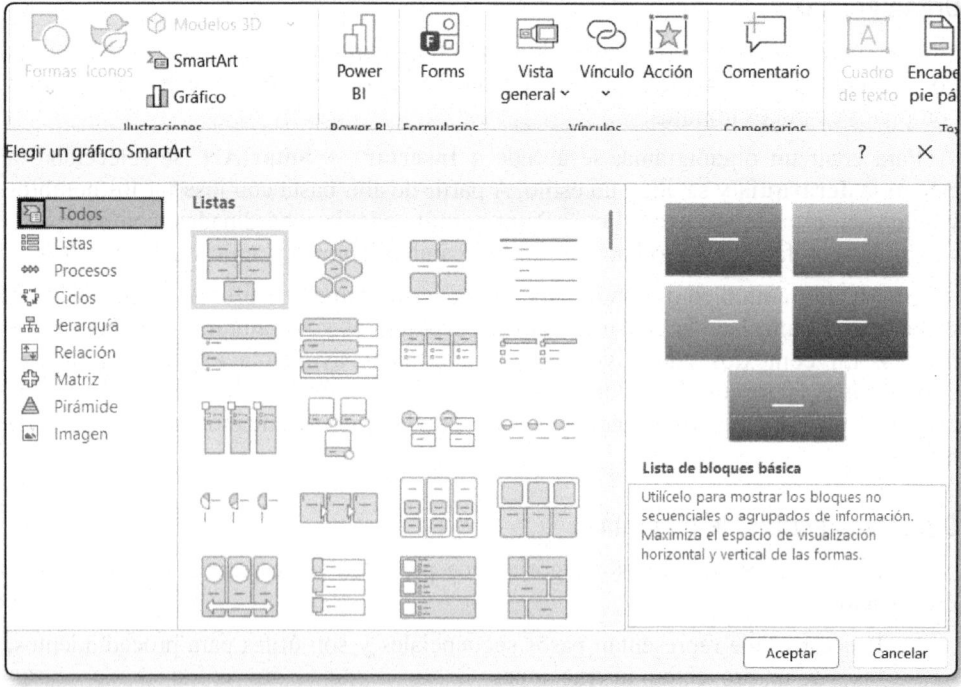

50.2 WORDART O TEXTO ARTÍSTICO

WordArt permite aplicar estilos decorativos al texto, creando títulos llamativos o elementos visuales destacados. Aunque debe usarse con moderación, es útil para presentaciones creativas o diapositivas de impacto.

WordArt ofrece estilos predefinidos que incluyen colores, degradados, contornos, sombras y efectos 3D. Para insertarlo, se accede a **Insertar** → **WordArt**, se elige un estilo y se escribe el texto deseado.

Una vez insertado, PowerPoint permite modificar el WordArt cambiando colores, aplicando degradados, modificando contornos, aplicando sombras, efectos 3D o ajustando la forma del texto (arcos, ondas, etc.).

WordArt es adecuado para títulos de secciones, diapositivas de apertura, mensajes clave o presentaciones creativas. Sin embargo, debe evitarse en presentaciones corporativas formales, informes técnicos o presentaciones con estilo minimalista.

El uso excesivo de WordArt puede dar una imagen poco profesional. La clave es utilizarlo como un recurso puntual para destacar elementos importantes, no como un estilo general para toda la presentación.

50.3 INSERCIÓN DE SONIDOS Y PELÍCULAS

PowerPoint permite integrar contenido multimedia para enriquecer la presentación. El uso de sonidos y vídeos puede mejorar la atención del público, ilustrar conceptos complejos o añadir dinamismo. Sin embargo, deben utilizarse con criterio para evitar distracciones o problemas técnicos.

Sonidos

Los sonidos pueden insertarse desde un archivo o grabarse directamente desde PowerPoint. Para insertar un sonido desde archivo, se accede a **Insertar → Audio → Audio en mi PC**, se selecciona el archivo y se inserta en la diapositiva. Para grabar audio, se accede a **Insertar → Audio → Grabar audio**, se graba y se guarda.

PowerPoint permite configurar la reproducción del sonido: reproducir automáticamente, al hacer clic, en todas las diapositivas o incluso ocultar el icono durante la presentación.

Los sonidos deben utilizarse con moderación. Un sonido mal elegido o demasiado fuerte puede distraer al público. Es recomendable utilizar sonidos suaves, breves y relacionados con el contenido.

Vídeos

Los vídeos pueden insertarse desde archivo o desde YouTube u otras plataformas online. Para insertar un vídeo desde archivo, se accede a **Insertar → Vídeo → Este dispositivo**. Para insertar un vídeo online, se accede a **Insertar → Vídeo → Vídeo en línea** y se pega el enlace.

PowerPoint permite recortar vídeos, ajustar el volumen, configurar la reproducción automática, repetir hasta detener o insertar marcos y estilos.

Los vídeos deben ser cortos, relevantes y de buena calidad. Es importante comprobar la compatibilidad antes de presentar y evitar archivos pesados que puedan ralentizar la presentación.

El uso de multimedia puede mejorar la presentación, pero debe integrarse de forma coherente con el contenido. Un vídeo no debe sustituir al presentador, sino complementar su discurso.

50.4 FORMATO DE OBJETOS

El formato de objetos permite personalizar la apariencia de formas, cuadros de texto, imágenes y otros elementos. PowerPoint ofrece opciones avanzadas de relleno, líneas y efectos que permiten crear diseños profesionales y coherentes.

Rellenos

Los rellenos determinan el color interior de un objeto. PowerPoint ofrece rellenos sólidos, degradados, con imagen, con textura o con patrón.

Los rellenos sólidos son los más utilizados en presentaciones profesionales. Los degradados pueden aportar profundidad, pero deben utilizarse con moderación. Los rellenos con imagen o textura pueden ser útiles en presentaciones creativas, pero deben ser discretos para no distraer.

Es recomendable utilizar colores corporativos, evitar degradados excesivos y mantener contraste con el texto.

Líneas

Las líneas definen el contorno de un objeto. PowerPoint permite modificar el grosor, color, estilo (continuo, punteado), transparencia y añadir flechas.

Las líneas son útiles para separar secciones, destacar elementos o crear diagramas. Es importante mantener coherencia en el estilo de las líneas en toda la presentación.

Efectos de sombra y 3D

Los efectos avanzados permiten dar profundidad y estilo. Las sombras pueden ser suaves, exteriores o interiores. Los efectos 3D incluyen rotación, profundidad, materiales e iluminación.

Estos efectos deben utilizarse con moderación. Un exceso de efectos puede dar una imagen poco profesional. La clave es utilizar efectos sutiles y coherentes.

ACTIVIDADES

Actividad 1. Diagramas y WordArt

▸ Inserta un organigrama con tres niveles.

▸ Cambia el estilo del diagrama.

▸ Inserta un título con WordArt.

▸ Aplica un efecto de sombra al texto.

Actividad 2. Multimedia y formato avanzado

▸ Inserta un vídeo corto en una diapositiva.

▸ Inserta un sonido que se reproduzca al hacer clic.

▸ Crea una forma con relleno degradado.

▸ Añade un efecto 3D a una autoforma.

▸ Inserta una línea y cambia su grosor y color.

51

DOCUMENTACIÓN DE LA PRESENTACIÓN EN POWERPOINT

Una presentación eficaz no se construye únicamente con las diapositivas que se proyectan ante el público. Detrás de cada exposición existe un proceso de preparación, revisión y organización que permite al presentador comunicar con claridad, seguridad y coherencia. PowerPoint incorpora herramientas diseñadas específicamente para este trabajo "invisible", que no forma parte del contenido final, pero sí del proceso profesional de creación: **los comentarios** y **las notas del orador**. Ambas funciones constituyen la **documentación interna** de la presentación y resultan esenciales tanto en entornos educativos como en contextos corporativos, formativos y colaborativos.

Este capítulo profundiza en el uso de estas herramientas, explicando no solo cómo funcionan, sino también por qué son importantes, cuándo utilizarlas y cómo integrarlas en el proceso de diseño y exposición. El objetivo es que el alumno comprenda su valor y pueda aplicarlas de manera eficaz en cualquier tipo de presentación.

51.1 INSERCIÓN DE COMENTARIOS

Los comentarios son anotaciones que se añaden a una diapositiva sin modificar su contenido visual. Funcionan como pequeñas notas de revisión que ayudan a mejorar la presentación antes de su entrega o exposición. Son especialmente útiles cuando varias personas trabajan en el mismo archivo o cuando el autor necesita registrar ideas, dudas o recordatorios durante el proceso de creación.

Los comentarios aparecen en un panel lateral y no se muestran durante la presentación, por lo que no interfieren con el diseño ni con la experiencia del público. Esta característica los convierte en una herramienta ideal para el trabajo interno, la revisión colaborativa y la planificación.

Los comentarios permiten señalar aspectos a mejorar, sugerir cambios, pedir aclaraciones o registrar ideas pendientes. Son ideales para procesos de revisión entre compañeros, profesores y alumnos, o equipos de trabajo. Por ejemplo, un profesor puede añadir comentarios indicando que un gráfico necesita mayor contraste, que una diapositiva está demasiado cargada o que falta una referencia. Del mismo modo, un alumno puede utilizar los comentarios para recordar que debe añadir una imagen, revisar una cifra o mejorar la redacción de un texto.

Para añadir un comentario, basta con seleccionar la diapositiva o el objeto sobre el que se quiere comentar y acceder a la pestaña **Revisar**. Al hacer clic en **Nuevo comentario**, aparece un cuadro donde escribir la observación. Los comentarios pueden responderse, editarse, marcarse como resueltos o eliminarse, lo que facilita un seguimiento ordenado del proceso de revisión.

Esta capacidad de respuesta convierte los comentarios en una herramienta de comunicación interna muy eficaz. En un proyecto colaborativo, varios miembros del equipo pueden intercambiar comentarios, responder a dudas, justificar decisiones de diseño o acordar cambios. Cada comentario queda registrado con el nombre del autor, lo que permite identificar quién hizo cada aportación.

Los comentarios son importantes porque permiten mejorar la presentación sin modificar su contenido. Facilitan el trabajo colaborativo, ayudan al alumno a comprender qué debe corregir, permiten al docente dar retroalimentación precisa y sirven como recordatorios personales durante la creación. Además, permiten mantener un registro del proceso de revisión, lo que resulta útil en proyectos complejos o en presentaciones que requieren aprobación formal.

En definitiva, los comentarios convierten a PowerPoint en una herramienta de comunicación interna tan importante como la propia presentación final. Son un recurso imprescindible para quienes desean trabajar de manera profesional, organizada y colaborativa.

51.2 PREPARACIÓN DE LAS NOTAS DEL ORADOR

Las notas del orador son un recurso fundamental para preparar una exposición oral. A diferencia de los comentarios, las notas están pensadas para el presentador, no para revisores o colaboradores. Se escriben en un panel situado debajo de cada diapositiva y sirven como guion personal durante la presentación.

Estas notas no se muestran al público, pero sí aparecen en la **Vista del presentador**, lo que permite hablar con seguridad sin necesidad de memorizar todo el contenido. Son especialmente útiles para presentadores que desean mantener un discurso fluido, organizado y coherente, sin saturar las diapositivas con texto.

Las notas del orador son textos que acompañan a cada diapositiva y que contienen información adicional que el presentador necesita recordar: explicaciones ampliadas, ejemplos, cifras, preguntas para la audiencia, recordatorios de ritmo, indicaciones técnicas, etc. Por ejemplo, una diapositiva puede mostrar solo un título y una imagen, mientras que las notas incluyen la explicación completa que el presentador debe desarrollar oralmente.

Para añadir notas, en la parte inferior de la ventana de PowerPoint aparece el panel **"Haga clic para agregar notas"**. Si no está visible, puede activarse desde la pestaña **Vista**, seleccionando **Notas**. Allí se escribe el contenido que servirá como apoyo durante la exposición.

Las notas del orador pueden incluir explicaciones que no deben aparecer en la diapositiva, datos ampliados o ejemplos prácticos, recordatorios para el presentador (pausas, énfasis, transiciones), preguntas para interactuar con el público o indicaciones técnicas (mostrar un vídeo, cambiar de diapositiva, etc.).

Es importante seguir algunas recomendaciones al redactar las notas. En primer lugar, es recomendable utilizar frases breves y claras, que puedan leerse rápidamente durante la exposición. En segundo lugar, es importante evitar copiar el texto de la diapositiva, ya que las notas deben complementar el contenido, no duplicarlo. En tercer lugar, es útil organizar las ideas en viñetas para facilitar la lectura rápida. En cuarto lugar, es necesario revisar las notas antes de presentar para asegurar coherencia y evitar errores. Por último, es importante no depender exclusivamente de ellas: deben ser un apoyo, no un guion rígido.

Durante la presentación, en la **Vista del presentador**, las notas aparecen en una columna lateral junto a la diapositiva actual y la siguiente. Esto permite mantener el control de la exposición, anticipar lo que viene después y hablar con naturalidad. El presentador puede ver sus notas sin que el público les vea, lo que facilita una comunicación fluida y segura.

Las notas del orador son una herramienta imprescindible para cualquier presentador profesional. Permiten preparar un discurso sólido, evitar olvidos y mantener una comunicación fluida y segura. Son especialmente útiles en presentaciones largas, complejas o técnicas, donde es fácil olvidar detalles importantes. También son una herramienta valiosa para estudiantes que deben exponer trabajos académicos, ya que les permiten organizar su discurso y reducir la ansiedad.

En resumen, las notas del orador son un recurso esencial para preparar y ejecutar una presentación de manera profesional. Ayudan al presentador a estructurar su discurso, recordar información clave y mantener un ritmo adecuado durante la exposición.

ACTIVIDADES

Actividad 1. Comentarios de revisión

Crea una presentación de tres diapositivas y añade un comentario en cada una indicando una mejora posible. Después, responde a uno de tus propios comentarios como si fueras un revisor externo.

Actividad 2. Elaboración de notas del orador

Selecciona una diapositiva de una presentación existente y redacta unas notas del orador completas, incluyendo explicación ampliada, ejemplo práctico y un recordatorio para la exposición.

52

DISEÑOS Y ESTILOS DE PRESENTACIÓN EN POWERPOINT

El diseño visual de una presentación es un elemento fundamental para comunicar con claridad, captar la atención del público y transmitir profesionalidad. Aunque el contenido es esencial, la forma en que se presenta influye directamente en la comprensión del mensaje. Una diapositiva bien diseñada puede reforzar una idea, mientras que una diapositiva desordenada o con un estilo inadecuado puede generar confusión o distraer al público. PowerPoint ofrece un conjunto de herramientas que permiten aplicar estilos completos, gestionar combinaciones de colores, personalizar fondos y utilizar patrones para crear presentaciones visualmente coherentes y atractivas. Estas herramientas no solo facilitan el trabajo del usuario, sino que también garantizan que la presentación mantenga una identidad visual uniforme desde la primera diapositiva hasta la última.

En este capítulo se profundiza en el uso de plantillas de estilos, la selección adecuada de colores, la aplicación de fondos y el empleo de patrones.

52.1 USO DE PLANTILLAS DE ESTILOS

Las plantillas de estilos son uno de los recursos más potentes de PowerPoint. Se trata de diseños predefinidos que incluyen combinaciones de colores, tipografías, fondos, distribuciones y estilos gráficos. Funcionan como un "traje completo" para la presentación, permitiendo que todas las diapositivas compartan una estética uniforme sin necesidad de diseñarlas una por una. Cuando se aplica una plantilla, PowerPoint ajusta automáticamente los títulos, los textos, los colores de las formas, los gráficos, los fondos y otros elementos visuales. Esto no solo ahorra tiempo, sino que garantiza una coherencia visual que sería difícil de lograr manualmente.

Las plantillas son especialmente útiles para usuarios principiantes o para quienes necesitan crear una presentación profesional en poco tiempo. En lugar de preocuparse por elegir colores, tipografías o distribuciones, el usuario puede centrarse en el contenido, sabiendo que la plantilla se encargará del diseño. Además, las plantillas están diseñadas por profesionales, lo que asegura que cumplen criterios de legibilidad, equilibrio visual y armonía cromática.

PowerPoint ofrece una amplia galería de plantillas accesible desde la pestaña **Diseño**. Al seleccionar una plantilla, esta se aplica a todas las diapositivas de la presentación. Sin embargo, es posible personalizarla posteriormente sin perder la estructura base. Por ejemplo, se pueden modificar los colores, cambiar la tipografía o ajustar el fondo, manteniendo la coherencia general del estilo.

Las plantillas también son útiles en contextos educativos. Los alumnos pueden utilizarlas para centrarse en el contenido sin preocuparse por el diseño desde el inicio. Una vez que dominan los conceptos básicos, pueden personalizar la plantilla para adaptarla a sus necesidades o para desarrollar su propio estilo visual.

En entornos corporativos, las plantillas permiten mantener la identidad visual de la empresa. Muchas organizaciones crean plantillas personalizadas con sus colores corporativos, logotipos y tipografías oficiales. Esto garantiza que todas las presentaciones internas y externas mantengan una imagen coherente y profesional.

El uso de plantillas también facilita el trabajo colaborativo. Cuando varias personas trabajan en la misma presentación, la plantilla asegura que todas las diapositivas sigan el mismo estilo, evitando inconsistencias visuales. En resumen, las plantillas de estilos son una herramienta esencial para cualquier usuario de PowerPoint, ya que permiten crear presentaciones profesionales de forma rápida, coherente y eficiente.

52.2 COMBINACIÓN DE COLORES

El color es uno de los elementos más influyentes en el diseño visual. Una buena combinación de colores puede mejorar la legibilidad, destacar información clave y transmitir sensaciones específicas. Por el contrario, una mala elección de colores puede dificultar la lectura, generar confusión o transmitir una imagen poco profesional.

PowerPoint ofrece paletas de colores predefinidas que se integran con las plantillas de estilos. Estas paletas están diseñadas para garantizar armonía visual y contraste adecuado entre los elementos. Sin embargo, también es posible personalizar la combinación de colores para adaptarla a las necesidades del usuario o a la identidad visual de una organización.

La combinación de colores es importante por varias razones. En primer lugar, afecta a la claridad del contenido. Un texto oscuro sobre un fondo claro es más fácil de leer que un texto claro sobre un fondo claro o un texto oscuro sobre un fondo oscuro. El contraste es fundamental para garantizar la legibilidad, especialmente en salas grandes o con iluminación variable.

En segundo lugar, los colores influyen en la percepción emocional del público. Los colores cálidos (rojos, naranjas, amarillos) transmiten energía y dinamismo, mientras que los colores fríos (azules, verdes, violetas) transmiten calma y profesionalidad. Los colores neutros (grises, blancos, negros) aportan elegancia y sobriedad. Elegir la paleta adecuada permite reforzar el mensaje de la presentación. Por ejemplo, una presentación sobre sostenibilidad puede utilizar tonos verdes y azules, mientras que una presentación corporativa puede utilizar los colores institucionales de la empresa.

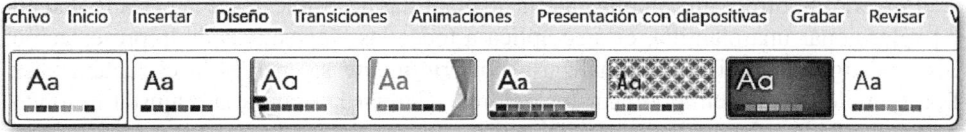

En tercer lugar, los colores ayudan a destacar elementos importantes. Utilizar un color diferente para resaltar un dato clave, un título o un gráfico permite guiar la atención del público y facilitar la comprensión del mensaje.

PowerPoint permite seleccionar diferentes combinaciones de color dentro de un mismo estilo desde la pestaña **Diseño → Variantes**. Estas combinaciones están diseñadas para funcionar bien con la plantilla seleccionada, garantizando coherencia visual.

Sin embargo, es importante seguir algunas recomendaciones al elegir colores. Es aconsejable evitar colores demasiado saturados o estridentes, ya que pueden resultar molestos para el público. También es importante mantener un contraste adecuado entre el texto y el fondo para garantizar la legibilidad. Además, es recomendable utilizar colores corporativos cuando sea necesario, especialmente en presentaciones institucionales. Por último, es importante no mezclar demasiados colores en una misma diapositiva, ya que esto puede generar confusión visual.

Una buena combinación de colores no solo embellece la presentación, sino que facilita la comprensión del mensaje y mejora la experiencia del público.

52.3 FONDOS DE DIAPOSITIVAS

El fondo de una diapositiva es la base visual sobre la que se construye todo el contenido. Un fondo adecuado puede reforzar el mensaje, mientras que un fondo inadecuado puede distraer o dificultar la lectura. PowerPoint permite aplicar fondos sólidos, degradados, texturas, imágenes o patrones, y ofrece opciones para aplicarlos a una sola diapositiva o a toda la presentación.

Los fondos sólidos son los más simples y profesionales. Un fondo blanco, gris claro o azul suave puede proporcionar una base neutra que no compite con el contenido. Los fondos degradados aportan profundidad y dinamismo, pero deben utilizarse con moderación para evitar distracciones. Las imágenes pueden ser útiles si se utilizan con cuidado. Una imagen de fondo debe ser discreta y no interferir con el texto. Es recomendable utilizar imágenes con baja saturación o aplicar transparencia para suavizarlas. Las texturas pueden dar un toque visual distintivo, pero deben ser sutiles para no saturar la diapositiva. Los patrones, que se analizan en la siguiente sección, pueden utilizarse como fondo suave detrás de gráficos o tablas.

Para aplicar un fondo, se utiliza la opción **Diseño → Formato del fondo**. Desde allí es posible seleccionar el tipo de fondo, ajustar su transparencia y decidir si se aplica solo a la diapositiva actual o a todas.

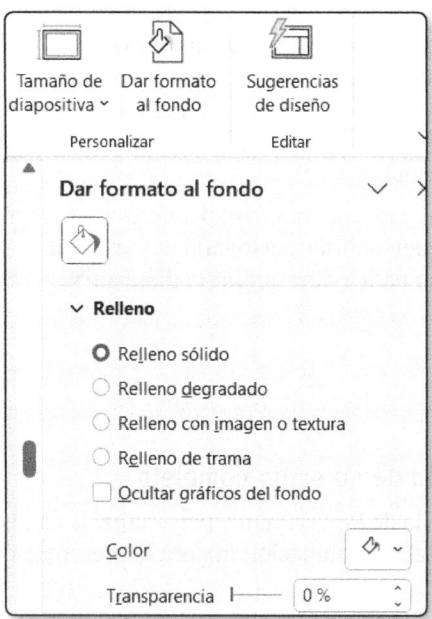

Es importante seguir algunas Recomendaciones elegir un fondo. En primer lugar, el fondo debe ser discreto para no competir con el texto. Un fondo demasiado llamativo puede distraer al público y dificultar la lectura. En segundo lugar, es recomendable evitar imágenes demasiado detalladas, ya que pueden interferir con el contenido. En tercer lugar, es importante mantener un contraste adecuado entre el fondo y el texto. Un fondo claro requiere texto oscuro y viceversa. Por último, es fundamental mantener coherencia en toda la presentación. Cambiar el fondo en cada diapositiva puede generar confusión visual.

El fondo debe acompañar al contenido, no dominarlo. Un fondo bien elegido puede mejorar la presentación, mientras que un fondo inadecuado puede arruinarla.

52.4 PATRONES

Los patrones son diseños repetitivos que se aplican como fondo o como parte del estilo general de la presentación. Aunque se utilizan menos que los fondos sólidos o degradados, pueden ser útiles en presentaciones creativas o temáticas. Un patrón bien elegido aporta textura y personalidad sin saturar la diapositiva.

Los patrones son composiciones de líneas, puntos o formas que se repiten de manera uniforme. PowerPoint permite seleccionar patrones predefinidos o crear combinaciones personalizadas. Los patrones pueden utilizarse en presentaciones creativas o informales, para diferenciar secciones temáticas, como fondo suave detrás de gráficos o tablas, o para reforzar un estilo visual concreto.

Sin embargo, es importante seguir algunas recomendaciones al utilizar patrones. Es aconsejable usar patrones discretos para no distraer al público. También es importante evitar patrones muy densos detrás del texto, ya que pueden dificultar la lectura. Es recomendable mantener coherencia con la paleta de colores de la presentación. Por último, es útil probar diferentes niveles de transparencia para suavizar el patrón y evitar que compita con el contenido.

Los patrones son una herramienta visual interesante, siempre que se utilicen con equilibrio y criterio. Pueden aportar personalidad y estilo a la presentación, pero deben utilizarse con moderación para evitar saturar la diapositiva.

ACTIVIDADES

Actividad 1. Aplicación de un estilo completo

Selecciona una plantilla de PowerPoint y personalízala cambiando la combinación de colores. Explica por qué esa combinación mejora la presentación.

Actividad 2. Diseño de fondo profesional

Crea una diapositiva con un fondo personalizado (sólido, degradado o imagen). Justifica por qué ese fondo es adecuado para el contenido.

53

IMPRESIÓN DE DIAPOSITIVAS EN DIFERENTES SOPORTES

La impresión de una presentación es una fase que muchos usuarios pasan por alto, pero que sigue siendo esencial en entornos profesionales, educativos y corporativos. Aunque la mayoría de presentaciones se proyectan en pantallas digitales, todavía es habitual que se necesiten copias impresas para reuniones, clases, conferencias, auditorías, documentación interna o material de apoyo para el público.

PowerPoint ofrece un conjunto muy completo de herramientas para adaptar la presentación a distintos soportes físicos, garantizando que el contenido se vea correctamente y que el documento impreso cumpla su función comunicativa. Imprimir no consiste simplemente en pulsar un botón: requiere comprender cómo funciona la configuración de página, cómo se gestionan los encabezados y pies, qué formatos de impresión existen y qué opciones avanzadas permiten optimizar el resultado final.

Este capítulo desarrolla cada uno de estos aspectos con detalle, explicando no solo cómo se utilizan, sino también por qué son importantes y en qué situaciones conviene aplicarlos.

Configuración de la página

Antes de imprimir, es imprescindible revisar la configuración de página. Este ajuste determina el tamaño, la orientación y la proporción de las diapositivas en el papel. Aunque en pantalla todas las presentaciones parecen iguales, al imprimirlas pueden surgir problemas si estos parámetros no se ajustan correctamente: textos cortados, imágenes deformadas, márgenes incorrectos o diapositivas que no encajan en el papel.

Cómo llegar hasta el menú

- Ve a la **cinta superior**.
- Entra en la pestaña **Diseño**.
- Busca el grupo llamado **Personalizar** (está a la derecha).
- Haz clic en **Tamaño de diapositiva**.
- Selecciona **Personalizar tamaño de diapositiva…**

Se abrirá la ventana donde puedes ajustar:

▼ Tamaño del papel (A4, Carta, 16:9, 4:3, personalizado).

▼ Orientación (horizontal o vertical).

▼ Escalado del contenido.

Relación de aspecto y tamaño

La relación de aspecto define la proporción entre el ancho y el alto de la diapositiva. Los formatos más habituales son **16:9**, ideal para pantallas modernas, y **4:3**, más adecuados para impresiones tradicionales o proyectores antiguos. Sin embargo, estos tamaños digitales no siempre coinciden con los formatos físicos del papel, como **A4** o **Carta**, lo que puede generar espacios en blanco o recortes inesperados.

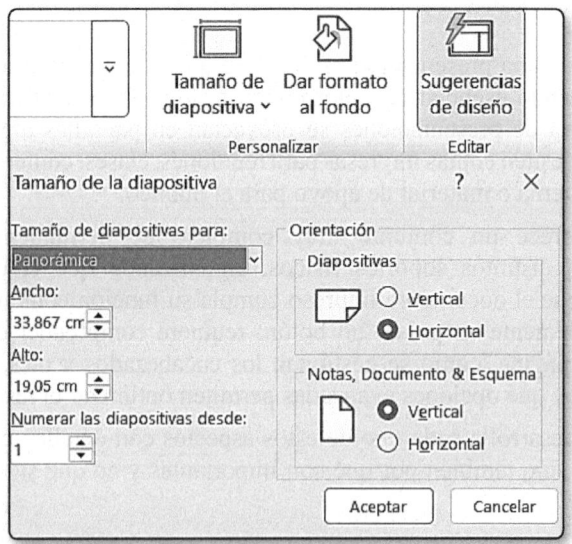

Cuando se necesita imprimir documentos formales, informes o material académico, suele ser recomendable configurar la diapositiva directamente en tamaño A4 o Carta. Para pósteres, carteles o material promocional, PowerPoint permite crear tamaños personalizados.

Orientación de la diapositiva

La orientación también influye en el resultado final:

▼ **Horizontal**: la más habitual para presentaciones estándar.

▼ **Vertical**: útil para informes, carteles, fichas o documentos que se leen como páginas.

Errores comunes al configurar la página

Muchos problemas de impresión provienen de errores simples:

- Cambiar el tamaño de la diapositiva al final del diseño, lo que deforma objetos.
- No revisar la vista previa antes de imprimir.
- Usar un tamaño incompatible con la impresora.
- Ignorar los márgenes físicos del papel, dejando contenido demasiado cerca del borde.

Encabezados, pies y numeración

Los encabezados y pies de página son elementos que se añaden a las diapositivas impresas para proporcionar información adicional. Aunque no suelen mostrarse en la presentación proyectada, sí aparecen en los documentos impresos, lo que los convierte en una herramienta muy útil para organizar y contextualizar el material.

Encabezados

El encabezado aparece en la parte superior de la página impresa. Suele incluir:

- Nombre de la empresa.
- Título del curso o presentación.
- Sección o módulo.
- Información institucional.

Su función principal es facilitar la identificación rápida del documento, especialmente cuando se reparte entre varias personas.

Pies de página

El pie de página aparece en la parte inferior e incluye información como:

- Fecha.
- Autor.
- Departamento.
- Avisos legales o de confidencialidad.

En entornos corporativos, los pies de página son esenciales para el control documental.

Numeración de diapositivas

La numeración facilita la referencia durante reuniones, clases o auditorías. También evita confusiones cuando se reparten documentos extensos.

Cuándo usar encabezados y pies

Son especialmente útiles en:

▼ Presentaciones académicas.

▼ Reuniones con documentos impresos.

▼ Informes corporativos.

Material archivado o distribuido al público.

Errores comunes

▼ Encabezados demasiado largos que distraen.

▼ Información irrelevante que satura el documento.

▼ Numeración incorrecta o ausente.

▼ Aplicar encabezados solo a algunas diapositivas, generando inconsistencias.

Configuración de los distintos formatos de impresión

PowerPoint ofrece varios formatos de impresión que permiten adaptar la presentación a diferentes necesidades. No siempre es necesario imprimir una diapositiva por página; en muchos casos es más eficiente imprimir resúmenes, esquemas o documentos para el público.

Formatos principales

▼ **Diapositivas completas**: una diapositiva por página. Ideal para pósteres, carteles o documentos visuales.

▼ **Esquema**: solo texto, sin diseño. Perfecto para estudiar, revisar contenido o preparar guiones.

▼ **Página de notas**: combina la diapositiva con las notas del orador. Muy útil para docentes y presentadores.

▼ **Documentos para el público (handouts)**: permiten imprimir entre 2 y 9 diapositivas por página. Son ideales para clases, reuniones y resúmenes.

Cómo elegir el formato adecuado

▼ Si necesitas mostrar imágenes grandes → Diapositiva completa.

▼ Si quieres revisar contenido textual → Esquema.

▼ Si preparas un discurso o clase → Página de notas.

▼ Si entregarás material al público → Handouts.

Errores comunes

▶ Imprimir diapositivas completas cuando no es necesario, gastando papel.

▶ No incluir notas del orador cuando son esenciales.

▶ Elegir demasiadas diapositivas por página, volviendo el texto ilegible.

▶ No revisar la vista previa antes de imprimir.

Opciones de impresión

Una vez elegido el formato, PowerPoint ofrece opciones adicionales que determinan cómo se imprimirá el documento final.

Color, escala de grises y blanco y negro

▶ **Color**: para gráficos, imágenes o presentaciones visuales.

▶ **Escala de grises**: ahorro de tinta manteniendo legibilidad.

▶ **Blanco y negro**: útil para impresoras básicas o documentos internos.

Opciones avanzadas

▶ **Imprimir diapositivas ocultas**: útil cuando se quiere entregar material completo aunque no se proyecte todo.

▶ **Ajustar al papel**: evita recortes o bordes irregulares.

▶ **Impresión a una o doble cara**: ideal para documentos extensos.

▶ **Ajuste de márgenes y orientación**: garantiza que el contenido encaje correctamente en el papel.

Importancia de la vista previa

La vista previa es el último filtro antes de imprimir. Permite detectar:

▶ Errores de diseño.

▶ Problemas de numeración.

▶ Contrastes insuficientes.

▶ Márgenes incorrectos.

Errores comunes

▶ No revisar la vista previa.

▶ Imprimir en color sin necesidad.

▶ No ajustar al papel, provocando contenido cortado.

▶ Elegir orientación incorrecta.

ACTIVIDADES

Actividad 1. Configuración completa de impresión

Configura una presentación para imprimirla en formato "Documentos para el público" con 3 diapositivas por página. Añade encabezado, pie y numeración. Explica por qué este formato es útil en un entorno educativo.

Actividad 2. Preparación de material profesional

Configura una presentación para imprimirla como "Página de notas". Añade información relevante en las notas del orador y justifica cómo este formato ayuda al presentador.

54

PRESENTACIÓN DE DIAPOSITIVAS SEGÚN EL LUGAR Y LA INFRAESTRUCTURA

Una presentación no depende únicamente del contenido que aparece en pantalla. Su eficacia está profundamente condicionada por el lugar donde se proyecta, la infraestructura disponible, el tipo de público y la forma en que el presentador interactúa con las diapositivas. PowerPoint 365 incorpora herramientas que permiten adaptar la presentación a distintos entornos: auditorios grandes, aulas pequeñas, videoconferencias, salas con proyectores antiguos, pantallas panorámicas o incluso presentaciones automáticas sin orador.

Este capítulo explica cómo preparar una presentación teniendo en cuenta el contexto, cómo utilizar animaciones y transiciones de forma profesional, cómo controlar los intervalos de tiempo y cómo configurar la presentación para distintos escenarios, incluyendo la presentación con orador.

54.1 PRESENTACIÓN DE DIAPOSITIVAS SEGÚN EL LUGAR Y LA INFRAESTRUCTURA

Antes de presentar, es imprescindible analizar el entorno donde se proyectará la presentación. El tamaño del texto, los colores, la cantidad de información por diapositiva y el ritmo de avance deben adaptarse al espacio físico y al equipo disponible.

Cómo adaptar la presentación según el tipo de espacio

A continuación se incluyen solo las tablas estrictamente necesarias:

Entorno	Características	Recomendaciones
Salas grandes o auditorios	El público está lejos de la pantalla.	Texto grande, alto contraste, pocas ideas por diapositiva.
Aulas pequeñas o salas de reuniones	Distancia corta entre público y pantalla.	Más contenido por diapositiva, diseño limpio, tipografías claras.
Videoconferencias	Pantallas pequeñas o medianas.	Fondos simples, tipografías muy legibles, animaciones mínimas.
Proyectores antiguos	Colores apagados o distorsionados.	Evitar degradados, usar colores sólidos y contraste alto.
Pantallas panorámicas o LED	Formatos amplios y modernos.	Usar 16:9 o 21:9, aprovechar el espacio horizontal.

54.2 ANIMACIÓN DE ELEMENTOS

Las animaciones controlan cómo aparecen, desaparecen o se mueven los objetos dentro de una diapositiva. Bien utilizadas, guían la atención del público; mal utilizadas, distraen y restan profesionalidad.

Cómo acceder a las animaciones

- Ve a la pestaña **Animaciones** en la cinta superior.
- Selecciona el objeto que quieres animar.
- Elige un efecto de **Entrada**, **Énfasis**, **Salida** o **Trayectoria**.
- Abre el **Panel de animación** para controlar el orden y la duración.

Qué aportan las animaciones

- **Revelación progresiva:** mostrar información paso a paso.
- **Destacar elementos:** resaltar ideas clave.
- **Explicar procesos:** visualizar secuencias o flujos.
- **Mantener atención:** introducir dinamismo sin saturar.

Errores comunes

- Animaciones llamativas sin justificación.
- Demasiados elementos animados.
- Velocidades lentas que rompen el ritmo.
- No probar la animación en el equipo real.

54.3 TRANSICIÓN DE DIAPOSITIVAS

Las transiciones determinan cómo se pasa de una diapositiva a otra y marcan el ritmo general de la presentación.

Cómo acceder a las transiciones

▶ Abre la pestaña **Transiciones**.

▶ Selecciona una diapositiva.

▶ Elige un efecto y ajusta su duración.

Usa **Aplicar a todas** solo si quieres un estilo uniforme.

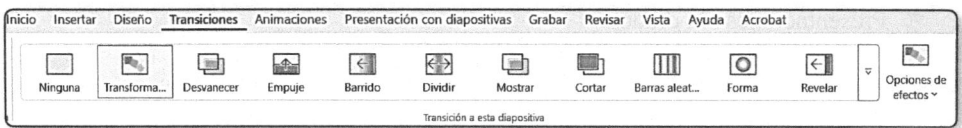

Transiciones recomendadas

▶ **Desvanecer:** profesional, discreta y fluida.

▶ **Corte:** limpia y directa.

Cuándo usar transiciones elaboradas

▶ Presentaciones creativas o infantiles.

▶ Eventos donde el diseño es protagonista.

▶ Vídeos generados a partir de presentaciones.

Errores comunes

▶ Usar una transición distinta en cada diapositiva.

▶ Elegir transiciones lentas.

▶ No probarlas en el equipo del evento.

54.4 INTERVALOS DE TIEMPO

Los intervalos controlan cuánto dura cada diapositiva en pantalla. Son esenciales en presentaciones automáticas o sin orador.

Cómo acceder a los intervalos

▶ Ve a la pestaña **Presentación con diapositivas**.

▶ Selecciona **Ensayar intervalos**.

PowerPoint registrará el tiempo dedicado a cada diapositiva.

Guarda los intervalos para que la presentación avance sola.

Cuándo usarlos

- Ferias o stands.
- Pantallas informativas.
- Vídeos generados desde PowerPoint.
- Presentaciones sin orador.

Ventajas

- Control del ritmo.
- Preparación profesional.
- Automatización total.

Errores comunes

- Intervalos demasiado rápidos o lentos.
- No revisar el tiempo total de la presentación.

54.5 CONFIGURACIÓN DE LA PRESENTACIÓN

La configuración determina cómo se comportará PowerPoint durante la proyección.

Cómo acceder a la configuración

- Ve a **Presentación con diapositivas**.
- Haz clic en **Configurar presentación**.
- Selecciona el modo de reproducción y las opciones avanzadas.

Modos de presentación

Modo	Uso recomendado
Pantalla completa	Presentaciones presenciales.
Ventana	Videoconferencias.
Monitor secundario	Eventos con proyector y Vista del presentador.

Opciones de reproducción

- ◤ **Automática:** avanza con intervalos.
- ◤ **Manual:** avanza con clics.
- ◤ **Repetición continua:** ideal para ferias.

Vista del presentador

Incluye:

- ◤ Notas del orador.
- ◤ Diapositiva actual.
- ◤ Diapositiva siguiente.
- ◤ Temporizador.

Errores comunes

- ◤ Monitor mal co´nfigurado.
- ◤ Notificaciones activas.
- ◤ No probar sonido o vídeos.

54.6 PRESENTACIÓN CON ORADOR

La presentación con orador es el formato más habitual en conferencias, clases y reuniones. El orador es el protagonista; las diapositivas son apoyo visual.

El papel del orador

- ◤ Mantener contacto visual.
- ◤ Usar diapositivas como apoyo, no como guion.
- ◤ No leer el texto.

Uso de las notas del orador

- ◤ Ve a **Vista → Página de notas**.
- ◤ Escribe recordatorios, ejemplos o cifras.
- ◤ Activa **Vista del presentador** para verlas solo tú.

Control de la presentación

- ◤ **Mando inalámbrico:** libertad de movimiento.
- ◤ **Teclas o clics:** control directo.

Errores comunes

- ▶ Leer diapositivas.
- ▶ Saturar con texto.
- ▶ No ensayar.
- ▶ Abusar de animaciones.

ACTIVIDADES

Actividad 1. Adaptación al entorno

Elige un lugar real (aula, auditorio, sala pequeña o videoconferencia) y describe cómo adaptarías una presentación para ese entorno: tamaño del texto, colores, animaciones y ritmo.

Actividad 2. Diseño de animaciones y transiciones

Crea una diapositiva con tres elementos y aplica animaciones profesionales. Añade una transición discreta y explica por qué esa combinación es adecuada.

55

PRESENTACIÓN EN EXPOSICIÓN, PERSONALIZACIÓN Y CONFIGURACIÓN TÉCNICA EN POWERPOINT

Una presentación no termina cuando se diseña la última diapositiva. La fase de **exposición** es tan importante como la fase de diseño, y requiere dominar herramientas específicas de PowerPoint que permiten adaptar la presentación al público, al entorno físico, al equipo técnico disponible y al estilo del presentador. Este capítulo aborda todos los aspectos relacionados con la **ejecución profesional de una presentación**, desde la creación de presentaciones personalizadas hasta la conexión a un proyector, el ensayo y la proyección final.

El objetivo es que el alumno pueda desenvolverse con seguridad en cualquier contexto de exposición, ya sea una sala de reuniones, un aula, un auditorio o una videoconferencia.

1. Presentación en exposición

La presentación en exposición es el modo en el que PowerPoint muestra las diapositivas al público. Este modo está diseñado para eliminar distracciones y centrar la atención en el contenido.

La siguiente tabla resume los elementos clave del modo de presentación:

Elemento	Descripción	Función en la exposición
Pantalla completa.	Oculta la interfaz de edición.	Permite una visualización limpia y profesional.
Vista del presentador.	Muestra notas, próxima diapositiva y controles.	Facilita el discurso del orador.
Herramientas de anotación.	Lápiz, resaltador, puntero láser.	Permiten interactuar con el contenido.
Navegación.	Teclas, clics o mando inalámbrico.	Control fluido de la presentación.

La **Vista del presentador** es especialmente útil, ya que permite ver las notas del orador, el tiempo transcurrido y la diapositiva siguiente sin que el público lo vea. Este recurso mejora la fluidez del discurso y reduce la necesidad de memorizar contenido.

2. Presentaciones personalizadas

Las presentaciones personalizadas permiten crear **variantes** de una misma presentación sin duplicar el archivo. Son útiles cuando se necesita adaptar el contenido a distintos públicos: directivos, clientes, alumnos, equipos técnicos, etc.

La siguiente tabla explica su utilidad:

Característica	Descripción	Ejemplo práctico
Selección de diapositivas.	Permite elegir qué diapositivas incluir.	Presentación corta para directivos.
Varias versiones.	Se pueden crear múltiples rutas.	Versión técnica y versión comercial.
Sin duplicar archivo.	Todo se gestiona en un único documento.	Evita inconsistencias y errores.
Activación rápida.	Se ejecutan desde Presentación personalizada.	Ideal para reuniones improvisadas.

Crear una presentación personalizada permite ahorrar tiempo y mantener coherencia visual y de contenido. Además, evita tener múltiples archivos con versiones ligeramente diferentes, lo que puede generar confusión.

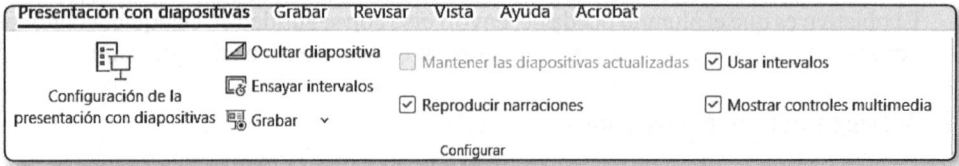

3. Conexión a un proyector y configuración

La conexión a un proyector o pantalla externa es un paso crítico en cualquier exposición presencial. PowerPoint y Windows permiten gestionar esta conexión de forma sencilla, pero es importante conocer las opciones disponibles para evitar problemas técnicos.

La siguiente tabla resume los modos de proyección:

Modo de pantalla	Descripción	Uso recomendado
Duplicar.	La pantalla del ordenador se replica en el proyector.	Salas pequeñas o presentaciones simples.
Extender.	El proyector actúa como segunda pantalla.	Uso de Vista del presentador.
Solo segunda pantalla.	Solo se muestra la presentación en el proyector.	Equipos con poca potencia.
Solo PC.	No se usa el proyector.	Ensayos o revisiones.

El modo **Extender** es el más profesional, ya que permite utilizar la Vista del presentador en el monitor principal mientras el público ve únicamente la diapositiva.

Además, es importante revisar la resolución del proyector. La siguiente tabla muestra las resoluciones más comunes:

Resolución	Calidad	Contexto típico
1024×768.	Básica.	Proyectores antiguos.
1280×720.	HD.	Aulas y salas medianas.
1920×1080.	Full HD.	Auditorios y pantallas modernas.
4K.	Ultra HD.	Eventos profesionales de alto nivel.

Antes de comenzar, es recomendable probar el sonido, comprobar la conexión del mando inalámbrico y verificar que los vídeos se reproducen correctamente.

4. Ensayo de la presentación

Ensayar la presentación es una parte esencial del proceso profesional. PowerPoint incluye herramientas específicas para practicar el discurso, controlar el tiempo y ajustar el ritmo.

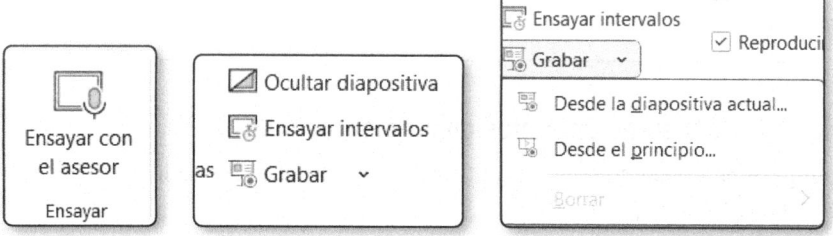

La siguiente tabla resume las funciones del ensayo:

Herramienta	Descripción	Beneficio
Ensayar intervalos.	Registra el tiempo dedicado a cada diapositiva.	Permite ajustar el ritmo.
Grabación de presentación.	Graba voz, anotaciones y tiempos.	Ideal para presentaciones automáticas.
Vista del presentador.	Muestra notas y próxima diapositiva.	Facilita la fluidez del discurso.
Temporizador.	Controla el tiempo total.	Evita exceder el tiempo asignado.

Ensayar permite detectar diapositivas demasiado cargadas, transiciones lentas, vídeos mal ubicados o explicaciones que requieren más claridad. También ayuda a ganar seguridad y naturalidad.

5. Proyección de la presentación

La proyección es el momento final del proceso, donde todo el trabajo previo se pone en práctica. Una proyección profesional requiere controlar tanto el contenido como la interacción con el público y el equipo técnico.

La siguiente tabla resume los elementos clave de la proyección:

Elemento	Función	Recomendación
Navegación.	Avanzar/retroceder diapositivas.	Usar mando inalámbrico.
Herramientas de anotación.	Resaltar o señalar contenido.	Usar con moderación.
Pantalla negra/blanca.	Pausar la presentación.	Útil para debates o explicaciones.
Control del tiempo.	Mantener ritmo adecuado.	Revisar temporizador.
Gestión de preguntas.	Interacción con el público.	Reservar tiempo final.

Durante la proyección, el presentador debe mantener contacto visual, modular la voz, controlar el ritmo y utilizar las diapositivas como apoyo, no como guion. El objetivo es que la tecnología acompañe al mensaje, no que lo sustituya.

ACTIVIDADES

Actividad 1. Configuración profesional de exposición

Configura una presentación para utilizar la Vista del presentador y explica por qué este modo mejora la exposición.

Actividad 2. Creación de una presentación personalizada

Crea dos versiones de una misma presentación: una para directivos y otra para alumnos. Explica qué criterios seguiste para seleccionar las diapositivas.

SÍGUENOS EN INSTAGRAM Y ACCEDE GRATIS A NUESTRA BIBLIOTECA DIGITAL DURANTE 30 DÍAS.

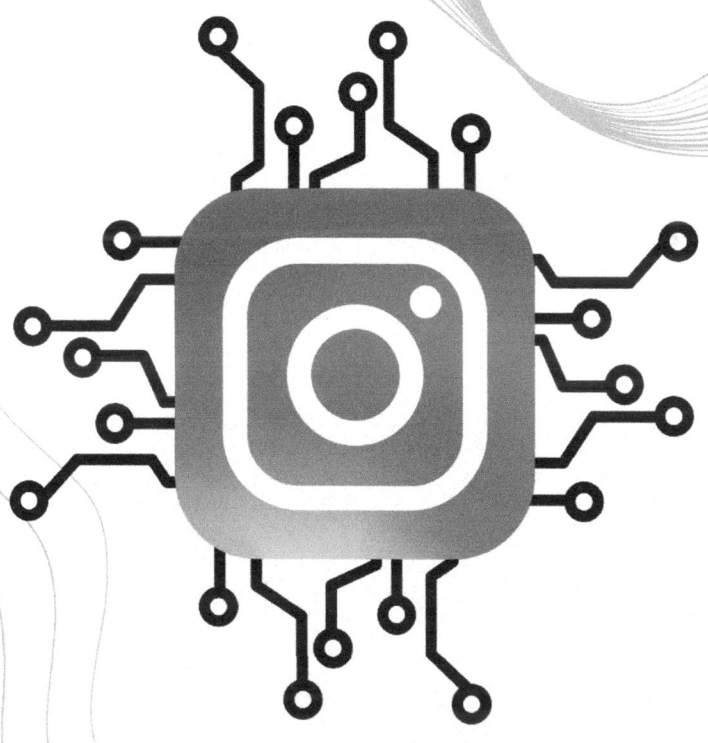

@grupoeditorialrama

¡ENVIANOS TU MAIL POR PRIVADO!

Grupo Editorial

ra-ma

40 ANIVERSARIO